张掖农业史

AGRICULTURAL HISTORY OF ZHANGYE

◎ 刘 岩／著

中央民族大学出版社
China Minzu University Press

图书在版编目（CIP）数据

张掖农业史 / 刘岩著. --北京：中央民族大学出版社，2024.8.

ISBN 978-7-5660-2399-5

Ⅰ.F329.423

中国国家版本馆 CIP 数据核字第 20240SY027 号

张掖农业史

著　　者	刘　岩
责任编辑	李苏幸
封面设计	布拉格
出版发行	中央民族大学出版社
	北京市海淀区中关村南大街 27 号　邮编：100081
	电话：(010) 68472815（发行部）　传真：(010) 68932751（发行部）
	(010) 68932218（总编室）　　　 (010) 68932447（办公室）
经 销 者	全国各地新华书店
印 刷 厂	北京鑫宇图源印刷科技有限公司
开　　本	787×1092　1/16　彩插：16 页　印张：27.75
字　　数	443 千字
版　　次	2024 年 8 月第 1 版　2024 年 8 月第 1 次印刷
书　　号	ISBN 978-7-5660-2399-5
定　　价	138.00 元

版权所有　翻印必究

图1 祁连山脉（绪论图1，P001）

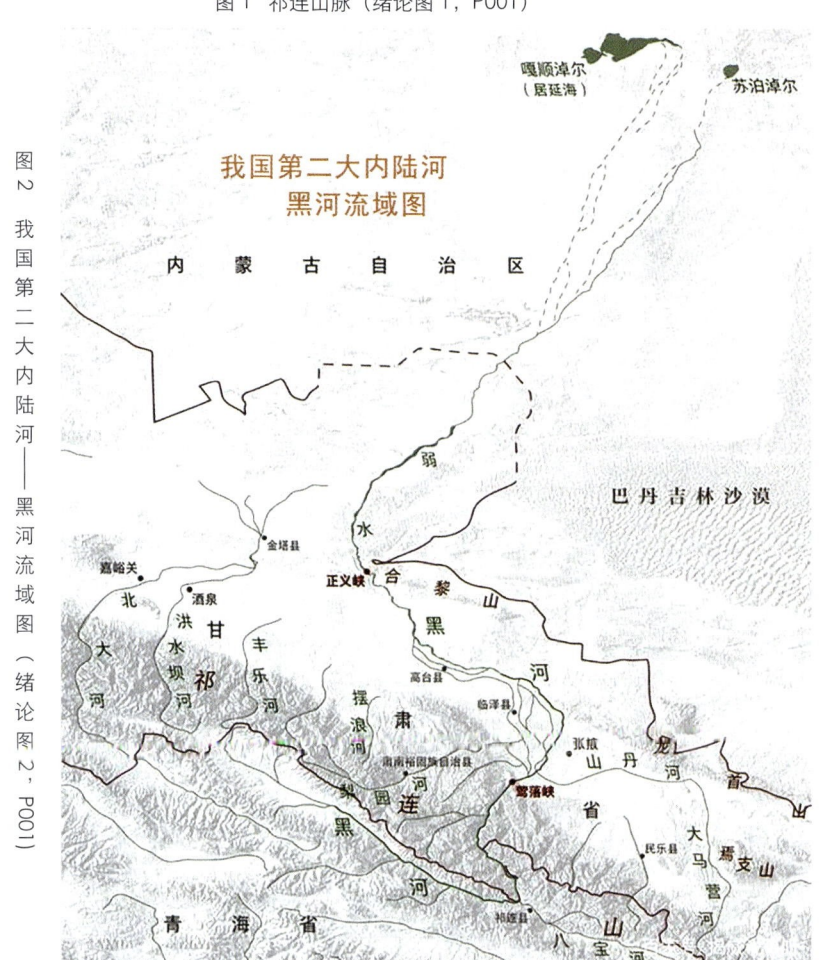

图2 我国第二大内陆河——黑河流域图（绪论图2，P001）

图 3 山丹县四坝滩遗址（绪论图 3，P001） 　　图 4 甘州区西城驿遗址（绪论图 4，P001）

图 5 民乐县东灰山遗址（绪论图 5，P001） 　　图 6 东灰山遗址小麦炭化颗粒（绪论图 6，P001）

图 7 觻得王城（黑水国北城）遗址（绪论图 7，P002） 　　图 8 甘州区屋兰古城（绪论图 8，P003）

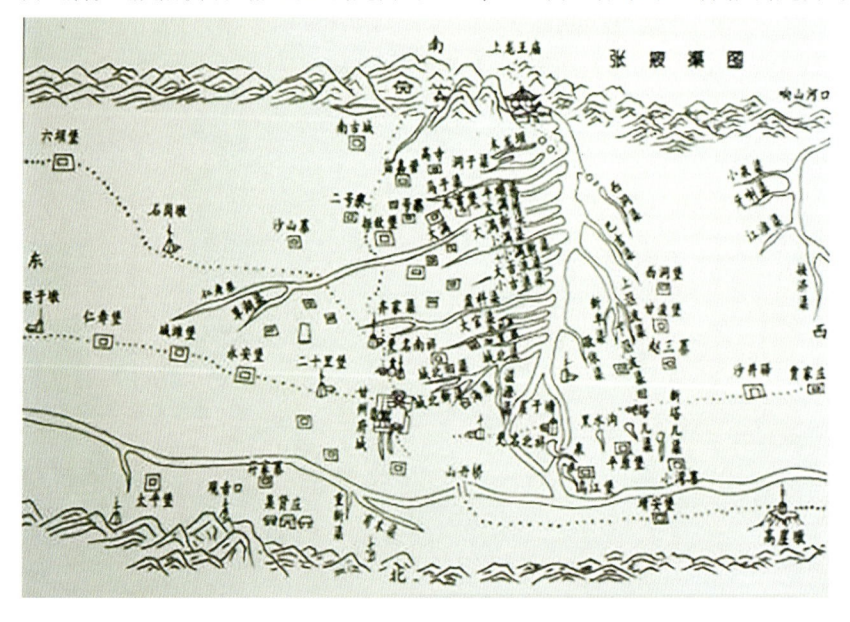

图 9 清代张掖黑河水渠图（绪论图 9，P005）

图 10　肃南县康乐草原（绪论图 10，P007）

图 11　张掖湿地的天外来客（绪论图 11，P007）

图 12　张掖黑河湿地国家级自然保护区（绪论图 12，P007）

图 13 张掖七彩丹霞（绪论图 13，P007）

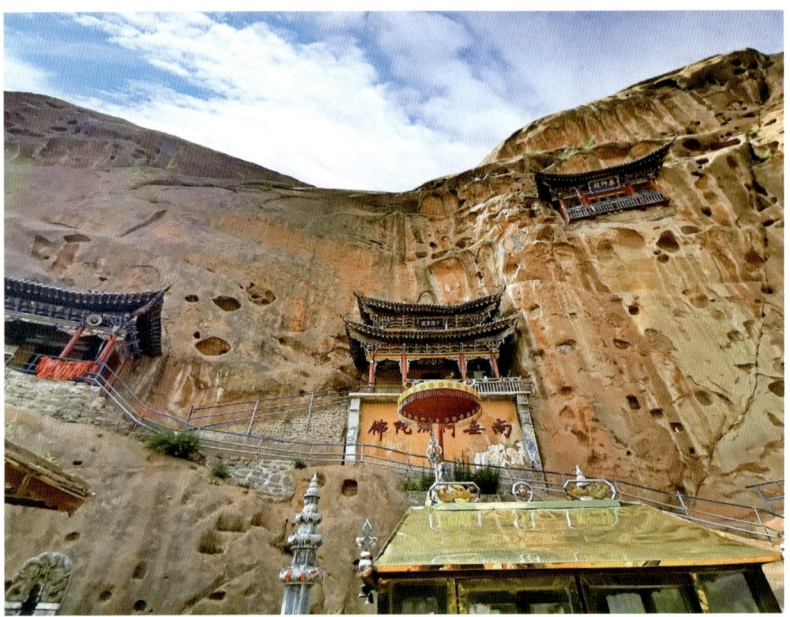

图 14 肃南县马蹄寺（绪论图 14，P007）

图 15 马家窑文化马厂期·单耳彩陶杯（上编图 1，P011）

图 16 民乐县永固城遗址（上编图 2，P012）

图 17 临泽县昭武城遗址（上编图 3，P012）

图 18 山丹县四坝滩遗址出土的夹砂红陶（上编图 4，P015）

图 19 山丹军马场（上编图 5，P026）

图 20 高台县骆驼城遗址（上编图 6，P034）

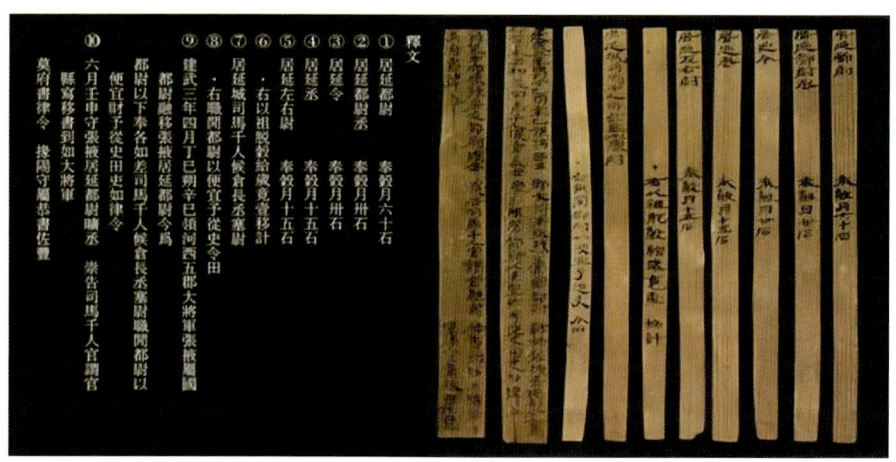

图 21 汉简记述的居延屯田（上编图 7，P036）

图 22 许三湾故城遗址（上编图 8，P036）　　图 23 东汉·《都尉居延奉例》卷（上编图 9，P037）

图 24 高台骆驼城
魏晋墓画像砖
（上编图 10，P039）

图 25 魏晋·农耕画像砖（上编图 11，P039）　　图 26 魏晋·耱地画像砖（上编图 12，P039）

图 27 魏晋·撒种耱地画像砖（上编图 13，P039）

图 28&29 东汉·四角墩古墓葬群与四角墩古墓葬群出土的铁犁（上编图 14&15，P057）

图 30
居延肩水金关遗址
（上编图 16，P057）

图 31 魏晋·河西著姓的坞堡（上编图 17，P072） 图 32 魏晋·阡陌嘉禾图壁画砖（上编图 18，P088）

图 33 魏晋·二牛耕地图壁画砖（上编图 19，P088） 图 34 魏晋·坞堡图壁画砖（上编图 20，P088）

图 35 魏晋·收获图壁画砖（上编图 21，P088） 图 36 魏晋·扶桑飞禽骆驼图壁画砖（上编图 22，P088）

图 37 魏晋·采桑图壁画砖（上编图 23，P088） 图 38 魏晋·汲水饮马图壁画砖（上编图 24，P088）

图 39 魏晋·宰羊图壁画砖（上编图 25，P088） 图 40 魏晋·宰牛图壁画砖（上编图 26，P089）

图 41 隋炀帝西巡张掖（敦煌壁画，上编图 27，P092）

图 42 山丹县焉支山（上编图 28，P092）

图 43 敦煌莫高窟第 445 窟《耕获图》（上编图 29，P115）

图 44 榆林窟 25 窟壁画耕获图（上编图 30，P115）

图 45 榆林窟第 3 窟（西夏窟）犁耕图（上编图 31，P160）

图 46&47 张掖明粮仓与廒房（上编图 32&33，P188）

图 48　明粮仓廒房门匾（上编图 34，P188）

图 49　明粮仓 1966 年储粮用过的标牌（上编图 35，P189）

图 50　黑河干流灌区示意图（下编图 1，P354）

图 51 黑河草滩庄引水枢纽工程（下编图 2，P354）

图 52 高台县马尾湖水库（下编图 3，P355）

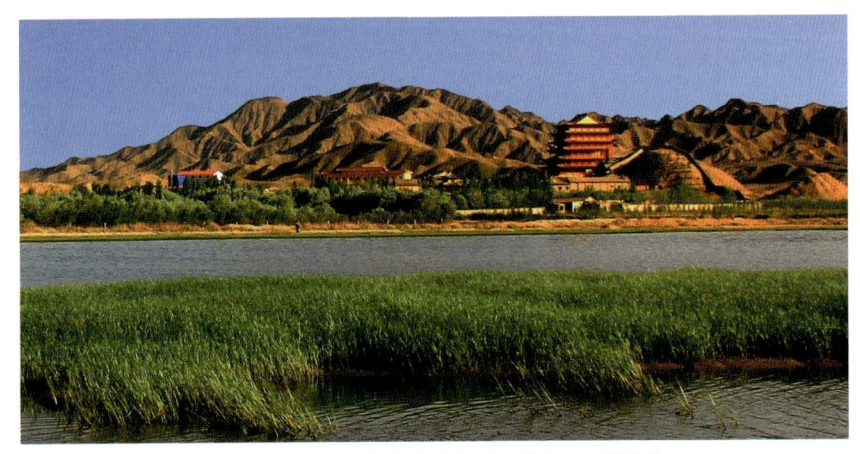

图 53 山丹县祁家店水库（下编图 4，P356）

图 54 民乐县海潮坝水库（下编图 5，P356）

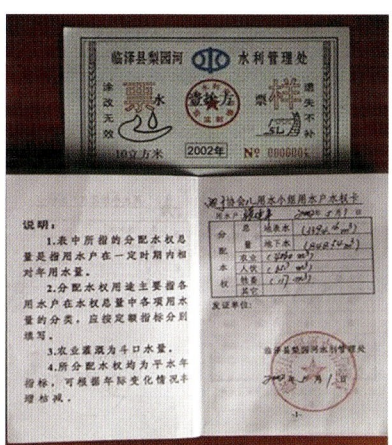

图 55 张掖人民使用过的水票

（下编图 6，P378）

图 56 国家杂交玉米制种基地（下编图 7，P383）

图 57 张掖蔬菜产业（下编图 8，P383）

图 58 张掖食用菌产业（下编图 9，P384）

图 59 张掖中药材产业（下编图 10，P384）

图 60 张掖马铃薯产业（下编图 11，P384）

甘肃张掖打造全国现代农业高地

今日黑河 吴玮/摄影

张掖世界地质公园

序 言

《张掖农业史》由张掖市农业历史文化研究专家刘岩撰写完成、由中央民族大学出版社出版,可喜可贺!刘君追迈先辈著史,以简驭繁,察至真于毫末,成40余万字史著,其识略襟抱,精谨才具,令人敬佩。张掖自古以来就是西北地域文化中的一个耀眼坐标,从农业史的角度系统书写她由古到今的历史,是一项很有功德和价值的工作。无论对张掖农业研究者还是对农业发展有兴趣的普通大众而言,该著都是全面了解张掖农业发展史的一本难得的入门指南。刘君的卓越劳作,赋予这部农业史著充沛的活力,她充分而清晰地呈现了自公元前3000年至2021年与张掖农业有关的时代及其发展农业的措施、政策以及直接影响张掖农业发展的军事、政治等历史事件和社会状况,其中详述各时代农作物种植品种、农业生产工具、种植业、畜牧业、田制、生产环境、屯垦、水利设施、自然灾害、田赋,全景展示了张掖农业发展的历史与形态、历代朝政与农业发展之间的复杂关系,文笔朴实,娓娓道来,真切自然。该著特点,在我看来,至少有两个方面:

其一,该著以历代官修史书、地方志书、政府部门内部资料为主,辅之以考古发掘、个人调研,立言著说,充分展现了张掖农业从远古夏商起步,经秦汉、魏晋南北朝、隋唐、五代宋夏、明清、民国,以至当代(至2021年)的全景式发展面貌。通读该书,她还使人获得关于张掖农业作为中华大地上西北地域农业文明发展史上的一块璀璨明珠带来的思想与智慧上的诸多启示。"金张掖"之"金"可能有不同含义的解说,但主要应该与张掖在历史上相对河西走廊西北一带其他"苦寒之

序　言

地"有相对发达而稳定的农业耕种、畜牧、养殖等业态有关系，或者说，传统张掖农耕文化造就了"金张掖"。张掖人观念上重视耕读传家，崇尚民生在勤、慎守农时、爱惜光阴，倡导农以耕作为本、耕作又当勤俭为要，规劝从事农耕当守勤劳节恤，懂得用天之道、资人之力、兴地之利，知晓农忙勿大兴土木、五谷为民之所仰，洞悉天时丰歉无常而当有所储蓄以防灾年，等等，一旦离开了张掖农业耕种，这些都是无法理解的。近代以来随着生产方式的转型、生活方式的变化，张掖逐步摆脱贫困，从封闭迈向开放，这个历程如果离开了对张掖农业发展史积淀的经验和智慧的关注，也是无法解释的。就该著专业性、知识性、学理性和趣味性而言，确实是一部值得推荐的具有一定学术价值的地域农业史指南或地域文明工具书，她提供了关于张掖农业史、文明史研究最基本、最全面的导引性材料。

其二，该著展现的研究视域之广、视角之丰富、材料之多样、信息之充沛，是令人赞叹的。尤显特色和创意的是，该书对张掖农业负载的地域文化遗产和文明意蕴的有效点拨。中华农业文明既具有多样性和地域特色，又是彼此联系、相互关联的，体现在河西走廊腹地张掖各地的农耕、畜牧、养殖诸业态中，既互有区别，又联成一体，在五千多年历史长河中绵延涌滚、起伏跌宕，凝成一股细流，汇入中华农业文明大系统中。凝成这股潮流的主体，是人口居大多数的农民，他们是张掖农业文明的主要创造者。中国有文字（甲骨文、金文等）产生时就有"农""民"两字，而"农民"产生于后来（首见《春秋穀梁传》成公元年条），但古语中"农民"指与"劳心者"相对的"劳力者"，是一种较低等的"职业"，而且多少含有"低下的社会身份"之意。在现代城乡二元结构中，"农民"虽然指一种与商人、工人、干部等群体相并列的职业，但属需要被"城市化者"。农民身份和称谓，从传统的臣、人、民、众、农夫、农民、百姓、夫、仆、庸、田客、部曲、户、客、庄客、农户、佃户、长工、长年等，发展为当今时代从事平等职业身份的一个群体，以宪法和法律作靠山，已是翻天覆地变化中的国家公民。20世纪80年代以来，农业巨变之要在于，农民大量进城，城市集中了优质教育资源，农村有限的教育资源也集中于乡镇。农民进城买房，送子

序　言

上学，离土离乡，变为"农民工"。农业的变迁，身份的变化，造就了负载其上的劳动价值观的变化。在现代化大背景下，农业如何再兴？农村如何再现生机？农民如何找到好的出路？张掖农业似乎又一次处在新时代文明的起点上。农业史究竟以哪些方面的叙写为核心或主题？科学的农业史撰述自当有严格的主题规限，也应允许不同的看法，允许呈现区域农业文明的人文关怀和农民的生存状态，而不单纯以叙述或找寻农业发展的自然、社会和经济规律，或以阐述涉及农业环境、作物和各部经济形态等多门类的综合性知识为唯一主题。历代官修史书对农业的记述与现实有无差距？农民身份变化如何影响农业发展？现代科技公司与政府相关部门联合整体规划农村种植业如何影响农民前途命运？技术因素（如农药、转基因种子等）如何影响未来农业发展，等等，我相信相关人士会对此类问题做出专业判断。

刘君将此著示我，并嘱我为该书写一个序，尽管我的专业与本著研究专题相距较远，然我作为他曾经的同学，知其为人为学，故不负美意，乐于从命。刘君提供了研究张掖传统农业及传统农业向现代农业转化发展的基本素材，后来者定会急流勇进，不惮辛劳，将这项研究推向前进。现略述己意如上，知我罪我，以俟高明者审断！

中央民族大学　王文东

2024 年 7 月 29 日　于北京海淀寓所

凡 例

一、《张掖农业史》的编写结构为编、章、节、目四级。

二、全书的编写顺序，由古到今，按历史年代先后纵向叙录，坚持删繁就简，略古详今原则。

三、本书按照历史分期，分别探讨了张掖的古代农业（对应于中国古代史，即1840年鸦片战争以前的历史）、近代农业（对应于中国近代史，从1840年鸦片战争开始至1949年中华人民共和国成立以前）以及现代农业（对应于中国现代史，从1949年中华人民共和国成立至今）。因此，本书所覆盖的历史时限，上限可追溯到公元前3000年，即远古时期张掖境内原始农业的开端，下限则截至2021年。

四、本书的语体，除引用史传等古籍原文时为文言，个别引文之后加括号略加注释，并注明出处；其余则都用语体文叙述评论。

五、有关历代帝王年号、地理名称、国号政权、民族部落、军政职官以及百工之名，都沿用当时的习惯称谓，其中个别需要加以注释的，则在其后加注释或脚注；而帝王年号之后均于括号中注明其所属公元纪年。

六、本书中无论对历代帝王年号作注，或是直接用公元纪年，统用阿拉伯数字；惟以帝王年号为汉字。凡古代地亩、粮草、税银、布匹、绵麻、路程等涉及度量衡计量单位的，数词均改同于阿拉伯数字，量词以古代表述为准，并采用古制，不用公制；中华人民共和国成立后的度量衡单位均以公制。

七、本书引用古代资料的书籍，尽可能选用地方志书、正史、权威作者的版本；选用资料尽量注意其真实性和典型性，多从河西走廊史料范围内搜选原始资料为准，以为参考。

八、本书中对中华人民共和国成立以来的论证而引用的数据，尽量以政府公开发布的、最新最近资料为主。查询不到政府公开的文件资料的，以政府网站、地方权威报刊资料为主要资料来源。

九、本书在编写中参照各种地方志时，对同一史实，采取志略史详或志详者史略的原则。部分图表，采自作者实地拍摄或制作，部分图标采自张掖市博物馆及张掖地区、各县（区）志。

目 录

绪 论 ………………………………………………………… 001

上编　张掖古代农业

第一章　张掖农业的开端——远古至夏商西周时期 ……………… 011
　第一节　远古时期的张掖农业 ……………………………… 012
　　一、农业的起源 ………………………………………… 013
　　二、农业文明的形成 …………………………………… 015
　第二节　夏、商、西周时期的张掖农业 …………………… 018
　　一、农作物品种增多 …………………………………… 018
　　二、农业生产工具的改进 ……………………………… 018
　　三、畜牧业的兴起 ……………………………………… 019
　第三节　春秋、战国时期张掖农业的转型 ………………… 020
　　一、气候和自然环境的变化 …………………………… 021
　　二、当地民族大量外迁 ………………………………… 023
　　三、游牧民族的迁入 …………………………………… 024

第二章　张掖农业的开拓——西汉至三国时期 ………………… 029
　第一节　西汉时期张掖农业的开发 ………………………… 029
　　一、移民实边 …………………………………………… 030

001

目 录

　　二、军事屯垦 ………………………………………………… 033
第二节　西汉中后期的张掖农业 ……………………………… 037
　　一、代田法的推广 …………………………………………… 037
　　二、先进农业生产工具的运用 ……………………………… 038
　　三、水利设施的兴建 ………………………………………… 040
第三节　西汉时期的张掖畜牧业 ……………………………… 042
　　一、官办畜牧业 ……………………………………………… 042
　　二、民间畜牧业 ……………………………………………… 043
第四节　东汉前期、中期的张掖农业 ………………………… 047
　　一、发展农业的措施 ………………………………………… 047
　　二、兴修农田水利工程 ……………………………………… 051
　　三、畜牧业的发展 …………………………………………… 052
　　四、窦融时期的农业 ………………………………………… 053
　　五、农业技术的进步 ………………………………………… 057
第五节　东汉后期张掖农业的衰落 …………………………… 058
　　一、中央王朝经营力度减弱 ………………………………… 059
　　二、战乱的影响 ……………………………………………… 060
　　三、自然灾害频繁 …………………………………………… 060

第三章　张掖农业的发展时期——魏晋南北朝至隋 ………… 062
第一节　曹魏、西晋时期的张掖农业 ………………………… 063
　　一、发展农业的措施 ………………………………………… 064
　　二、屯田 ……………………………………………………… 067
　　三、占田制及著姓经济 ……………………………………… 070
　　四、农业的恢复 ……………………………………………… 072
第二节　五凉时期的张掖农业 ………………………………… 076
　　一、西晋、前凉恢复农业的措施 …………………………… 076
　　二、前秦时期 ………………………………………………… 078
　　三、后凉时期 ………………………………………………… 079
　　四、北凉时期 ………………………………………………… 080
第三节　北魏、西魏和北周时期的张掖农业 ………………… 084

一、北魏的怀柔优抚政策 …………………………………… 084
　　二、均田制的实施 …………………………………………… 085
　　三、魏晋墓画像砖里的张掖农业 …………………………… 087
第四节　隋代的张掖农业 ………………………………………… 089
　　一、搜括人口 ………………………………………………… 090
　　二、发展屯田 ………………………………………………… 091
　　三、扩大种植业 ……………………………………………… 095
　　四、发展畜牧业 ……………………………………………… 097
　　五、裴矩对张掖农业的贡献 ………………………………… 098

第四章　张掖农业的鼎盛时期——唐代前期 …………………… 100
第一节　农业发展的良好环境 …………………………………… 101
　　一、推行均田制 ……………………………………………… 101
　　二、实行租庸调制 …………………………………………… 103
　　三、注重休养生息 …………………………………………… 103
第二节　鼓励农耕 ………………………………………………… 104
　　一、兵役徭役征发不夺农时 ………………………………… 104
　　二、互市交易耕牛马匹 ……………………………………… 105
　　三、农业优抚措施 …………………………………………… 105
第三节　张掖屯田 ………………………………………………… 106
　　一、屯田管理 ………………………………………………… 106
　　二、军屯 ……………………………………………………… 109
　　三、民屯 ……………………………………………………… 111
　　四、屯田效果 ………………………………………………… 112
第四节　种植业的发展 …………………………………………… 114
　　一、农业生产工具的改进 …………………………………… 115
　　二、农作物种类增多 ………………………………………… 115
　　三、和籴措施 ………………………………………………… 116
第五节　畜牧业的发展 …………………………………………… 117
　　一、唐初张掖畜牧业 ………………………………………… 117
　　二、牧监考核和赏罚制度 …………………………………… 119

目 录

　　　三、注重草场选址和管理 …………………………………… 120
　　　四、品种改良和技术推广 …………………………………… 120
　第六节　水利的发展 …………………………………………… 123
　　　一、张掖水利之源 …………………………………………… 123
　　　二、农田水利管理 …………………………………………… 125
　　　三、灌溉工具 ………………………………………………… 128
　第七节　张掖农业的繁荣 ……………………………………… 129
　　　一、重视农田水利开发 ……………………………………… 129
　　　二、官仓存粮增加 …………………………………………… 130
　　　三、户口数上升 ……………………………………………… 130
　　　四、耕地面积扩大 …………………………………………… 130
　　　五、国营牧场增多 …………………………………………… 131
　　　六、农业开发甚于前代 ……………………………………… 131

第五章　张掖农业的衰落时期——中唐至明朝 ………………… 133
　第一节　吐蕃统治时期的张掖农业 …………………………… 134
　　　一、战争造成的损失 ………………………………………… 134
　　　二、实行民族同化政策 ……………………………………… 135
　　　三、农民赋税沉重 …………………………………………… 136
　第二节　张氏归义军时期的张掖农业 ………………………… 137
　　　一、发展农业的措施 ………………………………………… 138
　　　二、农业的恢复和发展 ……………………………………… 140
　第三节　曹氏归义军时期的张掖农业 ………………………… 142
　　　一、种植业 …………………………………………………… 142
　　　二、畜牧业 …………………………………………………… 143
　　　三、林果业 …………………………………………………… 145
　第四节　甘州回鹘时期的农牧业 ……………………………… 146
　　　一、畜牧业发达 ……………………………………………… 146
　　　二、农业缓慢发展 …………………………………………… 147
　第五节　西夏时期的张掖农业 ………………………………… 150
　　　一、土地与赋税制度 ………………………………………… 150

二、种植业 …………………………………………… 155
　　三、畜牧业 …………………………………………… 162
　第六节　元朝时期的张掖农业 …………………………… 165
　　一、张掖农业的倒退 ………………………………… 166
　　二、元代农业的恢复 ………………………………… 167
　　三、农作物品种的增加 ……………………………… 172
　　四、农业生产工具的改进 …………………………… 173
　　五、农田水利建设 …………………………………… 174
　　六、核定田赋赈灾济民 ……………………………… 176
　　七、畜牧业的发展 …………………………………… 177
　第七节　明代张掖农业 …………………………………… 178
　　一、戍边屯田 ………………………………………… 179
　　二、农业的发展 ……………………………………… 186
　　三、畜牧业 …………………………………………… 190
　　四、水利工程 ………………………………………… 192
　　五、农业的衰落 ……………………………………… 194

第六章　张掖农业的恢复时期——清顺治至道光年间 …… 198
　第一节　清初张掖农业概况 ……………………………… 199
　　一、人口大量外迁新疆屯田 ………………………… 199
　　二、水灾使耕地面积锐减 …………………………… 200
　　三、板结地及盐碱地较多 …………………………… 201
　　四、水事纠纷较多 …………………………………… 201
　第二节　清初恢复农业生产的措施 ……………………… 202
　　一、禁止圈地 ………………………………………… 203
　　二、禁止"增租夺佃" ……………………………… 203
　　三、实行"摊丁入亩" ……………………………… 204
　　四、实行"耗羡归公" ……………………………… 204
　　五、减免赋税 ………………………………………… 205
　　六、分水用水规制 …………………………………… 205
　　七、垦荒屯田 ………………………………………… 206

目 录

第三节　清代张掖的水利 …………………………………… 209
  一、张掖县 ………………………………………………… 210
  二、东乐县 ………………………………………………… 212
  三、山丹县 ………………………………………………… 213
  四、抚彝厅 ………………………………………………… 214

第四节　清代张掖的种植业 ………………………………… 217
  一、五谷粮食 ……………………………………………… 217
  二、蔬菜种植 ……………………………………………… 218
  三、果树栽植 ……………………………………………… 218
  四、花圃花卉 ……………………………………………… 219
  五、植树造林 ……………………………………………… 219

第五节　清代张掖的畜牧业 ………………………………… 220
  一、争夺大草滩草场 ……………………………………… 220
  二、游牧民族归附清朝 …………………………………… 221

第六节　清代张掖的农业成就 ……………………………… 222
  一、耕地面积扩大 ………………………………………… 223
  二、有效灌溉面积显著增加 ……………………………… 223
  三、人口迅速增长 ………………………………………… 224

中编　张掖近代农业

第七章　张掖农业的艰难发展时期——近代以来至清末 ………… 229
 第一节　近代张掖农业的发展环境 ………………………… 229
  一、农民遭受的经济剥削 ………………………………… 229
  二、政府摊派苛捐杂税 …………………………………… 231
 第二节　自然灾害对张掖农业的影响 ……………………… 232
  一、旱灾 …………………………………………………… 232
  二、地震 …………………………………………………… 233
  三、瘟疫 …………………………………………………… 234

第三节　左宗棠对张掖农业的贡献 …………………… 235
　　一、移民垦荒 ………………………………………… 236
　　二、发展畜牧业 ……………………………………… 237
　　三、大兴水利 ………………………………………… 238

第八章　张掖农业的缓慢发展时期——民国时期 …………… 240
　第一节　张掖的鸦片种植 ………………………………… 241
　　一、鸦片流通量大 …………………………………… 241
　　二、地方政府支持种植鸦片 ………………………… 242
　　三、群众对鸦片的畸形依赖 ………………………… 243
　第二节　张掖农业的缓慢发展 …………………………… 244
　　一、土地重新集中情势严重 ………………………… 244
　　二、实行"改屯为民"政策 ………………………… 245
　　三、清查辖区耕地 …………………………………… 246
　　四、农业人口减少 …………………………………… 247
　　五、推行垦荒政策 …………………………………… 249
　第三节　张掖的畜牧业 …………………………………… 252
　　一、发展畜牧业的良好基础 ………………………… 252
　　二、畜牧业发展的两起两落 ………………………… 253
　第四节　张掖的水利事业 ………………………………… 256
　　一、对水利工程的科学测绘 ………………………… 257
　　二、对水利开发的理论认识 ………………………… 260
　　三、水利设施 ………………………………………… 263

下编　张掖现代农业

第九章　张掖农业的恢复与发展——中华人民共和国成立后 …… 269
　第一节　社会主义改造时期的张掖农业 ………………… 270
　　一、减租清债 ………………………………………… 270

目　录

　　二、土地改革 …………………………………………… 271
　　三、农业合作化 ………………………………………… 272
　第二节　农业合作化后的农田水利 ……………………… 275
　　一、耕地面积扩大 ……………………………………… 275
　　二、粮食产量增加 ……………………………………… 276
　　三、农业总产值递增 …………………………………… 277
　　四、改进农业生产技术 ………………………………… 278
　　五、水利建设成就显著 ………………………………… 279

第十章　张掖农业的曲折发展——全面建设社会主义时期 ……… 285
　第一节　"大跃进"时期的张掖农业 ……………………… 286
　　一、农业受挫 …………………………………………… 286
　　二、"左"倾错误造成的破坏 …………………………… 287
　第二节　"人民公社化"时期的张掖农业 ………………… 288
　　一、"人民公社化"的实行 ……………………………… 288
　　二、农业生产遭到破坏 ………………………………… 289
　第三节　农业发展受挫的教训 …………………………… 290
　　一、尊重客观经济规律 ………………………………… 290
　　二、注重科学技术的应用与创新 ……………………… 291
　　三、需要稳定的社会环境和政策支持 ………………… 292
　　四、关注农民的利益和需求 …………………………… 293
　第四节　农业政策的调整 ………………………………… 295
　　一、检查和纠正"五风" ………………………………… 295
　　二、贯彻"八字"调整方针 ……………………………… 296

第十一章　张掖农业的徘徊发展——"文革"时期 ……………… 298
　第一节　"农业学大寨"运动时期的张掖农业 …………… 298
　　一、加强农田基本建设 ………………………………… 299
　　二、推广农业技术 ……………………………………… 301
　　三、加快化肥生产 ……………………………………… 304
　　四、改革耕作制度 ……………………………………… 305

五、总结推广农作物增产经验 ································ 307
第二节　农业徘徊发展 ··· 308
　　　一、耕地面积和粮食生产 ································ 308
　　　二、水利建设 ··· 310
第三节　农业发展的经验教训 ····································· 317
　　　一、必须坚持实事求是的思想路线 ························ 318
　　　二、必须坚持群众路线 ································· 318
　　　三、必须注重科技兴农 ································· 319
　　　四、必须注重生态环境保护和可持续发展 ··················· 320

第十二章　张掖农业的全面发展——改革开放和社会主义建设新时期 ································· 321

第一节　家庭联产承包责任制的实行 ······························· 321
　　　一、家庭联产承包责任制实行的情况 ······················ 322
　　　二、农村集体资产的处置 ································ 326
　　　三、农村社区性合作经济组织 ···························· 327
　　　四、农村土地流转 ····································· 330
第二节　改革开放以来发展农业的措施 ······························ 332
　　　一、调整农业产业结构 ································· 332
　　　二、规划农业发展方向 ································· 337
　　　三、改善农业基本条件 ································· 338
　　　四、革新农业生产技术 ································· 339
　　　五、提升农业绿色发展水平 ····························· 342
　　　六、不断拓宽农产品市场渠道 ···························· 343
第三节　改革开放以来农田防护林建设 ······························ 344
　　　一、开展全民植树造林活动 ····························· 344
　　　二、林业生产取得的成就 ································ 345
第四节　改革开放以来的农田水利建设 ······························ 354
　　　一、水利项目规划与建设 ································ 354
　　　二、水库工程建设 ····································· 355
　　　三、农田灌溉工程 ····································· 357

目　录

第五节　张掖"两西"农业建设 ………………………………… 362
　　一、"两西"农业建设的提出 ………………………………… 362
　　二、"两西"农业建设的目标和措施 ………………………… 363
　　三、"两西"农业建设取得的成效 …………………………… 364
第六节　农业税费改革 …………………………………………… 365
　　一、农业税费改革进程 ………………………………………… 365
　　二、农业税费改革的主要内容 ………………………………… 367
　　三、稳妥地推进各项配套改革 ………………………………… 370
　　四、农村税费改革的成效 ……………………………………… 374
第七节　张掖节水型社会建设 …………………………………… 376
　　一、建设节水型社会的紧迫性 ………………………………… 376
　　二、建设节水型社会的工作重点 ……………………………… 377
　　三、节水型社会建设的成效 …………………………………… 380
第八节　改革开放34年张掖农业发展的成就 …………………… 382
　　一、农业产业结构不断优化 …………………………………… 382
　　二、农业标准化水平不断提升 ………………………………… 385
　　三、农业产业化水平显著提高 ………………………………… 385
　　四、农业科技创新和示范推广体系不断完善 ………………… 386
　　五、农村经营体制机制不断改革创新 ………………………… 386

第十三章　张掖农业的现代化进程——新时代以来 … 388

第一节　打赢脱贫攻坚战 ………………………………………… 389
　　一、挂牌督战促落实 …………………………………………… 390
　　二、稳强补弱固成果 …………………………………………… 390
　　三、专项行动提质量 …………………………………………… 391
　　四、细化措施促整改 …………………………………………… 393
　　五、"百日攻坚"再查摆 ……………………………………… 393
　　六、靠实责任强帮扶 …………………………………………… 393
　　七、强化监测建设机制 ………………………………………… 394
第二节　建设农村小康社会 ……………………………………… 395
　　一、小康建设的提出 …………………………………………… 395

二、小康建设工作 …………………………………… 397
　　三、小康建设取得的成就 ……………………………… 405
　第三节　实施乡村振兴战略 …………………………………… 407
　　一、"五大振兴"同频共振 …………………………… 407
　　二、强化政策保障 …………………………………… 411
　　三、乡村治理综合推进 ……………………………… 413
　　四、实施乡村振兴战略取得的成绩 …………………… 413

跋 …………………………………………………………………… 418

后　记 ……………………………………………………………… 421

参考书目 …………………………………………………………… 423

绪 论

农业有狭义和广义之分。狭义的农业是指传统的种植业，主要涉及粮食作物、经济作物、蔬菜和果树的种植；广义的农业是指种植业、林业、畜牧业、副业、渔业等多种形式。张掖地处河西走廊中部，南依祁连山脉（图1绪论图1），北有合黎山、龙首山为屏障，与内蒙古阿拉善盟毗邻，东连武威，西接酒泉，是古丝绸之路上的重要枢纽，我国第二大内陆河黑河（图2绪论图2）穿境而过，境内地势平坦，土地肥沃，草木茂盛，发展农业有着得天独厚的条件。

张掖农业历史悠久

上古时期，张掖就有从事农牧业生产的先民，过着游牧狩猎生活。随后，在历史的长河中，张掖的开拓、发展和繁荣始终与张掖农业的盛衰紧密相连。文物工作者先后在张掖市甘州区、山丹县、肃南县、民乐县等地发现了新石器时代末与夏代前期先民生产生活的文化遗址，如四坝滩遗址（图3绪论图3）、红崖子遗址、西城驿遗址（图4绪论图4）、东灰山遗址（图5绪论图5）等。在这些古文化遗址中，出土了石器、彩陶片、砷铜、铜器和猪、牛、羊、犬等动物的齿骨。1985年和1986年，中国科学院遗传研究所李璠教授先后两次到张掖市民乐县东灰山遗址进行考察。通过对采集到的小麦、大麦、粟、黍等作物碳化粒标本的碳-14年代测定和树轮校正，年代确定为距今5000±159年左右，这是中国境内发现的迄今为止最早的小麦标本（图6绪论图6）。这一发现表明，距今约5000年前，张掖先民就已开始种植小麦等农作物，从事农牧业生产，标志着5000年前张掖就迈入了农耕文明时代。

绪　　论

纵观秦汉以来两千多年的古代张掖农业史，历代中央王朝和地方割据政权，都比较重视张掖农业的经营和开发，采取了移民、兴垦、兴修水利、发展畜牧等多种农耕方略，使张掖农业生产发展到了相当的规模。

张掖的"籍贯"流变

搞清楚张掖的"籍贯"，是了解张掖农业史的前提。张掖既指今张掖市，又涵盖古张掖郡地域。作为一个历史概念，张掖的地域范围随着朝代的更迭而变化。如居延、显美、番禾等县，在西汉及以后的一些朝代，曾属张掖郡。表是县（今张掖市高台县）西汉虽属于酒泉郡，但它后来成为张掖郡较为固定的地区。东汉以后山丹县变化很大，但始终是张掖郡的一部分。通过明确地域和事件的关联性，可以更清晰地认识张掖的历史脉络。河西四郡分别是酒泉、张掖、敦煌和武威，其中以武威郡的设置时间争议很大。究其原因，是班固所著《汉书》中，武威郡有两个不同的建置年代。《汉书·武帝纪》云："元狩二年（前121）秋，匈奴浑邪王杀休屠王，合其众四万余人降于此，置五属国。""以其地为武威，置酒泉郡。"《汉书·地理志》又云："武威郡，武帝太初四年（前101）开。"同一本书上，武威郡设立时间有两个，这两个记录前后相差20年。这就是后来引起河西四郡在设置时间上分歧的根源所在。这里逐一加以甄别。

酒泉郡的设立。匈奴浑邪王归汉后，汉武帝元鼎二年（前115年）始置酒泉郡，治所在浑邪王故居觻得城①（图7 绪论图7），与今河西走廊大致相同。

张掖郡的设置。汉武帝设置酒泉郡，但河西走廊空旷无守卫之功，匈奴依然攻掠北部边地。《汉书·地理志》载：元鼎六年（前111年），汉武帝在酒泉郡以西置敦煌郡（今敦煌市），在酒泉郡以东（焉支山）

---

① 觻得城所在位置即今张掖市甘州区城西北12.5公里处"黑水国"北城遗址。月氏驻牧时期，设昭武（遗址在今临泽县鸭暖）和月氏城（今民乐县永固城）。匈奴赶走月氏后，将昭武城设为对外贸易区，由昭武九姓经营，在当时的黑河西岸新筑一城，作为浑邪王属下觻得的王城，故名觻得城。隋朝将觻得城改作粮仓，叫"巩亭"；唐朝又将其改为驿站，叫"巩驿"；元朝改为西城驿，明朝改为小沙河驿。以下同此释义。

设置张掖郡，郡治张掖县，即今凉州区东南60公里处张义堡①，领十县，分别是觻得县（今张掖城西处，《地理志》："张掖郡也，太初元年开，治得县"。）、昭武（今临泽县城东北四十里，今板桥东南，古月氏城，汉县因之。）、删丹（今扁都口内，近马营墩地，以晓日初映，丹碧相间如删字，县以此得名。）、氐池（今民乐县城南120里，今洪水城。）、屋兰（图8绪论图8，今仁寿驿，甘州区城东碱滩镇古城村）、日勒（今甘肃省金昌市永昌县西北定羌庙东十里）、骊靬（今甘肃省金昌市永昌县焦家庄乡南部和东大河上游流域一带）、番和（今永昌县西20里。《大清一统志》记："番禾故城在今凉州府永昌卫西二十里，始建于西汉"。）、居延（今内蒙古额济纳旗东南）、显美（今永昌县东45公里乱墩子滩汉墓群附近）。张掖郡辖地大致相当于现在的永昌县以西，高台县城以东，以及现在内蒙古额济纳旗。

敦煌郡的设置。敦煌一词，最早见于《史记·大宛列传》。张骞给汉武帝的奏疏是："始月氏居敦煌，祁连间。"《汉书·武帝纪》载："元鼎六年置敦煌郡。"即公元前111年治郡，是无疑问的。

武威郡的设置。中国两汉史研究学者劳榦先生所著的《居延汉简考释释文部》，对武威郡的设置时间，从居延汉简与《汉书》的对照中进行了考证。居延汉简30312简载：元凤三年（前77年）十月戊子……丞行事金城（今兰州市）、张掖、酒泉、敦煌郡。有"金城郡"而无武威之名，是因为当时武威尚未建郡。《汉书·昭帝纪》载："始元六年（前81年），取天水、陇西、张掖各二郡，以边塞阔远。"将张掖郡最东端的令居县（今永登县）和枝阳县（今永登县东南）划出，置金城郡，张掖郡与金城郡直接接壤，治所在今武威市凉州区张义堡。近代学者周振鹤提出，《汉书·霍光传》首见武威之名："（宣帝）乃迁光驸马都尉辽将军未央卫平陵侯范明友为光禄勋。"数月之久。孙婿驸马中郎将王汉，为武威太守。据《汉书·百官表》载："度辽将军范明友为光禄勋是在宣帝地节三年（前67年）。"这就是说，武威建郡约在地节三年即公元前67年。武威比张掖建郡晚44年左右。

---

① 《中国历史地图集》和《中国历史地名辞典》等书认为汉张掖县置于今武威市东南的张义堡。

绪　　论

西汉宣帝地节三年（前67年），汉朝为防御曾被赶出河西逃往漠北的匈奴，从张掖郡分出北部几郡另置武威郡，郡治武威县（今民勤县东北）。

元帝建昭三年（前36年），西汉大规模调整河西各郡的行政区域。酒泉郡治由觻得城向福禄县①迁移；张掖郡由张掖县（今武威市凉州区张义堡）迁至觻得城；武威郡治从武威县（今民勤县东北）迁至姑臧（今凉州区）。三郡移治后，领县从根本上做了调整，将原张掖郡辖县划归武威郡管辖，将原酒泉郡辖县划归张掖郡管辖。

三郡郡治迁移后，在河西走廊中段至东段300多公里的范围内，同时存在着两个"张掖"之名，一个是从河西走廊至河西走廊觻得王故城的"张掖郡"；另一个是东段今武威市凉州区张义堡自西汉时就设立的"张掖县"。从公元前111年开始，东段的"张掖县"与中段的"张掖郡"同时并存，两县并立。西晋初年（265年），因晋王朝调整区划，武威郡的张掖、休屠、鸾鸟三县被撤并，"张掖县"才从武威郡的区划序列上消失。

张掖辖区历经汉唐、五代、宋元明清，范围依然频繁变动。

民国时期，张掖、山丹、民乐、临泽4县隶属于甘肃省第六行政督察区，高台地区隶属于第七行政督察区。

1949年9月，张掖设张掖分区；1950年1月，设立张掖专区，辖张掖、山丹、民乐、临泽、高台5县。同年5月，撤销张掖专区，将张掖、山丹、民乐三县划归武威专区管辖；将高台、临泽和1954年成立的肃南裕固族自治县划入酒泉专区；1955年10月，武威、酒泉专区合并成张掖专区，辖河西地区22个县市。1961年10月，武威、酒泉、张掖分设3个专区，张掖专区辖张掖、山丹、民乐、高台、临泽、肃南6县。1985年改张掖县为张掖市（县级市）。2002年3月1日，国务院批复同意撤销县级张掖市设立地级张掖市。地级张掖市辖临泽县、高台、山丹、民乐、肃南裕固族自治县和新成立的甘州区。

张掖发展农业的自然条件

农业是张掖走向文明的起点，也是张掖历史上一块的金字招牌。辖

---

① 福禄县，又名禄福县，今酒泉市肃州区。

区南部祁连横亘，群峰耸立；中部平原地势平坦，绿洲、河流、荒漠和戈壁相间。张掖地区地势高，海拔在1284米之间，以高原山地为主，有广泛分布的沙漠戈壁和复杂多样的地貌类型。这块地域广阔、资源丰富，既适合农业种植，又适合发展林业、畜牧养殖，为张掖先民改造自然、生存发展提供了得天独厚的条件。

土地资源方面。境内地形，南依祁连山，北依龙首山、合黎山、马鬃山，祁连山地冰川、积雪分布较广，是张掖境内主要河流的发源地。中部是由南北两侧的高山冰川积雪融化汇聚而成形成的中部平原，地下水在这一地带与洪积冲积带的衔接处即扇面上大量外溢，形成了土壤肥美的绿洲耕作区。

水资源方面。张掖水资源主要发源于其南部的祁连山脉（祁连山脉）。境内有年径流量在百万立方米以上的大小内陆河40多条，分属石羊河、黑河、疏勒河三大水系，东部的东大河、西大河、西营河属石羊河水系，出山后流入武威、金昌；中部东起马营河、童子坝河、洪水河、海潮坝河、大堵麻河、大野口河、黑河、梨园河、摆浪河、讨赖河、洪水坝河、马营河、丰乐河等众多河流属黑河水系，除西段讨赖河、洪水坝河、马营河、丰乐河出山后流入酒泉、嘉峪关外，其余出山后均在张掖市境内。黑河是我国第二大内陆河，中游自莺落峡至高台县城正义峡，流程185公里，自汉、唐、明、清历朝引灌，形成渠网密布的灌溉系统（图9绪论图9），引黑河水灌田者，清代有"五十二渠"之说。民国时期的资料记载，从黑河引水的张掖境内有29渠17渠26渠，共计72条之多。至今几经合渠并坝，修建黑河东、西总干渠，而引黑河水灌田者尚存48渠12渠15渠21渠）。水资源水质优良，可自流灌溉，渠系发达，加之地表和地下径流可大量转化和重复利用，为张掖绿洲农业提供了得天独厚的灌溉条件。

气候资源方面。张掖地处内陆，远离海洋，境内大部分地区属于温带或暖温带大陆性干旱气候，特点是光照丰富，热量好，温差大，干旱少雨，多风沙。川区属温带大陆性气候。全市降水稀少，年降水量在200—600毫米之间，南部沿山地区降水量在250—330毫米之间，祁连山地区年平均降水量在400—500毫米之间，年蒸发量2000mm以上。

在张掖市民乐县东灰山遗址的土层样本中，乔木植物有温带针叶、落叶阔叶混交林中的树种——松，亚热带针阔叶林中的铁杉、水青冈，以及山萝卜、蕨类凤尾蕨、海金沙等灌木状的忍冬、草本植物。这些植物现在生长在中国的亚热带和高寒地区，说明在五千年以前，张掖曾经是亚热带湿润温暖地带，喜温的植物生长茂盛，适宜人们栖息。2000年前的汉代，这里还是"水草丰美"的屯垦之地。随着时间的变迁，目前已转变为温带大陆性气候。全年光照达3000小时以上，昼夜温差巨大，境内又有中国第二大内陆河黑河横贯境内，张掖具有发展农业的"先天优势"，这也使张掖成为全国重要的商品粮、瓜果蔬菜、肉类生产基地。

张掖农业发展的历史脉络

自秦、汉以来的两千多年间，历代中央王朝和地方割据政权，比较重视农业经营开发，采取移民实边、奖励垦殖、兴修水利、发展畜牧等农耕方略，农牧业生产一度具有相当规模。特别是从西汉到晚清一千多年间，张掖农业随着历代政权的交替，呈现出高低起伏的变化。

按其总趋势，古代张掖农业可分为五个历史时期：开端、开拓、发展、鼎盛、衰落、恢复、缓步发展；从远古到夏、商、西周，是张掖农业的开端；从西汉到三国时期，是张掖农业的开拓期；唐开国至玄宗天宝年间，是张掖农业兴盛时期；唐中期至明代为张掖农业衰败时期；清顺治至道光年间，是张掖地区农业恢复时期。

近代张掖农业从清末鸦片战争到民国37年（1948年），这一时期，是张掖农业艰难缓慢发展的时期。

张掖现代农业，1949年10月1日中华人民共和国成立至今。中华人民共和国成立后，张掖广大党员干部和人民群众在党和人民政府的领导下，消灭封建土地制度，组织互助合作社，兴修水利，改变农业生产条件，张掖农业生产经历了恢复发展、曲折发展、徘徊发展、全面大发展、现代化建设等几个时期，即新中国成立后（1949—1957年）：张掖农业的恢复发展；社会主义建设初期（1958—1965年）：张掖农业的曲折发展;"文革"时期(1966—1977年):张掖农业的徘徊发展;改革开放和社会主义建设时期(1978—1995年):张掖农业的全面发展;中国特色社会主义进入新时代以来(2012—2021年):张掖农业的现代化发展。

张掖农业的历史沿革特征,折射出张掖经济兴衰与农业命脉同频共振的关系。而张掖经济的起伏又与中原王朝国力的强弱联系在一起。从这一点来看,张掖农业是中国经济的晴雨表。

张掖现代农业的发展正逢其时

张掖地处丝绸之路咽喉要道,南北民族交融的通道,中西交通要冲。这样的地理位置,使历史上的张掖成为多元文化交融的中心,"丝绸之路"交通重镇,为发展现代张掖农业提供了便利的交通条件和丰厚的人文资源。张掖位于祁连山和黑河湿地两个国家级自然保护区之上,自然资源丰富,生态环境优美(图10 绪论图10 肃南县康乐草原)。甘、青交界的祁连山绵延1000多公里,张掖占据了它的大部分,为张掖提供了独特的生态屏障;黑河湿地则为张掖带来了丰富的水资源和生物多样性(图11 绪论图11,图12 绪论图12)。独特的丹霞地貌(图13 绪论图13)、千年古刹马蹄寺(图14 绪论图14)等自然、人文景观,吸引了大批游客前来观光、游览。这些旅游资源为张掖发展旅游业提供了强大的支撑,同时也带动了相关产业的发展。张掖历史文化底蕴深厚,是中原历代王朝经营西北地区的政治、经济和文化中心。这里曾经是中西方文化交流的重要节点,留下了丰富的历史古迹和人文文化。这些历史文化遗产,为张掖发展提供了宝贵资源。在"一带一路"成为我国重要国家战略之一的今天,张掖发展现代农业,恰逢其时。

近年来,张掖通过构筑生态安全屏障、保护自然生态系统等措施,使资源环境容量和承载能力不断增大。同时,张掖还积极发展生态农业、绿色工业等产业,全力打造国家级高新区,促进了经济社会的优质发展。这些举措为张掖经济发展注入了新的活力,显示出发展的巨大后劲。

张掖有辉煌的过去,必有一个光明的未来。

《观刈稻诗》

[明代] 郭 绅

甘州城北水云乡,每到秋深一望黄。

穗老连畴多秀色,稻繁隔陇有余香。

始勤东作同千耦,经获西成满万箱。

怪得田家频鼓腹,年丰又遇世平康。

上编

张掖古代农业

张掖是中国古老的农业地区之一。上古时期，先民就在此开渠引水。《尚书·禹贡》云：(禹)导弱水，至于合离，余波流沙。弱水，就是现在的黑河及其支流山丹河等河流；合黎，即绵延于今甘州区靖安乡、临泽县板桥乡、高台合黎镇、罗城镇正义峡谷一带的合黎山。

夏朝时期，张掖以农业生产为主，从商周到秦代，张掖以农牧业生产为主。距今5000年左右，张掖开始种植大麦、小麦、高粱、粟等农作物。春秋、战国时期，张掖农业发生了由种植业到畜牧业的转变。

汉武帝设张掖郡，推行"移民固边"政策，大规模组织移民屯田，推动农业发展，张掖农田面积迅速扩大，粮食作物种类增至9大类，谷类作物有小麦、玉米、大麦等；薯类作物有马铃薯；豆类作物有黄豆、绿豆等；其他杂粮作物有高粱、荞麦、燕麦等，基本上和现在种植的作物种类一样。搜粟都尉赵过提出"代田法"，实行"休耕制"和"轮休制"，粮食产量大幅提高。西汉末年，窦融任张掖属国都尉时，注重农牧业生产的发展，百姓得以安居乐业。《后汉书》记载："窦融据河西之时，天下纷扰，唯河西安。"此时，河西地区包括张掖，是一个相对繁荣的避乱求安之地。

前梁时，河西走廊为张轨所辖。张轨励精图治，兴修水利，发展生产，创造了一个较为稳定的社会环境。晋末，中原大乱，很多汉人举家迁徙，在"避难之国，唯凉土耳"的口号下，大批汉人难民依附在凉州刺史张轨的治下。唐天宝初年，甘州有民户6200多户，约26000余人，户均有田70多亩。

元朝建立后，甘州道设置河渠同知等官吏，办理农田水利，进一步发展农业生产。

明清两代战乱和吏治腐败的影响，张掖农业生产在缓慢中发展。

民国时期，张掖农业生产初期有所恢复，但后期由于军阀豪绅的掠夺和种植鸦片，严重打击了农业生产。

清同治、光绪年间，左宗棠西征，为解决军需用粮，曾多次奏请发放口粮、籽种、耕畜、农具等，并为民垦种，提倡"兵屯"与"民屯"并举，发展农业生产。至宣统元年（1909年），境内有原额屯、科地7670余顷，其中熟地7500余顷，形成稳定的农业区。

从西汉至清末一千多年间，张掖农业随着历代政权的更替而起起落落，同一朝代的前后期也有盛衰之分，但总的走向经历了五个历史时期：西汉至三国时，是张掖农业的开拓时期；唐开国至天保玄宗天保年间，是张掖农业的鼎盛时期；唐中期至明代，是张掖农业的衰败时期；清顺治至道光年间，是张掖农业的恢复时期。

第一章　张掖农业的开端

——远古至夏商西周时期

距今约5000年，人类进入了新石器时代晚期。20世纪20年代，考古学家在今洮河流域马家窑附近发现了一处新石器时代晚期的文化遗址，命名为"马家窑文化"。马家窑文化的居民们拥有集中的房屋，专门的制陶窑址，公共的氏族基地，以及氏族共同的信仰和习俗。在集中的房屋群中，小型房屋占据多数，这反映了母系氏族社会下，婚姻家庭已经开始形成的特征。20世纪80年代，文物工作者在张掖境内陆续发现了马家窑文化的遗址。马家窑文化正处于尧、舜、禹时期，也就是传说中大禹治水时期。张掖地区主要有7处遗址：民乐六坝东灰山遗址、草场洼遗址、肃南波罗台子遗址、炭黑厂遗址、喇嘛坪遗址、乱坟岗遗址和西闸村遗址。这些发现表明，马家窑文化（图15上编图1）随着向西的扩展，在古老张掖大地上留下了丰富的历史遗迹。这些历史遗址明确告诉我们，5000年以前，张掖境内已经出现了农业生产活动。就文化内涵而言，张掖地区的农业生产活动是马家窑文化向西扩展的重要结果。

河西走廊是中国历史上民族流动最为频繁的地区，张掖自古以来是多民族聚居的地方。从北方的草原、西部的绿洲、南面的高原、东边的黄河，各地各民族源源不断地转移迁徙，汇集于此，为本地区的发展注入了新鲜血液。西周时期，中原地区的民族自称华夏，西周周边地区的民族按照方向分别称为东夷、南蛮、西戎、北氐。西北地区基本为西戎、北氐之地。河西走廊包括张掖在内，夏、商时为羌族所居。周朝时，戎、狄在这里居住，春秋战国时期乌孙、月氏人在这里驻牧。后乌孙被月氏赶走，迁往新疆伊犁，张掖归"控弦者可一二十万"的月氏所属。月氏都城，位于今民乐县的永固城遗址①（图16上编图2）、今临泽县境内的昭武城遗址②（图17上编图3）、今甘州区明永乡下崖村二社附近的觻得城（黑水国北城遗址③），是当年月氏聚居在黑河两岸的三座中心城市。

第一节　远古时期的张掖农业

农业的产生，经历了一个漫长的演化过程。广义的农业起源于太古时代的荒芜之地。因为没有文字记载，我们只能从古代神话传说和考古发掘发现中寻找它的进化痕迹。有巢氏、遂人氏、伏羲氏这些神话传说中的人物，反映了原始社会渔猎采集的几个重要阶段。这些阶段反映了人类适应自然、利用自然资源的能力逐步增强，又展示了人类由最初的游牧生活向定居生活过渡的历史进程。神农氏则被认为是中国农业的始祖，代表着整个中国农业发生和建立的时代。在神农氏的传说中，我们可以看到中华民族的祖先如何在采集经济的发展中，不断尝试和探索新的食物来源，并最终发明了农业这一重要的生产方式。这个过程充满艰辛和挑战，但也展现了人类智慧和创造力的伟大。

---

① 永固城遗址，汉—清代古城遗址，位于民乐县永固乡童子坝河边。秦时为"月氏城"。汉初，匈奴驱逐月氏占据河西，建单于王避暑胜地，称"单于王城"。据《甘州府志》记载，东晋永和年间，前凉张祚于其地置汉阳县，张元靓改为祁连郡。北凉时城名为赤泉，北魏西魏时名为赤城，北周时仍为赤泉，隋为赤乌镇，唐代先后为赤水守捉城、大斗城，宋时曾是甘州回鹘临时都城，清代建新城，定名永固城。清同治四年（1865年），白彦虎部焚毁旧址。当地群众以其形状称其为"算盘城"。

② 昭武城是战国后期月氏民族的活动中心，这是张掖历史上的一个少数民族政权。大概位置在今天临泽县鸭暖乡。古城痕迹已无存，此处至今还有一个昭武村。

③ 月氏在此建城，后为匈奴占领，为觻得王城，西汉建酒泉郡，最初郡址在此，后西移酒泉福禄县，这里又为张掖郡觻得县故址，后置张掖郡太守、张掖属国都尉都御史，隋朝时期隋炀帝击败吐谷浑收复河西之后，张掖郡治由此向东南移至今张掖市区，唐在此设巩笔驿，之后，北城逐渐废弃。

一、农业的起源

在人类历史长河中，绝大多数时间以采集渔猎为生。这种为谋取人类生存所必需的食物而进行的活动，便是广义的原始农业。而严格意义上的农业，则是从种植业和养畜业的出现开始的，有1万年左右的历史。

揭示农业起源的实证，主要来自旧石器时代后期和新石器时代早期大量农业遗迹的考古发现。旧石器时代，原始人类以近亲血缘关系为单位组成活动群体，生活在气候相对温暖湿润、植物茂密的草原和森林地带，这里有可供人类采集的大量植物果实、块根、茎和种子，其中栖息的野兽、鱼、鸟等动物，又为人类提供了大量的肉食来源。树上长的叶子、结的果实可以直接攀树摘取，或以木棒敲击；而埋在土中的一些植物根茎、块茎，则需要挖掘获得；地面和山谷中生长的一些植物的籽粒，可直接采摘。旧石器时代早期，人类食物的来源，主要依赖采集业。

到了旧石器时代中、晚期，随着人类制作、使用石器技术的增强以及群体协作能力的提高，狩猎在人们生活中的地位越来越重要，肉类在人类食物中所占比重也随之增大。此后，人类主要以持续追赶或伏击的方法进行狩猎。从西北地区的考古发现可知，在旧石器时代末期，原始人类不仅在体质形态上接近现代人，而且出现了类型多样化、用途专门化、结构复合化和小型化的石器。这时的狩猎工具有矛、石索、弓箭等，还出现了射猎，用类似今天的标枪工具，在较远的距离可以射杀猎物，另外，还采用设圈套、挖陷阱等方法。狩猎技能的提高，人们已不限于中小型食草动物，甚至可以猎取大型食草和食肉动物。因此，整个旧石器时代人类主要的生产方式是简单的渔猎采集经济。

距今1万年左右，地球进入全新世地质时代①。随着地球冰期的

---

① 地质学上的"全新世"，作为地质学概念，是指距今八九千年前，地球开始的大暖期。

结束和海平面的上升，全球气候逐渐变暖。在距今约8000年开始的全新世大暖期，冰川后退，年平均气温升高，降水量增加。张掖境内气候普遍温暖湿润，植被茂密，草原广布，黑河干、支流岸边河谷，成为适宜早期农业生产的地带。随着气候逐渐变暖，大片草地变成了森林，原始人赖以为生的食草动物突然减少了，开始转向平原谋生。同时，人类捕猎技术的提高加速了捕猎物种及猎物的大量减少，加之人口的不断增加，生存环境和自然资源的压力日渐凸显。人们只能靠采集大量的野生植物充饥，采集在生活中所占地位随之上升。为了弥补肉食不足，改变生存状况，人类在长期采集野生植物的实践过程中，逐渐认识和熟悉了可食用植物的种类及其生长规律与习性，于是便开始尝试保护、培植可食植物。此外，由于狩猎技术的进步，人们在某一短时期内捕获的猎物也有暂时吃不完的情况，人们就尝试着开始驯养某些小动物，狗和羊成为最早被人驯养的动物。这样就出现了最早的原始种植业和家畜养殖业。

此后，随着人类种植、养殖经验的丰富，原始种植业、家畜养殖业即原始农业的优势逐渐超过采集和渔猎。农业促进了社会的进步，社会的进步又导致资源压力的进一步增大，在这个过程中农业发展逐渐变得不可逆转，从而开始了由利用经济向农业生产经济的转变。大约在距今1万年，人类经过无数次的实践，将原始野生植物经过研究、人工筛选、栽培，驯化为农作物，发明了种植作物和驯养动物的生存方式，种植业的生产方式最终得以实现，从此进入了农业文明社会。

农业的形成是人类文明的一次巨大飞跃。种植业、畜牧业的产生，使人类从旧石器时代以采集、狩猎为基础的攫取性经济转变为以农业、畜牧业为基础的生产性经济。人类从食物的采集者转变为食物的生产者。这一获得食物方式的转变，改变了人与自然的关系。农业和畜牧业的出现，标志着人类对自然界认识的一个飞跃，标志着人类在食物、衣服、住房等生活资料以及为此所必需的工具的生产方面，从较多地依靠、适应自然转为利用、改造自然。当然，那时的农业还只是一种附属性的生产活动，人们的生活资料很大程度上还依靠原始采集和狩猎来获得。由石头、骨头、木头等材质做成的农具，是这一时期生产力的标志。此外，农业起源对人类社会最重要的影响是使人口大规模地集聚，利用群体的智慧和力量来改造自然，促进人类社会结构向高层次演进。

二、农业文明的形成

考古学家把农业、畜牧业、磨制石器和制陶、纺织等生产的出现作为新石器时代出现的标志和基本特征。根据张掖境内各遗址考证，辖区六县（区）甘州、山丹、临泽、高台、民乐、肃南均发现了多处新石器时代末与夏代前期的文化遗址。张掖古文明的深度和广度十分突出。

四坝文化，位于山丹县城南5公里的四坝滩遗址。主要分布在甘肃省河西走廊中西部地区，距今约3900—3500年，相当于夏代晚期和商代早期。民乐东灰山、西灰山、张掖西城驿遗址均为经过发掘的四坝文化代表性遗址。1948年，著名国际友人艾黎开办的"山丹培黎工艺学校"，在垦荒时发现了此遗址，是河西走廊发掘的最大的史前时期遗址。

经初步发掘，文物有磨制精细的石斧、单孔石刀、敲砸石器；有红褐色的单耳陶罐、双耳陶罐、陶壶、陶杯等。有的陶器表面有简单的绳纹。此遗址较广，最近实查，有40多平方公里。其中有0.3—3米厚的积灰堆，可能是制陶的场地。此遗址的文物被称为"四坝文化"①（图18上编图4）。

城北壕遗址，位于山丹县城东南5公里处山丹河古河道东端，出土部分泥质红色彩陶片和石臼等，其纹饰有黑彩绘宽带曲线纹，平行线纹、波纹、网纹、旋纹等，另采集到打磨光滑的单孔石铲一件。属马家窑文化马家窑期，其年代为距今5000年左右。

山羊堡滩遗址，位于山丹县城西北约28公里处，东起山丹县的东

---

① 李水城：《四坝文化研究》，见《考古学文化研究论集》（3）。

乐乡，西至张掖市的碱滩乡，南与民乐县的六坝乡相邻，北靠兰新铁路。出土的文物有打制的石斧，磨制的单孔石刀，还有夹砂红陶片。器形以双耳罐、陶壶为主，并有单耳罐和器盖，表面较粗糙。

山丹县除了上述遗址，还在东乐乡西屯村等古弱水（今山丹河）流域的台地上，发现新石器时代末与夏代前期的遗址。

西城驿遗址，位于张掖市甘州区城西18公里处，明永乡下崖村黑水国遗址北城旁。是一处以旱作农业为主，兼有饲养，并进行冶金等手工业生产的史前聚落遗址，距今约4100年至3500年。从2010年起，甘肃省文物考古研究所对这个遗址进行了长达8年的发掘。发现大量小麦、土坯建筑，大量炉渣、矿石、炉壁、鼓风管、石范等与冶炼相关的遗物。除铜器外，还出土了大量的陶器、石器、骨器和玉器及木本植物木炭。考古界一般认为，小麦和土坯建筑起源于西亚和中东地区。这里考古发掘的小麦、土坯建筑为小麦、土坯建筑进入中国的时间及路径研究提供了新资料。通过对大量房址的发掘和分析，可清晰地看到西城驿聚落的房屋建筑经历了半地穴式建筑到地面立柱建筑和地面土坯建筑的演变过程。这里的冶铜活动从马厂晚期出现至四坝早段一直在进行。从出土已鉴定的木炭来看，主要有13种木本植物，有柽柳、柽柳属、沙棘属、枸杞属、杨属、柳属、榆属、云杉属、圆柏属、沙拐枣属、藜藜科等。另外还出土了绵羊、猪、黄牛、狗、鹿、兔、啮齿动物等动物骨骼。考古发掘的小麦、土坯建筑是西北地区目前所见年代最早者，为小麦及土坯建筑进入中国的时间及路径研究提供了新资料。

东灰山遗址，位于民乐县六坝镇东北约2.5千米处，属四坝文化[1]。1958年，在文物普查中，甘肃省博物馆在民乐六坝乡发现了东灰山与西灰山遗址，宁笃学先生写了《民乐县发现的二处四坝文化遗址》（载《文物》1960年1期）。1985年与1986年，中国科学院遗传研究所李璠先生会同张掖地区行署文化处文物科卢晔，先后两次到东灰山调

---

[1] 四坝文化是公元前2000年主要分布于甘肃河西走廊地区的一种早期青铜时代文化，因最早发现于民乐、山丹两县境内的四坝滩，于1956年被考古界命名为"四坝文化"。

查采样，标本均送权威机构检测，并发表了《甘肃省民乐县东灰山新石器时代遗址古农业遗存新发现》（载《农业考古》1989年1期），1987年4—5月，甘肃省文物考古研究所与吉林大学北方考古研究室对东灰山进行了"保护性发掘"，共获得遗物627件。东灰山遗址发掘出的遗物有石器、陶器、骨器、铜器和少量金器及炭化小麦等。石器以生产工具为主，有斧、锄、锛、刀、凿、磨盘、磨棒、砍砸器、刮削器等。陶器以生活器物为主，器物以平底、有耳、带盖为造型特征，多以泥条盘筑，装饰工艺有彩绘、压印、贴塑三种手法，器形有夹砂红陶壶、罐、盆、鼎、盘、器盖、陶坝、纺轮等。骨器为生产、生活用具，有凿、匕、锥、纺轮等。铜器出土16件，有铜刀、锥、管饰、耳环，多为砷铜。此外在灰炭土中还有猪、羊、牛、鹿的齿骨和一些烧焦的碎骨。由此说明东灰山人在驯养畜类的同时，已由采集野生果实获得转向种植农作物活动，已经能够对经济植物进行有计划的选择和培育良种并饲养部分家畜。

东灰山遗址四坝时期的农业经济，是经营以粟为主、黍为次的小米类农业①，小麦、大麦和裸大麦被普遍使用，以大麦和裸大麦为主的麦类作物，是当地旱作农业的补充。遗址中发现的农作物炭化籽粒年代早到距今约5000年，其中小麦是中国发现的时代较早的农作物品种，为研究中国小麦的起源提供了实物资料。根据中国科学院地理研究所C14实验室进行的东灰山遗址黑炭土标本年代测定结果，树轮校正年代为5000±159年。就是说，在距今五千年以前，张掖已经是一个以种植业为主的农业区之一。

此后，由于原始刀耕火种耕作制的长期沿用，破坏了当地的森林和草原生态系统，许多地方变成不毛之地。随着森林面积的减少，气候不断变得干燥起来，地貌荒漠化成为草原型植被状态，种植业暂时退出，张掖遂成为畜牧业占主导的场所。

---

① 小米类农业是指以小米为主要农作物或特色农作物的农业生产方式。小米，也被称为黍、稷、粟，属于禾本科植物，与水稻、小麦、玉米、大米等作物同属一类。它是我国古老的粮食作物之一，在我国有着悠久的种植历史。

第二节　夏、商、西周时期的张掖农业

夏、商、西周三代，从公元前21世纪起到公元前8世纪初，纵跨14个世纪。夏朝（约公元前21—公元前16世纪），已由石器时代进入青铜器时代，夏禹导弱水于合黎，有了造车技术。商朝（约公元前16—公元前11世纪），已经发展到青铜器多产期，并开始出现铁器。西周（公元前11世纪—公元前771年）时，社会安定，农业、手工业发展很快。这一时期，河西走廊由于游牧民族的迁入，张掖畜牧业逐步兴起。

一、农作物品种增多

如前所述，张掖市民乐县东灰山遗址采集到的小麦、大麦、黑麦、稷和高粱等炭化籽粒，说明当时已种植多种作物，表明在夏商时期，张掖各地就普遍种植大麦、小麦等多种农作物，这些农作物，尤其是小麦，直到今天仍然是河西走廊乃至我国北方旱作农业区最主要的农作物之一。由此说明，当时的农业已经是张掖人获取生活来源的主要渠道。

当时，人们还种植诸如核桃之类的果木和用于纺织的麻类作物。东灰山遗址发现，在一些尸骨、铜器和陶器表面有麻类纺织品的痕迹。此外，在甘州区乌江镇平原堡遗址墓葬中发现有盛在大陶罐中的粟粒和陶制的酒器如彩陶方杯和人足罐等，说明当时人们不仅种植粟、麻等农作物，而且农业生产已达到相当水平，可以提供足够的粮食用于食用和酿酒。

多种农作物的栽培种植，大大丰富了人们的物质生活，为制陶、酿酒等手工业的发展创造了条件。

二、农业生产工具的改进

在民乐东灰山遗址，发现的生产工具类有：铜质——铜削、铜锥；

石质——砍砸器、刮削器、石锄、石犁、石刀、石斧、石凿、石磨棒、石磨盘、石球等；骨质——骨凿、骨匕、骨锥、骨纺轮；陶质——陶纺轮。如前所述，张掖各地不同类型的文化遗址中，均发现有大量生产工具，其中既有石器、骨器、角器和陶器，也有铜器。就石器而言，有些遗址打制和磨制石器共存，有的则是大型磨制石器和细小的复合工具并用。生产工具的多样性，也反映出这一时期张掖农业发展的过程和特征。《甘肃省情》记载："河西走廊古文化遗址，出土的大量青铜器，不仅反映了西周时期的铜矿开采、冶炼、加工制作状况，同时也反映出木器制作、缝纫、狩猎工具等方面的进步。"

金属农具开始出现，逐渐代替原始的木、石、骨质农具。尤其是青铜器的发明和制造，直接导致生产工具的历史性飞跃，推进了张掖农业文明的进程。

三、畜牧业的兴起

夏朝（约公元前21—16世纪）设有掌管畜牧业的牧正。商、西周开始，张掖一带畜牧业逐步兴起。一是畜牧业从农业中分离。旧石器时代末期，人类捕猎工具的进步和效率提高，捕获量大大增加，一些活的动物未食之前就必须豢养，因此掌握了"拘兽以为畜"的驯养方法，畜牧业由此产生。大约到了商代后期，随着社会生产力的发展和人类农业文明进步的加速，畜牧业最终从农业生产中分离出来，形成了人类历史上的第一次社会大分工。

畜牧业和农业的分离，是社会生产力发展到一定阶段的必然产物，是人类文明进步的结晶。玉门火烧沟遗址出土的家畜骨骸有猪、牛、羊、马、狗、鸡，以羊为最多。如M277号墓中葬羊44只，证明当时河西一带畜牧业已很发达。《史记·匈奴列传》载："唐虞以上有山戎①、猃狁

---

① 山戎，古代北方民族名，又称北戎，匈奴的一支。活动地区在今河北省北部。见《春秋·庄公三十年》《汉书·匈奴传上》。后亦为北方少数民族的泛称。

(xiǎn yǔn)①、荤粥（xūn yù)②，居于北蛮，随畜牧而转移。其畜之所多则马、牛、羊，其奇畜则驴、橐驼"。这一记载是河西地区畜牧业繁荣的佐证。二是种植业发展带动了畜牧业。夏、商、西周时期，张掖种植业的快速发展，为家畜饲养提供了大量饲料，从而为畜牧业发展奠定了丰厚的物质基础。可以说，畜牧业虽在新石器时代出现，但是真正得以大量的成群驯养应该在进入夏、商时期。这一时期，张掖畜牧业的一个突出特征就是放养型。由于放养方式对定居农业存在极大的依赖性，不但生产者具有兼业特征，经济方式为半农半牧，而且饲养牲畜的规模与流动范围都较为有限。山丹县四坝文化遗址中普遍存在畜类随葬的习俗，显示出畜牧业在社会经济中的重要地位。三是游牧部族的兴起推动了畜牧业发展。夏、商、西周时期，张掖境内活跃着一些逐水草而居的游牧部族。西周时，张掖属雍州，是随牧迁徙的西戎部族游牧生活之地。到战国、秦时期，乌孙、月氏、匈奴相继来到河西驻牧。据《禹贡》记载，张掖"其地沃野，水草丰美，牛、羊衔尾，群畜塞道，且家养马"。商朝有甲骨文记述，当时对家畜的养护已有进一步的发展，当时已有阉割术出现。公元前770年周平王时，张掖还饲养有水牛，因稀少而视为珍异之物。证明当时河西一带畜牧业已很发达。

第三节 春秋、战国时期张掖农业的转型

从远古时期至夏商西周时期，张掖有了原始的农业、畜牧业，到春秋战国时期，由于新冰期的到来，农耕生产无法正常进行，原住居民外迁，游牧民族趁机入主河西，张掖农业由种植业为主转为春秋、战国时期以畜牧业为主。发生生产方式转型的原因主要来自三个方面。

---

① 猃狁，古代北方民族名，活跃于今陕、甘一带，猃、岐之间。
② 荤粥，有时也被写作"猃狁""獯鬻""薰育"等。是司马迁在《史记·黄帝本纪》《史记·匈奴列传》中记载的上古部族，晋灼等人称荤粥是匈奴在上古的称呼，韦昭认为荤粥是匈奴的别称。

一、气候和自然环境的变化

距今 4000 年左右，西北地区进入新冰期阶段。研究表明，在新冰期的作用期间，年平均气温比现在约低 1℃—2℃。与前一阶段的高温期气候相比，年平均气温下降约 3℃—4℃。同时，年降水量也有明显减少，气候和自然环境条件发生了重大变化。

在这样的变化下，黄土高原地区的森林开始南移，绝大部分高原被草原和荒漠草原所占据，土壤缺乏发育。北部风沙活动再次活跃，沙丘广泛分布，西部内陆山地、山谷、冰川开始向前推进。[1] 这个持续达数百年之久的气候寒冷期，对人类经济生活产生深远影响。[2] 距今 3000 年前后，地球进入地质史上的全新世[3]晚期，温度开始波动式下降，北方的气候环境逐渐变得异常寒冷干燥。冰后期第三寒冷期时间跨度为公元前 1000—100 年，春秋战国时期正好处于这一时间范围。我国著名气候学家竺可桢对这一时期的气候做了深入的研究，证明这一时期的西伯利亚地区为一冷槽，且位置稳定、持久。受海陆热力性质差异影响，亚洲和太平洋之间的气压存在明显差异。冬半年亚欧大陆因为气温比同纬度太平洋低，形成冷高压，即亚洲高压，中心位置在蒙古、西伯利亚地区，这个高压向外产生强大的冷气流。中国在该高压的东南位置，河西走廊及张掖一带距离高压中心较近，受冷气流影响显著。再加上青藏高原对气流的分流和阻挡作用，造成对西伯利亚寒流的加强作用使我国西北地区受寒流的影响更重。西伯利亚冷槽的持续存在，使这一时期的新疆地区形成了更为寒冷、干燥的大陆性干旱气候类型，尤其是对于天山南麓一带而言，气候显得寒冷异常。《山海经》记载有"又西王母之西

---

[1] 陈古阳:《中国西部山区全新世冰碛地层的划分及地层年表》，载《冰川冻土》，1987 年第 4 期。

[2] 任振球等:《行星运动对中国五千年来气候变迁的影响》，见《全国气候变化学术讨论会文集》，科学出版社，1984 年。

[3] 全新世是地质时代最新阶段，第四纪二分的第二个世，开始于 12000—10000 年前持续至今。这一时期形成的地层称全新统，它覆盖于所有地层之上。全新世是 1850 年由哲尔瓦（P. Gervais）提出，并为 1885 年国际地质大会正式通过。

四百八十里……无草木，洵水（叶尔羌河）出焉……涉流沙而登昆仑"，昆仑"高万仞"，"位于流沙之滨"，"类雾赴云浮，寡见天日"。这一记载说明当地比现在还要干旱。《穆天子传》① 前5篇都记载周穆王驾骏马西游，记有"祭王至群玉山（和田）……寡草木而无鸟兽"，齐桓公西征大夏，记有"沙石千里而无水，时而沃流出焉……"上述史料表明，新疆在周代的气候总体上比今天要寒冷干燥。另外，根据陈钰萍、林雅真《中国历史上的小冰期气候》的划分，周代中期以后330年左右的时间属于中国历史上的第一个小冰河期。关于这一时期的气候状况，还可以从《竹书纪年》中所记载的当时长江和汉水结冰的史料来证实。《竹书纪年》记载："周孝王七年，厉王生，冬大雹，牛马死，江汉俱冻。"可见周代中期以后的气温比今天要低很多。

《中华人民共和国气候图集》（1979年）依据日平均气温≥10℃的积温、最冷月平均气温和年极端最低气温等气候划分主要指标，并参照自然景观及植被分布情况，将中国划分成南、中、北热带，南、中、北亚热带和南、中、北温带9个气候带。其中中温带的范围包括东从乌苏里江主航道鸭绿江起，向西包括东北大部、河北省的北部、晋北和陕北各一部分、整个内蒙古和宁夏、甘肃东部和河西走廊，以及新疆天山南坡以北地区。由此可知，与新疆毗邻的河西走廊（包括张掖在内），在气候和自然环境方面有着非常密切的关系，受到来自西伯利亚气候和新疆天山气候的直接影响。竺可桢冰后期第三寒冷期时间划分的结论，也符合河西走廊在春秋末期和战国时期局部区域气候持续转冷的历史事实。

总之，春秋战国时期，受到大气候和自然环境的影响，祁连山沿山地区和北部山前地带，由于气温偏低，年平均气温和年积温等条件均已不能满足粟类作物生长的需要。研究表明，张掖粟类作物对气候的变化

---

① 《穆天子传》是西周的历史典籍之一。出土于西晋初年的魏王墓，是汲冢竹书的一种。西晋武帝太康二年（281年），在今河南汲县的战国时期魏国墓葬中，出土了一大批竹简，其中就包括《穆天子传》。其作者和成书时间，目前尚不详尽，存在争议，但一般认为它可能成书于战国时期，是由魏国史官整理西方河宗氏少数民族传说而成。主要记载了周穆王自宗周出发，西巡天下，直至西王母之邦的史事。

十分敏感,若遇低温和干旱,就会出现只长苗不结穗的现象。在冰期气候①条件下,以种植粟类作物为支柱的农业生产所依赖的水、热气候条件已不复存在。人们只能在临近河谷的低地上维持小规模的农业生产,种植业开始逐步萎缩。由于新冰期气候时期气温的下降和降水的减少,使粟类作物只能在低地上维持小规模的生产,这种局面若仅在短时期存在,或可使农业生产在灾害之后得到恢复。但这次冰期持续时间漫长,农业生产必然遭到彻底破坏。数代人之后,当气候再度回暖时,人们对祖先发明的农业种植技术早已记忆模糊或基本忘记,而重要的是,他们在新的环境下找到了一种新的经济方式。因此,气候和自然环境的变化,应该是春秋战国时期张掖农业转型的一个重要因素。②

二、当地民族大量外迁

先秦时期,由于气候和自然环境的变化,张掖当地人口开始大量外迁。这次人口大迁徙经历了一个漫长的过程,大约从商代中期开始,春秋时期达到高潮,到战国时期,张掖当地居民大部分迁至中原地区。

商代中期,张掖一带的羌人开始向南和东南迁移,进入甘肃陇南山地、西藏、四川和云南。而氐人大体都陆续转入周人地域,向原本居住于陕西西北部和甘肃东北部的以农业为基本生产、生活方式的地域迁徙。这一时期,留居本地的羌、氐人则逐渐与其他各民族互相融合。

商代后期,一些氏族部落可能迁徙补充到张掖一带,张掖农业生产人口总体发展比较缓慢。

春秋时期,西北气候持续转冷,种植业生产条件迅速恶化。原来以种植业为主的羌、氐、周人等人口群体大规模地向气候相对温暖的中原或东南部地区迁移。同时,春秋后期秦人对甘肃境内的羌人、戎人发动了多次战争,造成河西走廊境内的羌戎人大量迁徙而进入中原。如秦景

---

① 冰期气候,指地质时期出现大规模冰川活动的寒冷气候。冰期气候的共同特征是气候寒冷,雪线下降,冰流下注,大陆冰川扩展,气候带向低纬推移。
② 水涛:《论甘青地区青铜时代文化和经济形态转变与环境变化的关系》,载《考古》,2000年第5期。

公十四年（公元前563年），"来，羌戎氏！昔秦人迫逐乃祖吾离于瓜州，乃祖吾离被苫盖，蒙荆棘，以来归我先君（指晋君）。"① 这些内迁的羌戎人进入中原后与华夏人融合，到战国时期基本上已经不复存在。

由于东迁的羌人、戎人和周人是具有较高素质的农业经济人口，具有一定号召力和影响力，他们的东迁必然带动更多的人口东迁，形成了张掖的地理真空。也正是这一地理真空，为北方游牧民族的迁入创造了条件。

这一时期，张掖人口的迁徙呈现时间跨度大、流动范围广等特点，从客观上讲，气候长时期转冷、战争因素影响迫使羌、戎和周人陆续踏上东迁的漫漫行程；而从主观上讲，羌人、戎人和周人是以农业为主的人口群体，气候和自然环境发生变化，影响到了从事农业生产活动，向气候相对温暖的东部迁徙就成为一种必然的选择。

三、游牧民族的迁入

春秋、战国时期，大量农业人口的东迁造成张掖的地理真空，而祁连山下广袤草原，对游牧民族有着巨大的吸引力。于是，大量游牧民族迁入河西走廊，填补了这一真空地带，完成了张掖人口主体的历史性转变。在迁入人口中，数量最大的当数乌孙、月氏、匈奴等民族。他们过着随水草而迁徙的生活，其产业结构是畜牧业经济。

(一) 乌孙

乌孙原和月氏同居"敦煌、祁连（指祁连山）间"。《汉书·西域传》记载了乌孙的情况："地莽平。多雨，寒。山多松。不田作种树，随畜逐水草，与匈奴同俗。"汉代《史记》一书根据张骞对乌孙社会的考察指出，乌孙西迁河西后主要以畜牧业为主，畜牧种类主要有马、羊、牛、骆驼、驴等，以马、羊的养殖居多。战国时期的乌孙墓葬中，开始发现有谷物和农业劳动工具，如碾谷子用的石头碾子、磨盘、青铜

---

① 参见《左传·襄公十四年》。

镰刀、烧焦的谷物等。这说明，农业虽已在乌孙社会生产中出现，但规模仍然较小，在整个社会生产中不占重要地位。

乌孙的最高统治者昆弥曾颁布政令，明确保护对草场的占有、使用，不允许侵夺和进入王室的草场牧地，也不允许互相侵夺，这既保证了贵族利益，也相对地调节了贵族之间的矛盾，使社会相对安定，有利于畜牧业经济的发展。

后来，月氏发展迅速，在激烈的部落争斗中，乌孙首领难兜靡被月氏所杀。班固所著《汉书·张骞传》有载："大月氏攻难兜靡，夺其地，人民亡走匈奴。"月氏杀了难兜靡，乌孙人一部分被月氏俘获，一部分投奔匈奴，一部分逃到西域（今新疆天山中东部）。难兜靡的儿子昆莫，为匈奴冒顿单于收养。公元前213年，乌孙王子昆莫西去找大月氏复仇。昆莫率部族到伊犁河下游，赶走了大月氏人①，便在大月氏住过的今巴尔喀什湖的东面和南面定居了。大月氏人则向西南迁徙，经过多次迁徙和征战，最终在中亚和南亚地区建立了贵霜帝国，成为当时欧亚大陆上一个重要的政治、经济和文化中心。昆莫率乌孙部西迁后，匈奴浑邪王乘机接管了原来乌孙部族的草场，在今黑水国北城遗址②（见图7）筑觻得王城。浑邪王的驻牧重心，也逐渐由东往西移至觻得城。

（二）月氏

《史记·大宛列传》记述：月氏"行国也，随畜迁徙，与匈奴同俗。"《后汉书·西羌传》记述："湟中月氏胡，其先大月氏志别也，被服、饮食、言语略与羌同。"约在公元前10世纪之后，一支游牧民族深入祁连山下的河西走廊，中国古籍中将他们称为禺氏（或禺支、禺

---

① 公元前177年，月氏人被匈奴人袭击，幸存的月氏人随王室西迁。见司马迁《史记·大宛列传》。

② 今甘州城西北12.5公里处、明永乡下崖村附近。黑水国之名不见史籍。相传先秦时期小月氏、匈奴相继在此建都。因人称匈奴为"黑奴"，加之城建于黑河之滨，故有黑水国之名。此处有南、北二古城遗址，312国道2774公里处。北古城南距312国道2000米。以下黑水国北城遗址同此释。

知），他们被认为就是后来《史记》中的月氏人。春秋时期，月氏逐渐强盛。战国时期，月氏进一步强大，赶走了居住在敦煌、祁连一带的乌孙（乌孙西迁到今伊犁河流域），进而一路向东，统一河西，并在张掖设立牙帐，建都昭武城①（见图17）。张掖成为月氏人的政治、经济、文化中心。秦朝时，月氏在河西的统治臻于全盛，"控弦十余万"，统辖部落从河西走廊一直延伸到青海湖一带的湟水流域。

此后，月氏人统治河西300多年，社会安定，人民安居乐业，社会经济发展很快。他们不仅从事畜牧业，而且也注重发展农业和手工业，战国时期，"有控弦之士十余万"，表明月氏人生产发达，已经有制造兵器的手工业。秦朝初年，月氏更为强大，有军队10万余人，直接威胁着蒙古草原的匈奴。今民乐县永固城（见图16）是月氏人在黑河以东的中心城市，统辖黑河以东及青海湟水流域的月氏部落。其时，月氏人在河西统治处于全盛时期，建立了第一支强大的军队和第一个强有力的少数民族政权。主要驻牧的牧场有：焉支草场，今山丹军马场②（图19上编图5），附近有月氏王城（今民乐县永固城）；昭武草场，分布在羌谷水与弱水（即黑河与山丹河）汇流后直到昭武（今临泽县一带）一带；祁连草场，黑河上游祁连山中，今肃南县境内的康乐草原。

月氏人放牧的牲畜主要有牛、羊、马、驴等。月氏人多养羊，而且养得好。《太平御览》说："月氏国有羊，尾重十斤，割之供食，寻生如故。"说月氏人养的羊尾巴肥大，割了能再生，把月氏人善养羊神化了。牛，是主要的畜种之一，是驮物的役力，也是食品——肉和乳的重

---

① 昭武城在今临泽县鸭暖镇昭武村附近。战国后期，为月氏所建，后为匈奴所攻占。开辟昭武城为商贸城。汉武帝元狩三年（公元前120年），匈奴降汉。汉武帝在河西建郡县，仍置昭武县，归张掖郡管辖。到西晋时，因避皇帝司马昭之讳，改昭武为临泽。以下昭武城同释。

② 山丹军马场，位于河西走廊中部，祁连山冷龙岭北麓，地跨甘青两省，水草丰茂，是马匹繁衍、生长的理想场所，总面积达到329.54万亩。春秋时期为月氏人牧地，后为匈奴浑邪王牧地。公元前121年，西汉骠骑将军霍去病击败匈奴，始创山丹马场。西晋永和十年（354年），前凉王张祚在此置汉阳县，以守牧场，山丹军马场也叫汉阳牧场。在长达2100多年的政权交替中，曾有大马营草滩（马营墩、祁连城）、汉阳大草滩（汉阳牧场）、百帐大草滩等地名，是世界上历史最悠久的皇家马场，现在是世界第一大军马场。

要来源之一，月氏人也懂得放牛。马，更是重要的畜种，可以吃肉喝奶，可以代步驮物；打仗还可以冲锋陷阵；更代表一个民族的战斗力。月氏人养的马多。匈奴人在月氏那里抵押冒顿太子"为质"，盗月氏的"善马"逃回（《史记·匈奴列传》）。这说明月氏人不仅有马，而且有善马，养马技术已相当高。

昭武草场条件优越，它不仅是好草场，更是发展农业的好地方。由于月氏人常在昭武草场放牧，久而久之，游动少了，相对固定了，月氏人逐渐重视农业。"月氏城"和"昭武城"，周边都是"常处耕田之业"——农业的地方。月氏人重视农业，但农业仅是他们生产的一个部分，他们当时的畜牧业仍占主要地位，仍然是以畜牧业为主。

公元前177年，右贤王率匈奴精骑袭击了河西走廊的月氏，给月氏带来毁灭性打击，月氏一战而国灭，幸存的月氏人不得不背井离乡，开始向中亚地区迁徙。迁徙的月氏人分为两支，少部分行动不便的月氏人，向东南方向迁入了青海一带羌人、吐蕃人的居住区域，并开始逐渐使用羌或者吐蕃人的语言，他们被后人称为小月氏。而月氏主力，则离开甘肃，穿过戈壁沙漠，沿着他们祖先古印欧人开辟的道路，向西逃亡，他们被称为大月氏[①]。

月氏人退出河西走廊，张掖成为匈奴人驻牧地。

(三) 匈奴

匈奴是我国北方一个古老的民族，原分布在蒙古草原，战国末期，逐渐强大，他们的首领称为"单于"。公元前209年，匈奴首领冒顿单于第一次统一了蒙古草原，以其"控弦之士"30余万，东败东胡，北服丁零，西逐月氏。匈奴将俘获各民族工匠和当地匠人作为工奴，在张掖开办木器、铁器作坊。除制作农具、生活日用品外，主要生产穹庐、

---

① 月氏人属于欧罗巴人种。最初居住在中国西北部，即现今甘肃省兰州以西直至敦煌的河西走廊一带。公元前177年左右，匈奴击败月氏，随王室西迁的叫大月氏，西迁至伊犁河流域及伊塞克湖附近。公元前后，大月氏五部落之一的贵霜部落统一了大月氏各部，建立了贵霜帝国，并对中亚历史产生了深远影响。同时，大月氏人也是丝绸之路开辟的重要参与者之一，促进了汉朝与中亚地区的经济文化交流。

车辆、弓箭等，在兵器中多为大刀、长矛和弓箭。

匈奴占领河西后，将南山称为"祁连"山（"天子之山"），又将山丹境内今大黄山叫做"焉支"（阏氏，天后之山）。在匈奴浑邪王"分地"内，有许多牧场，其中包括匈奴领地最大的牧场即今山丹军马场。

浑邪王时，匈奴充分利用畜牧业优越的自然条件，繁殖牲畜品种，畜养最多的是马、牛、羊，还不断改进繁殖技术。在他的封地内，有驴牧（公驴）马牝（母马）的赢马（今谓驴骡子）。这是杂交后的新品种，也是发展畜牧业不可或缺的技术措施。

《史记·匈奴列传》云："毋城郭常处耕田之业。"有稳定的驻地，有了城郭，就可"常处耕田之业"，也就是有农业生产的地方了。浑邪王的"分地"内，宜牧宜农，已有了初步的农业。

汉文帝四年（前176年），冒顿单于派右贤王稽粥（yù）对河西发动进攻。匈奴赶走月氏，河西地区归匈奴右贤王统辖。以姑臧（今武威市凉州区）为中心的地区，由休屠王管辖；以觻得城，今黑水国遗址北城为中心的地区，由浑邪王管辖。在今民乐县永固城遗址置单于城，供老上单于和右贤王巡幸时居住，还在临松薤谷（今马蹄寺）建避暑行宫。

综上所述，乌孙、月氏、匈奴迁居张掖后，畜牧业成为张掖当地的主要生产方式，畜牧经济得到快速发展，最终完成了张掖农业由以种植业为主向以畜牧业为主的经济转型。

第二章　张掖农业的开拓

——西汉至三国时期

汉初，张掖为匈奴占据，西汉被迫实行"和亲"政策。汉武帝在位时，励精图治，积蓄国力，汉朝开始强盛。为打通河西至西域的通道，汉武帝派霍去病三次发动征讨匈奴的战争，结束了匈奴对河西走廊的统治。元鼎六年（公元前111年），汉武帝以国家经略之名取"张国臂腋"之义，设置张掖郡（郡治今武威市凉州区东南60里张义堡），张掖正式纳入汉朝版图。

西汉至三国时期，中央政府实行移民实边政策，迁数十万中原人来河西走廊进行农业开发，种植业人口再度成为张掖的主体人口。张掖人民开始在这块相对固定的土地上，辛勤劳作，农业长足发展。张掖农业进入历史上的开拓时期。

东汉后期，由于中原王朝对河西走廊经营力度的减弱，战乱、自然灾害等影响，张掖农业出现衰落。

三国时期，张掖为曹魏属地。曹魏政权在张掖大规模屯田，实行占田制，推行著姓经济，张掖农业开始恢复发展起来。

第一节　西汉时期张掖农业的开发

河西归汉是中国历史上的大事，结束了匈奴在河西走廊近半个世纪的统治。《汉书·匈奴传》载："金城、河西，西并南山至盐泽①，空无匈奴。"匈奴浑邪王归汉后，整个河西空虚。汉武帝原想和月氏东西夹击匈奴，要月氏仍留住河西，隔断匈奴和南面羌族的联系，即史书上称的"断匈奴右臂"。但迁到大夏（今阿富汗一带）的月氏人不愿回来。汉武帝元狩二年（前121年）三月，骠骑将军霍去病由陇西出击匈奴，至焉支山（今甘肃山丹县东南）西，歼敌近9000余人。同年夏，霍去病出北地（今甘肃庆阳西北），经富平（今宁夏吴忠西南）沿黄河北行，到达居延（今内蒙古额济纳旗东南），沿弱水②南进，向祁连山地区匈奴发起突然袭击，杀敌3万余人，重创匈奴右部。汉武帝于元狩四年（公元前119年），又派张骞出使西域，请乌孙再回到河西居住，顶替月氏角色，以断匈奴右臂，但是，乌孙人也不愿回来。于是，元鼎二年（公元前115年），汉武帝在浑邪王城觻得始置酒泉郡，辖区大致与今河西走廊范围相同。③ 汉朝虽然设置了酒泉郡，但河西走廊空旷无守卫之功，匈奴照样攻掠北部边地。元鼎六年（公元前111年），汉武帝在酒泉郡以西置敦煌郡（今敦煌市），在酒泉郡以东（焉支山）设置张掖郡，郡治张掖县（今凉州区东南60公里处的张义堡）。

西汉王朝统辖张掖后，为巩固西北边防，实施大规模移民实边，掀起了张掖历史上第一次农业大开发热潮。

一、移民实边

西汉统辖张掖以后，正如司马迁《史记·大宛列传》中记述的"故浑邪王地空无人"。要巩固、经营西北边疆，首先必须解决人口问题。于是，西汉王朝即向张掖及河西走廊大规模移民，既农又兵，亦耕

---

① 盐泽，今新疆罗布泊。
② 弱水，古时称现在的黑河为弱水（合黎山以北段）、黑水（一般指弱水下游黑河内蒙古段）。曾名合黎水、羌谷水、鲜水、覆袤水、副投水、张掖水、甘州河。是中国第二大内陆河，发源于祁连山北麓中段。《尚书·禹贡》："导弱水至于合黎。"弱水滋养了张掖古代先民，留下了丰富的史前文化遗迹，成为中华民族早期文明的发祥地之一。以下弱水同释。
③ 周振鹤：《西汉政区地理》，人民出版社，1987年1月。

亦战。《汉书·武帝纪》云：元狩五年（公元前118年），"诏徙奸猾吏民于边"，武帝诏中的"边"，包括张掖。史书记载汉王朝大规模地向张掖及河西一带移民主要有四次。

第一次，元狩三年（公元前120年）向关西及朔方以南新秦中移民70万人。史载："其明年，山东被水灾，民多饥乏。于是天子遣使者虚郡国仓庾，以赈贫民。犹不足，又募豪富人相贷假。尚不能相救，乃徙贫民于关以西，及充朔方以南新秦中，七十余万口，衣食皆仰给县官。数岁，假予产业，使者分部护之，冠盖相望。其费以亿计，不可胜数。"① 这次大规模的移民行动，可视为救灾式移民，将70多万人迁移到西部地区，包括今天甘肃大部分地区，同时也包括向河西移民。移民衣食供给完全由国家包干，而且派遣朝廷使者，分批将他们护送到迁移之地。

第二次，元狩四年（公元前119年）向河西移民。《汉书》卷96《西域传》记载："骠骑将军击破匈奴右地，降浑邪、休屠王，遂空其地，始筑令居以西，初置酒泉郡，后稍发徙民充实之。"西汉占领河西后，汉武帝听从张骞意见，想劝说乌孙"东居故地"，以填补河西人口的空白。汉武帝将充实河西的希望寄托于乌孙，在派张骞出使乌孙的同时，向河西地区组织了小规模的移民。

第三次，元狩五年（公元前118年），"徙天下奸猾吏民于边"②。这是一次惩罚性移民，就是将全国各地为非作歹、奸险狡猾的官吏和平民全都迁徙到边境地区。张掖作为边境地区之一，也是这次移民地。这一史实的印证见《汉书·李陵传附李广传》的记载：天汉二年（公元前99年），李陵率步卒5000出居延，北行30日，至浚稽山被匈奴单于3万骑兵包围，战不利。"陵曰：'吾士气少衰而鼓不起者，何也？军中岂有女子乎？'始军出时，关东群盗妻子徙边者随军为卒妻妇，大匿车中。陵搜得，皆剑斩之。明日复战，斩首三千余级。"这里所说的"关东群盗妻子徙边者"，恐即指元狩五年（公元前118年）所徙"天下奸

---

① 《史记》卷30《平准书》。
② 《汉书》卷6《武帝纪》。

猾吏民"中的人。

第四次，元鼎六年（公元前111年）秋向河西的移民。同年，汉军又一次发动清除河西等地匈奴残余的军事行动，然后向河西实施移民。史书称："又遣浮沮将军公孙贺出九原①，匈河将军赵破奴出令居②，皆二千余里，不见虏而还。乃分武威、酒泉地置张掖、敦煌郡，徙民以实之。"③ 这次移民的数目，史书上没有记载，但汉朝既然要在河西设置四郡数十县，应该是一次大规模的移民。西汉王朝从内地向河西地区移民的主要对象是"关东下贫"④。所谓"关东下贫"，是指潼关以东的陕西东部，河南、山东、河北一带无地或少地的贫苦农民。此外，还有"抱怨过当"和"悖逆亡道"⑤，也就是刑事罪犯和犯有叛逆罪的政治犯。对于刑事犯和政治犯的迁徙，属于强制性的流放；对于"下贫"的农民的迁徙，虽然也带有一定的强制性，但也具有社会救济的性质。

移民实边战略的实施，迅速改变了张掖地旷人稀的局面。《汉书·地理志》载有西汉武帝太初（公元前104年）间河西各郡的人口：张掖郡24352户，88731人；酒泉郡8137户，76726人；敦煌郡11200户，38335人；武威郡17581户，76419人。四郡中，张掖郡的户数和人口都比其他郡多；户数比酒泉多34%，比武威多38%，比敦煌多21.7%；人口比酒泉多15%，比武威多11%，比敦煌多23%。张掖户数和人口多的原因有二：一是张掖地处走廊中段，屯垦处广，需更多移民，汉武帝移民时，对张掖就移得较多；二是居延属张掖郡，居延重要，戍卒多，将这些人口算在张掖郡内，张掖人口数量就大多了。西汉平帝时，

---

① 九原，秦始皇三十三年（前214年），取匈奴河南地后置九原郡，治九原（今包头市九原区麻池乡）领九原、临河（巴彦淖尔市临河区新华镇）2县。辖境相当今内蒙古后套及其以东至包头市，黄河南岸的伊克昭盟北部地。曾修筑秦直道连接咸阳和九原郡。

② 令居，西汉置县，晋废。前凉复置，旋废。治所在今甘肃永登西北，地当湟水流域通向河西走廊的要冲。

③ 《汉书》卷49《晁错传》。

④ 《汉书》卷28《地理志》。

⑤ 《汉书》卷49《晁错传》。

河西四郡有71270户、280211人，其中，张掖郡有24352户、88731人，武威郡17581户、76419人，酒泉郡18137户、76726人，敦煌郡11200户、38335人，张掖郡占了河西四郡人口的31.6%。① 这个较高的百分比，说明汉朝对张掖的移民多，充分显示了汉朝对张掖的重视。

大批移民的到来，不仅为张掖农业开发提供了充足的劳力，而且带来了中原地区先进的生产工具和生产技术。西汉政府一方面组织移民大规模垦荒，一方面组织兴修水利，形成了张掖历史上第一次农业大开发的热潮。总之，西汉政府通过实施移民实边战略，有效地巩固了西北边防，实现了"隔绝羌胡""断匈奴右臂"的战略目标。对推动河西地区农业开发，促进河西地区经济文化发展，保障丝绸之路的畅通，都产生了积极而深远的影响。同时，大批中原农耕人口的迁入，也改变了张掖的人口结构和经济结构。西汉中期以后，汉民族成为张掖人口的主体。西汉末期官方统计的11万人口中，10万属于中原迁来的汉族农耕人口。随着10万多人的大规模农业开发，张掖的农业结构转向以种植业为主的格局。

二、军事屯垦

西汉政府在移民实边的同时，在河西推行"无事则耕，有事则战"，耕战一体的军事屯垦制度。军队就戍地种植谷物，自食自用，亦兵亦农，平时务农，战时作战。汉武帝元狩四年（公元前119年）起，西汉大规模的军事屯田首先在朔方②至令居一线展开，然后向西推进至河西走廊一带。由于边防军数量很大，移民生产的剩余农产品不够军用，于是又在边地实行军事屯田。即由军队选择水草丰美的地方，"通沟渠，种五谷"。在军队建制中设有"候农都尉"和"田官吏卒"。《前汉书·食货志》中记载："武帝元鼎六年（公元前111年），初置张掖、酒泉郡，而上郡、朔方、西河、河西设田官，斥塞卒六十万人戍之。"

---

① 《张掖史地读本》（历史分册），兰州大学出版社，1997年6月，第36页。
② 朔方，汉代设朔方郡，今乌海市蓝城子。公元前107年，汉武帝派遣拔胡将军郭昌屯垦朔方，募集十万人口徙居朔方。

汉昭帝始元二年（公元前85年）冬，屯田张掖，发习战射士诣朔方，调故吏将屯田张掖。

西汉时期，张掖郡屯田很发达，有觻得屯田，番禾屯田，还有著名的居延屯田。

觻得屯田——觻得是匈奴语，是浑邪王属下觻得王的驻牧地。觻得城处在黑河（古称羌谷水）之滨。从觻得城往西，直到乐涫县①（今酒泉市境内下清河皇城遗址），是一马平川的牧地，也是农业生产的绝好处所。《史记·河渠书》云：元封二年（公元前109年），"朔方、西河、河西、酒泉皆引河及川谷水以溉田"。酒泉与河西并列，酒泉以西的敦煌郡已建立，酒泉以东直到令居，都属张掖郡，此河西则相当于张掖郡。这即说张掖郡也"引河（指黄河）及川谷水（黑河）溉田"了。《汉书·地理志》"觻得"条下注曰："千金渠西至乐涫，入泽中，羌谷水出羌中，东北至居延入海，过郡二，行二千二百里。"应劭曰："觻得渠，西入泽羌谷"。照应劭所说，千金渠②又叫觻得渠。我们今天看到觻得古城址附近，有羌谷水（即今张掖黑河）缩退痕迹，二千一百多年前，这儿开渠是可能的。此渠从觻得城附近开挖，一直挖到乐涫，工程浩大。《汉书·地理志》酒泉郡所领的九县中有"乐涫"。《重修肃州新志·高台县》："高台县，汉为乐涫县地，属酒泉郡……古城在今县城西南四十里，俗名骆驼城（图20上编图6），即汉乐涫县旧址。"《甘肃地理沿革图表》将乐涫标在今高台县（汉为表氏县）城西北黑泉公社附近。谭其骧先生主编的《中国历史地图集·凉州刺史郡》将它标在禄福（今酒泉市）东50公里左右的下河清公社附近。齐陈骏先生在《关于高台县骆驼城遗址的一些问题》中，认为《中国历史地图集》的标位是"正确的"。他并引《酒泉县文物普查材料》说，"距下河清农场一公里左右，发现有较大的汉代墓群，初步划定的保护面积为十二万平方米；在下河清公社的皇城、楼庄、紫金、五坝等大队，也发现有

---

① 齐陈骏有考证，见《河西史研究》，甘肃教育出版社，1989。
② 千金渠，据《汉书·地理志》《中国水利史稿》记述：千金渠，亦名觻得渠，从觻得县（在今甘州区西北）开始引羌谷水（黑河水）西流至乐涫（今酒泉下河清一带）。兴水屯田，成效显著，呈一时"兵马精疆，仓库有蓄，民庶殷富"景象。

汉代旧墓葬。因此，将汉代的乐涫城定在今酒泉下河清公社附近应是可信的。"同时，《晋书·载记·吕光》云：沮渠蒙逊从兄男成，起兵"屯乐涫"，吕光命垒澄率军"讨男成于乐涫"，垒澄败，男成攻建康（今高台县骆驼城）。这说明乐涫和骆驼城①不是一处地方。乐涫既然在今酒泉市东50公里左右的下河清附近，那么，距离觻得城就更远，全长在150公里以上了。

张掖郡下设有农都尉，觻得渠旁边的觻得屯田，当是农都尉管辖的。觻得屯田的效果如何？《汉书·地理志下》记载了公元前104年（汉武帝太初元年）张掖县的千金渠状况："张掖郡故匈奴浑邪王地，武帝太初元年开，县十：觻得县千金渠西至乐涫（今高台县西北）入泽中。"这是甘肃境内现已查到的最早的水利工程史料记载，距今已有两千余年。觻得渠两岸，是宽阔的肥沃平川，只要有水，不遭天灾，不违农时，一定会年丰岁稔。人们感念渠水的作用大，特称它为"千金渠"。觻得屯田后来荒废了。荒废的原因有三：一是人口增多，狭长的屯田逐渐被安置了群众，土地并未荒芜，但屯田已不复存在。二是风沙侵害，觻得屯田延伸在巴丹吉林沙漠南沿，日积月累的风沙，吞噬了许多屯田，也吞噬了觻得渠渠段。现在觻得城旁不远，原觻得渠旧址上，是一架又一架的沙丘，若非古书有载，人们很难想象这里曾有过流水清澈的河渠。三是水利知识的丰富，提高了人们对羌谷水的利用。在羌谷水畔修筑了众多更为实效的支渠毛斗，取代了觻得渠。觻得渠虽逐渐被遗忘，但它对开发张掖曾起过的历史作用，却是不可磨灭的。

番禾（又称作和）屯田——番和是西汉鸾鸟县的县治（今永昌县境内），在今山丹军马场一分场的西大河边（鸾鸟湖附近）。西大河的水，就是番禾的重要水源之一。张掖郡境内的番和、骊靬、显美三县均

---

① 骆驼城，在今甘肃省张掖市高台县城镇西滩村。汉代为酒泉郡表示县，西晋十六国北朝时期为河西建康郡治所，唐代在此设立建康军，隶属于河西节度使。是国内现存最大、保存最完整的汉唐古代文化遗址，全景式反映了汉唐时期绿洲屯田、西塞牧猎、交通出行、歌舞宴乐、远古神话等多方面社会生活。是研究汉唐时期河西地区政治、经济、文化的重要物证，也是探讨古代东西方文化交流、民族融合的重要窗口。1996年11月20日，公布为第四批全国重点文物保护单位。

在西大河中游。《汉书·地理志》张掖郡的十县之一的番和县条下注："农都尉治。"这个农都尉应是张掖郡农都尉。番禾县，《永昌县志·历史沿革》注曰："其故址当在今县西12公里水磨关南约1公里的西寨城，俗称'白虎城'，与'番禾'谐音。"离今永昌县城只有10余公里。

西汉在番和屯田，除了土质和水源外，主要是从整个形势所做的布局。汉武帝统辖之张掖，东面到金城（今兰州）附近，全长一千多里[①]，出征、移民等，对口粮的供应，长途运输，靡费浩繁。令居已有屯田，在番禾再设屯田，则整个张掖郡的粮食供应线就趋于便捷、合理，因而也节省大量人、财、物力。有学者提出休屠（今武威下双有休屠城）也军屯过。很可能，因为休屠具备屯田的条件。西汉昭帝地节三年（公元前67年），武威郡建立前，休屠王的驻牧地属张掖郡，如果休屠有屯田，那么，张掖郡内的屯田分布均匀，粮食运输线就分布得更为合理。

居延屯田——居延是北方民族南下河西走廊的唯一通道，有的学者称它"居延古道"。居延屯田区位于黑河与讨赖河汇合后下游的额济纳河平原地带，今酒泉市金塔县东部的河谷绿洲就属于这一屯田区域（图21上编图7）。居延屯田是军屯，是军队系统的屯田，屯田的任务由戍田卒担任。张掖郡太守之部，设有"农都尉""护田校尉"，统称"田官"，专门管理田事。今高台县的骆驼城许三湾（图22上编图8)[②]就是汉时的新兴农业区。

汉武帝太初三年（公元前102年）派遣戍田卒18万，且耕且戍于居延、休屠，这说明居延屯田开始于汉武帝太初年间。汉武帝所派遣的18万戍田卒中的大多数，是汉朝派往居延地区的最早经营者，他们在

---

① 张掖西从昭武（今临泽县）起，东到令居（今永登）东的金城（今兰州市）附近，以现在的里程计，全长500余公里。

② 许三湾遗址在骆驼城遗址向西8公里处，2001年被列为第五批"全国重点文物保护"单位。这一带有可见封土墓葬8000余座，是国内分布最密集、保存最完好的特大古墓群。文物保护工作人员经过抢救性发掘9座魏晋墓葬，出土魏晋时代墓室画像砖400多块。这些画像砖内容丰富，艺术价值很高，被誉为"魏晋社会连环画"。

这里垦田殖谷。居延屯田的规模很大，主要包括两个屯区：北部以甲渠塞《都尉居延奉例》卷（图23上编图9）、卅井塞和居延泽包围的居延屯田区；南部以肩水东、西两部塞包围的驿马屯田区。汉武帝在此重点设防，兵力就多。在居延大规模屯田，目的就是保证军粮供应。

据汉简记载，汉昭帝始元二年（公元前85年），在一次修治灌溉水渠的工程中，就动员了1500名戍田卒参加①，足见当时居延屯田规模之大和人数之多。正因为居延屯田规模很大，对巩固居延边塞极为重要，所以居延地区设有居延农都尉和肩水农都尉专门管理，作为各自流域内的屯田管理机构。当时还从额济纳河引水修渠，灌溉农田。②另据《汉书·食货志》记载，居延汉简中有：代田仓、城仓、居延仓、肩水仓、都仓、北部仓、序胡仓、吞远仓、诚子仓等名称。由于粮食收获量很大，就要修建粮仓加以储存。这些都说明，居延屯田的规模大，成效好。

第二节　西汉中后期的张掖农业

西汉实施大规模的移民屯田后，大量中原汉族迁入张掖，为张掖农业开发提供了充足劳动力，中原地区先进的生产工具和耕作技术也得到传播和推广。同时，西汉政府在酒泉（公元前111年前，张掖在其中）一带大力实施军事屯垦，鼓励农耕，农业生产得到了快速发展。

一、代田法的推广

代田法是汉武帝末期，搜粟都尉赵过发明的耕作方法。《汉书·食货志》记载：代田法因"一亩三甽，岁代处，故曰代田。"具体方式：先将狭长的地修整成三甽三垄，"播种于甽中，生叶以上，稍耨垄草，因聩其土，以附苗根，苗稍壮，每耨辄附根，比盛暑，垄进而根深，能

---

① 参见《居延汉简甲乙编》下册，第211页，303.15、513.18简。
② 刘光华：《汉代西北屯田研究》，兰州大学出版社，1988年，第71-72页。

风与旱。"畎,即田间开挖的深沟;垄,即田间因开沟堆成的土埂。播种时将种子种在沟中,再盖上土,沟中风小,水分散失慢,有利于作物种子发芽。幼苗出土后,少受风吹,可以减少水分蒸发。田间养护时,将垄土壅苗,可以增强根系生长,充分吸收水分,防止倒伏,而杂草埋入土中,腐烂后又可增强肥力。这种耕作方法,随着作物的生长,不断向其根部培土,从而使作物扎根深入,增强抗风能力,充分吸收土壤水分和养分,起到抗旱保墒的作用,还可休养地力,提高粮食产量。干旱地区推广代田法的抗旱作用明显,增产效果显著,"用力少而得谷多。"综上所述,这种耕作方法主要有三点使作物得以增产:

(1)种子种在畎(沟)里,可避免幼苗被风吹干,减少叶面水分蒸发。同时,还减少沟底的水分损失,确保幼苗生长所需水分。

(2)随着作物成长,逐次培壅,根部则愈来愈深,既确保其吸收更多的水分,还可防止倒伏。

(3)沟和垄年年倒换,使土地轮番利用,有利于恢复地力。

汉简中所记载的"居延城"当为居延县城,理应包括居延屯田区。代田法在"边郡及居延城"推广,进一步证明了西汉时期张掖一带代田法的存在和推行。

二、先进农业生产工具的运用

铁质农具迅速推广。"武帝始开三边,徙民屯田,皆与犁牛",由于政府向移民无偿提供生产工具,河西一带已开始使用铁农具。西汉边郡的设置以及国家垄断盐铁专卖的制度,使铁器生产由政府大规模供应成为一种现实的可能。武威磨咀子汉墓群出土了西汉末期的木牛犁模型:"木犁长为18厘米,犁铧头宽3厘米。犁的构造极为简单,仅有犁辕、犁梢、犁床、犁铧、犁箭等部分,看不出犁壁等构造。""当是目前河西走廊地区最早的关于耕犁的实物资料。"[①] 该地点所出铁器虽然未必全为农具,但其中大多数为农具。由此可以证明,铁质农具已经成

---

① 见《丝路访古》傅玫《河西的犁》。

为当时河西一带的主要生产工具。

1994年7月，张掖市高台县骆驼城乡骆驼城西南墓群出土一批魏晋时期的彩画像砖（图24上编图10）留下了许多代表当时生产力的生产工具形象。这批画像砖共58块。画像砖呈青灰色，长方形，长39厘米，宽19.5厘米，厚5厘米。砖面用白粉涂底，丹砂饰边，中间用墨线、丹砂作画，全为一块砖一个完整的画面。画像砖的内容涉及当时河西走廊政治、经济、文化生活的发展状况，具有很高的研究价值和艺术价值。画像砖的具体内容以表现现实生活为主，有反映当时农业生产、畜牧渔猎、饲养屠宰家畜的场景，也有反映其主人生活、信仰及死后妄想升天的画面，还有一部分画像砖绘云气、青龙、山石、树木、供品晾衣架、兽头等。这批画像砖中涉及农业生产内容的有三块。

农耕画像砖（图25上编图11）：砖面绘二牛一农夫。农夫头束髻，身着交领短袄，一手扶犁把，一手扬鞭驱牛。前面二牛抬扛拉犁，犁钟作三角形，单辕犁杠驾于二牛之间。

耱地画像砖（图26上编图12）：画面用墨笔清绘一男子扬鞭扶犁、二牛抬杠的耕作情形。说明河西地区在魏晋时期农业达到了精耕细作的阶段。

撒种耱地画像砖（图27上编图13）：画面人物头束高髻，身着交领长衫，牵牛耱地。画面简洁明了，生动传神。

这三块画像砖内容取材于农村现实生活，具有很强的写实性，生动再现了当时河西农业生产及农具使用情况。它们清楚地告诉我们：西汉开发河西的早期，张掖人用的就是这种犁。

凿井技术。居延有水，但在较远处、水不易引到，就得凿井取水，以供人畜饮水和庄稼灌溉。居延汉简"3·14"中有"卅井""渠井侯长"等。所开的井是相连的，是一种坎儿井。人们一说到坎儿井，就会想到新疆，其实西汉居延已有"大井六通渠也，下泉流涌而出"[①] 六井相连，下面相通，泉水涌出的坎儿井。能开凿这样的井，就扩大了耕作面积，从而使农业丰收又多了一份保证。

---

① 《汉书西域传》，孟康注。

耧车的推广运用。耧车由汉武帝时期的赵过发明，是一种靠畜力或人力为动力的新式播种农具。东汉人崔寔说："武帝以赵过为搜粟都尉教民耕殖。其法：三犁共一牛，一人将之，下种挽耧皆取备焉，日种一顷，至今三辅犹赖其利。"三犁实际上就是一种三条腿的播种器，一个耧车上装有三个播种开沟器，同时播种。耧车分单辕与双辕两种，单辕由两个牲口拉，即所说"二牛抬杠"，双辕由一个牲口拉。耧辕连接着后部耧体，耧体中央是方形耧斗，盛放种子，下开小口；耧斗小孔处有闸板，控制下种速度；斗上有细绳系小重物，有小木楔，一头连在绳上，一头插入耧斗下部小孔内，耧左右摇摆时调节下种量，同时以防淤塞发生；耧斗下方三条中空耧腿，耧脚上装铁犁，播种时开沟，有小孔连接耧斗直通耧脚下种。播种前先根据下种量需要，调节好闸板，控制下种量大小。播种时牲畜驾耧车在前，操耧手在后，双手紧握耧把，左右不停摇摆，不断前进，种子通过中孔耧腿流入耧脚出口，自然播入犁铧开好的沟中，随后即被土覆盖。耧车后一般拖一块木板，将翻开的土耱平、压实，起到保墒作用，有利于种子发芽。

耧车的使用发挥了很好的效益：实行条播，保证作物适当行距，有利于通风透光，便于田间锄草耕耘；节约种子，下种深浅一致，出苗整齐；种子入土即被覆盖，保持墒情有利于种子发芽；节省人力，提高劳动生产率。耧车将开沟、播种、覆土三者统一为一体，使用便捷。

三、水利设施的兴建

水利是促进农业生产发展的至关重要的因素。汉武帝认为"边疆之利，莫要于屯田，屯田之兴，莫重于水利问题。"西汉时期，为了进一步推动移民实边和屯田措施的实施，中央王朝颁布了兴修水利的谕令，自中央到地方兴起了兴修农田水利的高潮。当时，为兴修水利专门设置了很多机构和水利官员。据《汉书》卷19上《百官公卿表》记载，除中央大司农掌"郡国诸仓农监、都水六十五官长丞"外，各郡国县道均设有都水官署和吏员。另据敦煌悬泉简记载，"敦煌郡府设有主水史，下领东都水官、西都水官，置都水长、丞，率都水卒、徒、官奴，整治水利；又有渠官长、丞，下领东道平水史，率案渠卒、徒、官奴，管理官渠，'合作水衡'，分配渠水。又设穿水督邮，专职督察水利。"① 这一时期，河西走廊一带修建了一些大型管道引水工程，"朔方、西河、河西、酒泉皆引河及川谷以溉田。"② 除了官方兴办"藏田各万余顷"的大型水利工程之外，民间也自修各种配套管道、水井等水利设施，这些设施虽然规模都很小，但是数量很多，即所谓"佗小渠披山通道者，不可胜言"③。

汉代在河西大兴水利，于张掖开引水渠很多，最有名的是千金渠。据《汉书·地理志》《中国水利史稿》记述：千金渠，亦名觻得渠，从觻得县（在今甘州区城西北）开始引羌谷水（黑河水）西流至乐涫（今酒泉下河清一带）。这是张掖水利事业的开创时期。

《高台县志》则称："元鼎二年（公元前113年），此时前后酒泉等地大兴水利，引河及川谷水灌溉。"

《民乐县志》引史料载："虎喇东渠、虎喇西渠开创于汉代。"1945年，甘肃省水利林牧公司在关于整修海潮坝的计划书中也说："海东坝，此坝据系汉代修建，引海潮坝水，长15公里……海西坝，此坝亦创建于汉代，引海潮坝河水灌田，长20公里……"还有民乐县境内的大都麻河，汉代修建时称为卢水，五凉时称大虞河，后称大沐化河。大沐化东渠（现在的大都麻河东干渠）也为汉代所开。自黑河引水的高台县境内的巷道、正远、宣化等乡所用以灌溉的站家渠，也创建于汉代。

大兴水利是西汉政府的号召。张掖郡治四周之地人口相对稠密，农业相对发达，与居延相比，靠祁连山出河口近，引水又较便利，应当说对土地资源的开发和水利的兴修倍加用力。司马迁说到河西"引川谷水灌溉"，这"川谷水"当然是包括黑河在内的所有祁连山出山各河流了，即黑河水系众流域均有引水灌田的史实。至于司马迁谈到的各地沟渠之数多得"不可胜言"，这就不仅指引水干渠，支流，而且也指遍布

---

① 吴礽骧：《敦煌悬泉遗址简牍整理简介》，载《敦煌研究》，1999年第4期。
② 司马迁：《史记》卷29《河渠书》，中华书局，1990年。
③ 司马迁：《史记》卷29《河渠书》，中华书局，1990年。

于地头、田间的大小沟渎；这些排灌系统，旱则用以灌田，涝则用以排洪泄溢。

随着生产技术的不断改进和水利灌溉的发展，汉代张掖农业生产水平不断提高。据《汉书·地理志》载："长城以南，滨塞之郡，马牛放纵，蓄积布野。"西汉末年，窦融担任张掖属国都尉，厉兵秣马，发展农业，境内呈现"兵马精强，仓库有蓄，民庶殷富"① 的兴旺景象，这实是张掖农业发展的一个缩影。

第三节　西汉时期的张掖畜牧业

西汉时期，张掖的畜牧业占据了当地经济的重要地位。官办畜牧业和民办畜牧业在张掖均得到了一定的发展。畜牧业的发展为当地居民提供了丰富的经济来源，促进了当地经济的繁荣。畜牧业不仅为当地居民提供了丰富的肉食来源和经济来源，也带动了当地皮毛加工业、制革业等相关产业的发展。

一、官办畜牧业

西汉政府发展官办畜牧业的重要措施是设立马政管理机构，实行太仆—牧师令—牧师苑三级管理制度。中央由九卿之一的太仆"掌舆马"，专门负责国家畜牧业的管理，其下设立厩、苑等养马机构。京城附近的养马机构称厩，边郡的称苑。

西汉时期的牧师苑，是朝廷设在边郡的大规模官营牧场，在牧师苑管理之下，以为朝廷养马为主，兼牧牛、羊、骆驼等。西汉政府将国家租税收入设立专项资金，专门用于牧师苑的经营费用。如汉代征收的"算赋"，是为"治库兵车马"② 之用，"口赋"的一部分也是用"以补

---

① 《资治通鉴·汉记》
② 班固：《汉书·高帝纪》，如淳注引《汉仪注》。

车骑马"①，以上两者均被用于佐助官营畜牧业的经费。西汉政府还通过国家法律的形式保障畜牧业。对因放牧与饲养不良而造成牲畜死亡者，或者因役使过分而使牲畜减肥者，都要追究主管者、饲养者、使用者的责任。

西汉重视对种马的引入和马匹的改良，尤其是通过野马与家马交配而获得优良马种。《汉书·张骞传》记载，南阳新野暴利长，在汉武帝时遭到刑罚处理，被押送到敦煌境内参与屯田。他在渥洼水设计捕捉住一匹良马，将其献给汉武帝。汉武帝得到渥洼宝马，极为兴奋，称之为天马，并作《天马之歌》咏颂。张骞第二次出使西域返回时，乌孙昆莫派使者带了"马数十匹"，随同张骞于元鼎二年（公元前115）到长安，向汉武帝表示感谢。汉武帝看到乌孙进献的这几十匹马长相俊伟，头轻、面干，眼大，耳小，口裂深，鼻孔大，背腰宽大，尻宽稍斜，四肢干燥，坚强，是极好的良马，十分高兴。史书称其"得乌孙马好，名曰'天马'"。

除官马养殖以外，居延汉简中还常见有"官牛"的记录，"官牛"有专门的"牛籍"。如：鸿嘉四年十月丁亥，临长泉亭长褒敢言之：谨案，亭官牛一，黑，犗，齿八岁，夬鼻，车一两（辆）……（X101）本简为汉成帝鸿嘉四年（公元前17年）十月二十三日临泉亭长褒向上级报告该亭一头八岁黑色官牛及车的情况。在同一份文书中专言牛、车可知此牛是供拉车的。对此，居延汉简中关于"服牛"食用谷的记载（H509.20），可为佐证。"官牛"即官府配给临泉亭所用的牛，非私人所有。临泉亭有官牛，则其他各亭应当也是这样。西汉时期张掖一带的驿亭中已经开始设有专门的马医，治疗各种牲畜疾病，这无疑是畜牧业养殖技术进步的重要体现。

二、民间畜牧业

汉武帝时期，为了鼓励民间畜牧业发展，专门采取了一种"官贷民牧"的措施，史籍对此有详细记载："新秦中或千里无亭徼，于是诛

---

① 班固《汉书·昭帝纪》，如淳注引《汉仪注》。

北地太守以下，令民得畜牧边县。""官贷民牧"的具体办法就是"官假马母，三岁而归，及息什一，以除告缗，以充初新秦中"①。即以官府母马借贷于民，允许他们在边郡放牧，以三年为期限，官府课取其所提供母马所生子马的 1/10 来充税。这一措施，后来成为在全国普遍实行的"课马息"制度。

西汉政府鼓励民间兴办畜牧业，禁止随便宰杀耕牛，并规定了杀牛、盗牛者受重刑，有力地保障了耕畜的繁殖和数量的增长。

西汉政府还实行牛、马等大家畜登记制度，除了为便于查核、防止窃失以外，更是为了保证饲养水平，并促进繁殖。在居延汉简中，就有"令史宫移牛籍太守府"的简文。根据牛籍简的内容可知，其与马籍的格式相同，是按照每头牛的毛色、性别、标记、年龄、体重等要素依次登记建立的。

在西汉政府的鼓励和扶持政策下，张掖的民间畜牧业得到了一定的发展。据史籍记载，当时"雍州之域水草丰美，土宜产牧，牛羊衔尾，群羊塞道"。武威以西"地广民稀，水草宜畜牧，故凉州之畜为天下饶"。② 当时，张掖畜牧业从业人员中既有规模比较大的私人牧主，也有一般的牧民，还有一些从事种植业为主的普通农户。

西汉对大牲畜品种改良也有较大成绩，马、驴远缘杂交所产生的骡子，具有耐粗饲、耐劳役、抗病力强、挽力大而且耐持久等优势。张骞通西域后，从西域引进了苜蓿。苜蓿从西域传入，第一站就是河西走廊，尤其是张掖应有苜蓿的种植。苜蓿是优质的饲草，用于饲养牲畜，在中国的畜牧史上是一件大事，对繁育良种马，增强马、牛的体质和抗力，发挥了重要作用。这一时期，牲畜阉割去势的范围已相当广泛，马、牛、羊、犬、猪等主要家畜均已实行阉割去势术。汉代还发明水骟法为马去势，比火骟法更安全保险。

养羊，是民间畜牧的主业。汉宣帝本始二年（公元前 72 年），汉军联合乌孙反击匈奴时，虏获大量牲畜及 60 万只羊，并且许可乌孙自

---

① 《史记》卷 30《平准书》。
② 《汉书》卷 28《地理志》。

取其中一部分战利品。① 除了战争，西部牧民不断将马牛羊及其制品输入内地。此外，关于张掖汉代民间畜牧业的情况，居延汉简中有"□数□千，羔羊万余，蒭槀积如山，粟米常陈，家室富有……"（EPS4.T112）的记载。虽然简的上端残缺，但将"羔羊万余，蒭槀积如山"与"粟米常陈"均作为"家室富有"的重要标志，足见饲养羊只数量之多和养羊业的发达。该简出土于甲渠侯官第四燧遗址，与其同出的纪年简时间为元始三年（3年）六月，故本简反映的应该大致为当地西汉末年时畜牧业的情况。汉代，常因军需而征用民牛，或供运输，或充军食。如李广利受命远征大宛，出关边骑携有"牛十万，马三万余匹，驴、骡、橐驼以万数，多赍粮"②，可见当时河西地区民间畜牧业的兴盛。

西汉时期，张掖畜牧业种类较之前有了很大的增加。从张掖市各县（区）发现的汉代遗址出土的大量马、牛、羊、鸡、狗、兔、骆驼等家畜、家禽的骨骼来看，主要以马、牛、鸡骨骼居多。此外，私人拥有马、牛在汉简中也屡见不鲜：

简1. 高望部元始元年十月吏妻子、从者、私马廪致（D545）

简2. 承私马一匹，十一月食麦五石二斗二升，已廪官（D353）

简3. 居摄三年吏私牛出入关致籍（D534）

简4. □□钟政□私驴一匹，骓，牡，两挟齿六岁，久在尻□□（D536）

以上四简表明，私人畜养马、牛、驴等家畜是非常普遍的，以致许多官差、劳役，都需借助私人家畜，因而官府需为其提供草料。从下简来看，官府使用私人牛马已非个别现象：

出粟二百七十一石二斗，摄食侯长、侯史私马廿匹，积千七百六十四□（EPT4.78）

---

① 《汉书》卷70《常惠传》。
② 《史记》卷123《大宛列传》。

简文显示，有20匹私马被官府长期役使，累计达1760匹次，官府为此需"出粟二百七十一石二斗"以供其食。当时"塞上吏苦亡马"（EPT65.291），担任边塞各部侯长、侯史和各燧长者几乎无一例外都来自本郡，或许就与自备私马有关。从汉简记载来看，能书会写和拥有私马、鞍勒等物，确实是侯、燧长们担任本职的基本条件之一，如下简：

简1. 肩水侯官侯史大夫尹□，劳二月廿五日，能书会计，治官民，颇知律令，文，年廿三岁，长七尺五寸，觻得成汉里（H306.19）

简2. □年廿八富，史，有鞍马、弓椟，愿复为侯史□（H214.57）

简2中人物可能在此前因故被罢免，如今则将自己拥有"鞍马弓椟"等作为其请求恢复侯史职务的条件，汉简中就有许多燧长因"贫寒"而"罢休"并退还相应的"禀食"（EPF22.294-303）和燧长"买官畜"（EPF22.461）的记录。而简中侯长、侯史所乘用的马几乎均为私马：

简1. 出廿一石六斗，合侯长、侯史私马六匹十一月食（H46.7）

简2. □斗，给侯长、侯史私马□（EPT59.674）

由于侯长、侯史乘用私马执勤，故马匹所需饲草由官府供应，以致在某些文书中还特别指出"侯长、侯史马皆禀食"（EPS4.T2.6）。

居延汉简又有如下的过所文书：

□□充光谨案：户籍在官者，第五十九，毋官狱征事，愿以令取传，乘所占用马，八月癸酉居延丞奉光移过所河津、金关，毋苛留止，如律令/掾承□（H218.2）

此简为居延县丞奉光为一名59岁名第者"乘所占用马"出行而发放的过所（通行证），这种情况在居延汉简中颇多，有时又写作"乘家所占畜马"（H19.44），都是指已向官府申报登记过的私人马匹。可知张掖及河西私人养马已很普遍。

第四节　东汉前期、中期的张掖农业

东汉前、中期，张掖农业生产技术不断提高，农作物品种日益丰富，水利设施的兴修也为农业发展提供了有力保障。这一时期，张掖农业为后世留下了众多的农业文化遗产。

一、发展农业的措施

一是实行偃武修文，以"柔道"治天下政策。《后汉书》卷76《循吏列传》称："光武长于民间，颇达情伪。见稼穑艰难，百姓病害，至天下已定，务用安静。解王莽之繁密，还汉世之轻法。"

《后汉书》卷1《光武帝纪》也记载："［光武］帝在兵间久，厌武事，且知天下疲耗，思乐息肩。自陇蜀平后，非警急，未尝复言兵旅……［于是］退功臣而进文吏，戢弓矢而散马牛。"光武帝之后的明帝、章帝、和帝三朝也基本能遵奉建武制度，故"虽颇有弛张，而俱存不扰"。这对于恢复社会经济、安定人民生活，都具有积极的促进作用。①

二是释放奴婢、囚徒，减轻刑罚。西汉末年，奴婢和囚徒问题已相当严重。汉哀帝时就有"限田限奴"之议，王莽时期也曾改奴婢为私属，不得买卖，并试图解决这一社会问题，由于法令严苛，触禁犯令而成为刑徒者不可胜数。

东汉建立初期，光武帝就多次下诏释放奴婢、囚徒，减罚轻刑。建武二年（26年）三月，就深以"狱多冤人，用刑深刻"为忧，责令朝廷官吏"议省刑法"；建武五年（29年），诏"令中都官、三辅、郡国出系囚，罪非犯殊死一切勿案，见徒免为庶人"。同样的诏令在居延汉

---

① 刘光华：《建郡后的汉代河西》，载《敦煌学辑刊》第2辑，1981年。

简中也有反映：

> 甲渠言府下赦令诏书，谨案毋应书建武五年八月甲辰朔，甲渠障候敢言之：府下赦令诏书曰：其赦天下，自殊死以下诸不当得赦者皆赦除之；上赦者人数，罪别之。会月廿八日·谨案毋应书，敢言之。（EPF22.162-165）该简系甲渠障候根据居延都尉府于建武五年八月甲辰（初一日）转发的朝廷赦令诏书而向上级呈送的汇报文书。该文书显示本部"毋应书"，说明东汉初期简法轻刑政策已在河西推行。

建武十八年（42年），针对边郡法禁严苛状况，下诏废除苛法，"同之内郡"；建武二十九年（53年），又"遣使者举冤狱，出系囚"，"诏令天下系囚自殊死已下及徒各减本罪一等，其余赎罪输作各有差"。[1] 光武帝之后的明、章、和三朝，敕令"有司勉遵时政，和平刑罚"，理冤狱、恤鳏寡之类的记载屡见不鲜。[2] 尤其是汉章帝时，"事从宽厚""务休力役"，纳陈宠之言，废除残酷刑法50余条，又敕令二千石"各尚宽明"，"冀以息事宁人"。[3]

三是减免租赋，安辑贫民。建武六年（30年）十二月，在进兵陇右之际，光武帝下诏："顷者师旅未解，用度不足，故行什一之税。今军士屯田，粮储差积，其令郡国收见田租三十税一，如旧制。"[4] 可见，建武初年曾因"用度不足"而实行什一之税，但不久就恢复了西汉三十税一的旧制。不仅如此，徭役负担也较西汉后期大大减轻。《后汉书》卷1《光武帝纪》记载："时兵革既息，天下少事，文书调役，务从简寡，至乃十存一焉。"《东观汉记》又载："［公孙］述伏诛之后，而事少闲，官曹文书，减旧过半。下县吏无百里之繇，民无出门之

---

[1] 《后汉书》卷1《光武帝纪》。
[2] 《后汉书》卷2《孝明帝纪》、卷3《孝章帝纪》、卷4《孝和帝纪》。
[3] 《后汉书》卷3《孝章帝纪》。
[4] 《后汉书》卷1《光武帝纪》。

役。"① 针对郡县官吏在徭役征发中"诡责羸弱，先急下贫"的状况，东汉政府告诫他们"务在均平，无令枉刻"；对迁戍边县的移民，则复其徭役、口算，尤贫者赐予公田。

章帝、和帝时期，也屡次减免租赋、假民公田。如章帝时因牛疫日甚，又遇虫灾，庄稼歉收，百姓流离，乃下诏"令郡国募人无田欲徙它界就肥饶者，恣听之。到在所，赐给公田，为雇耕佣，赁种粮，贳与田器，勿收租五岁，除算三年"；流民欲归本县者，"郡县其实廪，令足还到，听过止官亭，无雇舍宿。长吏亲躬，无使贫弱遗脱，小吏豪右得容奸佞"。② 和帝永元年间（89—105年），陇西等十三郡国地震，旱蝗连年，朝廷给灾民贷种粮，"皆勿收租、更、刍稾；若有所损失，以实除之，余当收租者亦半入"；对贫弱不能自存者及郡国流民，"听入陂池渔采"，"不收假税"；"诏流民所过郡国皆实廪之，其有贩卖者，勿出租税；又欲就贱还归者，复一岁田租、更赋"；虽有土地但缺少种粮者，由官府借给种粮，"皆勿收责"。③

四是减罪戍边，充实人口。东汉初年，由于"户口耗少"，加之匈奴入寇，光武帝一面大规模裁并郡县、省减吏员，一面又将雁门、代郡等西、北边缘居民内迁。建武二十四年（48年）南匈奴附汉后，北匈奴政治军事中心已西移至原属右贤王辖地的"史侯河西"，控制了西域，又胁迫西域诸国侵扰河西，以致到汉明帝初年，北匈奴"焚烧城邑，杀略甚众，河西城门昼闭"④。为此，汉明帝永平八年（65年）秋，招募重刑犯人，减罪一等，迁徙到边郡成为当地编户，由政府发给弓弩衣食，从事屯田，期满之后即成当地居民，在边境地区生产和生活。其范围由朔方、五原扩展到金城、敦煌等地。这些人到边郡地区一无所有，衣食及日常用具都由国家供给。敦煌悬泉置遗址出土的汉简，记载了要求各地对"当徙边未行""行未到"，或"亡勿徙"等情况予

---

① 刘珍等撰、吴树平校注：《东观汉记校注》卷1《光武皇帝纪》，中州古籍出版社，1987年，第10页。
② 《后汉书》卷3《孝章帝纪》。
③ 《后汉书》卷4《孝和帝纪》。
④ 《后汉书》卷89《南匈奴列传》。

以上报的诏令,可见此项政策在张掖范围内得到推行。

五是继续推行屯田措施。东汉时期张掖屯田是西汉的延续。[①] 建武二十四年(48年)匈奴分裂后,北匈奴统治中心西移至河西以北地区,此时,不仅汉朝出击北匈奴多从河西集结,北匈奴欲与东汉"和亲""所合市",甚至北匈奴南下进攻汉朝,河西也是主要目标之一。在此形势下,张掖一带极有可能成为谪黜官吏的屯田场所。据汉简记载,东汉初年河西诸郡主管屯田的官员——农都尉的隶属关系似与西汉有所不同,西汉边郡之农都尉隶属于中央大司农,而东汉初年则似隶属于郡太守。如下简:

> 十一月丙戌宣德将军张掖太守苞、长史丞旗告督邮掾□□□,谓部、农都尉,官移书到,扁书乡亭市里显见处,令民尽知之。□□起察,有毋四时言,□□□如诏书律令。(H16.4A)

简中张掖太守苞和长史丞旗给农都尉的文书明显是采用下行文书的格式,而且将农都尉置于部都尉之后,可见张掖太守是将农都尉和部都尉一样作为其下属看待的。这种变化,或与当时"天下扰乱",河西五郡据地自守的特殊形势有关。但是,从EPF22.825A简反映的情况来看,张掖农都尉则是与河西各郡太守并列的,说明农都尉隶属太守管辖至多是一种特殊情况下的临时措施,原有屯田管理体制并未发生根本变化。如《烽火品约册》规定:

> "县、田官吏令、长、丞、尉见烽火起,亟令吏民□烽□□诚?北燧部界中民田畜牧者,□□……为。"(EPF16.15)

这里的"田官"与县令、长、丞、尉等并列,应是农都尉以下的农令、长、丞。不过,由于东汉在西北各地的屯田,都是从政治和军事需要出发的。随着当地军事地位的下降或东汉政治统治在该地区的削弱、瓦解,各地屯田亦因之而萎缩、废弃。东汉张掖屯田也正是如此。

[①] 刘光华:《汉代西北屯田研究·东汉西北屯田概述》,兰州大学出版社,1988年,第162-183页。

特别是从汉和帝永元以后，因河西边塞的军事意义减退，与中原交通也时断时续，张掖屯田随之逐渐缩小。

上述措施的推行，促进了农业生产的恢复和发展。史载汉明帝永平十二年（69年），"天下安平，人无徭役，岁比登稔，百姓殷富"。甚至终明帝之世，"吏称其职，民安其业，远近肃服，户口滋殖焉"[1]。

二、兴修农田水利工程

东汉的兴修水利，把主要力量集中在对前代的水利工程基础上的修旧利废方面。在内地主要是修复既有的陂塘，用以蓄水灌溉。东汉时的凉州（包括张掖郡），因受西汉政府推行军屯和内地治水的影响，也在黑河水系各处祁连山河流区域不断开渠引水。随着人口的增加，垦田顷亩的增加，引水灌田的水利设施渠系、沟、塘、坝及黑河中下游地区的井泉的开浚数目也逐渐增多。黑河水系各流域的塘、井、池及石闸之类的水利设施，用途与现代有所不同。如有的县境内的池塘蓄水，主要是在浇灌间歇断流季节供人畜饮水，一般不用于灌田，在若干天或一月左右未到浇水时，就必须靠池塘（又叫涝池）蓄水作为人畜饮水或修建房屋的用水。如除能够直接饮用到泉水、长流溪水的山谷村落外，一般的离水源较远的村落，则须引溪淘泉，开挖池塘，以供人畜饮用。张掖郡内有明文记载的河水修治，除海潮坝外，据说童子坝河（原名祁连河），洪水大河，汉代称氐水。义得渠，汉代称玉带河，西汉时曾驻兵扼守，开渠引水以供兵、马饮水，但也利用灌田。大都麻河，汉时称为卢水，以及山丹境内的一些水利设施的修治，也在两汉时代。总之，黑河水系各大河流引渠分坝，开沟导流，以引水灌溉为主的水利工程在西汉后逐渐增加，名目繁多。西汉在郡内各县及屯田区域均设河渠之官，主持修渠灌田及屯耕事宜，东汉时期因"河西旧少雨泽，乃置官吏，修理沟渠，皆蒙其利"（《后汉书·马援传》）。

---

[1] 《后汉书》卷2《孝明帝纪》。

三、畜牧业的发展

东汉时期，已经把畜牧业作为农业经济中的一个重要部门。在农业发展的同时，畜牧业也有了显著的发展。尤其河西四郡中张掖黑河水系河流众多，流域面积广大，南有祁连山之利，中有绿洲沃野，北有黑河水流之盛。所以史称"自武威以西……地广民稀，水草宜畜牧，古凉州（含张掖）之蓄，为天下饶"。黑河水系中流域水草丰美，自古就是游牧部族的生存之本，这里有大片天然牧场，因此这一带自秦至西汉的畜牧业在经济中占有相当重要的地位。而当时西北除游牧民族外，也有以畜牧业起家的汉人。汉初战乱之后，马匹奇缺，甚至"自天子不能具钧驷而将相或乘牛车"。马价"一匹则百金"。这就使得畜牧业，尤其是养马早就成为一项有利的经济经营活动。两汉时，境内山丹的汉阳大草滩①（见图19）的水草之利就引起统治者的高度重视，被当作不可多得的养牧官马的场地。早在西汉时，霍去病过焉支山大破匈奴后，西汉政府就在大马营草滩设置军堡，屯兵驻守，并设置牧师苑（国家养官马之场），牧养官马。这里南有扁都口、平羌口、白石崖等险要关隘，可扼而固守，控制甘肃与青海的通道。自西汉武帝元狩三年（前120年）设牧师苑以后，历代政府都在大马营草滩设立官办牧场，"牧师苑"的"师"即指军队，牧师苑即牧养军（战）马的苑囿（牧场）。因大草滩土肥地广，因此修筑城堡，烽燧，堠望，驻卒屯田，戍守。东汉光武帝时期，又在汉阳设流马苑，管理事宜由羽林郎兼任。因此，在大马营草滩的养马之政，至今历两千多年而未衰。自西汉以来，历代政府都在这里养马屯田，不仅牧场广袤，而且良田连片。据《后汉书·窦融传》载："及陇蜀平，诏融与五郡太守奏事京师，官属宾客相随驾乘千余辆，马牛羊被野"，也说明东汉时畜牧业在河西五郡的发展。

---

① 汉阳大草滩，今山丹军马场。《五凉志·沿革》载："汉阳大草滩，即指古之大马营草滩，东自永昌高古城堡，西至民乐永固堡（汉时永固又名汉阳，故大马营草滩又名汉阳大草滩。

黑河水系各流域的畜牧业，除上文中谈到的历朝官马养殖的史实外，民间畜牧业在两汉也较发达。但农民的畜牧业一直是处于农业经济的从属地位，农民发展畜牧业的传统观念是重视役畜的发展，以利农耕。东汉牛疫，使牛损失严重，而耕地主要靠牛耕，因此很重视对牛的牧养。马（挽耧播种，拉车运输，打碾）、驴（拉磨推碾，农户常以为交通之役）、骡也在农户中饲养，另外牦牛可以用来驮运；骆驼也是本郡内的役畜种类，多用于沙漠戈壁间的长途驮运和耕地，体高力大，耐饥耐渴。自汉以来，河西游牧民族同汉族之间不断进行的畜产品交易和牛马羊交易，足以说明黑河水系各流域便于发展畜牧业。

四、窦融时期的农业

西汉末年，天下大乱，各地农民起义接连爆发，地处西北的河西走廊地区相对安定，许多内地人口为逃避战乱迁往河西。王莽地皇四年（23年），"天下扰乱"现象日趋加剧，"累世在河西，知其土俗"[①] 的窦融请求更始帝授其张掖属国都尉之职，带领全家来到河西。

窦融治理河西十余年，张掖农业得到持续的发展。《后汉书》记载："政亦宽和，上下相亲，晏然富殖。""安定北地，上郡流入避饥荒者，归之不绝。"这一时期，牛耕在农业生产中更加普遍，保护牛、马成为地方政府的一项主要公务。如东汉王朝不仅大量饲养耕牛，而且采取保护耕畜政策。建武四年（28年），光武帝下诏"毋得屠杀马牛"。朝廷颁布不得随意宰杀耕牛的法令，说明其对马、牛等主要耕作畜力保护的重视。建武六年（30年），窦氏大将军府颁布文告，"明告吏民，诸作使秦胡、卢水土民畜牧……"[②] 等就是明证。上述措施的实施，调动了当地居民从事农业、畜牧业生产的积极性，限制了非法经济活动，促进了河西农业经济的发展。根据居延汉简简文资料显示，当时的农作物品种主要有胡麻、粱米、黄谷、土麦、白米、黍米、黄米、白粟、胡

---

① 《后汉书》卷23《窦融列传》。
② 以上转引自甘肃省文物考古研究所：《居延新简释粹》，兰州大学出版社，1988年，第62-65页。

豆、秋、糜、荞、穈、谷、菽、麦、鞠、糒、米、姜等 20 多种，大多属麦、米、谷三大类①。这一时期中原粮价每石贵至万钱，但河西粮价却在下降。据《汉书》卷 69《赵充国传》载，汉宣帝时"张掖以东粟石百余"，与居延汉简记载一致。建武初年，因受新莽时期攻伐匈奴等战争的干扰破坏，河西粮价飞涨，居延新简《建武三年侯粟君所责寇恩事》简册所记粮价为：大麦一石三千（EPF22.13），谷一石三千或四千（EPF22.13，EPF22.16），比西汉后期上涨了二三十倍，但仍比关中地区"黄金一斤易豆五升"的价格低。居延新简中有一简记载了河西粮价情况：

> 范君上月廿一日过当曲，言窦昭公到高平，还，道不通。天子将兵在天水，闻羌胡欲击河以西。今张掖发兵屯诸山谷，麦熟，石千二百，帛万二千，牛有贾，马如故……（EPF22.325A）

根据简文中"天子将兵在天水"的史实，可知其年代为建武八年（32）秋初，"其时麦价石一千二百，说明河西地区从建武三年到八年（27—32 年），粮价在大幅度地下降。两汉之际河西地区粮价比中原低，东汉初年又在大幅度地下降，反映出窦融治理下的河西地区，生产不仅未受到破坏，而且还有所发展。"②

窦融经营河西期间，张掖畜牧业也有一定的发展。建武初年（25 年），窦融击败金城郡先零羌封何部，获其牛马羊万头，谷数万斛；后与河西五郡太守奏事京师，除"官属宾客相随"外，还有"驾乘千余两，马牛羊被野"③。这是当地畜牧业发达的有力见证。东汉政府保护牲畜的政策在边郡得到了贯彻和实施。居延汉简中就有都尉府于建武四年（28 年）五月向所部传达朝廷关于"部吏毋屠杀马牛者"（EPF22.47AB）诏书的档，这是朝廷保护牲畜政策在张掖及河西一带得到贯彻的实证。

---

① 甘肃省文物考古研究所：《居延新简释粹》，兰州大学出版社，1988 年，第 8-9 页。
② 刘光华：《建郡后的汉代河西》，《敦煌学辑刊》第二辑，1981 年。
③ 《后汉书》卷 23《窦融列传》。

窦融经营河西期间，张掖农业延续了十余年的发展期。主要有以下几个方面的原因：

一是抚结雄杰，稳定发展环境。窦融初至河西时，就实行了"抚结雄杰"的措施，使当地"雄杰""英俊"争相归之。更始失败后，窦融世代在河西为吏，人心归附，被推举为大将军，职掌河西五郡事。窦融出任新职后，委任梁统为武威太守、史苞为张掖太守、竺曾为酒泉太守、辛彤为敦煌太守、库钧为金城太守，自己仍兼任张掖属国都尉之职，并置"从事"监察五郡政务。以窦氏为核心的河西政治集团的形成，保持了河西地区的社会稳定。窦融保据时期，河西的北、西、南三面受制于各少数民族，东面又与隗嚣（wěi áo）① 对峙。在外部严峻形势下，窦融为实现长期保据，一开始就以"修兵马，习战射，明烽燧之警"为加强武备的方针。从建武元年至八年间（25—32年）的居延汉简资料看，河西边塞的防御，具有规模宏大、机构严密、制度健全、通讯高效的特点。窦融整顿军队，严格烽燧制度和武器管理制度，加强防御体系建设，并多次粉碎塞外羌人和匈奴的进犯。由于窦融对河西军事问题的重视，尤其是若发生"羌胡犯塞，融辄自将与诸郡相救，皆如符要，每辄破之"，因而"保塞羌胡皆震服亲附"。② 这无疑显示了河西地区发展经济的外部环境也是良好的。以上措施，在当时全国很多地区仍战争频繁、五谷无收、民众相食的时候，造就了河西这一片相对安定富裕的"世外乐土"。因此，各地流民为了逃避战乱和饥荒，纷纷投奔河西，这自然为开发经营河西增加了劳动力。始有《后汉书》记载："窦融据河西时，天下扰乱，唯河西独安。"

二是推行了东汉初期安定社会的"宽和政策"。新莽时期的法令烦苛，触禁犯令者颇多。东汉建国之初，光武帝就推行以"柔道"治

---

① 隗嚣（？—33年），字季孟，天水郡成纪（今甘肃秦安）人，出身"豪门士族"家庭。从23年到35年，隗嚣以陇西隗氏为首，在陇右豪强支持下，乘势而起，以"复汉"为旗号，"自称西州上将军"，并联合氐羌以及关中士人形成隗嚣政治集团，主要控制了陇西、天水等郡，一度将势力范围扩展至河西五郡，几乎掌控了除关中以外的整个西北地区。隗嚣集团存在约12年，后被刘秀消灭。

② 《后汉书》卷23《窦融列传》。

天下的政策，"至天下已定，务用安静。解王莽之繁密，还汉世之轻法"①。轻徭薄赋，轻刑慎罚，多次颁布赦令诏书。其中建武五年（29年）五月丙子诏书记载："其令中都官、三辅、郡、国出系囚，罪非犯殊死一切勿案，见徒免为庶人。务进柔良，退贪酷，各正厥事焉。"②据《后汉书》卷23《窦融列传》载，窦融在河西，前后长达十多年。此间，"融等政亦宽和，上下相亲，晏然富殖"，不仅当地的"保塞羌胡皆震服亲附"，而且吸引了许多外地流民，以致"安定、北地、上郡流人避凶饥者，归之不绝"。

三是贯彻了东汉初期发展经济的一些法令，积极保护和鼓励河西民众发展农牧业生产。窦融重视贯彻光武帝时期的一些经济法令。居延新简中就有建武四年五月至建武六年七月由大将军府转发的中央政府关于吏民嫁娶毋得过令、"毋犯四时禁""毋得屠杀马牛""毋得伐树木"（EPF22.44-53）等诏令。同时，窦融还制定了诸如吏民不得"作使宾客私铸作钱"（EPF22.37-41）、不得"作使属国秦胡卢水士民"（EPF22.42，EPF22.322，EPF22.43）等法令。汉简材料显示，当时居延甲渠侯官部吏"毋铸作钱、发冢、贩卖衣物于都市者""毋作使属国秦胡卢水士民者""毋嫁娶过令者""毋犯四时禁者""毋屠杀马牛者""毋伐树木者"。这些法令的制定与贯彻执行，对于抑制嫁娶奢侈浪费的恶习、保护耕畜以及动员各族人民从事农牧业生产，打击奸黠吏民的非法经营，尽快恢复和发展社会经济，都发挥了重要作用。

农业因作为窦氏保据河西的主要经济支柱而得到重视。农业方面，大致采用地方和军队两个系统管理经营，二者均置官员具体负责。当时，张掖郡置有"农都尉"，实行农民个体经营。

建武八年，又将郡级农官更名为"典农都尉"。据建武三年《居延都尉吏奉册》第八简"令田"、第九简"田吏"简文看，令田为官名，田吏似为农官的泛称。③各郡县由"令田""田吏"等田官组织百姓开

---

① 《后汉书》卷76《循吏列传·序》。
② 《后汉书》卷1《光武帝纪》。
③ 甘肃省文物考古研究所：《居延新简释粹》，兰州大学出版社，1988年，第119-121页。

垦荒地，屯田所需的耕牛、农具和种子都由官府供给。窦融还在河西设置了主管水利的官员，组织并鼓励老百姓修建农渠，实施引水灌溉农田。

五、农业技术的进步

东汉前期和中期，先进生产工具和牛耕技术进一步得到推广与普及，选种和施肥技术开始运用于农业生产当中，有力地促进了张掖农业的发展。

据居延汉简《代田仓》记载，当时河西已经使用耕牛和铁犁。民国《新修张掖县志》记载：汉昭帝始元二年（公元前85年），"发习战射士诣朔方，调故吏将屯田张掖郡"，兴修水利，使用铁犁牛耕和"耦耕"。

1972年张掖文物考古工作者在张掖市甘州区甘浚镇四角墩古墓葬群（图28上编图14）中发掘出铁犁（图29上编图15）铁镰、铁锹等农耕工具；1972—1976年，甘肃省居延考古队在汉代张掖郡居延、肩水两都尉所辖边塞烽燧和塞墙等防御设施进行考古调查，在居延肩水金关遗址[①]（图30上编图16）中均发现弓箭、铜镞、铁甲片及安装在坞上射箭用的木制"转射"（即射箭孔）等，还有铁镰、铁锄、铁锸等农具和刀、锛、凿等铁器。说明当时铁农具普遍使用，牛耕技术更加进步。

东汉时期，张掖一带农业技术的进步，还表现在选种和施肥等方面。在居延汉简中，就有关于不同作物种子的记载。

简1. 大黄种・五行・出图・出府・财□（D2097）
简2. 大荞种一斗三十五・凡直七千三百五十二戍介种一斗直

---

① 居延肩水金关，即肩水金关，位于现在的甘肃省酒泉市金塔县城北107公里的黑河东岸。是汉代张掖郡肩水都尉下辖的一处出入关卡，是汉朝扼守弱水（今额济纳河），防止北方游牧民族南下侵扰的北大门，也是河西走廊北上入居延绿洲及更北广袤区域的必经之地。

十五□钱五千五百□（262·34）

简1、简2内容记载与农作物或蔬菜种子有关。可见，居延地区已经注重良种的选择了，并有专门的种簿。东汉河西屯田在西汉基础上有很大发展，因此，其选种技术也应当有所发展。居延汉简中还有关于边地军民施肥的记载：

> 永平七年正月甲申朔十八日辛丑
> 春秋治渠各一通出块粪三百柒□
> 谷十石文华出块粪少一□

以上（D2418A）

> 亩以上折胡谷十石文华田六□
> 平人功为一石若文华□□□□
> 沽酒旁二斗

以上汉简记载中，永平为东汉明帝年号。简文将土地、粮食与"治渠""出粪"并提，可以看出其中"出块粪"与汉简中习见的作用守御器物和涂亭物料的"马矢""马牛粪""干马矢"等不同，"当为经营屯田之积粪记录"[①]。居延汉简中也有"以九月旦始运粪"（H73·30）的记载。可见，东汉时农作物施肥技术已经广泛地在张掖及河西一带普遍推广了。

第五节　东汉后期张掖农业的衰落

随着东汉后期张掖人口的不断增加，土地资源的压力逐渐增大。人口的增长导致对耕地的过度开垦和过度利用，土地资源逐渐变得稀缺，加速了土地的退化和荒漠化。同时，政治动荡和战乱频繁，对张掖农业生产造成了极大的破坏。战争导致劳动力减少、农田荒废、水利设施毁

---

① 刘光华：《汉代西北屯田研究》，兰州大学出版社，1988年，第155页。

坏等，直接影响了农业生产的稳定性和可持续性。

一、中央王朝经营力度减弱

东汉后期，中央政府对河西的经营力度减弱，没有组织像西汉那样的大规模的移民，屯田也时断时续。尤其是自汉和帝永元年间以后，"由于河西边塞之军事意义减退和中原交通时断时续，屯田随之由缩小而罢止。"① 屯田的废弃，意味着从事农业生产劳动力的大幅度减少。同时，这一时期，河西走廊时常处于北匈奴威胁之下，河西地区战事频繁，社会动荡不安。东汉政府消极退守的西北边疆政策，使东汉后期各种社会矛盾逐渐暴露。东汉"自建武至于延光，西域三绝三通"②，"北匈奴复抄寇边郡，焚烧城邑，杀略甚众，河西郡县城门昼闭。"③ 东汉国力远不如西汉，西域屯驻军队较少。这种情况导致东汉在与西域关系断绝时期"丝路"贸易陷于停顿。

上述情况，必然严重影响农业生产。自汉和帝永元十二年（100年）以后，河西几乎每年都要依赖朝廷的赈贷和救济。④ 据《后汉书》卷4《孝和帝纪》载，仅和帝年间就有连续多年赈贷河西的诏令，其中与张掖有关的就有数条。如：

永元十二年（100年）闰四月，"赈贷敦煌、张掖、五原民下贫者谷"。

永元十三年（101年）二月丙午，"赈贷张掖、居延、朔方、日南贫民及孤、寡、羸弱不能自存者"。

永元十四年（102年）四月庚辰，"赈贷张掖、居延、敦煌、五原、汉阳、会稽流民下贫谷，各有差"。

据居延汉简记载，建武八年（32年）河西粮价为"麦石丌二百"；

---

① 刘光华：《汉代西北屯田研究》，兰州大学出版社，1988年，第166页。
② 《后汉书》卷88《西域传》。
③ 《后汉书》卷89《南匈奴列传》。
④ 《后汉书》卷43《何敞列传》。

到汉顺帝时，由于饥荒，致使"粟石数千"。

农业衰退还表现在耕地和人口的锐减方面。以与张掖同在河西的凉州为例，东汉顺帝永和五年（140年）凉州人口耕地分别比西汉平帝元始二年（2年）减少67.3%和60%。减幅相当惊人。时人王符说："羌反以来，户口减少"，以致"边郡千里，地各有两县，户财置数百，而太守周迴万里，空无人民"。①

二、战乱的影响

东汉中后期，中央王朝政变迭起、腐败加剧，对地方的统辖趋于松弛。东汉时期由于战事频繁又连绵不断，而且呈愈演愈烈之势，导致张掖一带的劳动力严重衰减。

安帝延光四年（125年）七月，西域长史班勇就曾"发敦煌、张掖、酒泉六千骑及鄯善、疏勒、车师前部兵击后部王军就"②。顺帝永建二年（127年）六月，汉顺帝遣敦煌太守张朗"将河西四郡兵三千人配（班）勇"击焉耆③。由于长期被征从军和服徭役，劳动力大大减少，使农业受到很大损失。

三、自然灾害频繁

东汉后期，河西一带的自然灾害明显增多。根据李剑农记载，东汉统治的195年中，有灾之年多达119年。④《后汉书·孝顺帝纪》记载，东汉顺帝汉安二年（143年）九月，"张掖、武威……自上年九月以来地震180余次。山谷坼裂，毁坏城寺，人民死伤。"这次地震属于破坏性强烈地震，震级7—8级，并造成严重的人员伤亡。另据《后汉书·

---

① 东汉王符：《潜夫论》卷5《实边》。
② 《资治通鉴》卷51"汉纪延光四年七月"条。
③ 《资治通鉴》卷51"汉纪永建二年六月"条。
④ 李剑农：《先秦两汉经济史稿》，中华书局，1962年。

五行志》记载，东汉灵帝光和三年秋至四年春（180—181年）"酒泉表是①地八十余动，涌水出，城中官寺民舍皆顿，县易处，更筑城郭"，属强烈地震，震级7级左右，造成严重的财产损失，并导致表氏县城异地重建。这一时期旱灾频繁，《汉书》和《后汉书》对旱灾所带来的影响也有较为明确的记载，汉安帝永初三年（109年），"并、凉二州大饥，人相食"②，汉顺帝汉安元年（142年），"河西大旱成灾，无收成，民饥，赈给"。这两则史料也说明了东汉时期河西四郡旱灾的影响。就在同一时期的汉安二三年间（143—144年），张掖、武威发生了7级以上的强烈地震，并且引发山崩地裂，给张掖及河西民众带来非常严重的损失。

自然灾害，给河西人民带来的影响可以归结为三点：一是导致人口锐减，流民大增，地震灾害导致大规模人员伤亡。《汉书》和《后汉书》中均有流民现象存在，河西四郡的地震灾害也应该有此现象。二是破坏了经济的正常发展。自然灾害对于社会财产的破坏非常大，大量的房屋、城郭被毁，大量的牲畜死亡，又耗费无法计算的物资去赈灾救灾，增加了国家的投入成本，对当时的经济破坏是巨大的。三是导致了社会动荡。河西地处边塞，在较短的时间内赈济灾难无法到位的情况下，极容易导致社会秩序动荡。以上说明，自然灾害给河西社会经济带来了不可估量的破坏性。由于连年的灾荒，势必造成大量农民外出逃荒，大量耕地被废弃，给当地农业生产必然造成严重的破坏。

---

① 酒泉表是，即今张掖市高台县。
② 《后汉书》卷5《孝安帝纪》。

第三章 张掖农业的发展时期

——魏晋南北朝至隋

魏晋南北朝时期，中原一带战乱频繁，大批中原人口为躲避战乱纷纷移居河西，为张掖农业开发提供了大量的劳动力，同时带来了先进的农业生产技术和生产工具。河西割据势力为巩固政权，大力整治环境，鼓励发展经济，实行保民安境政策，注重人口、土地、水利等资源的开发利用，并推行均田制，大兴屯垦，发展畜牧，河西地区相对安定，是张掖农收并举的发展时期。

东汉时期，三国的曹魏兴修水利，广开水田，推广引水漫灌，把二牛耕播逐渐改进为一牛犁地、耙地的耕作方式。耕作技术经过多方面的改进，张掖农业几乎达到了同中原一样的水平。技术先进，精耕细作已成为当时张掖农业生产的突出特点。

西晋十六国时期，太康元年（280年），西晋一举灭吴，结束了自东汉末年以来的分裂割据局面。但西晋的统一局面历时不久，太康十年（290年）爆发的"八王之乱"[①]，又使黄河中下游广大地区重新陷入战争的漩涡。接着匈奴、鲜卑、羯、氐、羌相继内迁，逐鹿中原。建兴四年（316年）西晋覆灭，琅琊王司马睿在江南重建晋，史称东晋；北方

---

① 西晋（291年—306年）一场持续16年的皇族内乱，主要发生在司马氏宗室之间，因主要参与者有八个王而得名。这场动乱导致了西晋王朝的衰败和近300年的南北大分裂。

则陷入"十六国"① 分裂割据状态。其间河西出现了五个以"凉"为号的政权,即汉族张氏前凉政权,氐族吕氏后鲜卑秃发氏南凉政权,汉族李氏西凉政权和匈奴沮渠氏北凉政权,史称"五凉"。统治者大多保境安民,注重人口、土地、水利资源的开发利用,推行均田制,大兴屯垦,发展畜牧,是农牧并举的发展时期,使远离中央王朝的河西保持了近百年的安定社会环境。张掖此时处于局部稳定的发展时期。

元嘉十六年(439年),北魏灭北凉,结束了中国北方长期分裂割据的局面。自张氏以来割据纷争、孤悬塞外的河西也重新与中原连为一体。北魏统治者重视对河西的经营和开发,因地制宜,农牧并举,使张掖农牧业发展步入了一个新阶段。

北魏分裂后,河西归属西魏。二十二年后,西魏被北周取代,直至隋朝建立。在西魏、北周时期,以关陇集团为政治核心的统治者注重务实的社会改革措施,并在河西普遍推行均田制,推动了张掖农业经济继续发展,为隋唐河西经济的繁荣奠定了基础。

第一节 曹魏、西晋时期的张掖农业

曹魏、西晋政权统辖张掖后,着力整治动荡的社会环境,大力推行屯田政策,通过"以经取化"和"进善黜恶"的手段,加强对农业的管理和投入。设立司农寺等机构,郡县设典农中郎将、典农都尉,乡村设典农功曹、屯司马,形成了一套完整的农业管理体系。西晋时期,继承了曹魏的农业政策,继续推行屯田制度,加强农业管理,尽管西晋时期社会动荡不安,但张掖的农业生产仍保持了相对的稳定性。

---

① "十六国"指中国历史上自304年至439年间,在北方地区先后出现的一系列政权,这些政权主要是由匈奴、鲜卑、羯、羌、氐建立的,此外还包括汉族和其他少数民族建立的政权。"十六国"的名称通常包括上述16个政权,但在实际历史中,还有其他一些政权也被视为这一时期的代表,如冉魏、翟魏、仇池等。这些政权共同构成了中国历史上一个重要的分裂和民族融合时期。

一、发展农业的措施

(一) 整治社会环境

1. 平定动乱

建安十九年（214年），曹操派夏侯渊等人讨伐平定了割据枹罕（今甘肃临夏）达30年之久的河首平汉王宋建，并降服了湟中地区的羌人部落。第二年，夏侯渊又消除了以韩遂为首的金城一带割据势力。黄初二年（221年），魏文帝"分河西为凉州"，并任命邹岐为凉州刺史。当邹岐赴任之时，酒泉的黄华、西平的曲演、张掖的张进等起兵拒邹岐，忠于中原政权的武威太守毋丘兴联合金城太守苏则，杀了曲演和张进，黄华投降。同年，新任凉州刺史张既率军平叛了河西卢水胡叛乱。

至此，自东汉中后期以来的社会动乱基本上被平定，河西一带的社会环境逐渐趋于稳定。

2. 整顿吏治

河西归属曹魏政权后，官吏仍"依恃特权，恣行贪暴"，吏治的腐败成为严重阻碍河西经济发展的重要因素。针对这一情况，曹魏政权实行"唯才是举"的人才政策，将一大批有才干、有治理经验的人士派往河西赴任，这些人"进善黜恶"、整顿吏治，使河西"风化大行，百姓归之"[1]。太和四年（230年）二月，魏明帝对"兵乱以来，经学废绝，后生进取，不由典谟"现象深感不安，所以颁布《策试罢退浮华诏》，命令各地"部吏，学通一经，才任牧民。博士策试，擢其高第者，亟用，其浮华不务道本者，皆罢退之"[2]。这项政令推行之后，确立了以"经"取仕、文官治吏的制度，河西也出现了张既、徐邈、皇甫隆、吾彦等一批廉吏，通过他们的治理，在遏制武夫专权现象方面收到了积极效果。

---

[1]《三国志》卷27《魏书·徐邈传》。
[2]《全三国文》卷9《魏明帝》。

张既治理凉州20年,他"治左城,筑障塞,置烽侯、邸阁以备胡",同时注意采取得当措施处理纷杂的民族关系,使"群羌归土"①。徐邈是曹魏时期治理河西最有成效的官吏。在《三国志》卷27《魏书·徐邈传》中记载:"河西少雨,常苦乏谷,邈上[表]修武威、酒泉盐池以虏谷,又广开水田,募贫民佃之,家家丰足,仓库盈溢。"从记载看,徐邈针对河西干旱少雨、粮食缺乏的问题,采用的具体做法有:请示朝廷修复武威、酒泉两郡盐池,以官卖食盐所得购买羌胡部落的余粮,再将购买粮食用于解决州内公私缺粮问题;由政府负责修渠灌溉,以扩大水田面积,再将新开水田租给无地或少地农民佃耕,实现百姓丰足和府库充实。

3. 抑制豪强

东汉末期,河西一带众多官吏竞相"贪暴",世族地主土地所有制成为当时主要的土地所有制,一般民户为维持生计,只好依附于地方豪族大户以求保护。出现"大姓雄张,遂以为俗"②的局面,甚至影响到当时政局的变化。鉴于这种严重情况,曹魏政权推行抑制豪强、限制土地兼并、"进善黜恶"政策,使河西"风化大行,百姓归心"③。曹魏、西晋政权大力整治社会环境,使东汉中后期以来急剧动荡的社会环境逐渐安定下来,为张掖农业经济的振兴创造了良好的社会条件。

(二)实施重农政策

1. 招抚流民,安辑流亡

曹魏政权建立后,为解决农业劳动力匮乏问题,对流亡逃散在外地的农民尽量招抚安置,劝其返回故土,并给予生活救助与生产扶持,帮助他们发展生产。如"张既为京兆尹,招怀流民,兴复县邑,百姓怀之"④。通过推行招抚流民、安辑流亡的政策,曹魏中期开始,河西地区社会逐渐稳定,经济繁荣,不少中原民众为避战乱而迁入张掖,为张

---

① 宋·王钦若等:《册府元龟》卷429《将帅部·守边》,中华书局影印本。
② 《三国志》卷16《魏书·仓慈传》。
③ 《三国志》卷27《魏书·徐邈传》。
④ 《三国志》卷15《魏书·张既传》。

掖农业发展增添了劳动力。

2. 劝课农桑，导民耕稼

曹魏政权大力推行劝课农桑的政策，按人口与垦田的比例作为各州郡长吏考绩的标准。促使州郡长吏重视劝课农桑，发展农业生产。仓慈任敦煌太守期间，鉴于"郡在西陲，以丧乱隔绝，旷无太守二十岁，大姓雄张，遂以为俗"的局面，到任后即"抑挫权右，抚恤贫羸，甚得其理。旧大族田地有余，而小民无立锥之地；慈皆随口割赋，稍稍使毕其本直"①。仓慈积极推行的"抚恤贫羸"的政策，对恢复个体小农生产起到了明显的作用。

3. 兴修水利，发展灌溉

曹魏政权在劝课农桑、屯田垦殖方面取得卓著成效，与农田水利建设关系密切。曹魏建立后，在河西州郡兴修大量水利设施。其规模虽多半属中小型，但常常是大中小配套的，工程效益较好。徐邈任凉州刺史期间，曾经发动民众广开水田，保证农作物用水供应，从此"家家丰足，仓库盈溢"②。

4. 改革税制，减轻赋役

曹魏政权改革了汉代的"三十税一"和"百分税一"的农业税制，同时废除了口赋和算赋（人头税）。《三国志·魏书》卷1《武帝纪》注引载："有国有家者，不患寡而患不均，不患贫而患不安。袁氏之治也，使豪强擅恣，亲戚兼并；下民贫弱，代出租赋……其收田租亩四升，户出绢两匹、绵两斤而已，他不得擅兴发。郡国守相明检察之，无令强民有所隐藏，而弱民兼赋也。"该政令明确规定土地税按土地亩数计算，每亩纳租四升，由土地所有者缴纳，不能由佃户代纳，即不准把地主租税负担转嫁给贫民；根据占有土地的多少确定纳税额；农民每户除纳户调绢两匹、绵两斤外，不准额外征发其他。这些规定，使农民租税负担有所减轻，税制简化易行，有利于发展农业生产。

西晋延续了曹魏时期的重农政策和措施，如"江南未平，朝廷励

---

① 《三国志》卷16《魏书·仓慈传》。
② 《三国志》卷27《魏书·徐邈传》。

精于稼穑"。此外,晋武帝还继承两汉、曹魏的籍田礼,"及武帝泰始四年,有司奏耕祠先农。可令有司行事。"① 这虽只是一种仪式,却是彰显帝王重农思想的重要方式,对民众从事农业生产的积极性具有一定的激励作用。正是由于西晋继续推行重农措施,才促成"太康之治",史称"太康之中,天下书同文,车同轨,牛马被野,余粮栖亩,行旅草舍,外闾不闭……故于时有天下无穷人之谚"②,这虽不免夸张和溢美,但足以说明西晋太康年间农业的兴旺。

二、屯田

曹操在汉末群雄割据中充分认识到屯田垦殖对发展生产、恢复经济的巨大作用,所以他"奉天子以令不臣,修耕植以畜军资"③,迎汉献帝到许昌,使他在政治上取得了优势地位;广开屯田,使他在经济上拥有了雄厚实力。曹魏时期的屯田分为军屯和民屯。军屯是两汉军屯的延续,按军事组织以营为基本单位,从事农业生产。国家以地主的身份直接出面组织经营农业生产是曹魏时期民屯最显著的特征之一。据《三国志》卷16《魏书·任峻传》记载,曹魏曾就民屯组织与分配形式进行过多次讨论,最后采用了兼顾官客的"兵持官牛者,官得六分,士得四分;自持私牛者,与官中分"④ 的"分田之术",这与秦汉以来地主出租土地的租率大体相同。

曹魏屯田对于当时的农业发展以及后世都有深远的影响。首先,从对农业生产和北方经济恢复的作用上看,在屯田过程中兴修的水利工程,生产和铸造的一批农具,为农业发展奠定了基础;其次,从对巩固曹魏政权的作用上看,屯田制保障了部分军粮,安置了大批流民,强大了魏国实力,为司马氏统一中国奠定了物质基础;第三,从对后世的影响看,屯田制为后世开创了一种大规模寓兵于农、兵农合一的先例,使

---

① 房玄龄等:《晋书》卷19《礼志上》,中华书局,1974年。
② 欧阳询:《艺文类聚》卷11《帝王部一》。
③ 《三国志》卷1《魏书·武帝纪》。
④ 《晋书》卷47《傅玄传》。

后来的历代封建统治者都不同程度地仿效。

(一) 民屯

曹魏时期在郡设典农中郎将或典农校尉,县设典农都尉,主管该郡县的民屯。典农所属屯田民,叫屯田客或典农部民,是不同于郡县编户齐民的一种封建依附民,由屯田官直接管理,不属郡县乡里组织管辖,"既减少了双方的牵制和摩擦,典农官可直接向中央朝廷反映情况便于皇帝直接控制,又可使典农官就近监督屯田民的劳动,加强对屯田民的管理"[①]。

民屯基层组织是屯,每屯设司马一人,称为屯司马,以50人为一屯。屯田民既不能自由迁徙,也不能向郡县管辖的编户转移,只能世代替官府屯垦田地,接受其军事编制的严密监督。因此,民屯将大量流民束缚在国有土地上,牢固地控制在政府手中,加强了中央集权力量,相对削弱了大族势力,使他们不敢轻易造反作乱。由于大量贫民耕种国有土地,不再沦为豪族的私家佃客,从而限制了大族庇荫户口与侵占土地,抑制了其势力的发展。

魏明帝太和二年(228年),曹魏政权因"凉州绝远,南接蜀寇,以邈为凉州刺史,使持节领护羌校尉"[②]。徐邈早年在颍川郡(治今河南省禹州市,统17县)做过典农中郎将,是曹操募民屯田政策的坚定执行者。徐邈任凉州刺史期间,大力实施民屯,取得显著成效。

曹魏政权施行民屯的基本前提是国家掌握一定数量的公有土地,社会上又存在着大批无业流民。屯田客利用公家提供的牛、犁耕种国有土地,收获物以田租形式与国家分成,不再服兵役或一般徭役。民屯为战乱时期毫无保障的农民提供了相对太平的生产环境,安置了大批流民,使因战乱闲置荒芜的土地得到重新开发,在一定程度上促进了农业生产的恢复。民屯还为曹魏政权增强了经济实力,达到资食有储、丰足军用的目的,为曹魏统一北方奠定了坚实的经济基础。

---

① 徐鹏飞:《三国经济史》,河南大学出版社,1992年。
② 《三国志》卷27《魏书·徐邈传》。

曹魏后期，"分田之术"遭到破坏，剥削日益加重，分配比例竟达官八民二的程度，引起了屯田民的逃亡和反抗。同时，屯田土地又不断被门阀豪族所侵占，屯田制逐渐被破坏，咸熙元年（264年），曹魏政权宣布废除民屯。

（二）军屯

曹魏时期的军屯始于建安末年（220年），当时由戍边军卒组成，以60人为一营，一边戍守，一边屯田，收获物全部属于军队，主要用于战争和边防驻军的军队粮食供应及开销。

军屯是驻防军队采用且耕且守、耕战结合的办法，通过就地屯田以充实军队的粮饷，具体事务由司农度支校尉管理。军屯可分为服务军事需要而设置的临时或长期性的屯区和领兵将领在军事驻地设置的军事屯田。

魏文帝黄初年间，在郡设度支校尉或度支中郎将，县设度支都尉，基层组织营设司马，专门管理军屯。军屯管理机构的变化与逐步完善过程，反映出军屯比重的增加确实晚于民屯。曹魏的兵士称为士，其子谓"士息"，妻谓"士妻"，家谓"士家"，其户籍谓之"士籍"。他们的妻室儿女，不仅不能随军居住，而且被先后集中安置作为人质，以防止士兵的逃亡和叛变。他们作为兵士的身份是世袭的，一旦被列入士籍，就不能改业，子子孙孙，世世代代相袭为兵士，甚至兵士身死后，其妻也得改配士家，其子女也只能在士家之间婚配。他们被迁徙至一些易于控制的地区以后，也被组织起来进行屯田，人称"士家屯田"。由此看来士家屯田也是军屯的一个部分。

军屯对于曹魏政权而言，不但解决了边境驻军的军粮问题，而且极大地增强了大军的动员能力，免除了大军征举、运兵费用的沉重负担。此外，曹魏在交通便利区域实行屯田，减轻了农民运粮的沉重劳役负担，"是岁乃募民屯田许下，得谷百万斛。于是州郡置田官，所在积谷。征伐四方，无运粮之劳。"[①] 这也在一定程度上减轻了农民负担，

---

① 《三国志》卷16《魏书·任俊传》。

融洽了军民关系，有利于曹魏统一战争的需要。

三、占田制及著姓经济

(一) 占田制

曹魏末期的民屯废止以后，贵族、官僚争相侵占田地，隐匿户口。原来的屯田客或投依豪门，或游食商贩，加上服役为兵者，有一半人不从事农业生产，以至于大量土地荒废、国库空虚、百姓穷困。西晋建立后，土地兼并更加严重，为了加强对自耕农的控制、保证国家赋税征收和徭役的实行，于太康元年（280年）灭吴统一全国后颁布了占田令。占田制，实质上就是西晋政权颁布的土地、赋税制度。主要包括下列内容：

其一，户调式。凡丁男（男、女16岁以上至60岁为正丁）立户的，每年交纳户调绢三匹，绵三斤；丁女及次丁男（男、女13岁至15岁，61岁以上至65为次丁）立户的，纳半数。边郡民户的户调，纳规定数目的2/3，更远的纳1/3。

其二，农民的占田。男子一人有权占土地七十亩，女子三十亩。这是应种土地的限额，不是实际授予的土地数额。在占田中，丁男有五十亩、次丁男有二十五亩、丁女有二十亩要课税，这叫课田。每亩课田谷八升，不管田地是否占足，均按此定额征收。

其三，士族地主占田、荫客和荫亲属等特权。一品官有权占田五十顷，以下每品递减五顷，至九品占田十顷。贵族官僚还可以荫亲属，多者九族，少者三族。从一品官到九品官还可以荫佃客十五户到一户，荫衣食客三人到一人。

从占田制内容看，它是一种既保证政府收入，又保护士族特权的土地制度。占田制并非官府授田，也不是将地主的田地授予农民，而是在屯田制破坏的前提下，允许农民依据性别及年龄为等差占垦荒地，并向政府缴纳一定赋税。而占田制对于官僚士族占田、荫客、荫亲属等特权的规定，也确认和保护他们已占到大量土地和户口的既成事实。因此，从整体上说，占田制有一定的进步意义。首先，与屯田制相比，占田制下的农民负担显然有所减轻。特别是解除了屯田制下军事管制的强迫劳动，有助于提高农民的生产积极性。其次，占田无年龄、性别之分，农民占田数有所增加，有利于鼓励人们占田垦荒，扩大耕地面积。《晋书》卷26《食货志》记载："是时天下无事，赋税均平，人咸安其业而乐其事。"该记载虽有夸大之处，但反映出占田制实行后的农业繁荣局面。

（二）著姓经济

著姓，又叫右姓、大姓、着姓，是东汉末期至曹魏、西晋时期，在豪强地主和地方官绅势力基础上逐渐形成的一个特殊的社会阶层。河西著姓又被称为西土著姓，主要是指当时名扬河西的一些高门世族。在汉末以后的两三百年时间内，河西著姓在河西政治、经济、文化等领域起着举足轻重的作用。

河西著姓一个显著的特征就是经济实力雄厚。西汉时期在河西设置郡县，并实行移民实边，加速了河西的开发。同时也使豪强地主得以迅速积累财富，并最终发展为著姓经济。河西著姓在经济上的优势，体现在三个方面：首先，就是大量兼并土地。至曹魏时期已经形成了"旧大姓田地有余，而小民无立锥之土"的状况，此前兴起的封建庄园就成为著姓社会的经济基础，地租成为这个社会财力的主要来源。其次，是利用河西交通要道之便，在东西商业贸易中渔利。第三，就是经营畜牧业。汉代以后，河西有"畜牧为天下饶"的美誉。投资畜牧业会很快富甲一方。麴氏和游氏都以此发财，以至于当时的民谣唱道："麴与游，牛羊不数头，南开朱门，北望青楼。"[1] 上述种种活动加上常年俸禄及搜刮贪财的结果，许多著姓家族积累起数以十万、百万计的巨额财富。如泛腾在决意隐居时，"散家财五十万，以施宗族"；张冲"散家财巨万，施之乡间"[2]；泛固"推家财百万与寡弟妇，二百万与孤兄子"[3]。由此可见，著姓经济掌握着大量的资源

---

[1] 《晋书·麴允传》。
[2] 北朝·崔鸿：《十六国春秋辑补》卷72《前凉录》。
[3] 《太平御览》卷512，引刘昞《敦煌实录》。

和财富。

从政治和经济控制权来看，魏晋十六国时期的河西地区是河西著姓的天下。河西著姓已经成为地主经济制度的食利者。通常情况下，庄园只是自给自足的经济实体，可以做到"闭门为士"，有"垒""堡壁""坞堡""坞壁"等称谓。一旦有战乱发生，庄园主就利用庄园内坚固的城堡和依附于自己的劳动者组织部曲和家兵，内守外攻（图31 上编图17）。画面左绘坞堡，围墙高大，正面开门，院墙上设垛口，意有防卫功能。绘两人身着长袍，倚杖而立，为士人形象。西晋颁布"占田令"，规定官吏可按照官品占有10—50顷的田地，同时拥有1—50户的劳动者做佃客[1]，这个法令为豪强庄园发展提供了保证。此后北方战乱不断，大批流民为张掖乃至河西一带的豪强地主庄园所收容，许多官僚、大姓也带领宗族、宾客涌入，以寻找新的庄园基地。

与此对应，从迄今为止发现的大量魏晋十六国时期河西墓葬来看，这一时期最具代表性的壁画墓也以河西地方豪族墓葬为主。甘肃高台县魏晋时期墓葬共发现十余座，主要集中在高台县骆驼城古墓群和许三湾古墓群，并且在高台县罗城乡地梗坡也发现有三座壁画墓。除墓主外，壁画中还有许多从事生产活动和正在执役的人。这些人当是佃客或奴婢，其中高鼻深目者很可能是被役属的西域少数民族。张掖市高台县古墓壁画生动地反映出豪强庄园的发展情况，以及河西地主经济制度与中原社会同步发展的事实。当然，河西豪族庄园在经济方式上的最大特点，就是畜牧业所占比重较大，产出的畜牧产品数量多，肉、奶、皮、角、骨、毡毯等畜产品加工是庄园的主要手工业生产类型。而其中攻战所需弓弩、皮铠、马具的加工又独具地域特色，成为河西骑兵强大的物质原因。

四、农业的恢复

曹魏时期，张掖农牧业较东汉末年得到了恢复。

---

[1] 《晋书》卷26《食货志》。

(一) 种植业的发展

1. 中原地区的先进农业生产技术在张掖得到了推广和应用

徐邈任凉州刺史时，尤为重视兴修水利。他曾在两汉已有基础上，发动民众"广开水田，募贫民佃之"，保证了农作物用水供应，从此出现了"家家丰足，仓库盈溢。乃支度州界军用之余，以市金留犬马，通供中国（中原）之费"的少有繁盛景象。①

2. 中原地区先进的生产农具铁质农具被引入张掖

伴随屯田及移民拓边措施的实施，中原地区先进的生产农具，尤其是一些铁质农具大多被引入张掖，广泛运用于农业生产，提高了农业生产效率。张掖高台的魏晋墓壁画中，农业题材的壁画占多数。从耕耘播种到收获打碾的各种生产工具都已基本齐备。如属于曹魏时期的1号墓耕种图，前有二牛抬杠一对在犁地，次为二农妇持钵播种，再后有二牛抬杠一对在耱地。画面上耕犁为单长辕，扁平犁铧。同样的二牛抬杠耕作图，也见于高台骆驼城魏晋墓画像砖，但其耱地图则为一牛拉耙。从二牛挽拉的方式和犁铧的扁平及犁箭的构造来看，当时河西使用的耕犁还比较笨重，犁铧破土不深，也不能控制耕地的深浅。犁在汉代河西就已普遍使用。魏晋时期，犁的构造主要演变为三种形式，一是二牛抬杠单辕犁、铧扁平，较重，破土浅；二是等腰三角形全铁铧，破土较深，仍为二牛抬杠；三是锐角三角形式全铁铧，破土深且有犁壁，可以一牛挽拉。

耙 为碎土工具。耕地后用畜力拉铁齿耙，人立耙上入土较深，来回拖拉，将土块由大耙小、耙细。耙的优点在于既可碎土，并保持土质疏松均匀，还可将田中草木根茎耙出。畜力拉耙碎土方式的推广使耕作劳动强度大大减轻，工作效率显著提高。

耢 耢又称耱，用荆条或树枝编于木架上而成，用于磨平地面，保住墒情。河西谚语："耕而不劳（耢），不如作暴。"② 耢一般由一牛或

---

① 《三国志》卷27《魏书·徐邈传》。
② 《晋书》卷26《食货志》。

二牛牵拉，分空耢（耢上不站人或放重物）和不空耢两种。耢的使用，较以往用来碎土的钼、耱、棘、桓等有较大进步，用畜力牵拉省力且效率高。

杈 又称"杈杆"，是叉取禾束的工具。直枥横首，横首上四至六孔，纳木其中，用来箝取草秸。麦子在脱粒和去壳之后，需要扬弃麦壳糠秕杂物。魏晋墓砖画中绘有一幅《扬场图》：一农夫手拿木杈，平举头顶，挑起麦子在扬场，被扬起的麦子随风缓缓落下。

捞 形如榔头，用来击碎硬质土块，平整土地。其形状"首如木椎，柄长四尺，可以平田畴，击块壤，又谓木斫"①。河西人称"打土块"即用捞。

连枷 连枷是一种手工脱粒工具。由一组平排的竹条或木条安装在长柄上，翻转排条拍打谷物，使籽粒脱落。连枷在我国出现较早，至少在战国时就已经广泛运用。

一些农具，如耙、耢、杈、捞、连枷等，20世纪80年代前的张掖农村还在使用。曹魏、西晋时期张掖一带成套农具的出现，显示出当地农业生产发展规模和水平有了很大提高。

3. 曹魏政权在张掖推行区田法

成帝时，农业科学家氾胜之发明了分畦分区种植的"区田法"，即将大片土地分成若干小块，便于耕作和管理，这一方法最先在张掖推行。

经过曹魏、西晋州郡官吏的励精图治和广大人民的辛勤努力，使"常苦乏谷"的张掖及河西一带出现了"家家丰足，仓库盈溢"②的兴旺景象。

（二）畜牧业的发展

曹魏时期，河西一带的少数民族畜牧业有一定发展。曹魏初年，入居河西的鲜卑有十几个部落，统称为"河西鲜卑"，分布在金城以西至

---

① 《晋书》卷26《食货志》。
② 《三国志》卷27《魏书·徐邈传》。

敦煌一带的河西走廊。此外，还有匈奴余部如"赀虏"和卢水胡等民族，也分散在金城至张掖一带。曹魏政权对鲜卑、羌胡部众等少数民族采取怀柔政策，鼓励其发展畜牧业，促进张掖及河西畜牧业的发展。张掖各地盛养六畜及驴、骡、驼。魏黄初五年（224年）十一月，镇西将军张轨率重兵讨伐匈奴，在张掖、镇原县西一带获牛8万头，羊111万只，其他牲畜10万头。① 足见当时河西一带少数民族畜牧业的繁荣程度。张掖人已能制作马掌，教晋使者作马蹄木涩，驼蹄则包以牦牛皮，蹄健无伤，行走自如。

这一时期，汉族家庭养殖畜牧业也有较快发展。今高台县许家湾魏晋墓共出土有关生产活动的壁画，其中反映畜牧业题材的就占了三分之一，从数量上可以看出畜牧业繁荣的状态。从墓画内容上看，有画羊群、牛群、马群、驼群的，有画马、牛、羊于同一画面的，有画宰羊、宰牛和杀鸡的，有画宴饮吃肉的，有画悬肉于厨的，有的画面上所画马多达19匹、羊多达12只、牛多达6头。总的来看，魏晋墓画中六畜俱全，以马、牛、羊居多。反映了当时河西地区生活富足，社会安定。这些墓室壁画内容，成为反映曹魏、西晋时期河西地区畜牧业发展的有力证据。② 根据壁画中家畜的分布和内容场景可以看出，当时的马主要用于征战和狩猎，而不以农耕、驾车或食用为目的，故在农耕和驾车的壁画中一律为牛，无一用马。仅见的一辆马车也是起稿时为牛，画成后才改为马。相比之下，牛不仅广泛用于农耕和运输，还是重要的肉食来源。羊的饲养非常普遍，在1号墓的一幅放牧图中就画有2头牛、12只羊，还有用朱红色书写的"牧畜"字样。在年代稍晚的5号墓和7号墓的畜牧图则生动地表现出墓主人生前牛马成群的情景。

魏文帝黄初二年（221年）11月，曹真令率重兵讨伐胡治元多、卢水、封赏，在张掖、镇原西一带获牛8万头，羊111万只，其他牲畜10万头。足见当时河西走廊、张掖畜牧业的繁盛。

---

① 《三国志》卷2《魏书·文帝纪》。
② 参见甘肃省文物队等：《嘉峪关壁画墓发掘报告》，文物出版社，1985年。

第二节　五凉时期的张掖农业

　　五凉政权控制下的河西地区，包括张掖，经济相对丰饶，秩序相对安定，中原士人学者名流大量涌入河西，中原学术也随之西移，为张掖地区带来了丰富的中原文化。从前凉到后凉，"中仓积粟，数百千万"，充足的粮食储备为当地经济的稳定发展提供了坚实的基础。农业技术如"耧犁"和"衍溉"的推广使用，使得农业生产效率大幅度提高，进一步增强了经济基础。这一时期的张掖经济不仅以农业为主，还涵盖了畜牧业、手工业和商业等多个领域。这种经济的多元化增强了经济的韧性，为张掖在历史上的重要地位奠定了基础。

一、西晋、前凉恢复农业的措施

　　西晋及前凉时期（265—376年），《晋书·地理志》记载张掖郡觻得县改为永平县，为避文帝司马昭讳，改昭武县为临泽县，张掖郡辖永平、临泽、屋兰三县。西郡仍辖日勒、删丹、仙堤、万岁、兰池五县。西海郡领居延1县。前凉张骏十二年（335年）分置建康郡，领表氏（今高台县骆驼城，也写作表氏）、乐涫（今酒泉下河清）二县。

　　前凉的奠基者是出身于陇右官僚地主家庭的安定乌氏（治今平凉）人张轨。301年，张轨出任凉州刺史，在任期间，张轨以"务安百姓，上思报国，下以宁家"为己任，攘外安内，尊儒崇学，招贤纳士，收容流民，兴修水利，发展生产，开创了比较安定的社会环境。当时，中原动乱，生产凋敝，人民大量流向河西。《晋书·张轨传》载："中州避难者日月相继"。张轨"辟土设郡，安置流民，能石为田，运土植谷"，进一步开发了农业。张轨治理凉州13年，是前凉政权的奠基人，是五凉历史的开创者。张轨的后继者是张寔、张茂、张骏、张重华。其中，张重华即位后，"轻赋敛，除关税，省园囿，以恤贫穷"。先后占领黄河以南地区，坐拥三州之地，掌握十万雄兵，后进军西域，设立高昌郡，首次将郡县制推广到西域。辖区内农业在前凉时期持续发展，为中国西北地区经济、政治、文化发展乃至民族大融合做出了一定的历史贡献。

当时中原动乱、生产凋敝，人民大量流向河西。前凉统治者以"务安百姓，上思报国，下以宁家"为己任，攘外安内，辛勤治理，兴修水利，发展生产，开创了比较稳定的社会环境，张掖的农业也得到了恢复和发展。

一是积极安置中原流民。《晋书·张轨传》载："中州避难来者日月相继"。张轨"辟土设郡，安置流民，徙石为田，运土殖谷"。史书记载，西晋永兴二年（305年），前凉张寔从塞外向张掖、酒泉、敦煌等河西地区迁移鲜卑人10万多人，同当地居民一起务桑农，为前凉农业经济恢复和发展创造了基础条件。

二是"课农桑"。张轨在重建封建统治秩序的同时，借用西汉创造的行政与礼仪相结合的农村经济经营管理模式——"劝课农桑"，但他只提课而不提"劝"，反映出前凉迫切需要扭转河西一带农村经济荒毁局面的急切态度。"课农桑"是张轨元年颁布的法令。"课"是督课之意，即依靠行政和法律效力，驱民归农，并将农业与农村家庭手工业结合起来实行管理，实现粮食、布帛的自给。可见，"课农桑"的前提是抑配土地。关于前凉的土地制度史无明载，但从张轨分武威部分土地置武兴郡安置流民的事件来看，前凉对百姓会有分配耕地之类的措施，否则流民很难定居下来。前凉建立后，张轨派张阆去向西晋王朝"贡计"，即上计簿，对人口、土地、赋税等情况作出报告。

前凉政权"课农桑"的具体体现就是推行了西晋时期的课田制。农民占有的耕地由政府授给，称为"分田"；对农民征收的赋税主要是租调，根据生产征收。此外，农民还需要从事"蚕绩"。课田制规定：丁男须耕种土地五十亩，丁女须耕种二十亩，次丁男则是丁男之半，即二十五亩[①]。此外，还有一定量土地要求栽植桑、麻等作物。前凉政权

---

① 《张掖地区志》编纂委员会：《张掖地区志》（上卷），甘肃人民出版社，2010年10月，第898页。

租调制度便建立在这样的土地分配和生产活动的基础之上。课田制的推行，实现了土地资源与劳动力资源的有效配置，对于促进农业发展起到了积极作用。

此外，张骏时期"刑清国富"，致力于改善生态环境，倡导植树，从秦陇一带引进槐、楸等优良树种，在张掖、酒泉、敦煌等地广为播植，使境内农业生产环境大为改善。

三是轻徭役、薄赋敛。张轨及其继任者大多能实行保境安民的措施，他在临终前曾留下遗诏："文武将佐，咸当弘尽忠规，务安百姓，上思报国，下以宁家。"① 保境，即保全河西的割据局面；安民，则具体到轻徭薄赋上。换言之，是抚恤百姓，做到民乐其生、安其业。张轨继任者对其"安民"的遗诏大多能够执行，尤其是张骏时期做得较好。张骏时期，前凉的军事、政治都步入稳定发展的阶段，而经济则表现出一定程度的繁荣。史家总结说："自轨居凉州，属天下之乱，所在征伐，军毋宁岁。至境内渐平。"② 因此，休众息役也具备了条件。张骏因"远近嘉咏，号曰积贤君"③。他善于改操励节、勤修庶政，关心百姓疾苦。张重华即位后，积极革新政治，减轻民众负担，安定民生，他"轻赋敛，除关税，省园囿，以恤贫穷"④ 便是其贯彻轻徭薄赋措施的重要体现。

四是屯田。五凉时期河西进一步开发，尤以前凉卓著。《晋书·张轨传》载："中州战乱，避难来者日月相继"，轨"辟土设郡，安置流民，徙石为田，运土殖谷"。轨孙张重华"轻赋敛，除关税，省园囿，以恤贫穷"。时军屯基层组织称"幢"，民屯组织谓"里"。

二、前秦时期

351年，氐族人苻坚建立了前秦（351—394年），前秦曾一度是北

---

① 《晋书》卷86《张轨传》。
② 《晋书》卷86《张轨传附张骏传》。
③ 《晋书》卷86《张轨传附张骏传》。
④ 《晋书》卷86《张轨传附张重华传》。

方政权里版图最大的，史称"东极沧海，西并龟兹，南包襄阳，北尽沙漠"。前秦时期，原张掖境内分六郡，张掖郡领永平、临泽、屋兰三县。西郡领日勒、删丹、仙堤、万岁、兰池五县。

前秦开国皇帝苻坚注重农桑，兴修水利，修立亭驿，发展工商。他废除后赵苛政，倡导勤俭节约，减轻百姓负担，每遇灾荒，就免除百姓租税，自己也裁撤膳食，表达了愿与百姓共度灾荒的意愿。《资治通鉴·卷一百零五》：秦王坚收集离散，比至洛阳，众十余万，百官、仪物，军容粗备。《资治通鉴·卷九十九》：秦王健分遣使者问民疾苦，搜罗隽异，宽重敛之税，弛离宫之禁，罢无用之器，去侈靡之服，凡赵之苛政不便于民者，皆除之。

前秦还制定了"课农桑，恤困穷"，采取一系列的措施保障百姓的生产生活活动，加强农业生产，增加国家财富。常派官吏巡行都国，劝课农桑，又开放山泽，允许百姓渔采。通过凿山起堤，疏通沟渠，构筑梯田、改造盐碱地、招纳流民、减租减税，奖励耕种等途径改善农业生产环境。征发王公富室奴隶3万人开泾水，建人工渠，以灌溉冈卤之田。

在发展农业的同时，又注意发展交通事业，长安通往各州的大道整修一新，路旁栽上杨柳、槐树，二十里一亭，四十里一驿，方便行旅及驿使。

河西民谚云：凉州大马，走遍天下。"敕勒川，阴山下，天似穹庐，笼罩四野。天苍苍，野茫茫，风吹草低见牛羊。"足见，当时张掖农牧业的兴盛。

三、后凉时期

前秦灭前凉之后，前秦国王苻坚为了控制西域，于384年派略阳（今甘肃秦安）氐族人吕光率兵出征西域，大破西域联军于龟兹。吕光在东归途中，听到苻坚兵败淝水的消息后，就占领河西，自称大将军、凉州刺史。386年，吕光正式建立后凉政权，定都姑臧（今武威市凉州区）。并平定反叛势力，占领整个河西走廊。吕光统治时期，后凉的统治范围包括甘肃西部、青海、新疆、内蒙古等部分。后凉与南凉、北凉、西凉，四个政权同时并存。

后凉时期，原张掖境域分八郡，张掖郡领永平、金泽、丘池三县。西郡领日勒、删丹、仙堤、万岁、兰池五县。西海郡领居延一县，建康郡领建康（表氏）、乐涫二县，祁连郡领汉阳、祁连二县。临松郡领临松一县。临池郡领临泽县，西安郡领屋兰县。

吕光之子吕纂在位三年后，吕光弟弟吕宝的儿子吕隆继位。401年，后秦姚硕德攻打后凉，吕隆派使者向姚硕德投降。后秦姚兴命其为镇西大将军、凉州刺史、建康公，继续镇守姑臧。403年7月，在北凉、南凉交相逼迫之下，内外交困吕隆被迫正式投降后秦。吕隆率领手下官员及百姓一万户向长安进发，维持了仅仅十八年的后凉政权至此灭亡。

四、北凉时期

魏晋时期，张掖一带生活着匈奴沮渠部落。沮渠部落的祖先是匈奴官员左沮渠，于是此部落便以官名作为姓氏，称为沮渠氏。397年，后凉建康（今高台县骆驼城）太守段业在匈奴人沮渠蒙逊和沮渠男成等人的怂恿下背叛吕光，自称大将军、凉州牧、建康公。东晋隆安三年（399年）段业在张掖建都，改元神玺，建立北凉，后段业把都城从建康城迁到张掖，定都永平（觻得县改为永平县）。401年五月，沮渠蒙逊杀段业，夺取了政权，改年号永安。自此，北凉开启了沮渠蒙逊的时代。沮渠蒙逊为统一河西，继续发展农业生产，并发布《劝农令》，"蠲省百摇，专攻南亩，明设科条，务尽地利"（《晋书》卷129组《沮渠蒙逊载记》）。充实和完善了军垦制度，采取了一系列发展农业的措施。

（一）实行惠政，稳定发展环境

沮渠蒙逊深知经济发展与政治密切相关，他注重反躬自省，不断调整政策，实行仁政，关注民生，并千方百计地减少役事，避免百姓过多耽误农时。沮渠蒙逊在称帝之后，就常常以"役繁赋重"自省，并对祸害汉民者，做到法不避亲，如"蒙逊伯父中田护军亲信，临松太守孔笃，并骄奢侵害，百姓苦之。蒙逊说：'乱吾国者，二伯父也，何以纪纲百姓乎？'皆令自杀"①。沮渠蒙逊非常体恤百姓疾苦，常将天灾与人祸联系起来，借此警示自己。如东晋义熙九年（413年，北凉玄始二年），其母车氏病重，他登张掖城门散钱给百姓，大赦死囚，为母祈福。并下诏反省自己，说："太后不豫，涉岁弥增。将刑狱枉滥，众有怨乎？赋役繁重，时不堪乎？群望不絜，神所遣乎？内省诸身，未知罪之攸在。可大赦殊死以下。"②又如玄始六年（417年），当时天气干旱，久不下雨，下书曰："顷自春大旱，害及时苗。碧原青野，倏为枯壤。将刑政失中，下有冤狱乎？役繁赋重，上天所遣乎？内省多缺，孤之罪也。"③沮渠蒙逊能够下书自检，并用《尚书》中"百姓有过，罪予一人"的话下令责己，大赦天下，结果第二天，大雨就倾盆而至。这一记载是否属实我们无从考证，但是沮渠蒙逊能够如此面对因政治缺失造成的民生问题，确实是难能可贵。正是因为沮渠蒙逊能够自身不断反省，关注民生，实行惠政，才使北凉政治昌明，官吏尽责，经济社会持续发展。

（二）劝课农桑

东晋隆安五年（401年，北凉永安元年），沮渠蒙逊下达了劝课农桑的诏令，要求各级官吏明于督察、增加生产，做到"蠲省百徭，专攻南亩，明设科条，务尽地利"④。这与后来北魏计口授田制下的劝课农桑诏令极为相似，可见北凉也有类似计口授田的制度。该诏令意在休养生息，减轻徭役，制定典章制度，保证农业生产。另据《吐鲁番出土文书》记载："……令引水溉西部葡萄，谨条任行水官在名，事诺约赦奉行。"这一记载是沮渠蒙逊灭西凉后，派专人前往高昌进行屯田的

---

① 《晋书》卷129《沮渠蒙逊载记》。
② 《晋书》卷129《沮渠蒙逊载记》。
③ 《晋书》卷129《沮渠蒙逊载记》。
④ 《晋书》卷129《沮渠蒙逊载记》。

史料记载。

由此可见，高昌屯田官为了完成其屯田任务，专门设置了水务官，其主要职责就是为屯兵值夜守水事，即分配浇灌用水和维修水利设施。

沮渠蒙逊的开明政策，促进了张掖及河西农业发展，并取得了不错成效，这从《晋书》卷122《沮渠蒙逊载记》及《资治通鉴》等相关史料中也可以得到印证：东晋元兴元年（402年，北凉永安二年），北凉同后凉作战失利，双方结盟而退，当时姑臧正遇饥荒，北凉一次就送粮食万余斛"以赈饥人"①。根据史料记载，当时后凉正在闹饥荒，斗米值钱五千，人相食，饿死者十万余口，积尸盈路。同样处于河西，两国相距也不过三四百公里，何以仅仅是粮食相差就如此悬殊，这确是沮渠蒙逊实施了重农政策的原因。北魏神麕三年（430年），北凉与西秦的战争失利后，沮渠蒙逊出谷30万斛，向西秦赎取被俘的世子沮渠兴国。赎取人质的粮食数量巨大，如果没有很好的粮食生产耕作是无法办到的，由此北凉农业发展的规模和程度可见一斑。沮渠蒙逊懂得治国之要在于足食强兵。北凉政权建立后，沮渠蒙逊占据酒泉，接受了原西凉的屯田土地，积极兴办屯田。1975年，在吐鲁番哈喇和卓古墓群中发现很多北凉文书，其中就有北凉政权在今敦煌、瓜州一带屯田的记载。由此可以看出，北凉农业生产得到发展，沮渠蒙逊"明设科条，务尽地利"的"劝课农桑"政策，确实取得了很好收益。

(三) 重视人口，充实人力资源

北凉政权人口的增加，一个主要的途径就是通过战争频繁地对周边割据政权进行人口掠夺。《晋书》卷129《沮渠蒙逊载记》记载，东晋元兴三年（404年，北凉永安四年）沮渠蒙逊袭击狄洛磐于番禾，"迁其五百余户而还"。东晋义熙二年（406年，北凉永安六年），北凉掠夺了西凉百姓3000户，后被李暠追回。另据《十六国春秋辑

---

① 《晋书》卷122《吕隆载记》。

补·北凉录》记载：东晋义熙六年（410年，北凉永安十年）沮渠蒙逊掠夺南凉人口8000户而归；丹岭鲜卑思盘部3000归降沮渠蒙逊；北凉徙南凉臧夷之众3000余家而归。同年，徙南凉显美百姓数千户而归，沮渠蒙逊占领姑臧，"夷夏降者万数千户"。东晋义熙九年（413年，北凉玄始二年）北凉攻打南凉西平，"徙户掠牛马而还"。同年，北凉徙南凉河湟河民5000余户于姑臧；俘卑和、鸣啼羌2000余落而还。① 东晋义熙十一年（415年，北凉玄始四年），北凉攻打秦乞伏氏部众，擒折斐等700余人。② 从上述记载看，北凉时期对邻国攻掠的主要目的是掠夺人口。有学者分析，北凉时期对外掠夺的人口有10万人之多，如此大规模的人口当中，必然有一定数量的人口迁入张掖。

（四）农牧并举，促进畜牧业发展

北凉时期，由于战争频繁，对战马需求量很大，成为北凉发展畜牧业经济的重要原因。此外，北凉所占据的河西走廊西端，祁连山雪水灌溉，水草丰美，土地肥沃，是发展畜牧业的天然场所。沮渠蒙逊所在的卢水胡原来本身就是游牧民族，在此基础上发展畜牧业生产也就成为必然。428年，北凉沮渠蒙逊遣尚书王杼向西秦"送戎千匹"，这里的"戎"指的就是毡毯及毛褐，这是北凉畜牧业繁荣的一个例证。为了督促北凉沮渠牧犍永远实行亲魏政策，437年秋天，北魏拓跋焘把武威公主嫁给沮渠牧犍，沮渠牧犍向北魏奉献了500匹良马。《魏书·食货志》载，北凉灭亡后，北魏将河西开辟为牧地，其"马至二百余万，驼半之，牛羊则无数"③，足见北凉畜牧业发达。

沮渠牧犍永和七年（439年），北凉被北魏所灭。

---

① 《晋书》卷129《沮渠蒙逊载记》。
② 《晋书》卷126《秃发傉檀载记》。
③ 北朝·崔鸿：《十六国春秋辑补》卷97《北凉录》，商务印书馆，1937年，第618页。

第三节　北魏、西魏和北周时期的张掖农业

439年，北魏出兵河西走廊，攻陷姑臧，北凉政权灭亡，北魏统一了北方地区，结束了中国北方长期分裂割据的局面。

北魏统辖张掖后，推行怀柔与优抚政策，注重安定民心，实行均田制，之后西魏、北周进一步完善实施。

西魏废帝三年（554年），改西凉州为"甘州"。宇文泰时期，恢复生产、安定人民生活，尤其是恢复均田、改革役制、平均赋役、督课农桑等经济改革措施的实施，使游离的劳动力重新和土地结合起来，扩大了自耕农的数量和政府的纳税面，北魏、西魏对张掖农牧业恢复和发展起到了积极作用。

一、北魏的怀柔优抚政策

北魏初期，为稳定民心，因地制宜推行怀柔"杂胡"和优抚"新附"这一适合河西情况的统治方略。通过"召集豪右，以利民为先，益国为本，随其风俗，以施威惠。其有安土乐业，奉公勤私者，善加劝督，无夺实利"[1]的办法，维持地方秩序，保护百姓正常的生活和生产。另外，由于河西一带是北魏较晚的"新附"区，因此在租调、徭役的征发上也与其他地区有所区别。魏太武帝曾"安慰初附"迁至秦雍一带，并在430年一次"赐复七年"[2]。"秦、雍新民，且当优复"[3]，张掖及河西一带民众当无例外。北魏怀柔优抚政策的实施，促进了河西农业发展，尤其在粮食、桑麻生产方面更见突出。北魏中期，河西成为北方六镇[4]军粮的主要供应地之一。这种经济战略地位的提高，可从太

---

[1]《魏书》卷51《吕罗汉传》。
[2]《魏书》卷4《世祖纪》。
[3] 宋·司马光：《资治通鉴》卷123《宋纪五》。
[4] 北方六镇指沃野、怀朔、武川、抚冥、柔玄、怀荒。

和七年（483年）政府漕运河西储粮事得到说明。当时，孝文帝命令薄骨律镇将刁雍发车5000乘，取河西屯粮资助沃野镇。刁雍认为转输途中要渡黄河，越沙漠，且路途遥远，费力费时。建议在牵屯山"河水之次"兴建船坞，赶造运船200艘，然后水陆联运，以保限程。孝文帝批准这一要求，从河西运出粮谷60万斛，由此可见当地农业的发展规模。

北魏时期，魏武帝率大军进入河西后，见到河西牧草肥美，牛羊漫山遍野，又见姑臧城泉水奔涌，沟渠纵横。因袭两汉、曹魏、西晋开发传统，制定发展畜牧业的经济决策，"以河西水草善，乃以为牧地"，设置官营牧场，将被征服的畜牧民族编为牧户、牧子，课其畜牧。长年养马200余万匹，骆驼近1万峰，牛羊等杂畜则多至无可数计。使河西畜牧业经济逐步得以繁荣，到太和年间达到极盛，"每岁自河西徙牧于并州，以渐南转，欲其习水土而无死伤也。而河西之牧弥盛矣。"[①]

二、均田制的实施

北魏统治者是游牧民族，掠夺是牧主的本性和嗜好。从什翼犍定居盛乐（今内蒙古和林格尔）和平城（今山西大同）以后，才开始逐渐认识农业。到什翼犍的孙子拓跋珪时，知道"务农息民"，拓跋珪的儿子拓跋嗣，已知"亲耕籍田"，为民做表率了。拓跋焘攻北凉，监国的太子拓跋晃下过"劝农令"。北魏的统治者已知道农业生产的重要，当然主要是掳掠来的汉民从事这项农业劳动。北魏灭北凉后，更加重视农业生产发达的河西。于是在农耕地区创立均田制，实行土地私有与土地国有相结合的制度。

孝文帝太和九年（485年），为限制土地私有制的发展，保证农民占有土地，北魏冯太后主持实施均田制。规定：男子十五岁以上，授露田（不栽树之田）四十亩，妇女二十亩。由于要休耕，所以一般是加倍给授，分两年轮休的（二圃制），男子给授八十亩，妇女四十亩；分

[①]《魏书》卷110《食货志》。

三年轮休的（三圃制），男子给授一百二十亩，妇女给授六十亩。此外，男子给桑田二十亩，桑田上要求种植桑树五十株，枣树五株，榆树三株。不适宜种植桑树的地区，男子给麻田十亩，妇女五亩，另外男子给田一亩，课种榆枣。显而易见，均田制的核心就是把每个受田者的土地都划分为私有土地（桑田）和国有土地（露田），既让官僚、地主拥有较多的土地（如耕牛和奴婢授田），又能基本满足农民的土地要求。这实际与汉代假（赋）民公田在内容和形式上有着一定的渊源关系。因为"授田"授的是公田，也仍然没有超出名田、占田或赋民公田的范畴，无非名称、形式和期限不同而已。其最大变化就是打破常规，在授田时直接规定其中一小部分属于受田者私用，这是均田制中具有历史意义的改造和发明。虽然其私田所占比率较低，但毕竟每户都有自己的私有土地，这对于缓和矛盾、激发农民的生产积极性，无疑具有重大作用。太和十四年（490年），均田制才实行五年，已呈现"王畿之内，颇为少雨，关外诸方，禾稼仍茂"① 景象。均田制规定，受田者要向政府承担田租、户调、徭役。但是，由于北魏颁布均田制仅仅几十年后，政治便陷入衰乱，而秦陇以西，更由于民族关系复杂，阶级矛盾尖锐，对均田制的实行造成一定的困难。

北魏以后，西魏、北周相继继承和推行了均田制，并在具体实施过程中又做了不少改进和完善。西魏政府规定：有室者（一夫一妇），田百四十亩，丁者（尚未成家的男子）田百亩。司赋掌功赋之效令。凡人自十八至六十有四，与轻癃者，皆赋之。其赋之法，有室者，岁不过绢一匹，绵八两，粟五斛，丁者半之……丰年则全赋，中年半之，下年一之，皆以时征焉。凡年自十八至五十有九，皆任于役。丰年不过三旬，中年则两旬，下年则一旬。凡起徒役，无过家一人。②

西魏的地租和户调比北魏高很多，但规定地租要按年成的好坏征收，具有一定的灵活性。此外，北魏的力役并没有定额，而西魏、北周规定为1个月。由此可见，西魏、北周时期农民负担比较沉重。史书记

---

① 北齐·魏收：《魏书》卷14《高闾传》。
② 《周书》卷23《苏绰传》

载,苏绰在西魏时,"以国运不足,为征税之法,颇称为重。而叹曰:'今所为者,正如张弓,非平世法也。后之君子,谁能驰乎?'"[1]

《西魏大统十三年瓜州效谷县文书》记载,除授田于汉族农民外,还授田于其他少数民族,使从事农业耕作,成为国家编户。保存在敦煌石窟中的《邓延天富等户户籍残卷》记载着西魏大统十三年(547年)均田制实行的情况。残卷所涉及的33户农民,有6户按照政府规定的正田(露田)、麻田、宅田数额如数占足,有6户实际授田数只有法令规定的2/3,另13户只受1/2,其余7户受1/3。这说明,西魏仍沿袭了北魏传统,以河西为麻布之乡。具体到敦煌,因为人口众多,土地狭窄,属于狭乡地区,因此大多数农民家庭很难按照法令规定,占足土地。按照平均数来看,每个男丁受正田20亩左右、麻田10亩左右,每个女丁受正田10亩左右、麻田5亩左右。双丁人家,总共受田不足45亩。

但是,每户农民所承担的田租、户调都要按照法令规定如数缴纳。考虑到贫富有差别,政府在征收租调时,采取"计赀定课"的办法,即财力富厚的人家多摊多缴,财力单薄的人家少摊少缴。一般是:田租,上等户缴粟4石,中等户3.5石,下等户2石。年调,各等户均麻布2丈、麻1斤。征纳中,有时还实行折纳,如以草料代替谷物,其办法也有具体的规定。到了北周,法令规定"有室者田百四十亩,丁者田百亩"[2]。与西魏相比,大部分地区农民的户调负担与西魏差不多,但是像河西这样的麻布之乡,户调却由原先1户缴麻2斤增为10斤,田租也增至5斛(5石)。这大概是应当时消灭北齐,统一北方后的形势所需。所以到了隋代取代北周后,苏威"奏减赋役,务从轻典"[3]。

三、魏晋墓画像砖里的张掖农业

2001年,在张掖市高台县骆驼城魏晋墓出土的一批画像砖,生动

---

[1] 《隋书》卷41《苏威传》。
[2] 《隋书》卷24《食货志》。
[3] 《隋书》卷41《苏威传》。

地再现了当时的农业生产，几乎囊括了诸多农事活动，反映当时的耕作技术。

魏晋·阡陌嘉禾图壁画砖（图32 上编图18）：画像绘农田嘉禾景象。中间以蓝色绘水渠，上下部分以红色绘田埂地块，又以蓝色绘密密禾苗，画像描绘魏晋时期骆驼城地区已使用水渠灌溉农田，农业生产已达到相当水平。①

魏晋·二牛耕地图壁画砖（图33 上编图19）：白粉施底，左侧绘二牛驾直辕犁，一男子右手扶犁，左手执鞭，后面一树上栖鸟，画面上方有二飞鸟。体现当时河西地区春耕的场面。

魏晋·坞堡图壁画砖（图34 上编图20）：画面绘坞堡田园景象。左绘开门围墙，为坞堡式庄园，茂密树木伸出院墙。右绘菜畦，田块中苗木茂盛，反映出河西田园风光。

魏晋·收获图壁画砖（图35 上编图21）：以白粉涂底，土红、墨线线描禾木，山峦。画面描绘了一派闲适的田园风光。

魏晋·扶桑飞禽骆驼图壁画砖（图36 上编图22）：许三湾五道梁墓群出土，画面左绘一扶桑树木，枝叶繁茂；右绘骆驼一头，右上方绘两只飞禽，反映了五凉时期人们希望长生不老的丧葬观念。

魏晋·采桑图壁画砖（图37 上编图23）：骆驼城苦水口墓葬出土，砖面以白色饰底，以红黑彩绘画，画面中有一高大树木，枝叶繁茂。树木左右各绘女子，一手提篮子，一手在树上采桑叶。至迟在十六国时期，在古丝绸之路上的甘肃河西地区，已经能种桑养蚕、生产丝绸。

魏晋·汲水饮马图壁画砖（图38 上编图24）：骆驼城苦水口墓葬出土，画面绘一人从井中用辘轳汲水饮马。凿井取水是定居农耕民族的特征，右绘红色骏马盆中饮水，表现出河西先民的剽悍特征。

魏晋·宰羊图壁画砖（图39 上编图25）：许三湾东墓群出土，国家二级文物。画像绘羊只倒地仰身，男子执刀做宰杀状，左侧女子端盆，惊恐背身，不忍目睹，使羊血流地。画面风格质朴而生动，长41

---

① 政协高台县委员会：《高台文物精品鉴赏》，第100-112页。

厘米、宽20厘米、厚5.5厘米。

魏晋·宰牛图壁画砖（图40上编图26）：骆驼城苦水口墓葬出土，国家一级文物。砖呈长方形，白色饰底，绘两人宰牛场景。画中绘牛倒地仰身，四蹄朝天。左边一男子着白衣，右手执刀，左手抓牛蹄，为屠夫。右边一男子着红衣，双手抓牛腿，是为帮工，上方置盆。男子撇胡，戴冠，系腰，挽袖，动作舒展自然，生活气息浓厚。

河西走廊自古是游牧民族的驻地，畜牧业本身有天然基础。魏晋时期华戎交汇，养殖业进一步发展。前凉时，"凉州畜牧为天下饶。"（喻归《西河记》）；西凉王李暠在昌浦、表是、居延等诸县建立畜牧基地；北凉国主沮渠蒙逊一次战争中投入一万五千骑，足见马匹的数量不少，对于以游牧起家的沮蒙家族，其他牲畜的养殖自然不在话下。北周在今山丹县置官办养马牧场，在今山丹大马营草原和肃南皇城草原养马10万余匹。

第四节　隋代的张掖农业

大定元年（581年），北周外戚杨坚建立隋朝。隋朝是中国历史上的大一统王朝，结束了南北朝持续近三百年的分裂混乱局面。

隋朝的建立，对河西地区农业的开发产生了十分深远的影响。主要表现在：为了防御突厥与吐谷浑的侵扰，中央王朝对河西农业置于立国的高度来认识；大量军队驻守河西，为这里正常的生活与生产创造了一个比较安定的社会环境；对突厥、吐谷浑的军事胜利，保证了丝绸之路畅通，活跃了张掖民族民间贸易；为张掖经济开发提供了必要的劳动力资源，在一定程度上改变了地广人稀现状。同时，隋代由于长期在河西对突厥及吐谷浑用兵，使张掖经济纳入了战时经济的轨道，屯田相当发达，均田制却比较萧条；农业相对繁荣，畜牧业则大为逊色。

随着西北安定环境的出现，隋王朝加强了河西地区的政权建设，隋初,实行并县废郡存州。甘州直辖永平①、山丹、福禄②3县。隋文帝开皇十七年(597年),永平县改称酒泉县。隋炀帝大业二年(606年),改甘州为张掖郡,又改酒泉县为张掖县。张掖郡辖张掖、删丹(隋大业初又改山丹为删丹)、福禄3县。唐初,分出甘州的福禄县另置肃州,甘州只辖张掖、删丹两县。河西健全稳定的地方行政机构,与驻军组织互相补充,改变了长期以来河西地区行政废弛、隶属迭变的历史,有利于张掖经济的全面发展。

一、搜括人口

隋朝之前,由于周、齐统治者对人民的沉重盘剥,使大批农民只得采用虚报年龄,即所谓"诈老诈小"来躲过纳税年龄限制或者依附豪强,成为"浮客",以摆脱政府的控制,遂使国家实际控制的人口大大减少。隋文帝即位后,为了增加赋税收入,和豪强地主争夺人口,在585年(开皇五年),在全国采取了"大索貌阅"和"输籍法"两项相关的搜括人口的措施。

"大索貌阅"即严格核对户口,人民体貌与户籍上登记的年龄不符时,里正、党长(前者管二十五家,后者管一百家)流配远方;还诱迫人民互相检举,强迫堂兄弟以下亲属分户另居,各立户头,以防隐冒。开皇五年这一年就检括出443000口丁男,并把1641500口人编入户籍(《隋书·食货志》)。隋时核实的张掖郡有6126户(人口无详细史料)。

"输籍法"也称"输籍定样",这是对农民依附豪强制定的。由政府规定,按财产和人丁多少划分若干户等,再根据户等高下定出该户的应纳赋税定额。每年正月初五日,由地方官到乡村去,以300家到500家组为一团,依定样确定户等,写定簿籍。这种输籍之法实行后,大量隐漏逃亡或依附豪强的农民成为国家定编在册的税户。依定样,就是参考人民财产情况确定户等,编成定簿,使赋税负担有固定的标准,也使

---

① 永平,今张掖市甘州区西北10千米,黑水国遗址北城。
② 福禄,今酒泉市肃州区。

人民不能逃税，地方官也不致任情作弊，上下其手。更重要的是，所定税额比豪强向其"浮客"的剥削稍微减轻，这样可以诱使依附于豪强的农民脱离豪强的庇荫，成为政府的"编户"。

二、发展屯田

隋代初期，隋王朝在边境部署重兵防守突厥、吐谷浑等部族的侵袭，为保障军队粮食供应，隋文帝开始发展军屯。针对当地人口居住分散的情况，隋文帝于开皇三年（583年）诏令河西"勒百姓立堡，营田积谷"[1]，这是隋代张掖及河西屯田的开始。当时，通过"营田积谷"组织百姓进行垦荒生产，扩大了耕地面积，增加了粮食储存，为隋王朝进行御敌战争和征收粮食创造了条件。

隋大业五年（609年），隋炀帝在西巡途中命隋军进攻吐谷浑，吐谷浑战败西逃，"其故地皆空，自西平临羌城以西，且末以东，祁连以南，雪山以北，东西四千里，南北二千里，皆为隋有。"[2] 从敦煌莫高窟壁画可以看出，隋代河西走廊地区使用的耕犁，已由魏晋墓中所描绘的那种犁铧较大的长辕长床犁，变成了长辕无床犁。这种犁结构虽然比较简单，没有犁床、犁壁等装置，而是将犁铧直接安装在犁梢上，但耕地时却能与土壤自然形成一个角度，既可破土又可翻土，因此非常适应于河西一带比较松散的土壤。耕犁的这种变化表明，张掖人民在长期的生产实践中，不仅对当地的自然条件有了充分地认识，而且可以根据不同的实际需要来利用和改造已有的生产工具。

隋代全国的屯田制度比较健全，在尚书省的工部尚书下设屯田侍郎二人，专掌全国的屯田事宜。"缘边交市监及诸屯监，每监置监、副监各一人。"至于各地方的屯田，则分别由司农寺及州县管理。隋在张掖的屯垦，与隋政权相始终。究其原因，主要是隋朝建立后，突厥、吐谷浑部族就不断在北边犯塞，军事形势吃紧。为了对付这个威胁北边的强

---

[1]《隋书》卷24《食货志》。
[2] 唐·李延寿：《北史·列传第八十四》。

大军事力量，隋王朝不得不罄全国之力养重兵于北方。但是当时的军事供给是一个非常棘手问题，以致造成当地百姓"转输劳敝"。在这种情况下，隋炀帝便于开皇三年（583年）令赵仲卿等在长城以北大兴屯田，"塞北盛兴屯田，仲卿总统之。"这主要指以军队为主的军屯。这样，大规模屯垦在广大北方地区正式开始了。屯垦结果是，"收获岁广，边戍无馈运之忧"，取得了良好的经济效益与社会效益。开皇四年（584年），隋朝大将军贺娄子翰在陇右、河西一带见到情形是："广为田种。"但子翰却上书文帝说："陇右、河西土旷民稀，边境未宁，不可广佃。虚役人功，卒逢残暴；屯田疏远者请皆废省。"隋文帝毅然接受了贺娄子翰建议，调整了在河西等地的经济政策，一改片面发展屯垦，强调农牧并重。

隋代张掖屯垦带有明显军事强制性和战时经济特点，屯田组织具有亦兵亦农性质，其生产者以军队士兵为主体。同时，当地居民多"立堡营田"[①]，此外还有一定数量内地罪犯被强制充军屯垦，从事犯屯。如开皇十三年（593年），就曾"改徒及流并为配防"[②]，将流刑及徒刑罪犯改为充军，主要从事屯垦。所以隋代张掖屯田主要分为军屯、营田与犯屯三种类型，以军屯、犯屯为主，营田为辅。

隋大业五年（609年），炀帝在刘权、裴矩等人陪同下西巡张掖（图41上编图27），到达今山丹县焉支山（图42上编图28）下，高昌王麹伯雅及伊吾吐屯涉及西域27国使节前来朝贺[③]。《隋书·裴矩传》和《资治通鉴》对这一过程作了记述：大业五年六月"壬子，帝至焉支山，伯雅、吐屯设等及西域二十七国谒于道左，皆令佩金玉，被锦罽，焚香奏乐，歌舞喧噪。帝复令武威、张掖士女盛饰纵观，衣服车马不鲜者，郡县督课之。骑乘嗔咽，周亘数十里，以示中国之盛。丙辰，

---

① 《隋书》卷24《食货志》。
② 宋·王钦若等：《册府元龟》卷611《刑法部·定律令三》，中华书局影印本。
③ 609年（隋大业五年），隋炀帝在裴矩陪同下，率大军西征吐谷浑。从长安出发，经扶风，过狄道（今临洮），在临津关（今甘肃省积石山保安族东乡族撒拉族自治县大河家）渡黄河，进入青海，击败了吐谷浑，并在这一地区和南疆设置了西海郡（今青海湖西）、河源郡（今青海湖南）、鄯善郡（在今新疆罗布泊西南）、且末郡（在今新疆且末县）。

炀帝御观风行殿①,大祀文物,奏九部乐,设鱼龙曼筵,引高昌王、吐屯设置殿及西域诸国使节开怀畅饮",充分显示了极其盛大奢华场面。隋炀帝西巡扩展了疆土,巩固了边防,对张掖经济发展、商贸繁荣有着巨大作用。吐屯设献地数千里,隋设西海、河源、鄯善、且末四部,由刘权镇守,"大开屯田,捍御吐谷浑,以通西域之路"(道光《敦煌县志》卷五)。河西由是"勒百姓立堡,营田棋谷"。张掖以堡、寨、营闻名的村庄至今犹存,如三堡、甘浚堡、李寨、花寨、曹营、范家营等。

隋代在张掖屯田的实行,客观上促进了当地农业经济的发展,并为唐代进一步实施农业开发奠定了坚实基础。

一是垦辟了大量废弃荒芜土地。张掖一带地广人稀,劳动力缺乏始终是农业开发最主要的制约因素,而隋代大量军队的集结及比较稳定的军事据点的设立,大批士兵家属到来以及诸多罪犯的配防,使这里的劳动力骤增,开垦了大量荒地,扩大了耕地面积。

二是减轻了军民沉重运输负担。隋代在河西用兵频繁,军资运输是当地百姓沉重的负担之一。随着大规模屯垦的开展,其农业收获的数量大大增加,这在一定程度上缓解了张掖军费开支的压力,并在很大程度上减轻了当地居民远道运输的疾苦,使他们能够从事正常的农业生产,过上相对安定的生活。

三是保护了农业生产正常进行。为了有效地推行屯垦,隋王朝曾大量遣送罪犯前往河西"配防",这就意味着这些被迁徙而来的犯人有从事防卫的义务,由他们"捍御"北方游牧民族对农耕区的侵扰,保证当地农业生产的正常进行。史称,突厥曾于开皇二年(582年)对武威等地大规模抢掠,造成"六畜咸尽"②的严重后果。自开皇三年(583年)大规模推行屯田后,边境军事力量也随之增强,便再也没有发生过如此严重的抢掠事件。于是,隋朝"息道路之民,务于耕织"③开发总原则,才真正得以付诸实施。

---

① 御观风行殿,一种可以拆卸组装的活动宫殿。
② 《资治通鉴》卷175"陈宣帝太建十四年(582年)十二月"条。
③ 《隋书》卷84《列传第四十九·突厥》。

四是保障了丝绸之路畅通无阻。隋代张掖屯垦，往往与巩固边防、经营西域紧密联系在一起。隋代在河西大规模开展屯垦的结果，达到了"通西域之路"① 的目的，确保了丝路贸易的发展。

五是促进了张掖农业发展。从高台骆驼城魏晋画像砖墓中所描绘的那种犁铧来看，隋代张掖一带曾经使用的耕犁铧直接安装在犁梢上，耕地时却能与土壤自然形成一个角度，既可破土又可翻土，因此非常适应张掖及河西一带比较松散的土壤。② 耕犁形制的变化表明张掖劳动人民在长期的生产实践中，开始根据自然条件和实际需要利用和改造生产工具，这也是隋代实行大规模屯垦的重要条件。

六是促进水利设施兴建。为了保证屯垦的有序进行，隋政府在张掖大力兴修水利，开掘新渠，修复疏通旧渠，充分利用祁连山得天独厚的雪水资源、交错纵横的水渠网络，灌溉着日益增长的屯垦耕地。

隋代张掖屯垦也存在一些失误。首先，屯田规模过大，影响了均田制的推行，不利于小农经济发展。其次，隋代一味地强调屯田，却未兼顾畜牧业生产的同步发展，不利于宜农宜牧的优势发挥。再次，隋代屯垦与军事行动的联系过于密切。每当对河西用兵规模大、持续时间长，屯垦就会有较大的发展。反之，随着战争形势的缓和及其军队数量的减少，则会出现严重的废屯、抛荒等现象。

张掖屯垦之所以能在隋代得到长足的发展，还与当地政府重视这里的水利建设有关。水利是农业的命脉，屯垦能否获得良好经济效益，主要取决于水利设施及其配套措施。祁连山雪水，为张掖屯垦提供了必要的水利灌溉资源，这是隋代张掖屯垦兴旺发达的原因所在。为了保证屯垦大规模开展，隋政府采取一系列有效措施，大修水利，开掘新渠，修复疏通旧渠，充分利用这里得天独厚的雪水资源，交错纵横的水渠网络，灌溉着日益增多的屯垦耕地。

隋代末年，随着统治阶级腐败程度日益加深，加上在全国范围内爆发了农民起义，严重地影响了屯垦的正常发展。屯垦管理混乱，屯垦者

---

① 道光年间《敦煌县志》卷5"人物"。
② 《史记》卷30《平准书》。

大量逃亡，耕地撂荒现象日趋严重，使本来已相当繁荣的张掖屯垦，走到了屯军失控、屯地荒芜、管理混乱、囤粮锐减的地步。

三、扩大种植业

隋代继续实行北魏时期的均田制。主要包括：（1）男子每人受口分田 40 亩，永业田 20 亩，妇人受田 20 亩；（2）永业田不须还官，但在规定时间内要种植一定数量的桑树、榆树和枣树等经济作物，以作为家庭副业、手工业的必要原料来源；（3）男子 18 岁开始受田，65 岁退田；（4）作为与均田制受田权利相对应的义务，均田制还规定了均田户的赋役负担：以"床"（一夫一妻）为单位，1 床缴纳租粟 3 石、调绢 1 匹（后减为 2 丈）；（5）单丁及奴婢、部曲、客女则按半床缴纳租、调；（6）丁男每年服役 30 天（后改为 20 天）。隋炀帝即位后，对均田制略做调整，主要是免除妇人和奴婢、部曲的租调，同时也废除了授田规定，比较大的变化则是授给诸王至都督 100 顷至 40 亩不等的永业田。隋代均田在张掖农业中所占比例不大，均田户的人数也相对较少。因为隋政府在此大量发展屯垦，必然会使这里的自耕农人数锐减，均田比例缩减，使当地农业明显带有战时经济色彩。

隋代还采取了一些减轻农民负担的措施，主要是缩短农民服兵役和徭役时间。开皇三年（583 年），成丁由 18 岁改为 21 岁。开皇十年（590 年），又规定男 50 岁可以缴纳绢帛免役。再就是减少服役时间，北周丁男每年服役 30—45 天，隋文帝定为 20 天，减少了一半左右。

隋代国家统一、政治稳定，加之均田制的实施和农民负担的减轻，极大地增强了农民的生产积极性，有力地促进了种植业的快速发展。

第一，农业人口增加。隋夺取北周政权时，仅有 3599604 户，隋灭陈以后，又得到 50 万户，总计当时全国户数近 410 万户，人口约 3000 万，这个户口数字已经超过西晋统一时的户口数。到大业二年（606 年），已达到 8907536 户，46019556 口，在大业二十六、七年间，户数增加 400 多万，人口增加 1600 万。隋时，张掖郡户数比晋代也有所增加，由晋时的 5600 户增加到 6126 户（新增 526 户）。从史料看，只增加了 500 多户，但其中除存在审计不实的原因外，主要是自周宣帝大象元年（579年）至隋炀帝时期，经历了突厥寇甘州，吐谷浑寇张掖，党项羌掠张掖等多次入寇掳掠之祸，人口被掠取或杀害者不少。但就是在这种不断遭到周边部落入侵劫掠的情况下，张掖的户口仍有增加，这与隋的府兵制、均田制和减轻租税徭役政策的推行有着直接的关系。隋文帝所采取的发展经济措施，在张掖户口的增加上也得到了体现。

第二，垦田面积增加。人口增加为农业生产提供了大量劳动力。在当时像张掖黑河水系各流域这样的宽乡来说，增加几百户人，还是不能满足大面积荒地的开垦和众多水系的开发事业所需要的劳动力。但越到后代，越引起当时的统治者对河西走廊经营的关注，张掖黑河水系各流域人口增加虽然缓慢，但郡内各县垦田面积还是在不断地扩大着。垦田面积不断扩大，必然会推动黑河水系众多水利工程（渠道、水泉、塘坝等）修复和兴建。由于耕地面积不断扩大，与兴修水利相互影响、互相促进的作用显而易见，这不能不对黑河水系农田水利开发产生推动作用。隋代垦田面积，据史载，589年，垦田数为1940余万顷，到605—618年，就达到5580多万顷。这个数字或许失实，但劳动人民努力开垦荒地，使垦田面积有所增加却是真实的。

第三，国家粮食储备增加。隋代种植业发展的一个具体表现是国家粮食储备的增加。开皇十二年（592年）由于粮食连年增产，国家府库皆满，诏令当年河北、山东"田租三分减一，兵减半功，调全免"。到开皇十七年（597年）时已形成"户口滋盛，中外仓库，无不盈积"[1]的盛况。史载，唐贞观十一年（637年），马周对唐太宗说："隋家储洛口，而李密因之；西京府库，亦为国家之用，至今未尽。[2]"这一记载表明，隋朝灭亡20年后，储备粮食竟然还没有用完，这足以说明隋代农业发展规模和繁荣程度。

第四，建立和完善义仓。隋代种植业的发展，还体现在义仓的建立和完善方面。开皇五年（585年），隋文帝下令在全国推广义仓，允许

---

[1]《隋书》卷24《食货志》。
[2] 唐·吴兢:《贞观政要》卷6《奢纵》。

诸州以民间传统的互助组织——社为单位，劝募当社成员捐助谷物，设置义仓，以备水旱赈济等，并由当社的头面人物——"社司"负责管理账目和储存、支出等事宜。隋代张掖义仓的具体情况与全国情形基本上一致，并且收到较好的效益，这主要是隋代张掖均田制和屯田等有效措施的实施，使耕地面积扩大，粮食产量提高，粮食储备增加。这也与当时"州里丰衍，民多赖焉①"的记载相一致。

隋文帝后期，因管理不善和官员贪赃枉法，出现了义仓"多有费损"现象。开皇十五年（595年），隋政府将义仓一律改由州、县地方政府负责管理，不再属于民间组织。次年，将义仓劝募形式改为按户等高低定额征收。至此，河西义仓已由劝募形式变成了按户等定额征税，民间的互助自救变成了州、县政府管理的官方机构，义仓也成为劳动人民正赋税额之外的额外负担，特殊情况下用于赈济的也是义仓中的杂种及积压陈粮。

义仓的设置，对张掖农业发展意义重大。封建社会小农经济比较脆弱，干旱、水涝、战争、瘟疫、力役、赋税等，往往会造成农民破产。义仓的支出专用于生产、生活自救，有利于保护小农经济的发展。政府控制义仓以后，自救的灵活性和实效性有所降低，但义仓的基本用途仍主要是赈济水旱灾害，作为保护小农经济免遭破产的一种有效途径，是隋代农业生产自救的一项有效应急措施。

四、发展畜牧业

伴随着张掖农业经济恢复与发展，畜牧业经济在整个社会经济中所占的比重相对减轻了。但由于军事上的需要，养马仍是隋代要政之一。就全国情况来看，隋代马政比较完备，并将全国最重要的官营牧区设在包括河西在内的陇右。当时的陇右牧除统辖诸牧外，还设有骅骝牧、二十四军马牧、苑川十二马牧等，陇右牧总监"视同五品"。

隋代张掖畜牧业发展并不是一帆风顺的。一是开皇二年（582年），

---

① 《隋书》卷46《长孙平传》。

突厥曾大举对河西地区侵扰，以致"六畜咸尽"，使隋代河西地区的畜牧业在立国之初就元气大伤。二是隋初政府没有充分认识到河西地广人稀、宜农宜牧的特色，而是片面地强调屯垦，结果使保证农业生产、高产的自然生态失去平衡，影响了张掖经济与社会效益的正常发挥。

后来，贺娄子斡通过深入调查后，指出了片面屯垦的弊端，强调在当地发展畜牧业的必要性。其建议被文帝采纳后，制定出将河西等地开辟为畜牧业基地的决策。

随着张掖畜牧业的发展，畜产品加工业也相应有所发展，其中尤以逐水草而居的游牧民族所作出的贡献较为突出。如以"畜牧为事"的突厥，其俗是"穹庐毡帐""食肉饮酪""身衣裘褐"。畜产品加工业已经涉及日常生活必需品、毛织帐篷、衣物等，张掖等地的物质资源得到了充分的发掘与利用。大业五年（609年），隋炀帝在张掖主持大型交易会时，曾令诸国、王族及使节身披类似毡的高级毛织品——金罽，也从一个侧面反映了隋朝张掖畜产品加工业的发达。

继两汉之后，隋代张掖经济开发与内外交流进入一个新的历史阶段。隋代张掖畜牧业发展并不是一帆风顺的。由于隋代最高决策者根据河西的历史传统、自然条件及社会现状，及时调整开发对策，张掖因此而得到了进一步开发，当时，其地居民以"勤于稼穑，多畜牧"著称于世，这足以证明隋代河西张掖等地农牧经济并重这一史实。张掖最终确立了以农耕经济为主，农牧结合协调发展的区域经济格局。

五、裴矩对张掖农业的贡献

裴矩（547年—627年），本名世矩，字弘大，河东闻喜（今山西闻喜）人，北魏荆州刺史裴佗之孙，北齐太子舍人裴讷之之子。裴矩出身于河东裴氏西眷房，早年历仕北齐、北周、隋朝，曾参加隋灭陈之战，并率三千兵卒定岭南，安抚突厥启民可汗，历任民部侍郎、内史侍郎、尚书左丞、吏部侍郎等职，封闻喜县公。隋唐时期政治家、外交家、战略家、地理学家。

604年，受隋炀帝之命，裴矩前往张掖监管西域各国外交通商事宜，开始经营西域。

隋大业五年（609年），隋炀帝西巡，登焉支山，参禅天地，谒见高昌王鞠伯雅、伊吾吐屯设等西域二十七国使臣，史称"万国博览会"。这次河西走廊上的特大盛典，使焉支山成为世界瞩目的中心，成为世界博览会最早的发源地而闻名天下，被人们称为"国博故里"。这是我国封建社会唯一的一次中原王朝天子西巡张掖的活动。为了显示帝王的威严与帝国的实力，炀帝下令各国国王及使者均佩戴金玉，焚香奏乐、歌舞欢呼。同时还令武威、张掖一带百姓着节日盛装，前来夹道欢迎。数十里间，车水马龙，人肩相擦，气氛热烈非凡，观赏鱼龙戏和具有民族特色的《清乐》《龟兹》"西凉"等九部乐。这次交易会规模之大、规格之高、人数之多、耗资之巨，堪称史无前例。张掖市山丹县因而也成为国博故里。

张掖互市是由隋炀帝亲自主持的盛大交谊会，实际上是由隋王朝主持的国际贸易。通过这些活动，前来的各国使节、商贾等比以前大为增加。他们除了驻足长安、洛阳外，还络绎不绝地前去扬州、广州等地从事活动。总之，以互市为主要内容的国际贸易开展，有力地促进了张掖经济发展，刺激了张掖商品经济繁荣，加强了当地与中原和西域的联系，扩大了张掖的对外影响。对于隋王朝来说，通过张掖互市，将张掖等地变成国际性贸易的都市、西北经济开发的重心及隋代对外开放窗口。

第四章　张掖农业的鼎盛时期

——唐代前期

618年，李渊称帝，史称唐朝。后李世民即位，推行休养生息政策，开启"贞观之治"，一直延续到唐玄宗李隆基开创的"开元盛世"。唐高祖武德至玄宗天宝年间、武则天时期，国内政局稳定，军事活动的重点在西北边陲，河西、陇右地区成为屯田的首要区域，西北沿边设置了大批军镇，为军粮供应需要，武则天下令"五师外镇，必藉边境营田"(《册府元龟·屯田》语)，于是西北边防各地迅速出现了许多屯田。张掖屯田，成绩比较突出。当时人说："得甘州状称，今年[①]屯收，用为善熟"，"责其粮数，称见在所贮积者四十余万石，今年屯收，犹不入计"。直到武周末年，郭元振为凉州都督，在凉州、甘州等地大开屯田。甘州刺史李汉通开置的屯田，尽水陆之利，获得了大丰收；"积存军粮，可支数十年"《〈旧唐书·郭元振传〉语》。垂拱二年（686年）陈子昂在其《上西番边州安危事三条》中说，甘州屯田虽然取得了巨大成绩，"但以人攻不备，犹有荒芜"，提议增加兵员，以尽地力，"河西不出数年之间，百万之兵，食无不足，而致仓廪既实，边境又强，则无敌所临，何求不得。"这个建议得到了朝廷的重视与采纳，几年之后，王孝杰自西域回军，在甘州与肃州之间设置了建康军，常备兵员五千三百人，扩大了甘州的屯田《新唐书·地理志》），为巩固当时西北边防作出了重大贡献。

[①] 今年，垂拱二年，即686年。

唐初至唐中期，推行均田制和籴法，改善了农业生产基本条件，促进了农业经济发展。唐王朝在当时世界上毫无争议地处于最高水平。这个时期，美洲尚未被欧洲人发现；欧洲处于黑暗的中世纪，城市破败，田园荒芜。唯有中国，唐朝继续实施屯田和大规模的水利建设，形成了较为完备的绿洲灌溉体系，使张掖耕地面积得到扩大，粮食生产自给有余；重视发展畜牧业，实施汉代马政制度，并鼓励民间发展畜牧业养殖，使唐代畜牧业有了一定发展。这一时期是中国封建社会的鼎盛时期，也是张掖农业开发史上的黄金时代。

第一节　农业发展的良好环境

以关中地区为根据地的历代王朝，总是把河西走廊作为中央管辖西域、连通丝绸之路的重要后方基地。隋朝灭亡之后，唐高祖即着手进行统一全国的战争。武德二年（619年），唐朝创建之初的关陇、凉州一带与之同时并存的势力还很多，其中实力最强者是薛举、李轨。唐利用割据河西武威的李轨集团的内部矛盾，推翻了李轨割据政权，取得了河西五郡，自此，张掖归唐所有。张掖良好的农业发展环境，为张掖农业的辉煌奠定了基础。

一、推行均田制

均田制始自北魏，止于唐。初唐政府为了改变许多地区田地极宽，百姓太少（《通典·历代盛衰户口》）的状况，把农民控制起来，以稳定封建秩序和增加剥削收入，便继续推行均田制。河西属田地极宽，百姓太少的地区，均田制在张掖境内的推行也不例外。

唐初田令规定：丁男和18岁以上的中男给田一顷，其中永业田20亩，口分田80亩。60岁以上的老男、患有严重疾病或残废人，各给口分田40亩。寡妻妾各给口分田30亩，如当户主的均增20亩。这些人的田地均以20亩为永业田，余为口分田。受田足的地方是"宽乡"，受田不足的地区是"狭乡"，这与前代叫法没有不同，狭乡其口分田以减半受给。狭乡的人准许在宽乡遥受田地。永业田皆传于子孙，不再收还。平民百姓有身死家贫无以供葬者，准许其出卖永业田；迁徙往宽乡的农民准许出卖口分田。但买田者买入的田地不能超过应受田的限额。

初唐的田令中，取消了奴婢受田规定，禁止占田过限；而有官职者的永业田和勋田，用以扶持本朝官吏和庶族地主。其次买卖尺度放宽，永业田可卖（指家贫无以供葬和迁移者），口分田也可以卖。这种规定无疑给土地兼并大开了方便之门。唐代受田也以户籍为根据，每三年造一次户籍。其年岁规定是，3岁以下为黄，4岁为小，16岁为中，21岁为丁，60岁为老（年岁规定在唐代前后有变化）。田令还规定80亩口分田，人死后要还官。土地贫瘠每年需要轮耕者，加倍受田。

贵族官僚受田另有规定：亲王可分永业田100顷，一品官60顷，上柱国（武官最高勋级）永业田30顷，柱国20顷（《唐六典·户部尚书》）。中央和地方官吏还有职分田，数量很大，这属他们的薪俸。各级官府还占有公廨田，作为办公开支费用。中央最高官署占田26顷，最低2顷；地方官署最高占40顷，最低1顷。唐初均田制大体承袭隋制，但也有一些变化，如关于在特殊情况下可以出卖永业田和口分田的规定，是隋制所没有的；农民对这部分土地的处置权比隋增加了；此外，奴婢不受田，这是对拥有奴婢的地主土地占有的限制。

唐代均田制规定，是在隋末农民起义打乱了隋朝土地占有关系的情况下实行的。土地名义上都属于国家，但实际情况却很复杂。如在农民起义中没有受到打击的地主土地，无论其田额数目超过规定限额与否，国家通常是不加触动的。对于贵族、官僚，在均田名义下允许他们占有大量的土地，实际上是在均田制名义下的合法抢占土地。还有一部分农民在隋末农民起义过程中，从地主手中夺得的土地，唐政府则通过均田的名义把它变为"国有"，这显然是对农民起义胜利果实的剥夺。

唐代的均田令对于一部分无地和少地的农民来说，他们因实行均田制得到了一定数量的土地。就全国而言，均田制在不同地区实行的情况也不平衡，在农民起义对地主阶级打击较沉重、荒地和农民在战争中夺取的土地较多的地区，均田制就比较易于实行；反之，均田制便不易实行。从唐代的敦煌户籍残卷中看，敦煌、张掖乃至整个河西走廊一带，都实行过均田制，每户受地都有永业田和口分田之分。

二、实行租庸调制

租庸调制是与均田制相适应的赋税力役制度，也是唐政府对均田农民的三项主要剥削。其具体内容如下：

丁男（21岁到55岁）每年向政府缴纳2石粟或者3斛稻，这叫"租"；要每年向政府缴纳绢或其他丝织品2丈，绵3两，或交纳布2丈5尺，麻3斤，这叫"调"，（"调"分别于桑乡和麻土的出产而有所不同）；丁男每年服徭役10天，闰年加2天。这叫"庸"。如果不服役，可以纳绢3尺或布三尺七寸5分（称为"输庸代役"）。如果政府额外加役，15天免"调"，30天"租调"全免。规定额外加役最多不能超过30天。

实行"输庸代役"的办法，可以使农民有更多的时间从事农业生产。租庸调的推行是以均田制的推行为前提的，因此国家征收租庸调只问丁身，不问财产。而唐代的官僚、贵族则享有豁免租庸调的特权。

均田制有不平均和不认真彻底实行的情况，张掖境内也有存在。但这种用法令强制土地与劳动力相结合的办法，再加上禁止随意买卖土地和无限占田地的法律的颁布（《唐律疏议》），多少起到了抑制土地兼并和维持小农经济的作用。就张掖而言，租庸调制的推行，以及鼓励狭乡之民来河西垦田，对张掖农田开发和经济的恢复发展同样起到了促进作用。

三、注重休养生息

唐初统治者认识到应该采取休养生息的政策。李世民对他的大臣说："凡事皆须务本。国以人为本，人以衣食为本。凡营衣食，以不失时为本。夫不失时者，在人君简静乃不致耳。"(《贞观政要·论务农》)为达到休养生息的目的，他首先裁并机构，认为"官在得人，不在员多"，通过并省，提高了办事效率，节省了开支，减轻了人民的负担。其次是增加劳动人手。唐初国家控制的户口还不到300万，唐政府通过检括户口和推行均田制，使更多的农民回到国家所控制的土地上来。唐太宗还以"御府金帛"赎回农民因灾害卖掉的孩子，放出宫女3000余人；赎回隋末没入突厥的男女人口8万余。所有这些措施使唐政府获得了更多的劳动人手，使唐太宗时期的人口增加了100万户。

第二节 鼓励农耕

唐初，在农耕方面，统治者实行鼓励农耕政策。通过减轻百姓负担、提升农业技术、扩大耕地面积等措施，唐朝农业生产力得到了显著提高，粮食产量大幅增加，经济社会得到了稳定与发展。这些成果为唐朝的盛世奠定了坚实基础。

一、兵役徭役征发不夺农时

"不违农时，谷不可胜食也；数罟不入洿池，鱼鳖不可胜食也；斧斤以时入山林，材木不可胜用也。"(《孟子》)体现中国古代思想家提出的人与自然和谐相处、可持续发展的观点。唐初统治者多注意兵役、徭役的征发不夺农时，多在冬季进行。唐太宗李世民说"为君之道，必须先存百姓"。贞观时期减免租税、百姓安居政治经济局面的出现，与统治者轻徭薄赋，不夺农时，宁积于人，无藏于府的朴素农业发展思想有关。尤其鼓励农民从狭乡迁往宽乡，规定迁徙农民可以占田过限，且免除赋税一至三年。贞观年间，因首都长安及附近地区人口众多，造成人多田少，而其他地方则人少田多，为此制定了"狭乡迁宽乡"政策，在全国各地实施。按《唐律疏议》中的规定，狭乡受田是宽乡的一半，以鼓励狭乡的人迁往宽乡。为了运行均田令和租庸调制，唐初对官吏和豪强地主占田行为做了规定："诸占田过限者，一亩笞十，十亩加一等，过杖六十，二十亩加一等罪止徒一年。"凡是"居官挟势"侵夺私田者"一亩以下杖六十，三亩加一等，过杖一百，五亩加一等，罪止徒二年半"。这一规定有利于赋税制度的构建与运营。

二、互市交易耕牛马匹

初唐政府还从畜牧民族地区通过互市交易耕牛马匹，以用于农业生产。唐太宗时期，即历史家所谓"贞观之治"年间，"天下大稔，流散（指农民）咸归乡里，斗米不过三、四钱，终岁断死刑才二十九人。东至于海，南极五岭，皆外户不闭，行旅不赍粮，给予道路焉"（《资治通鉴卷193》）。"商旅野次，无复盗贼，囹圄常空，马牛布野，外户不闭。又频至丰稔，斗米三、四钱，行旅自京师至于岭表，自山东至于沧海，皆不赍粮，取给于路，入山东村落，行客经过者，必厚加供待，或发时有赠遗，此皆古昔未有也"（《贞观政要》）。上述引文，或有封建史家溢美夸大之词，但"贞观之治"时期的政治比较清明，社会秩序比较安定，经济恢复较快，这应该是事实。这些事实无不与唐太宗"去奢省费，轻徭薄赋，选用良吏"有关。

三、农业优抚措施

唐朝前期，对西域、突厥、吐谷浑及吐蕃的战争，都与张掖有着直接或间接联系，有些甚至以张掖作为重要基地，使张掖成为繁忙的兵站、粮站，也是庸役人力的补给站，老百姓负担尤其沉重。他们除了耕种自己所得均田以外，还要负担各种繁苛的徭役赋税，有些农民被迫抛弃业田，背井离乡，逃往外地去当雇佣，境遇艰难。《敦煌户籍残卷》中也登记着为数不少的户口逃亡事实，既有逃亡丁口，也有合户逃亡的登记。现存敦煌《长安二年三月为括甘、凉、瓜、肃所居停沙州逃户牒》中指出，当时唐政府为制止农户外逃专门制定了具体措施和办法，即"所有田业,官贷种子,付户助营,逃户若归,苗稼见在,课役具免,复得田苗"①。这些措施的实施,对于稳定人心、安置浮游人口、鼓励农民从事大量荒芜农田耕种起了一定的积极作用,有利于农业生产稳定发展。

第三节 张掖屯田

面对河西经济凋敝局面,以及严峻边境形势,迫切需要加强河西防务。而要解决河西经济凋敝和军队粮食供应问题,最有效的措施就是开设屯田。唐代在全国范围的屯田始于高祖武德三年(620年),因河西战略地位重要,唐代在河西屯田规模也就最大。甘州、凉州是唐朝控制河西,抵抗吐蕃的粮食补给基地。在此屯田,西可供瓜(今酒泉市瓜州县)、肃(酒泉市肃州区)两州,南可援鄯②、廓③。武则天时期甘、凉屯田大为发展,当时甘州土地广阔,绿洲肥沃,且有河西最大的河流弱水,水源较充足,种无不收。诗人陈子昂对甘州屯田的重要地位做了充分肯定,说"河西之命系于甘州"。可见唐代张掖农业的重要地位。

一、屯田管理

唐高宗武后时期,陈子昂巡视河西后上疏"……甘州地广粮多,左右受敌……屯田广远,仓蓄猥藉,一朝为盗,恐成大忧"(《陈伯玉

---

① 参见敦煌文书《长安二年三月为括甘、凉、瓜、肃所居停沙州逃户牒》。
② 鄯,即鄯州,是中国从北魏到宋朝的一个地名,北魏孝昌二年(526年)设置,治所在西都县(隋朝改名湟水县,今青海乐都)。北宋崇宁三年(1104年),改鄯州为西宁州,即今西宁。
③ 廓,即廓州,北周置。北周建德五年(576年)西逐吐谷浑,又得河南地置,治所在浇河郡(治今青海省贵德县),大业初又改廓州为浇河郡,治河津县(今贵德县境),唐武德初改为廓州。唐移治化隆(今青海化隆西),宋置廓州在今青海尖扎北,金末废。

文集》卷二上西蕃边州安息事训)。唐初，甘州的防务相当薄弱，陈子昂视察河西防务后，将安北都护府迁至西安城（今张掖碱滩乡东古城），并在删丹硖口驻军，大大加强了甘州防务。此后，武则天采纳建议，把蓼泉（今张掖市临泽县蓼泉镇）守捉扩编为"建康军"，移驻建康城（今高台县骆驼城），由甘州刺史兼任建康军使，兼管甘州城防，甘州军事重镇地位由此日益突出。由此对甘州（张掖）粮食生产提出相应要求，扩大张掖屯田就成为必然。正如《新唐书·食货志》叙述，"唐开军府以捍要冲，因隙地置营田"，甘州、凉州是唐王朝控制河西，抵抗吐蕃入侵的粮食基地，陈子昂曾上书武则天说河西诸州宜益屯兵，外得以防盗，内得以营农，取数年之收，可饱士百万，则天兵所临，何求不得哉！《新唐书·陈子昂传》载"甘州所职四十万斜……屯田广夷，仓廪半衍，瓜肃以西，皆仰其蝇，一旬不往，士已持饥，是河西之命系于甘州矣。"甘州土地广阔，绿洲肥美，"水泉良沃，不待天时，岁取二十万制"；"田因水利，种无不收。"但是，甘州"人力寡乏，未尽垦发"。陈子昂建议"今若加兵，务穷地利，岁三十万，不为难得，国家若以此计为便，遂即行文，臣以河西不出数年之间，百万之兵食无足而致"。这条建议被武则天采纳，自垂拱以后，以军垦为主的屯田遂在河西蓬勃兴起。

唐代屯田事务在中央由工部尚书总领，下置屯田署，设屯田郎中一人，员外郎一人，又有主事、令史、书令史、计史、掌故等多人分管各项业务。屯田郎中是屯田管理机构的最高职能官吏，负责制定有关屯田政策及制度，而不对屯田具体管理。

边郡屯田由司户参军和营田使具体管理。司户参军管理州镇诸军的屯田。《通典》卷33《总论郡佐》记载："司户参军……大唐掌户口、籍账、婚嫁、田宅、杂徭、道路之事。景龙三年（709年），诸州加置司田。"《唐会要》卷69《判司》记载："景龙三年（709年）八月二日敕，诸州置司田参军一员。"从这里看出，司田参军是从司户参军分置而来。司田参军之下还有田正三人。营田使是专管边州屯田事宜的长官。《通鉴》卷210载："置河西节度、支度、营田等使，领凉、甘、肃、伊、瓜、沙、西七州，治凉州。"文后又注："唐制，凡天下边军，皆有支度使，以计军资粮仗之用。"

节度不兼支度者，支度自为一司；其兼支度者，则节度使自支度。凡边防镇守转运不给，则开置屯田以益军储，于是有营田使。营田使起初单独设置，后逐渐由军使、节度使、都督兼领营田，这是因为屯田与边镇军事、政治密不可分，由封疆大吏亲自管理屯田，也充分说明政府对营田事宜的重视。开元以后，规定节度使兼知营田。具体屯田管理措施是：

一是检选熟谙农事、有管理能力的人充任屯官。为提高屯田经营效率，加强对农业生产的管理，《通典·食货下·屯田》记载了对屯官的选拔标准，"其屯官取勋官五品以上及武散官，并前资边地州县府镇戍八品以上文武官内简堪者充。"《唐六典》卷7《尚书工部》也记载："凡屯皆有屯官屯副。屯官取前资官常选人文武散官等强干善农事有书判堪理务者充，屯副取品子及勋官充。六考满加一阶听选，得三上考者又加一等。"唐代前期历任河西节度使或凉州都督的郭元振、娄师德、唐休璟、王孝杰、王忠嗣、牛仙客等人，都是熟知田事、有管理能力的人，他们不遗余力地推行屯田措施，足食足兵，促进了河西农业的繁荣。

二是规范屯田物资配发制度。唐代前期屯田所需粮种、耕牛、农具都由政府配发，并将屯田土地的性质作为配发耕牛等生产资料的依据。《开元二十五年令》规定："诸屯田应用牛之处，山原川泽，土有硬软，至于耕垦，用力不同者，其土软之处，每地一顷五十亩配件一头，强硬之处，一顷二十亩配件一头。即当屯之内，有硬有软者，亦准此法。其地皆仰屯官明为图状，所管长官亲自问检，以为定簿，依此支配。"如敦煌文书P.2942《河西节度使判集》记载"建康无屯牛，取朱光财市充"，以保证张掖屯田开发所需的畜力。

三是制定屯官叙功和考课制度。唐政府规定按照土地优劣、年景丰歉分为三等，比照本地民户中等产量衡量屯田的功效，"多收者褒进，减产者谪治"，借以督责各级屯田官[①]。另据《新唐书·食货志》

---

① 《旧唐书·职官志》。

载："诸屯以地良薄与岁之丰凶为三等，其民田岁获多少，取中熟为率。"证明屯田成绩考核的定额是取民田"中熟为率。"《开元二十五年令》规定："诸管屯处，百姓田有水陆上次及上熟、次熟，亩别收获多少，仰当界长官勘问，每年具状申上，考校屯官之日，量其虚实，据状褒贬。"唐代前期，正是因为根据土地好坏定下指标，再根据收成情况考核屯官的好坏，进行奖罚，调动屯官及下属的生产积极性，所以河西屯田成绩卓著。

二、军屯

唐政府在河西组织了大规模屯田开发。主要目的：一是以河西屏卫关中，构成对吐蕃的强大威慑；二是造就一个维持丝绸之路进而经营西域的可靠后方；三是发展经济，减轻粮食转输的负担。唐代屯田分为军屯和民屯两种。

唐代士兵屯田，每屯千余人。当时全国共有军屯992处。河西地区98屯，占全国992屯的9.9%；甘州40余屯，约占河西地区的40.8%。甘州屯田"岁取二十万斛"，占河西屯田生产粮食40万斛（凉州屯田只生产粮食6万斛）的一半。当时亩产量1.5石，折合粟147.5市斤或麦158.4市斤。唐代甘州屯田粟、麦产量分别比西汉增长32.9%、34.2%，比前凉增长12.6%、13.1%。

河西道各州都有屯田之区，而甘州更是"屯田广夷，仓庾丰衍"，当时全国屯田区的垦田面积达到500万亩左右。为了满足抗击吐蕃军事侵掠作战的需要，唐朝在鄯州（青海乐都）、甘州、凉州一带，兴置了大量屯田。武则天时，甘州、凉州屯田连岁丰收，所积军粮可支数十年。张掖在武则天时有四十余处屯田之地，分布在黑河水系各流域地势平坦广阔之处，屯田也分布在黑河水系各河流便于引水灌溉之处。武后时无论整个河西道，或是张掖一郡，屯田既已不少，而陈子昂上谏武后，犹认为屯田广大，屯兵甚少，恐无力保卫垦屯的农业成果，要求朝廷增加在境内的屯田士卒。而到玄宗继续大兴屯田，河西道诸州县屯田军力必多于武后时期，据《白氏长庆集》载关于屯田的建议，认为

"欲分兵权，存戎备，助军事，则在乎复府兵，置屯田而已"；并认为"太宗既定天下，以为兵不可去，农不可废，于是当要冲以开府，因隙地以营田。府有常官，田有常业。俾平时而讲武，岁以劝农分上下之番，递劳逸之序。故有虞则起为战卒，无事则散为农夫，一待征发而分域有备矣，不劳馈饷而军食自充矣……若使返兵于旧府，兴利于废田，张以簿书，颁其廪积。因其卒也，安之以田宅……则屯聚之弊日销……军食渐给而飞挽（驱车输送军粮于边塞）之费日省矣"。意思是，为了加强边疆戎备，并保证有充足的军粮，必须恢复府兵制，在边地仍然设置屯田士卒，由府兵之官统领，做到兵农合一，农战结合。河西诸州，尤其张掖，汉时即有大面积的军屯废田，更是玄宗时屯田的重要区域，不仅有垦地屯粮的经济意义，更有保边固塞的政治军事意义。

军屯劳动者多为戍边士卒和府兵。军屯土地属国家所有，耕牛、农具、籽种由官方配发，口粮由官方供给，收获财物全部上交军中。《旧唐书·吐蕃传》记载："贞观中，李靖破吐谷浑，侯君集平高昌，阿史那社尔开西域，置四镇……曾于是岁调山东丁男为戍卒，缯帛为军资，有屯田以资糗粮，牧使以娩羊马。大军万人，小军千人，烽戍逻卒，万里相继，以却于强敌。"武德年间与贞观前期河西战事较多，军队恐无暇开设屯田。《全唐文》卷211《上西蕃边州安危事》载有陈子昂的分析："今国家欲制河西定戎虏，此州不足，未可速图……以河西诸州又自守不足，今瓜、肃镇防御仰食甘州，一旬不给便至饥馁……比者国家所以制其（吐蕃）不得东侵，实由甘、凉素有蓄积，士马强盛，以扼其喉，故其力屈，势不能动。"这篇议论是中肯的，河西局势制约着西北的军事形势，粮秣生产则是制约河西局势的首要条件。为此，陈子昂建议："今若加兵，务穷地利，岁三十万，不为难得，国家若以此计为便，遂即行之，臣以河西不出数年之间，百万之兵食无不足而致。"[①]这条建议被政府采纳，垂拱年间（685—688年）和垂拱以后，以军垦为主的屯田在张掖兴起。如《新唐书·地理志》载，王孝杰自西域回归，在肃州、甘州之间设置建康军，常备兵员5300人，扩大屯田。

---

① 《新唐书》卷107《陈子昂传》。

唐代前期,《唐六典》卷7《屯田郎中》记载：玄宗开元年间"凡天下诸军州管屯总九百九十有二"。其中河西道共有屯田154屯,包括赤水36屯,甘州19屯,大斗16屯,建康15屯,肃州7屯,玉门5屯,安西20屯,琉勒7屯,焉耆7屯,北庭20屯,伊吾1屯,天山1屯。154屯中,大约有98屯分布在河西。《唐六典》记载的河西98屯中,甘州19屯和肃州7屯应是民屯,军屯72屯,有兵73000人,平均每屯大约1000人。据"大军万人,小军千人"的标准来看,河西屯军属"小军"的规模。

三、民屯

民屯是政府把均田制以外的土地,交给征发来的丁夫或招来的流民耕种,这些丁夫或流民名为屯丁或营田户,实质上是均田制之外的国家佃农。民屯收获的粮食,只有一部分上缴国库。

唐代民屯管理机构承袭隋代,且《隋书·食货志》有"于河西勒百姓立堡,营田积谷"的记载。唐代张掖及河西民屯规模相对军屯较小。这主要是因为河西地广人稀,劳力不足,除均田制下的自耕农之外,很难招来大量的流民、浮户以充实民屯。屯户来源主要有三种：第一种是在州郡编户之外招来的流民和浮户。没有成为农户的流民和浮户,是农民失去土地之后的暂时形态,一经被招为屯户后,便成为国家佃农,与均田制下的编户没有本质的不同。此外,河西土地较为充足,编民逋逃较少,也是屯户来源不足的原因。第二种是征发的丁夫。《旧唐书·李元纮传》载："若置屯田,即须……征发丁夫。"应征的丁夫大都称为屯丁,一般在屯田附近的州县征发；若离本乡1000里以上,则给其一定的补助。第三种是"主务败阙犯法之家",即官吏或百姓触犯法律后被抑配为屯户。唐玄宗就承袭了这种自汉武至隋代都曾实行过的做法,"许徒以下因保任营农。"[①] 当然,唐代河西屯田中的这种人数并不多。

---

① 《新唐书》卷5《玄宗纪》。

唐天宝年间，河西民田面积为2507260亩（合今2030880市亩），有35818户，户均占有耕地70亩。在此时期，张掖郡有民田439880亩（合今3563302.7市亩），有6284户（22092人），户均占有耕地70亩，其中户均占有粮食作物面积63亩（其余7亩为非粮食作物），粮食每亩平均产量1.5石，户平均产粮94.5石，合今7806市斤，户平均年交籴6.26石，当年收储于常平仓的粮食在39337.84石以上。在唐代，张掖农业居全国领先地位，为全国最富的地区之一。

四、屯田效果

唐代屯田不但解决了军队粮食的供应问题，同时推动了张掖的农业开发。

增加了劳动力。据《新唐书·地理志》记载，天宝年间，河西甘、凉、肃、瓜、沙等州合计人口为172086人。另据《旧唐书·地理志》记载，凉州吐谷浑部落等八州府的17212人没有计算在内，所以河西在册人口应该是189298人。唐代前期屯田开始后，《唐六典》卷7《屯田郎中》记载，玄宗开元年间"凡天下诸军州管屯总九百九十有二"，河西屯田有98屯，其中军屯72屯，平均每屯大约1000人，计73000人。军屯之外还有部分民屯劳动力未计算在内，因为民屯的劳动力来源包括屯户、丁夫和犯屯，丁夫和犯屯并未纳入唐朝的编户。如《唐六典》记载的甘州19屯、肃州7屯都是属于民屯。所以军屯和民屯应为河西屯田增加劳动力近10万人，成为河西农业开发的主要力量。《新唐书·地理志》载甘州、肃州之间设建康军，常备兵5300人，实行屯田。天宝初年，甘州农户超过6200户。此后历任节度使都不遗余力地推行屯田。

开垦了大量耕地。随着屯田劳动力的大量增加，在耕种原有熟地的基础上，河西的荒地也被大量开垦。唐高宗武后时期，陈子昂巡视河西后上疏"……甘州地广粮多，左右受敌……屯田广远，仓蓄猥藉，一房为盗，恐成大忧"①。《新唐书·食货志》"唐开军府以捍要冲，因隙

---

① 《陈伯玉文集》卷二《上西蕃边州安危事》。

地置营田",甘州、凉州是唐王朝控制河西,抵抗吐蕃入侵的粮食基地,陈子昂曾上书武则天说河西诸州"宜益屯兵,外得以防盗,内得以营农,取数年之收,可饱士百万,则天兵所临,何求不得哉"。《唐六典》卷七《屯田郎中》载"凡天下诸军管屯总九百九十有二,"其中河西道有军屯154屯,内含甘州19屯,建康15屯,大斗16屯,今张掖境内共40屯。唐朝置屯以"营"命名,如今山丹的马营、范营,民乐的曹营、韩营、双营、全家营,临泽的倪家营等。《新唐书·食货志》记载,军屯在"州镇诸军每屯五十顷",则河西98屯计有49万亩。河西军屯的实际情况往往是每屯50顷之外"更有地剩",则49万亩仅是保守数字。唐亩为6000平方唐尺,其量地用尺合今0.3米,则唐亩约合今0.81市亩,河西屯地共合今39.7万市亩。唐代前期河西98屯中至少有72屯为军屯,计其屯田合计29.2万市亩。据《旧唐书·地理》和《元和郡县图志》卷40所记载,河西地区除了赤水、大斗、建康、玉门四军外,还有宁寇、墨离、豆卢、白亭四军和张掖、交城两守捉,共统兵20200人,也必定有所屯垦。《新唐书·食货志》载"镇戍地可耕者,人给十亩以供粮",以此最低标准计算,亦应有202000唐亩的耕地,约合今16.4万市亩。《新唐书·地理志》记载,河西还有明威、武安、白山、通化、合河、祁连等屯戍处所和百帐、蓼泉、豹文山、酒泉、威远五守捉。由上述几项合计,唐代河西军屯就有耕地约50万市亩。

促进了农业繁荣。屯田的推行,带来了一定的资金、劳动力、生产工具、生产技术等生产要素条件,此外还兴修水利,制造工具,繁殖耕牛,客观上促进了农业的发展。甘州大面积屯田的亩均产量应适用于河西的普遍情形。唐代亩产1.5石折合今日每市亩147.5市斤粟,或每市亩158市斤麦,这也应是唐代张掖屯田的生产水平。《通典》卷2《屯田》记载的天宝八年(749年)天下屯田储粮数,河西道以占全国0.3%的人口,屯收260088石,占各地屯收总数的13.6%,居各道屯收的第四位。河西屯田的成效,促进了农业经济的繁荣。推行"和籴"法后,天宝八年,唐政府从河西收购了371750石粮食,占当年全国和籴总数的32%。大历十一年(776年),吐蕃攻下瓜州,"汉之财物运往河西,贮存于瓜州,悉为吐蕃所夺,又得大批衣物,百姓皆着汉地上等丝绸。"① 据此可窥见张掖及河西富庶之一斑。通过唐代的农业开发,河西粮食产量较前代有显著增长。据学者测算,盛唐时期河西粮食总产量可达22.7万吨,每年提供给国家的粮食以户均计之,为29.01石,合今约2396市斤。由此可知,盛唐时期河西走廊已经发展成为重要的粮食基地之一。

社会效益显著。唐王朝屯田西北,省却了长途转运粮食的艰难,节省了国家开支,增加了国家财富;屯卒亦兵亦农,巩固了西部边防,为内地经济发展提供了保障;河西屯垦为巩固边防提供了雄厚的物质基础,解决了边军粮食所需,增加了政府收入。反过来,边防巩固,民族关系也随之得到调整,社会趋于安定,为进一步屯田发展和农业开发创造了条件。这样,相辅相成的两个方面,便进入一种良性循环的状态,唐王朝对河西农业开发取得了很好的成效。

据甘肃学者慕少堂考证,唐朝区内修筑了盈科渠、大满渠、小满渠、大官渠、永利渠、加官渠等,呈现"牛羊遍野,路不拾遗","仓库盈满,器械精劲"景象,以张掖为代表的河西成为全国最富庶的地区之一。

第四节 种植业的发展

北宋著名历史学家司马光曾经在《资治通鉴》中赞誉"天下富庶者无如陇右"。"陇"指的是陇山,即今天的六盘山,陇右指的就是陇山(六盘山)以西、黄河以东的地方,即今天甘肃河西走廊及宁夏一带。唐代前期,河西政局稳定,丝绸之路畅通,唐政府在此大力实施屯田、推行均田制。经过唐代前期一百多年的发展,张掖宜农宜牧优势得到了充分发挥,农业经济取得了长足进步。

---

① 王尧、陈践译注:《吐蕃历史文书》,第113页。

一、农业生产工具的改进

曲辕犁，是唐代中国劳动人民发明的耕犁。其辕曲，因以名，区别于直辕犁。因其首先在苏州等地推广应用，又称为江东犁。曲辕犁和以前的耕犁相比，有几处重大改进。首先是将直辕、长辕改为曲辕、短辕，并在辕头安装可以自由转动的犁盘，这样不仅使犁架变小变轻，而且便于调头和转弯，操作灵活，节省人力和牲畜。敦煌莫高窟第445窟《耕获图》（图43上编图29）描绘了曲辕犁。在河西地区，直辕犁与曲辕犁之间可能有一个过渡，那就是瓜州榆林窟25窟壁画中的耕获图所描绘的犁辕呈曲状，看不清是否有犁壁，但反映了由直辕犁向曲辕犁的转变（图44上编图30）。

唐代发明的灌溉工具筒车，亦称"水转筒车"，是一种以水流作动力，取水灌田的工具。据史料记载，筒车发明于隋而盛于唐，距今已有1000多年的历史。20世纪80年代，水转筒车还见于张掖的农田沟渠。

二、农作物种类增多

唐代，张掖地区的粮食作物主要有麦类、粟、黍、粳米和豆类。其中，小麦已成为最主要的农作物栽培品种，在当时的农业生产中，经济作物已经占有相当的比重。敦煌遗书有萝卜、椒、姜、苁蓉、生菜、菌子、葫芦、韭、葱、桃、梨、李等作物的记载。

《甘肃通史·隋唐五代卷》指出："隋唐时期经济作物棉花在张掖地区种植已经比较普遍，晚唐五代已经作为户调而征收。"[1] 郑炳林在《晚唐五代敦煌地区种植棉花研究》一文中认为："河西地区植棉的历史可追溯到吐蕃占领之前。"棉花在唐代前期已经在张掖开始种植，20世纪80—90年代在今天甘州区碱滩镇、上秦镇、沙井镇一带等都有种植。

---

[1] 刘光华：《甘肃通史·隋唐五代卷》，甘肃人民出版社，2008年，第287页。

第四章　张掖农业的鼎盛时期——唐代前期

乌江水稻在张掖种植。张掖地处河西走廊中段，虽然属于干旱半干旱地区，但由于祁连山的雪水滋养，这里形成了独特的绿洲农业区。唐代时期，张掖地区开始种植水稻。据《旧唐书·郭元振传》记载，武则天长安元年（701年），甘州稻丰收穗，一嫌数十斛，积军粮数十年。稻米的丰收不仅满足了当地人的口粮需求，还有富余作为军粮储存。这说明当时水稻种植已经颇具规模，并且城北乌江的大米因米粒饱满、色白纯正、味道醇香、品质极佳，一度成为贡米，沿丝绸之路运抵长安。这种水稻的种植和丰收情况，与江南地区的稻米之乡颇为相似，因此有人会用"错把张掖当江南"来形容这种情景。

三、和籴措施

和籴，是唐代前期推行的又一重要的农业政策，对当地农业发展产生了积极影响。《白氏长庆集》卷41记载："所谓和籴，则官出钱，人出谷，两和商量，然后交易也。"《唐会要》卷88"仓及常平仓"条载："百姓有粜易者，为收籴，事须两和，不得限数。"这是对于"和籴"的简单解释，也就是说和籴是百姓与封建政府之间的粮食交易。

唐代前期，张掖及河西一带推行和籴的时间，与全国推行和籴的进程一致。当时，官府对于收购来的粮食，设置常平仓来收储。当时，在张掖及河西的和籴中还有许多行客专门从事粮食贸易，包纳和籴粮，《唐天宝六载（747年）一月河西豆卢军军仓收纳籴粟牒》（敦煌文书P.3348背）就有行客交籴的专门记载。

由此也说明，由于张掖农业的发展，粮食的丰收，唐朝适时在此推行和籴政策，即国家出钱向农民征购多余的粮食，作为备战之用，还解决了内地转输粮食的艰难。和籴政策推行的前提必然是农民有粮食贮积，从侧面印证了当地农业的发展和粮食的丰收。另据《通典》记载，天宝八年（749年）唐朝从河西收籴粮食371750石，居全国各道之首，占当年全国和籴总数的32.6%；《旧唐书·地理志》载，天宝年间河西道有59427户，户均交籴6.26石，这一数字相当于全国户均交籴0.12石的29.8倍。《通典》记载，河西道常平仓储粮

116

1663700石，占全国各道常平仓总储量的36.1%，与河北道并列全国之冠。常平仓最能反映出一个地区的农业水平和富裕程度。因此，张掖及河西农业在唐代前期无疑在全国居领先地位，而且成为当时全国农业开发最有成效的地区。

唐政府和籴政策对于张掖农业发展具有积极意义。首先，和籴使粮食价格相对稳定，抑止兼并，打击囤积居奇，减少了富商大贾和地主利用年成丰歉以盘剥农民的机会。其次，和籴制度扶助了小农经济发展。唐政府不仅丰年增价而收，灾年减价而出，并且"若百姓未办钱物者，任准开元二十八年七月九日敕，量事赊粜……其赊粜者，至纳钱日，若粟麦杂种等时价甚贱，恐更会易艰辛，诸加价便与折纳"①。《唐六典》记载，开元二十五年（737年）玄宗宣敕，以高出市价十分之二三的价格和籴。国家出钱以略高于市价向农民征购多余粮食，对农民从事农业生产是很好的鼓励。再次，和籴满足了军粮所需，有利于备战备荒和政权的巩固，对活跃地方商品经济做出了贡献。

第五节　畜牧业的发展

隋唐时期，甘州是重要的牧马基地，供应边防战马和驿乘所需。唐初非常重视马政。当时，突厥、吐蕃、吐谷浑等民族具有骑兵优势。唐政府认识到"出师之要，全资马力"，"彼胡虏恃马力以为强"。出于军事需要和农业发展对畜力的需求，针对马政的破坏和牲畜资源稀缺局面，采取各种措施恢复马政，鼓励发展畜牧业，进行了卓有成效的经营，使唐代前期的畜牧业获得了一定的发展。

一、唐初张掖畜牧业

隋朝末年，由于战乱不断，国家养马业遭受重创，马匹数量急剧下

---

① 宋·王溥：《唐会要》卷88《仓及常平仓》。

降。唐朝建立后，为了恢复和发展马匹生产，加强军队战斗力，唐政府便在河陇地区设置监牧来恢复和发展马匹生产。"初，隋末国马皆为盗贼及戎狄所掠，唐初才得牝牡三千匹于赤岸泽，徙之陇右，命太仆张万岁掌之。万岁善于其职，自贞观至麟德，马蕃息及七十万匹，分为八坊、四十八监，各置使以领之。"贞观至麟德约四十年，由三千发展到七十万，这种发展速度和所达到的数额都是历史上空前的。由此可以说明四十年来唐政府始终对牧马高度重视，监牧治理牧马有方，由于马匹数量日益增大，牧场也就一再扩大。《文献通考》卷159载："肇自贞观，成于麟德，四十年间，马至七十万六千匹，置八使以董之，设四十八监以掌之，跨陇西、金城、平凉、天水四郡之地，幅员千里，尤为隘狭，更析八监，布于河西，丰旷之野，乃能容之。于斯时，天下以一缣易一马。"河西丰旷之野，非山丹莫属。汉代匈奴败亡失去祁连山、焉支山后曾歌曰："亡我祁连山，使我六畜不蕃息；失我燕支山（即焉支山），使我嫁妇无颜色。"① 《太平寰宇记》卷152载："焉支山一名删丹山，东西百余里，南北二十里…其水草茂美，宜畜牧，与祁连山同。"焉支山在今永昌县西，山丹县东南（见图42）。这里的自然条件极宜牧马，土地丰旷，水草茂美，而且无须与固有的农业区域争夺土地。在北魏、隋代就在青海及山丹大草滩（今山丹大马营军马场）设牧监之官为国家饲养马匹。拓跋焘灭前凉，"定秦陇，立牧地于河西，马多至200万匹。"（《甘州府志·马政》）唐初因战乱破坏，山丹大草滩官马荡然无存。至高宗、玄宗时马政的整顿和恢复，陇右牧监设置后，到唐高宗麟德年间（664年至665年），唐政府养马已达到706000匹之多。马匹的增加，使得马价也很便宜，"天下以一缣易一马，秦汉之盛，未始闻也"（《张说之文集·大唐开元十三年陇右牧监颂德碑》）。后来由于马政失废，官马潜耗大半。唐玄宗即位后，以太仆卿毛仲为内外闲厩使，对马政加以整顿，国营畜牧业又发展起来。天宝十三年（754年），仅陇右牧监所养马、牛、驼、羊就达到655600余只，其中

---

① 焉支山，亦名胭脂山。山坡红壤，故名胭脂。古代有些民族从山中提取红色以为面部化妆之用，这便是"使我嫁妇无颜色"。

马有 325700 余匹。

唐代在张掖开创监牧影响深远,及于后代。由于当时牧马获得极大成功,致使"天下以一缣易一马",不仅达到了加强骑兵力量的目的,而且为农业开发提供了畜力。

二、牧监考核和赏罚制度

在西北广大的草原地带,唐政府设置有不少的国营牧场。唐初从隋朝国营牧场中接受官马 3000 余匹,从突厥人处得到 2000 匹马。以后由于唐政府重视畜牧业的发展,国家养马的数量逐年增多,在陇右以西设有陇右牧监。

唐代初期,畜牧最高管理机构是太仆寺,下设典厩署①,令、丞主其事,"掌系饲马牛、给养杂畜之事。"又设监牧"掌群牧孳课之事"②。监牧专门负责畜牧业生产,即"其官领以太仆,其属有牧监、副监;监有丞,有主簿、直司、团官、牧尉、排马、牧长、群头,有正,有副;凡群置长一人,十五长置尉一人,岁课功,进排马。又有掌闲,调马习上"③。唐代牧监根据规模大小有所区分,其中每监有马 5000 匹以上者为上监,3000 匹以上者为中监,2000 匹以上者为下监。同时,每监设有正副长官以及丞、主簿、直司、田官、牧尉、排马、牧长、群头等官吏。到了高宗仪凤年间,唐政府调整了牧马机构,设置校陇右诸监使、闲厩使等职,以及东南西北四使分统诸坊。如需调用监马,要由尚书省直接下达文书,主管官员登记所调马匹的色别、年龄、调往地点、马的印记等,然后将马送到军府,再上报尚书省,制度则更加严密。监苑还对畜群实施了登簿著籍、打烙畜印、定期算会等工作,保证了官府对各类畜群放牧、饲养、繁衍、使用、死损等情况及时了解掌握,便于官府征调畜力、课税等事务的施行。

---

① 典厩署是唐代专门负责马匹饲养、管理的重要机构。典厩署的官员,如令、丞等,都是直接负责马匹饲养、训练、医疗等具体事务的关键人物。
② 《唐六典》卷 17《太仆寺》。
③ 《新唐书》卷 50《兵》。

三、注重草场选址和管理

唐政府发展畜牧业的另外一个显著特征就是注重牲畜养殖基地的选择和管理。由于祁连山区张掖段地处高寒地带，水甘草软，得天独厚，于马性最相适宜，为此，唐政府在祁连山腹地选取了一些优良的牧场，如肃南马场滩草原，作为专门的畜牧养殖基地，成为发展畜牧业的理想地区。

草场管理，是张掖及河西地区进行畜牧放牧的重要保证。如果无限度地放任使用，就可能因负载过度而破坏草被资源，造成草质退化。另外，畜群放牧流动性大，如果不妥善管理，也可能造成人力和物力的浪费。为此，唐代前期对于河西牧区草场设有专门管理机构——草场司，以调剂畜牧草场的使用、畜群的比例、草质的优劣等，并负责征收草料，保证畜群的喂养。

自西汉至隋唐以来，大马营草原一直是中央王朝重要的牧马场所。《资治通鉴·汉纪十一》载："元狩二年（公元前121年）霍去病为骠骑将军，过焉支山千余里。"驱逐匈奴后，汉朝即在汉阳大草滩（即今大马营草原）屯兵养马。汉阳大草滩即指大马营草滩，即今山丹军马场（见图19）。东自永昌高古城堡，西至民乐永固堡，南屏祁连，北据焉支山，又名大黄山，尔后自魏晋至隋唐，这里一直是重要的牧马场所。

四、品种改良和技术推广

《唐六典》对监牧系统做了专门的规定："凡监牧孳生过分则赏。"开元十一年（723年）唐玄宗又颁布法令，不准随意宰杀马、驴、牛等大牲畜。唐睿宗时期，时任河西节度使的王忠嗣每逢互市时，便抬高马价促使游牧民族争相售马，逐渐地使"蕃马益少，而汉军益壮"[1]。鉴

---

[1] 《旧唐书》卷107《王忠嗣传》。

于河西周边游牧民族众多的特点，唐政府注重引进这些少数民族的优良畜种，积极改良牲畜品种。如唐朝曾在河陇一带通过与突厥、吐蕃等游牧民族互市，进行了马帛交易，通过引进良种马以改进官马的质量。从贞观到麟德四十多年间，是唐朝官牧发展的鼎盛时期，陇右牧马呈现马匹多、马价低的特点，尤其是马匹总量达到70.6万匹之多，唐政府"置八使以董之，设四十八监以掌之。跨陇右、金城、平凉、天水四郡之地，幅员千里，尤为隘狭，更析八监，布于河曲丰旷之野，乃能容之。于斯之时，天下以一缣易一马"[1]。当时，大马营草原是唐代河西走廊最重要牧区之一。据《甘肃通志稿》记载，唐朝初年，太宗李世民命太仆张景顺主持牧马事业24年，包括大马营草原在内的祁连山大草滩，盛唐时期养马7万匹以上。

武则天时期，马政一度出现衰落，由于管理不善、突厥的劫掠，使陇右牧马损耗严重，到玄宗即位时仅剩下24万多匹。鉴于专管牧马官吏的经营不力，影响着唐朝安全的严峻形势，唐玄宗采取了有效措施对此加以整顿。他强化了马政管理，任用"严察有干力"的王毛仲为检校内外闲厩使，严厉打击损公肥私现象，并积极发展莳麦、苜蓿等饲料的种植。经过唐玄宗时期的大力整顿，河西的官牧重新蓬勃发展起来，马政得到了恢复。天宝十三年（754年），陇右群牧都使奏："马牛驼羊总六十万五千六百，而马三十二万五千七百。"[2] 官牧，尤其是马政的发展，不仅为唐朝提供了足够的军马，增强了骑兵的力量和与游牧民族对抗的实力，有利于边疆地区的稳定。同时，也为屯田提供了畜力供给，有利于农业的发展。

唐代前期，张掖民间畜牧业得到了较快发展。究其原因，一是出于发展社会经济的需要，二则也是政府鼓励的结果。唐仪凤三年（678年），出于军事目的，魏元忠上书："臣请开畜马之禁，使百姓皆得畜马；若官军大举，委州县长吏以官钱增价市之，则皆为官有。彼胡虏恃马力以为强，若听人间市而畜之，乃是损彼之强为中国之利也。""先

---

[1] 宋·王溥：《唐会要》卷72《马》。
[2] 《新唐书》卷50《兵》。

是禁百姓畜马，故元忠言之。上善其言。"① 唐玄宗时期，为鼓励私人养马曾规定：如果家中养十匹马以上，可"免帖驿邮递征行，定户无以马为资"，以优惠的政策刺激民间养马业的发展。当时，许多贵族、官僚也纷纷在河西兴办私人牧场，牲畜养殖的数量相当大，"百倍于县官。"由此可以看出，畜牧业在当时成为一项获利极大的行业。②

纵观唐代前期张掖畜牧业发展，主要有以下几个有利因素：

一是具有发展畜牧业的良好基础和传统。张掖地处祁连山腹地，因其"水草丰美"，冬暖夏凉，发展畜牧业的条件得天独厚。这里自古就有从事畜牧业的传统和基础，从秦汉时期起，就被开拓为全国的畜牧业基地之一，史称"畜牧为天下饶"③。此外，唐代又有突厥、吐谷浑等部落盘踞此地，这些以游牧经济为主业的少数民族，推动了当地畜牧业的发展。

二是发展种植业对畜力的补充和要求。隋末薛举、李轨等军事割据叛乱给张掖农业造成了巨大损失。唐朝初期的河西经营中，畜牧业发展被置于一个非常重要的地位，一是因为畜牧业在整个封建经济结构中所占有的特殊作用，二是因为在古代农业生产中，畜力是农业发展中必不可少的前提条件之一。因此，种植业对耕畜的需求也刺激了畜牧业的发展。

三是壮大骑兵实力的需要。唐代前期，西北一带仍然面临着突厥与吐谷浑的威胁，加之吐蕃的不断崛起，唐王朝面临着军事上的压力和挑战。当时，边疆少数民族在与唐王朝的冲突中，骑兵占有军事上的优势。为了加强军队战斗力，缩小与游牧民族在马上的差距，使其在未来的军事冲突中处于有利地位，唐王朝便在张掖及河西加强畜牧业的发展。从这个意义上讲，河西畜牧业的发展也关系着唐王朝的西北安全。

总体来说，唐代前期畜牧业获得了较大的发展，对繁荣经济、沟通交通与民族交流、维护边境安宁起到了积极作用。

---

① 《资治通鉴》卷202《唐纪》第18，"高宗仪凤三年"条。
② 《新唐书》卷50《兵》。
③ 《汉书》卷28《地理志下》。

第六节 水利的发展

早在汉代张掖就有引水灌田的水利工程，如著名的千金渠。唐代前期，张掖及河西一带继续实施均田制，实行大规模的屯田，配套大规模的水利设施建设，水利建设的力度、范围均超过了以往任何朝代，呈现规模宏大、管道堰坝配套完备、管水配水制度严密的特点。完整的水利灌溉网系，完善的水利制度，使张掖绿洲的大片良田得到灌溉，张掖水利事业进入兴盛时期。唐朝中期，为了巩固首都长安的安全和唐蕃古道"丝绸之路"的畅通，对河西走廊的兴水屯田也特别重视。

一、张掖水利之源

祁连山是大汉崛起之地，汉朝的政治和文化通过它脚下的河西走廊穿过西北浩瀚沙漠，与新疆天山相接，中原经贸由此走向天山和帕米尔高原，走向西亚、中亚乃至非洲、欧洲。张掖之名取张中国之掖（腋）之意，与国家战略紧密联系。河西走廊就是中国之臂，它为大汉朝看护着广大的西域。

东西纵贯800多公里的祁连山，在张掖境内就有600多公里。海拔4000米以上的祁连山峦，形成2859条大小不等的冰川。这些冰川与雪峰，每年春夏之际融为大量雪水，每年流向山外平川地区的总水量超过76亿立方。这些河流成为河西地区农业发展的命脉。正是有了祁连山，才养育了河西走廊，才有了丝绸之路。

《甘州府志》记载："甘州水有三：河水，即黑水、弱水、洪水等渠是也；泉水，即童子寺泉、暖泉、东泉等渠是也；山谷水，即阳化、虎剌孩等渠是也。冬多雪，夏多暑，雪融水泛，山水出，河水涨，泉脉亦饶，以来是水至为良田，水涸为弃壤矣。"

因为河西降水量很少，尽管地下水丰富，但古代河西生产力低下，不具有深位地下水的开发能力。所以，古代河西农业生产完全仰赖祁连山的冰雪融水。由祁连山孕育的黑河是河西走廊最大的一条内陆河水系，流经青海、甘肃、内蒙古三省区，全水系流域面积6.62万平方公里，多年平均年径流总量为36.65亿立方米。

黑河先后有张掖河、甘州河、黑水、羌谷水、鲜卑水、覆袤水、副投水、卢水之称，是中国第二大内陆河，全长800多公里（见图2）。上游发源于青海，自源头至莺落峡270余公里。上源于祁连山南的托勒山与走廊南山之间，分东西两岔。东岔又名"俄博河""八宝河"，发源于海拔4353米的景阳岭，自东向西北流，沿途纳俄博河、黑沟河、小八宝河、小东草河、青羊沟、东岔河、东草河、白杨河、涞沟等较大支流，至黄藏寺全长100公里，年径流量约5.27亿立方米。西岔又叫"野牛河""轻马川"，源于托勒山与祁连山主峰南麓，海拔高4100米，由西向东与东岔相向而流。汇入较大支流有野牛川、隆拉河、油葫芦沟、扎马什河等，河道虽较狭窄不如东岔，而沿河道小盆地较多，有二珠龙、油葫芦、鸽子洞、赖都滩等，全长175公里，年径流约6.16亿立方米。东西两岔子黄藏寺汇合后，始称"黑河"，又名"甘州河""摆通河"。自此折向北流，穿行于高山峡谷之中，沿途纳入潘家河，大、小长干，西流水等支流，经大孤山至莺落峡出祁连山，全长95公里，出山年径流量15.5亿立方米，上游流域面积为10009平方公里，植被较好，为水源涵养区。高山地区有冰川面积59平方公里。黑河从莺落峡至正义峡流程185公里，流经河西走廊灌溉区，称为"黑河中游"。黑河出山后，东北流至张掖城西北15公里乌江堡与东向西而来的山丹河（古称"弱水"）汇流，从乌江堡以下转向西北，至野沟湾纳入南来的大沙河（即梨园河），再至永丰村纳入山水河（由摆浪河、水关河、石灰关河汇流而成）直至正义峡下泄。

河西走廊灌溉区从汉、唐、明、清历朝引灌，形成渠网密布的灌溉系统，自黑河总口至高台天城，引黑河水灌田，武周长安元年（701年），凉州都督、陇右诸军大使郭元振令甘州刺史李汉通开置屯田，尽水陆之利。其间，先后开浚盈科渠、大满渠、小满渠、大官渠、永利渠、加官渠等，可灌田46.54万多亩。黑河中游地段，河床宽浅，纵坡平缓，平均比降2‰，上段河床多为卵石粗沙，下段多为细沙，南岸有泉水出露并有大片沼泽地分布。乌江堡以下河段在灌溉季节，以截引河床潜水为主，前坝截干，经数里堵坝又有水复出，贵在得以多次重复利用。昔之诸条小河流除少量洪水外，今已无地表水下泄补入黑河。黑河自正义峡出口进入下游，北流归于居延海，流程长350多公里。经正义峡20公里至大墩门向北进入酒泉地区的鼎新，纳入托勒河，再往北100余公里进入内蒙古境内，称为"额济纳河"，古称"天苍河"。在狼心山附近，又分为东、西两河，东河称"达西敖包河"，西河叫"穆林河"，继之分成19条小岔，分别注入东、西居延海。黑河年际变化甚大，与农业灌溉季节不相适应。

尽管张掖具备利于农耕的水资源条件，但如果不加导引，不修渠堰，任水流失，也就无补于农业。对这个问题的认识始自汉武帝，据《史记·河渠书》载，"自是之后，用事者争言水利。朔方、西河、河西、酒泉皆引河及川谷以溉田"。随着经济建设的发展，供需矛盾亦日益加剧。祁连山的生态被破坏，将导致八百里陇左荒漠化，尽失甘州要冲，并将断送河西走廊，失"断匈奴之臂，张中国之掖（腋）"的战略大势。因此，农田水利管理就是保持黑河流域良好生态的重要环节。

二、农田水利管理

唐玄宗开元以前，在河西走廊和湟水流域一带，设置军屯156处，每处屯田50多顷。而屯田必须依赖水利，张掖黑河水系荒地广大，水利便利正好适应了当时军屯的需要，并有力地支持了军垦；而这种大规模的军屯，又促进了黑河水系流域土地和水利资源的进一步开发利用。这不仅形成了自汉代以来黑河水系的又一次农田水利发展高潮，而且发展了整个河西走廊的农田水利开发事业。随着耕地面积的扩大，农民依附土地而建村立寨，其引水渠首名目也日益繁多。诸如头坝、二坝三坝……乃至十多坝之名者有之，头闸、二闸、三闸……乃至若干闸名者有之。

河西走廊水利最发达处系甘州及凉州。长安元年（710年）凉州都督郭元振,"令甘州刺史李汉通开置屯田,尽水陆之利,稻收丰衍。"①陈子昂记述:"甘州诸屯,皆因水利,浊河灌溉,良沃不待天时。"② 天宝八年（749年）,官仓的存粮有9600万石（《通典·食货·轻重》）,一定程度上反映了当时农业生产的发展水平。不仅瓜州、沙州、肃州以西皆仰赖张掖储粮接济,而且"取张掖数年之收,可饱士百万,若一旬不往（输粮）则士已枵腹,是河西之命系于甘州矣"。为了有效地分配、管理用水,唐政府制定了一部农田水利法规,即敦煌文书P.2507《开元水部式》（简称《水部式》）残卷。张掖农田水利管理主要体现在《水部式》上。

一是水利官员的设置。唐代中央政府设置水部郎中和员外各一人,专"掌天下川渎陂池之政令",以导达沟洫、堰决、河渠。在张掖地方州县主管水利的机构设有都水官司,上属中央都水监,形成了一套严密的管水体系,而且自上而下地设有专职管理农田水利的各级官吏,其中,州设都渠泊使,县设平水、前官,乡设渠头、渠长及斗门长等吏员。这些不同级别的管水人员严格按照《水部式》的规定,对农田水利进行管理。《水部式》记载:"沙州用水浇田,令县官检校。仍置前官四人,三月以后,九月以前行水时,前官各借官马一匹。"说明每年三月至九月是河西农业生产用水季节,对浇田的检查与督责是县官的主要责任。县官自然无法亲自检查所有乡村,便由前官四人负责更具体的检查督促,各借官马一匹,目的是让前官提高管理效率,足见官方对水利灌溉的重视。《水部式》则明确记载着各级水利官员的职责:"诸渠长及斗门长,至浇田之时,专知节水多少。"《水部式》不仅对各级管水吏员的职责有具体规定,而且记载了考核各级管水吏员是否恪尽职守的标准,这就是根据水利管理的好坏,尤其是当年收成的好坏决定对他们的赏功罚过,"若用水得所,田畴丰殖,及用水不平,并虚弃水利者,年终录为功过附考"。

二是专门制定用水细则。为了明确主干支各级管道浇田次序、灌

---

① 《新唐书·郭元振传》
② 《全唐文》卷21陈子昂《上西蕃边州安危事》。

溉时间和方法，河西各地还根据《水部式》的要求，以法规的形式对辖区所有的河流、主干渠、支渠、子渠的灌溉用水进行了严格规定，如先从主干渠引水至支渠，再至各子、支渠分流灌溉，并按地域远近、地势高低依次灌水等，都符合当地具体情况。沙州《用水细则》规定了"如天时温暖，河水消泽，水若流行，即须预前收用"的条例，以避免浪费。还规定天气温暖水资源丰沛时的浇灌顺序为"早浇粟地，后浇商场苗田水"。相反，如果"天寒水少，日数即迟"，则"全无定准"[1]。这是考虑到水资源节约，又不影响农作物生长，同时还注意到天寒水少时的灵活处理。

三是专门针对夏天水资源利用和管理的具体规定。秋水灌溉则规定：秋水灌溉如果完成，沙州政府要对水官进行奖励。因气候原因，张掖土地浇灌每年要分为春、夏、秋三季，秋水浇灌的完成，便意味着全年灌溉的结束。为此，唐代在河西地区对水的分配主要依据均田制下按丁口授田数目的多少。对于虚报种植面积、浪费水资源，或者浇灌田地质量不高，均要受到处罚。另外，还对河水的重复使用及其申报制度、取水许可制度等做了规定。

四是实行严格公平合理的用水分配制度。由渠头和渠长维持灌田秩序，并杜绝水的浪费。浇田以水遍为限。对水的这种严格控制，体现了唐代张掖从政府到民间对水的珍视。管水人员对渠水的控制是通过斗门来实现的，所以《水部式》关于斗门的规定很多。首先，"斗门皆州县官司检行安置，不得私造"。其次，《水部式》重视对斗门的维修。一旦斗门及灌渠损坏，会影响灌溉的顺利进行，并造成水的浪费，甚至可能冲毁庄稼，因此规定："每斗门置长一人，有水槽处置二人，恒令巡行，若渠堰破坏，即用随近人修理。"当时，张掖地区有民间组织渠人社，即专门从事斗门和管道维修劳务。

五是对于可能出现的妨碍灌溉的现象明令禁止。"诸灌溉大渠有水下地高者，不得当渠造堰，听于上流势高之处，为斗门引所……其傍支渠有地高水下，须临时暂堰灌溉者，听之。""地高水下"在支渠就可

---

[1] 唐耕耦、陆宏基：《敦煌社会经济文献真迹释录》。

以筑堰引水灌溉，在主渠就不许筑堰。显然，筑堰后水位提高，对主渠堤岸压力增大，容易造成主渠的损坏，这个规定就体现了对水利设施的爱护。

六是对兴建渠堰的规定。"河西诸州用水溉田，其州县府镇官人公廨田及职田，计营顷亩，共百姓均出人功，同修渠堰。若田多水少，亦准百姓量减少营。"修造渠堰的人工劳务根据受益者田地的多少来分担。

《水部式》起到了封建政权对经济生产的参与、投入、干预的积极作用，协调了用水农户的关系，对于有序地进行张掖农业开发具有重要意义。首先，唐代张掖水利事业发达，是从政府到民间都重视水利建设、各尽所能的结果。第二，通过有计划的灌溉，明确而严格地规定了用水时间、先后顺序和用水量等等，无形中把农民纳入一个有秩序的生产体系，使他们各自都成为庞大农业生产组织中的一个环节，从而提高了农民生产的社会性、水的利用率和农业生产效率。第三，小农经济基础薄弱，甚至经受不住死一头耕牛的打击。至于有水旱天灾之际，更难维持再生产，完善的水利设施和管理使农业生产条件更加稳定。

三、灌溉工具

随着水利工程的发展，唐代的灌溉工具已经有相当进步。有的灌溉工具已能把河水引到对岸进行浇灌，使以往的旱田产量明显提高。过去由人踏翻车改进而成的水转翻车，可以通过水力推动水轮，把河水提升到高处浇灌长期干旱的田地，极大地节省了人力。除了以往的辘轳、翻车等仍在普遍使用外，劳动人民创造了连筒、筒车、水轮等提水灌溉工具。唐朝的灌溉工具筒车，亦称"水转筒车"。是一种以水流作动力，取水灌溉的工具。据史料记载，唐代筒车按照材质分竹筒车和木筒车两种。筒车的水轮直立于河边水中，轮周斜装着若干竹木制小筒，有达四十二管者。利用水流推动主轮，轮周小筒次序入水舀满，至顶倾出，接以木槽，导入渠田。北宋司马光在《资治通鉴》

216卷中说,"是时唐天宝十二年(753年)中国强盛,自安远门西尽唐境凡万二千里,闾阎相望,桑麻翳野,天下称,富庶者无如陇右①。翰每遣使入奏,常乘白橐驼,日驰五百里。"没有黑河就没有张掖绿洲的万顷良田。

第七节　张掖农业的繁荣

唐初至玄宗开元时期,许多农民都获得了一定数量的土地,并有不少家奴都获得了解放。有的人还通过均田制获得了土地,成为自耕农,有的则变成契约佃农,加上成千上万的僧尼被逼迫还俗归农,以及"输庸代役"的推行,唐政府对农业生产和水利开发的重视,军士屯田的恢复,租庸调的实行等,在一定程度上减轻了农民的负担,农民有了较为宽裕的劳动生产时间,劳动人手增加,张掖农业在这一时期达到了历史上最繁荣时期。

一、重视农田水利开发

唐代在中央政府,设置水部郎中和员外各一人,专掌天下川渎陂池之政令,以导达沟洫、修筑堰坎,疏通决口中,治理河渠。据有关史料统计,在唐前期130多年中,修建的水利工程达160多项(大型的),分布于包括河西走廊、新疆等广大地区。内地所建的各项水利工程,灌溉田地达到万余顷。随着水利工程的发展,唐代灌溉工具已经相当先进,除了以往的桔槔、辘轳、翻车等还在普遍使用外,劳动人民创造了连筒、筒车、筒车和水轮等提水灌溉工具。有的灌溉工具已能够跨越谷涧,把河水引到对岸进行浇灌,使以往旱田提高了产量,当然灌溉面积也随之扩大。过去由人踏翻车改进而成的水转翻

---

① "陇右",其时指陇山(六盘山)以西的广大地区。两汉时期凉州刺史所辖陇西、天水、金城、安定、武威、酒泉、张掖与敦煌八郡,即属陇右范围。到唐代,也就是唐朝的河(河西、河东)陇地区。

车,可以通过水力推动水轮,把河水提升到高处浇灌长期以来的旱田,极大地节省了人力。

二、官仓存粮增加

天宝八年(749年),政府官仓存粮有9600万石(《通典·食货·轻重》)。这在一定程度上反映了当时农业生产的发展水平。开元十三年(725年),"东都斗米十五钱,青、齐斗米五钱,斗粟三钱"(《资治通鉴卷二一二》)。此后直到天宝末年,物价长期稳定,"两京米每斗至二十文,面三十二文,绢一匹二百一十文"(《通典·食货·轻重》)。当武则天统治时期,"甘州(张掖)地广粟多……屯田广夷,仓庾丰衍,瓜(州),肃(酒泉)以西,皆仰其馈(靠张掖之粮补给)。"意思是说,酒泉以西的屯军,如果十多天不从张掖仓库中运粮供给,战士即"已枵腹矣(受饥饿)",故"是河西之命系于甘州矣。且其四十余屯水泉良沃,不待天时,岁收(粮)二十万斛"。到了玄宗年间,由于人口的增加,劳动力得到加强,因而使原来未尽垦发的荒、闲之地,更尽其利,收成更甚于凉、肃、瓜、沙等州。

三、户口数上升

唐初武德年间,全国有200余万户,至天宝十四年(755年),全国户数增加到891万余户,人口增加到529万余人,这是唐代最高的人口统计数。杜佑据实际情况做了估计,认为天宝年间实际户数至少有1300万至1400万户,如每户以5口人平均计算,那时全国的人口大约也在6000万至7000万人。

四、耕地面积扩大

隋末唐初,无论内地还是河西,由于战乱,灌莽巨泽,苍茫千里,人烟断绝,鸡犬不闻(《旧唐书·魏征传》),到处都有大片荒弃土地。经过劳动人民百余年的辛勤垦发，到开元、天宝年间，"耕者益力，四海之内，高山绝壑，耒耜已满"（《元次山集·问进士》）。甚至在河湟（包括青海）、河西、河套及新疆天山南路等边远地带，农业生产也得到了一定的发展。有人估计天宝时全国有耕地面积约在800万顷至850万顷（按唐亩估计）之间，略高于西汉时的最高垦田面积，这是符合事实的。

五、国营牧场增多

在西北广大的草原地带，唐政府设置有不少的国营牧场。唐政府重视畜牧业的发展，国家拥有马匹的数量逐年增多，唐初从隋朝国营牧场中接受官马3000余匹，还从突厥战争俘获到2000匹战马。在陇右以西设有陇右牧监。在北魏、隋代就在青海及山丹大草滩（今山丹大马营军马场）设牧监之职官为国家饲养马匹。拓跋焘灭前凉，《甘州府志》载："定秦陇，立牧地于河西，马多至200万匹。"唐初因战乱破坏，山丹大草滩官马荡然无存。自高宗时期起，通过整顿和恢复马政，设置陇右牧监，至唐高宗麟德年间（664年至665年），唐政府养马已达到70万匹之多。马匹的增加，使得马价也很便宜，"天下以一缣易一马，秦汉之盛，未始闻也"（《张说文集·大唐开元十三年陇右牧监颂德碑》）。据《甘肃通志稿》载："祁连大草滩在唐代养马最多时期，即逾70000匹"。后来由于马政失废，官马潜耗大半。唐玄宗即位后，以太仆卿王毛仲为内外闲厩使，对马政加以整顿，国营畜牧业又发展起来。天宝十三年（754年），仅陇右牧监所养马、牛、驼、羊就达到65万余只，其中马有32万余匹。

六、农业开发甚于前代

唐太宗至唐玄宗时期，张掖农田开发更甚于前代。武则天统治时期，陈子昂在其《上谏武后疏》中，指出："甘州诸屯，皆因水利，诸河灌溉，良沃不待天时，四十余屯尽为沃壤，故岁收获常不减二十万斛。"长安元年（701年），凉州粟麦斛至数千钱，及汉通收率之后，稻丰收稔，一缣数十斛，积累军粮数十年（《重刊甘镇志·官师志·名宦》）。明代甘州巡抚杨博在其《查处屯田计案地方疏》中也提到前朝屯田事例："昔汉赵充国、唐郭元振在河西咸卓然著声。考其所为，充国则上屯田便，益以逸待劳；元振则修通河渠，尽水陆之利。"水陆之利即农田与河水之利。《资治通鉴》载："天宝十二年（753年），是时中国盛强，自安远门西尽唐境万二千里，闾阎相望，天下富庶者无如陇右。"《新五代史·田夷附录》则说："当盛唐之时，河西、陇右三十三州，凉州最大，土沃物繁而人富乐。"在兴修水利方面，唐时对张掖黑河水系的水利开发尤为重视。在前代水利工程的基础上，唐初至盛唐对张掖黑河流域水利灌溉工程进行了大规模维护建设。在黑河52渠中，较为大型而且著名的水利工程如盈科渠、大满渠，大官渠，永利渠，以及加官渠等，都是唐时所兴修，上列诸渠修成后，使引灌农田亩数达到46.54万亩（《张掖地区水利志》）。武则天当政时，凉州及甘州等诸州，屯田数及收获粟麦产量已达岁三四十万斛。玄宗专意在河西道大兴军事屯田，为了巩固已建立的疆域广阔、多民族统一的封建国家的边防，保障边塞生产和社会安定，特别是为了保障河西唐蕃古道丝绸之路的畅通，自初唐至中唐，仅在西部边疆地区，就设置军屯900多处，占全部屯田的80%以上。张掖地处中原通往西域的咽喉要道，战略地位十分重要，因此也是唐朝主要的军屯区。张掖农田开发事业的规模与成就，不亚于西汉武帝时期。

第五章 张掖农业的衰落时期

——中唐至明朝

从唐中期至明朝，是中国历史上一个漫长而复杂的时期，其间充斥着政治斗争、社会动荡和军事冲突。这段时期内，长期战乱不仅给国家带来了深重灾难，也对农业生产造成了毁灭性打击。

战乱不断，使得百姓无法安居乐业，农民被迫离开土地，四处逃难。这样的情况下，农田荒废，水利设施失修，农业生产遭受了严重的影响。同时，由于战争的破坏，许多农业工具和种子也遭到了损毁或丢失，进一步加剧了农业生产的困难。此外，吏治败坏和巧取豪夺也是导致农业衰落的重要原因之一。在战乱时期，一些官员利用职权贪污腐败，巧取豪夺百姓的财物和土地。他们不顾百姓的死活，只顾自己的私利，使得农民的生活更加困苦。在这样的环境下，农民无法安心从事农业生产，农业产量大幅下降。

这种全国范围内的农业困境，在特定的地区如张掖，表现得尤为突出。张掖地区作为丝绸之路上的重要节点，历史上一直是农业和畜牧业的重要区域。然而，在唐中期至明朝这段动荡时期里，张掖农业也遭受到严重破坏。农田大片荒芜，水利设施瘫痪，农民流离失所，农业生产的正常秩序被彻底打乱。同时，由于官员的腐败和巧取豪夺，农民的负担加重，生活更加艰难。在这样的背景下，张掖的农业进入了衰落时期。农业生产无法恢复往日繁荣，农民生活水平大幅下降。这段历史不仅给张掖地区带来了深重灾难，也对中国整个农业生产和经济发展造成了不可估量的损失。唐中期至明朝，由于长期战乱不止，吏治败坏，巧取豪夺，民不聊生，农牧业生产遭到严重破坏，张掖农业处于衰落时期。

第一节　吐蕃统治时期的张掖农业

6世纪，青藏高原的吐蕃强大起来。安史之乱爆发后，驻守河西、陇右及安西四镇的唐朝精兵大部分被东调平叛。吐蕃由自青藏高原乘虚而入，先后占领了凉州（今甘肃武威）、肃州（今甘肃酒泉）、瓜州（今酒泉市瓜州县）。代宗广德元年（763年）吐蕃攻陷甘州（今张掖市甘州区），至此，整个河陇地区开启了吐蕃近二百年的统治，"路阻萧关雁信稀"，中原与西域的通信，彻底断绝。唐蕃之间旷日持久的战争及落后的生产关系等对当地农业生产造成了很大的破坏。

一、战争造成的损失

吐蕃奴隶主所发动的战争，主要是掠夺人口和财产。唐大历元年（766年），吐蕃攻陷甘州和肃州。所到之处，"焚烧庐舍，驱掠人畜，所过捕戮，积尸狼藉"（《新唐·吐蕃传》）。以他们落后的奴隶制游牧方式，取代了黑河流域及其他州县较为先进的、封建的、以农业为主的土地利用方式。使这一带农业生产遭到极大破坏，农业生态在局部地域也因此而遭到破坏并进而恶化。在这种背景下，张掖境内黑河水系的一些地方例如高台县境内马营河、摆浪河下游绿洲渐次演变为荒漠。吐蕃奴隶主军事集团对甘州农业经济的破坏，启示后人，以史为鉴，吸取教训，珍惜资源，保护绿洲。

吐蕃奴隶主军事集团在河西实施残酷的阶级压迫和民族压迫，近一个世纪。河西走廊的百姓，有汉武帝开通西域后因屯垦戍边迁移来的汉人，有五胡十六国时避难而来的中原士族，有在丝绸之路上置业定居的西域商人，也有乌孙、月氏、匈奴、突厥等游牧部族的后裔。蕃占区的百姓不准使用唐朝的纪年，不准流通唐朝货币，不准穿着汉服，并强制推行吐蕃的语言文字，甚至要求人们"左衽而服，辫发文身"。唐代史学家沈既济，曾有文提及"自轮海以东，神鸟、敦煌、张掖、酒泉，东至于金城、会宁，东南至于上邽、清水，凡五十郡、六镇十四军，皆唐人子孙，生为戎奴婢，田牧种作，或丛居城落之间；或散处野泽之中，及霜露既降，以为岁时，必东望唏嘘，其感故国之思如此"[①]。这就是河陇唐朝遗民生活的真实写照，他们生为奴婢，日夜耕织，每到年节便向东向故国，捶胸号啕。

吐蕃王朝是一个封建与奴隶制的混合型社会，农奴作为最底层的劳动力，在遍布吐蕃各地的农庄中需求量巨大。因此，吐蕃军队在进攻唐朝的过程中，一方面掠夺各种物资，以战养战。他们每攻占一地，都劫夺财物，践踏农作物，焚烧房屋，屠杀老弱妇女，而把丁壮掳去为奴，河西一带的汉族百姓没有任何政治上的保障，造成了社会的混乱和动荡不安。唐代沈既济说："初，吐蕃既得河、湟之地，土宇日广，守兵劳弊，以国家始因用胡为边将而致祸，故得河、陇之士约五十万人，以为非族类也，无贤愚，莫敢任者，悉以为婢仆。"

吐蕃攻占河西过程中，大肆屠杀和奴役当地百姓，导致人口锐减，农业劳动力严重流失；同时，吐蕃落后的生产关系也阻碍了当地农业生产的发展。

为了维护在张掖及河西的长期统治，吐蕃统治者被迫调整统治政策，在行政管理上实行军部落、民部落和通颊部落的部落制；在经济上实行计口授田、按户纳突和服役的"突田制"；在民族政策上实行民族同化。这些发展农业的措施，使张掖仍然保持着农耕地区传统的农业生产并缓慢发展。

二、实行民族同化政策

吐蕃占领甘州后，强迫河西人民蕃化，并驱之为奴。在农村乡里实行吐都千户（奴隶主）统治下的奴隶制部落。当时甘州农村的部落名

---

① 《资治通鉴》卷226"唐德宗建中元年四月条"，引《通鉴考异》。

称已不可考，但当时敦煌13个乡所改的部落名称可供参考，计有"上部落""下部落""悉董萨部落""喝骨萨部落""丝棉部落""行人部落""僧尼部落""擘三部落""撩笼部落""中元部落"等，估计甘州乡村的部落名称也大致相似。汉民被纳入吐蕃千户府统治下的兵民一体组织，汉族社会迅速向吐蕃社会转化。在占领区内，吐蕃强迫要求羌人、吐谷浑人与其同俗，穿同样衣服，使用吐蕃语言，使羌人、吐谷浑人迅速融入吐蕃民族；同时，对占领区汉族强制同化，要求汉人学说蕃语、左衽而服、辫发文身，强迫汉族民众穿吐蕃衣服。吐蕃统治者规定，汉人唯正月初一日可穿戴唐衣冠，其余时间则要"衣胡服，习胡语"。韦伦曾出使吐蕃归国时经过河西，一路见唐人"皆毛裘蓬首，窥觑墙隙，或捶胸陨泣，或东向拜舞，及密通章疏，言蕃之虚实，望王师之至若岁焉"[①]。正如白居易《缚戎人》诗中写的那样："一落蕃中四十载，身着皮裘系毛带。惟许正朔服汉仪，敛衣整巾潜泪垂。"沙州陷蕃后，"州人皆胡服臣虏，每岁时祀父祖，衣中国之服，号恸而藏之。"[②] 吐蕃统治者的劫掠、民族歧视和阶级剥削，造成了吐蕃占领初期河西汉族聚居区的民族关系十分紧张，尤其是甘州、肃州、沙州、瓜州等地的人民，同吐蕃奴隶主进行了多次不屈不挠的顽强斗争和坚决反抗。

三、农民赋税沉重

吐蕃统治时期，汉族百姓负担较重、地位较低。例如，吐蕃虽在河西实行了"计口授田"的突田制，但往往达不到标准。P.T.1078号藏文卷子《悉董萨部落土地纠纷诉状》[③]记载："窦廓庸言……王贵公兄弟之菜地，往昔在唐廷时，地界相连，后与沙州人江甲尔之开荒地各有五突半一起记入木简，田亩册下面写明共获田地十一突。贵公兄弟所种

---

① 《资治通鉴》卷226《考异》，引《建中实录》。
② 《新唐书》卷216《吐蕃传》。
③ 王尧、陈践译注：《敦煌吐蕃文献选》，四川民族出版社，1983年，第44—46页。

五突半，他们实际未曾领受。领受了八突，本人并无误突半田地属实。"不仅如此，百姓授田还往往被官府劫夺，如 P.3613《申年（804年）正月令狐子余牒及判词》①载："孟搜索底渠地六亩。右子余上件地，先被唐朝换与石英顺。其地替在南支渠，被官割种稻，即合于丝绵部落得替，望请却还本地。子余比日已来，唯凭此地与人分佃，得少多粮用，养活性命。请乞哀矜处分。"在突田制下，由于农户赋税负担过重，无法交纳突税，便不得不出卖自己土地。如 S.1475《未年（827年）安环清卖地契》②记载："宜秋十里西支地壹段，共柒畦拾亩（东道，西渠，南索晟，北武再）。未年十月三日，上部落百姓安环清，为突田负债，不办输纳，今将前列地出卖与同部落人武国子。"

以上记载可见，吐蕃统治时期张掖农民赋税负担较为沉重，地位低下，这势必影响农民从事农业生产的积极性，阻碍农业发展。

第二节　张氏归义军时期的张掖农业

唐宣宗大中四年（850年），《新五代史·吐蕃》载："张掖人张议潮，募兵击走吐蕃。唐国以议潮为节度使。"而《新唐书·吐蕃》则称"沙州首领张议潮奉瓜沙伊肃甘等十一州地图以献"。可知张掖人张议潮在沙州起义，反击吐蕃。《新唐书》记述张议潮开始时，"阴结豪英归唐"。是事先在瓜、沙、伊、肃、甘等州进行串联，结识豪英，最后选择在沙州起义的。

850年，张议潮趁吐蕃内讧和汉族人民反蕃情绪高涨之时，结合沙州豪杰联络粟特人，组成反抗吐蕃同盟军，一举驱逐了吐蕃驻敦煌行政军事长官吉儿，并喊出"回归大唐"的口号，史称"归义军"。纵观归义军的历史，大致可以分成三个阶段："张议潮时期""张氏归义时期"

---

① 唐耕耦、陆宏基编：《敦煌社会经济文献真迹释录》第二辑，全国图书馆文献缩微复制中心，1990年，第281页。

② 唐耕耦、陆宏基编：《敦煌社会经济文献真迹释录》第二辑，全国图书馆文献缩微复制中心，1990年，第281页。

"曹氏归义时期"。张氏归义军政权自唐大中五年（851年）建立，至后梁乾化四年（914年）为曹氏政权取代，前后经历了63年时间。归义军政权建立后，鼓励百姓种植桑麻，牧养牲畜，积极发展农业生产，张掖农业得到了快速恢复和发展。

一、发展农业的措施

实行唐制。吐蕃统治者被逐出后，归义军政权废弃了大部分吐蕃的军民部落，重建唐前期实行的州县乡里制度；原河西城郭凡未经吐蕃彻底破坏者，这时也按中原的城坊制度，恢复了坊巷的称谓。同时，归义军本身的军政机构，也按唐朝藩镇的体制，设立了与内地藩镇一样的文武官吏，并恢复文书、行政制度和被吐蕃禁止的唐朝服装，推广汉语，把汉语作为通用语言。

实行新户籍和土地制度。张议潮在政权建立初期就废除了吐蕃统治时期的突田制，按照唐制，重新登记人口，编制户籍，并进行土地的调查、登记、分配工作。归义军初期的土地分配并未触动旧有的土地占有关系，允许官民向官方请设承佃，可申请耕种的土地除官荒田、绝户地外，还包括无力承担土地税的民户田地。与授田有关的"请"及"请射"，意思就是按照规定，受田者可以履行请授或请射的手续被授予应受的土地；不是制度规定的受田人，不能请授或请射土地。这些"请授""请射"等都是具体的，都是各类授田的必要手续，都是实行均田制过程中的一个必要的程序。在制度规定的前提下（或范围内），应受田者在狭乡的要申请授田，在宽乡的可以指定地点地段请授。指定地点地段的请授，就是请射。指物而取曰射，这里的物就是地。[1] 请射的土地实际上变成了私田，即"请射承佃，供纳租税，充为永业"[2]。请射成为私有土地发展的一条途径，归义军时期国有土地经过民户请射耕种后，就变为民户的私有土地。从敦煌文书可知，归义军时期土地买卖比

---

[1] 王永兴：《关于唐代均田制中给田问题的探讨》，载《中国史研究》，1986年第1期。

[2] 宋·王溥撰：《五代会要》卷25《逃户》，中华书局，1985年。

较频繁，出现"私契"，即土地交易双方不再受国家的制约，也不需要官府审核和裁决，可以根据个人意志自由买卖土地。私契的公开与合法化，正是土地私有化的反映。在将土地分配给百姓耕种的同时，还专门设立了营田使等官职，具体负责管理授田事宜。官府核准请地人的呈状后发给公凭，到制定户状时记入户状，即可成为私产。官府审批请地呈状，优先照顾有劳力而无地或少地的民户。对百姓间自愿的对换土地、调整土地位置等，官府一般预予批准。①

制定新的赋税制度。赋税名目主要有地子、官布、柴草三项，各项要分别登记。另外，也征收部分户税和商税。由官府指派布头、枝头、刺头或堰头各负其责，按亩进行征收。② 其税额加在一起虽然比唐前期的租调略重，却远比吐蕃统治时期的重敛要轻得多。③ 归义军政权的赋税以乡为单位征收，乡下虽仍设有里，里正已成为虚职，不负责具体事务。以乡为单位征收的赋税，由"某头"负责。如敦煌文书P.3236号《壬申年官布籍》是以乡为单位征收官布的簿籍，其征收方式是将若干户约250亩土地合计起来征收官布一匹，由"布头"负责征收。该文书共有"布头"19人。79户的土地分布在19个"布头"名下。每位"布头"名下都是"计地贰顷伍拾亩，共布壹匹"。柴的征收则是由"枝头""白刺头"负责的，如罗振玉旧藏《年代未详沙州白刺头枝头名簿》就是由"枝头""白刺头"负责交纳税柴的名簿。其中每一名"白刺头"名下共有3人，"枝头"名下共有5人，即由3人或5人组成一组，由"枝头""白刺头"负责征收，或带人去刈割白刺、砍伐树枝。"布头""白刺头""枝头"等，并非乡司下的办事人员，也不是里正，而是一般的百姓。他们也是纳税人，只不过临时负责征收有关税种，这是归义军政权以乡为单位征收赋税时，为征收方便、整齐，而临时指派的负责人。

实行灵活而宽松的民族政策。归义军政权辖区内有吐蕃、回鹘、

---

① 刘进宝：《归义军政权初期的人口调查与土地调整》，载《敦煌研究》，2004年第2期。
② 刘进宝：《归义军赋税制度的特点》，载《南京师范大学学报》，2003年第4期。
③ 刘进宝：《归义军赋税制度的特点》，载《南京师范大学学报》，2003年第4期。

退浑、粟特、龙家等少数民族，张议潮根据不同的情况，采用了不同的管理办法：对吐蕃统治以前已开始汉化的西域各少数民族，如粟特、龙家等大多编入乡里，与汉人百姓同居，其中有些人，成为张议潮收复河西、陇右的重要将领，如康通信等；对于吐蕃化较深的退浑和通颊人，则部分继承吐蕃旧制，仍用部落的形式统治。① 归义军在实行唐制的同时，并没有把吐蕃时期编组的部落全部打散，而是仍旧保留了通颊、退浑等少数民族组成的十个部落，这些部落也和吐蕃统治时期一样，设部落使及副使统领。至于对吐蕃化部落的管理，虽用汉官，但下达的文书仍用藏文书写。这些措施行之有效，使当地少数民族"驰诚奉质，愿效军锋""以为军势"②，对归义军政权的发展壮大起到了重大作用。咸通二年（861年），张议潮"自将蕃、汉兵七千克复凉州"③，就是张氏归义军政权民族政策取得实效的有力见证。

二、农业的恢复和发展

张议潮及其继任者采取的有效措施，对促进河西的稳定，尤其是对张掖当地农业的发展起到了重要作用。

在种植业方面，继承和沿用了隋唐时期先进的生产技术和生产工具，引进优良的农作物品种，依靠覆盖全境的水利灌溉系统，种植业经济迅速发展。这一时期，农作物品种有所增加。小麦是河西最主要的农作物栽培品种，在敦煌文书的各种籍账中出现的次数最多，而且数量也居首位。青稞在敦煌文献中被称作"青麦"，仍是敦煌种植的麦种之一，文献中还有用它酿酒的记录。此外麦类作物还有大麦、黑麦、荞麦等，种植数量较少。豆亦作"菽"，是张掖栽培的农作物之一，当时的豆类品种主要有豌豆、莝豆、豇豆、黑豆、绿豆、大豆，是张掖种植产

---

① 荣新江：《归义军及其与周边民族的关系初探》，载《敦煌学辑刊》，1986年第2期。
② 参见《张淮深造窟功德碑》。
③ 《资治通鉴》卷250，"懿宗咸通四年三月"条，第8104页。

量仅次于麦、粟的重要粮食作物。这一时期,棉花继续在甘州一带有零星的种植。

重视发展畜牧业。不仅有着规模较大的官营畜牧业,而且也有发展良好的私营畜牧业。官营畜牧业方面,政府设有专门管理草料和草场的机构——草场司,库存草料的地方称之为草院。知草场司是该机构的长官,下属有判官、草泽使、山场使等,分别负责草院草料的征收与支付、草场的分配与管理等。主要畜牧区草场有皇城草原、大马营草原、康乐草原等,主要放牧官府马匹,兼牧牛羊。私营畜牧业在牧业经济中占有较大的比重,对社会经济的促进作用不容忽视。民间多饲养那些能为人们的社会生产生活服务、能提供畜力的马、牛、驴、骡等大牲畜。民间私人养牛、羊、驴也很普遍。民间私人畜牧业多以家庭为经营单位,这与当时的小农经济是紧密相连的,是官营畜牧业的重要补充。这些私人畜牧业的大力发展,也为家庭手工业的兴起提供了丰富的原材料,促进了手工业的发展。

除了官营畜牧业和私营畜牧业外,还有寺院畜牧业。寺院畜牧业主要饲养羊、马、牛、驼等牲畜,羊的比重最大。由于羊易于喂养,也可作为生产经营手段以维持生活,寺院对羊毛编织也有诸多规定,从而导致对羊的需求增加,从事牧羊业的人群、羊的数量都有所增加。马匹在寺院主要为骑乘之用,一般提供给高级僧官使用。敦煌诸寺都拥有大量田产,用作犁地的耕牛是十分重要的畜力。

张议潮着手恢复农业生产,注意兴修水利,发展灌溉。当时沙州修建了许多沟渠,每一沟渠还设有"渠头""升门"等专门管理人员。由于水利灌溉的兴建,促进了农业生产的发展,出现了五谷丰登的景象。《张议潮变文·附录一》记载:"二月仲春色光辉,万家歌谣总展眉……河中现有十硙水,潺潺流溢满百渠。必定丰稔是物贱,休兵罢甲读文书。"在张氏归义军的统治下,河西地区成为"荷插如云,万亿京坻""黎人不失寒耕""岁有丰于年稔""军食丰泰,不忧寇敌"的富庶之地。

瓜州县锁阳城遗址中曾出土唐时残碑一块,记述张氏"兴屯田,疏水利"的事迹,归义军实行鼓励农耕的措施,致使瓜州沙州地区出现了"万户歌谣满路,千门谷麦盈仓"①的局面,正如《张淮深变文》中对张氏家族的称颂:"河西陷落百余年,路断萧关雁信稀。赖得将军开归路,一振雄名天下知。"

第三节 曹氏归义军时期的张掖农业

从后梁乾化四年(914年)十月至宋景祐三年(1036年),由曹氏归义军政权统治瓜州、沙州122年。这一时期,曹氏归义军政权继续实行奖励农耕的措施,使农业得到了一定程度的发展。

一、种植业

曹氏归义军时期,通过采取臣服中原、内修政治、接好四邻、恢复生产等一系列稳定社会、发展经济的措施,先后得到了中原王朝和周边少数民族政权的承认,也得到了境内兵民的支持。

据敦煌遗书和莫高窟供养人题名资料反映,曹氏家族与瓜州、沙州诸多地位显赫望族联姻,吸收瓜、沙望族和少数民族头面人物参加归义军政权,获取地方势力支持,以扩大政治联盟,巩固统治基础。与此同时,曹氏归义军政权实行奖励农耕措施,敦煌卷子S.4245号中记载"……时则有我河西节度使司空……刀兵罢散,四海通达;疠疫不侵,挽抢永灭;三农秀实,民歌来暮之秋;霜疽无朝,誓绝生蝗之患",反映了瓜、沙一带生产恢复,灾疫免除,人民生活安定的升平景象。

曹氏归义军继承了张氏归义军的土地制度,将荒地、逃户的土地允许民户"请射承佃"。"请射"即受田者可在履行请授或请射手续后获得土地。"请授""请射"是实行均田制过程中的一个必要程序。归义军时期国有土地经过民户请射耕种后,就变为民户的私有土地。从敦煌文书可知,归义军时期土地买卖比较频繁,出现"私契",土地交易双

---

① 敦煌写本4976号《儿郎伟》。

方不再受国家的制约，也不需要官府审核和裁决，可以自由买卖土地。私契的公开与合法化，正是土地私有化趋势的明确反映。在将土地分配给百姓耕种的同时，还专门设立了营田使等官职，具体负责管理授田事宜。

归义军时期实行据地出税制度。地税主要包括地子、官布和柴草三项，其中地子即地税中交纳粮食的部分。地子的征纳方式是据地出税，即不论何种情况，耕种土地的人就是地子的交纳对象。官布也是按地征纳的，每三顷地造布一匹。柴草是与地子、官布并列的正式税例，也是据亩征税。

这一时期，河西地区政治稳定，农业、畜牧业生产发展，张掖人民生活安定。粮食作物主要有麦类、粟、黍、粳米和豆类等，小麦是最主要的农作物栽培品种。此外麦类作物还有青稞、大麦、罗麦、荞麦等，种植数量较少。豆亦作"菽"，当时豆类的品种主要有豌豆、荜豆、豇豆、黑豆、绿豆、大豆，是种植产量仅次于麦、粟的重要粮食作物。蔬菜类主要有萝卜、生菜、蔓菁、葱韭、菜葫芦及豇豆等。瓜果主要品种有葡萄、梨、桃、杏、枣等。油料作物有黄麻、麻子、红蓝等。

二、畜牧业

曹氏归义军政府设置羊司、官马院和知驼司等机构管理畜牧业，还设有专门管理草料和草场的草场司，主管是知草场司，下设有判官、草泽使、山场使等，分别负责草料的征收与支付、草场的分配与管理等。敦煌遗书中有许多关于羊籍、牛籍、驼马籍的记载，还有各官府及寺院的籍账等资料都真实地反映了当时的畜牧业状况。

这一时期，归义军在张掖的畜牧区主要在今山丹大马营草原、肃南皇城草原。曹氏归义军时期不仅有规模较大的官营畜牧业，而且私营畜牧业在农业经济中也占有较大比重。敦煌文书中有许多当时"牛畜""犁牛""耕牛"的买卖、转让、交换、租赁、雇佣、抵当等方面的记载，说明由于农业、交通运输业的发展，社会对牛畜的需求量日益增多。比如 P.4083《丁巳年唐清奴买牛契》① 载：

(1) 丁巳年正月十一日，通颊百姓唐清奴，为缘家中欠。

(2) 少牛畜，遂于同乡百姓杨忽律元面上买伍。

(3) 岁耕牛一头。断作价直生绢一疋，长三丈。

(4) 七尺。其牛及价，当日交相分（付）讫为定，用限不还者，看乡元生利。

(5) 其绢限至戊午年十月利头填还。若于……

(6) 买牛人唐清奴（押）。

(7) 买牛人男定山（押）。

(8) 知见人宋竹子（押）。

当时的民间私人畜牧业多以家庭为经营单位，这是与当时小农经济紧密相连的，是官营畜牧业的重要补充。私人畜牧业的大力发展，也为家庭手工业的兴起提供了丰富原材料，促进了张掖手工业发展。

曹氏归义军时期的这一政策，极大地促进了畜牧业发展。敦煌文书中还有寺院放牧驼群的记载，如 P.2049 卷背《后唐同光三年（925年）正月沙州净土寺直岁保护手下诸色入破历算会牒》记"豆伍升，骆驼官利润入"；"豆一硕四斗，骆驼官利润入"。文中提及的骆驼官即管理骆驼的人，敦煌文书中统称为牧子。② 寺院畜牧亦饲养马匹，由专门的牧人放牧。如 P.4542 载某寺支出"粟二斗，充牧马人"；P.3165 背载某寺支粮食"三斗与牧马人用"。马匹在寺院主要是提供给高级僧馆骑乘之用。除此之外，寺院都拥有大量田产，用作犁地的耕牛也是重要的畜力。如"明宗长兴元年（930年）秋九月，沙州曹议金进马四百匹，玉一团"③，"三年春正月，沙州曹议金，进马七十五匹，玉三十团"④。

---

① 唐耕耦、陆宏基编：《敦煌社会经济文献真迹释录》第二辑，全国图书馆文献缩微复制中心，1990年。
② 雷绍锋：《论曹氏归义军时期官府之"牧子"》，载《敦煌学辑刊》，1996年第1期。
③ 宋·王钦若等：《册府元龟》卷972《外臣部·朝贡第五》，中华书局影印本。
④ 宋·王钦若等：《册府元龟》卷975《外臣部·褒异第三》，中华书局影印本。

从这些记载可以看出，当时瓜、沙地区农牧业发达。

三、林果业

归义军时期，由于大量基础设施和民生工程的建设需求，木材成为不可或缺的资源，从而催生了林木种植业兴起。这一现象不仅反映了当时社会对自然资源的依赖与利用，也体现了经济活动中市场机制的初步形成与影响。

一是人工种植林兴起。面对日益增长的木材需求，人工种植林成为解决这一问题的有效途径。相比自然林木的采集，人工种植能够更直接地控制木材的产量和质量，虽然初期投入较大且木材价格较高，但它为长期稳定的木材供应提供了保障。这种转变不仅体现了人们对自然资源可持续利用的认识提升，也促进了农业与林业的融合发展。

二是形成市场交易与种树育林良好风气。寺院及官私营造所需木材通过麦、粟、布等实物进行交易，这种以物易物的方式在当时的经济条件下具有相当的合理性。它不仅促进了农产品的流通，也刺激了民间种植树木的积极性。人们开始意识到，通过种植树木不仅可以满足自身的木材需求，还能通过市场交易获得经济收益，从而形成种树育林的良好风气。这种风气的形成，不仅有利于生态环境的改善，也为社会经济的持续发展注入了新的活力。

三是树木种类出现多样化。归义军时期，树木的种类呈现出多样化的特点。榆树、白杨树、柳树等用材林因其生长迅速、材质优良而被广泛种植，用于满足建筑、家具制造等方面的需求。同时，李子树、杏树、桑树等经济林也得到了发展，它们不仅提供了丰富的果实资源，还促进了农业生产的多样化，增加了农民的收入来源。这种树木种类的多样化，既满足了不同领域的需求，也体现了当时社会对自然资源利用的多元化思考。

综上所述，归义军时期的林木种植业是在社会需求与自然资源条件共同作用下兴起的。它不仅解决了当时社会经济发展中的木材短缺问题，也促进了农业与林业的融合发展，推动了市场机制的初步形成。同时，这一时期的林木种植实践也为后世提供了宝贵的经验和启示。

第四节 甘州回鹘时期的农牧业

回鹘是我国古代北方游牧民族之一。公元前3世纪称为丁零，后来演变为高车、铁勒等。至隋代始有乌护、袁纥的称呼，唐代始称回纥。唐末、五代至北宋前期（848—1028年），张掖被西迁回鹘占领，建立甘州回鹘政权，都城删丹（今山丹），领属甘州、肃州、合罗川，张掖成为回鹘可汗牙帐所在地。

一、畜牧业发达

甘州回鹘（也称河西回鹘）的聚居点张掖地区，南跨青海，北控居延海，在绵亘数千里之内，水草丰美，极适合于畜牧业的发展。在黑河水系各流域的许多地方，尤其适宜于农耕。在8世纪（唐朝中叶），从河西到西域回鹘所居住的地方，农业发展和水利的开发，就已经出现了"间阎相望，桑麻翳野"的情况。唐末、五代和北宋初，甘州在回鹘统治的156年时间里，畜牧业为经济支柱。甘州回鹘向中原王朝出售的牲畜有马、独峰驼、无峰驼、红白牦牛、大尾羊等。甘州回鹘向五代各王朝以及北宋王朝进马共28次，总数达2567匹；进驼6次，总数达589峰。9世纪中叶，甘州回鹘的畜牧业发达，大部分人从事畜牧业生产，他们向五代各朝的进贡物中，相当一部分就以骆驼、牛、马、大尾羊以及畜产品为主。但其中有一部分人转变为农业居民，和当地汉族人民共同从事农业生产。甘州回鹘主要以"骆驼耕而种之。"不仅是农业，尤其是他们的畜牧业如盛产的牛、马、骆驼对中原经济的发展，也起了极大的推动作用。甘州、西州和喀什噶尔很早以来就已经是东西亚陆路交通要道上的咽喉之地，回鹘居住在这一带，又成为一个善于经商的民族，这对发展东西方经济交流起到了积极作用。

二、农业缓慢发展

唐朝灭亡后，在中国北方相继出现了后梁、后唐、后晋、后汉、后周五个朝代，史称"五代"。五代期间，张掖正由甘州回鹘所据。甘州回鹘在张掖的农业生产相对比较稳定。五代时因中原的战乱，迫使许多内地农民逃往河西避难，增加了河西走廊的农业劳动力，也有利于推动黑河流域农田水利事业的发展。但甘州回鹘也不断地向五代各朝统治者朝觐纳贡，以换取安定。在进贡的同时，甘州回鹘也受到过后唐、后晋等国的册封之号。回鹘居甘州期间，只是遣使入贡于五代，在甘州仍保留其生产方法和生活习俗。因此，张掖境内社会秩序相对安定，而未发生战争。这段时间内，张掖境内民族和睦，农业生产也能正常进行。甘州回鹘对张掖黑河水系农田水利的开发起到了积极推动作用，促进了当地水利设施的完善，提高了农业灌溉效率。

甘州境内汉人及郓州兵汉族后裔甚多，所以农业也较发达。农业"以骆驼耕而种之"，而不用牛，是因为甘州回鹘饲养骆驼之故，这也是甘州回鹘农业的最大特点之一。他们不仅种植粮食作物与蔬菜，而且种植经济作物，如黄麻。《新五代史·回鹘传》记载："其地宜白麦、青稞麦、黄麻、葱、韭、胡荽。"这些农作物和蔬菜，主要供给汉人，但也必然会影响到甘州回鹘的生活习惯。经济作物的发展，为他们的商业贸易注入了新的活力。比如黄麻这些原料经粗加工后就是手工业的重要原料，再经手工织成的成品就是商品。商品的需求，会促进经济作物的更快发展。在经济作物方面值得一提的是，这一时期，西瓜由中东传入甘州，在甘州试种成功后，又传至辽国，然后传入中原，成为风靡中国的夏季消暑良物。明代医药大家李时珍在《本草纲目》中，详细记载了甘州回鹘种西瓜的特色，他说："契丹破回鹘，始得此种。以牛粪覆而种之，结实如斗大，而圆如瓠，色如青玉，子如金色或黑麻色，北地多有之。"并加按语：胡峤《陷虏记》言："峤征回鹘得此种归，名曰：西瓜。则西瓜自五代时始入中国。"甘州回鹘农业种植门类齐全，有粮食作物，有蔬菜，还有经济作物。作物以黄麻瓜果为大宗。

回鹘本以畜牧业为主，进入甘州后开始发展农业。甘州回鹘政权时期的农业发展情况，已有史料记载非常少，我们只能做一个大致的分析、判断。

一是甘州回鹘统治张掖时期，总体经济方式发生了较大变化。回鹘于9世纪中叶西迁河西后，生存环境发生了重大变化。河西地区肥沃的土地，充足的灌溉水源等良好的农业发展环境，较为发达的农耕文明，先进的汉文化，都深刻影响着回鹘统治者。随着自然条件的变化，生活环境的改变，农耕文化影响的加深，甘州回鹘的生活方式也由原来的游牧生活转向定居或半定居的生活，经济活动由草原游牧型逐步向农牧业兼营型转变，开始步入封建化进程。

二是甘州回鹘统治的张掖东部地区的农业，总体上处于缓慢发展的历史阶段。从现有史料看，甘州回鹘统治时期，没有大的经济政策的变化，没有出台大的农业发展的措施，也没有对农业形成大的破坏；张掖人口也没有出现大的流动、减少；对外交流、对外贸易基本以马等畜产品为主，先进文化、先进技术传播的途径较少。因而农业只能是在原有基础上缓慢发展。

三是甘州回鹘统治时期，张掖农业经济仍然保持着以种植业为主、畜牧业为辅的格局。这一时期，虽然有少量回鹘人移入张掖，但张掖主体人口仍然是唐代以来的当地农耕民族。如前所述，这一时期没有大的经济政策的变化，农业生产沿袭归义军时期的土地制度和赋税制度，广大民众只能是按部就班地进行着传统的生产、生活。虽然回鹘统治者主张发展畜牧业，畜牧业有较快的发展，但无论是生产规模还是经济总量，种植业仍然占绝对优势。这一时期，张掖的农作物品种主要有：小麦、大麦、青稞、稻谷、芝麻、粟、豆、黍、麻、桑及各种蔬菜、瓜果。

四是畜牧业发展较快。由于甘州回鹘统治者对畜牧业的思维惯性和大力主张，甘州回鹘统治时期，张掖畜牧业得到了较快发展。这一时期，畜牧业发展的一个突出特点，是养马规模大、数量多。由于占据了中西交通的咽喉要道，甘州回鹘成为中西贸易的桥梁，他们不仅与中原、西藏、西夏及东北的契丹、女真交往频繁，而且与西方的波斯、印度、大秦保持着直接或间接的交往关系。为获得生活中的必需品，甘州回鹘经常向这些地区出售战马，数量非常之大。

五代至宋，回鹘与中原各王朝都保持着密切的关系，经常派使者朝贡，并接受中原王朝的册封和回赐。9世纪中叶，甘州回鹘和西州回鹘的大部分人从事畜牧业生产，但其中有一部分人转变为农业居民，和当地汉族人民共同从事农业生产。甘州回鹘对张掖黑河水系农田水利的开发和推动农业经济的发展，发挥了积极的作用。他们在农业生产中主要种植白麦、青稞、黄麻；蔬菜，已种植葱、韭及胡荽（元荽）。

后晋天福四年（939年）三月和五年（940年）正月，回鹘两次向后晋政权贡马各400匹，其他贡品见于史籍的还有野马、狮子、独峰驼、白貂鼠、镂剑、瑶袪、宝镊、丹盐、安西丝、罽、氍、玉狻猊、玉鞍、牦牛尾、野马革、金刚钻、硇砂（天然硝）、大硼砂、腽肭脐、羚羊角、波斯宝等[1]，所贡内容丰富，数量庞大。后周太祖广顺元年（951年）二月，西州回鹘遣都督入朝，奏交一份长长的贡品清单，所列贡品有"玉大六团，小一团，碧琥珀九斤，白氍布一千三百二十九段，白褐二百八十段，珊瑚六树，白貂鼠皮二千六百三十二，黑貂鼠皮二百五十，青貂鼠皮五百三，旧貂鼠袄子四，白玉环、碧玉环子各一，铁镜二，玉带铰具六十九，玉带一，诸香药称是"[2]。此外，回鹘还遣使摩尼贡"玉团七十七，白氍段三百五十，青及黑貂鼠皮共二十八，玉带、玉鞍镊铰具各一副，牦牛尾四百二十四，大琥珀二十颗，红盐三百斤，胡桐泪三百九十斤，余药物在数外"[3]。乾德二年（964年），甘州回鹘遣使与瓜、沙同入贡马1000匹、驼500峰、玉500团、琥珀500斤、硇砂40斤、珊瑚8支、毛褐1000匹及其他物品。北宋景德元年（1004年），甘州回鹘派出了进奉大使宝藏率领的129人的庞大使团进页方物战马，其规模十分可观。

由上可知，在甘州回鹘统治时期，回鹘与中原王朝贡赐贸易品种繁

---

[1] 宋·王钦若等：《册府元龟》卷972《外臣部·朝贡第五》，中华书局影印本。
[2] 宋·王钦若等：《册府元龟》卷972《外臣部·朝贡第五》，中华书局影印本。
[3] 宋·王钦若等：《册府元龟》卷972《外臣部·朝贡第五》，中华书局影印本。

多，规模很大，牲口类以马、骆驼为主，这是河西地区的产品，还有毛皮类、珠宝类、矿物类等大量物品，则是从西域各地乃至更远的地方转运而来。这不但增进了各民族之间的接触与了解，加强了周边地区民族的向心力，同时也反映出这一时期张掖畜牧业等经济发展，才能为回鹘对外交往提供如此多的财物，甘州回鹘向五代各朝的进贡物中，相当一部分就以骆驼、牛、马、大尾羊以及畜产品为主。

第五节　西夏时期的张掖农业

党项族是"逐水草迁徙"的游牧民族，与汉族杂居后，逐步兼营农业。西夏时期，农业逐渐受到重视，张掖境内农业有一定程度的发展。西夏文的"农"字，释为"农耕灌溉谓"，因此，当时土地开发与水利灌溉是紧密结合的。

1028年党项族首领元昊率兵攻占甘州，打败甘州回鹘。1038年，元昊建立夏国，史上称为西夏。北宋后期至南宋，张掖为西夏统治时期，西夏十二个军司（军区）之一的甘肃军司，设在张掖，并在张掖设镇夷郡、宣化、府。西夏时期，由于西夏与宋、辽长期进行战争，张掖地区处于战略后方。

李继迁执政时，西夏提倡农业垦殖和兴修水利，张掖境内的农业生产有所发展。西夏的主要农业产粮区在河西走廊甘州、凉州、肃州、沙州等地。河西成为西夏的粮仓和牧马基地之一，张掖则成了西夏在河西政治、军事中心和后勤补给基地。而饱受战乱之苦的内地民众，大量向张掖地区迁徙，中原先进的生产经验和生产技术也随着移民的迁来而传入，农业得到了很大发展。

一、土地与赋税制度

（一）土地制度

西夏土地所有制可以分为西夏国家所有制、贵族大土地占有制、寺院土地占有制和小土地占有制四种形式。

1. 国有土地。西夏的国有土地主要由国有牧场、农田、山林等组成。《天盛改旧新定律令》① 卷19载：诸牧场之官畜所至住处，昔未纳地册，官私交恶，此时官私地界当分离，当明其界划。官地之监标志者当与掌地记名，年年录于畜册之末，应纳地册，不许官私地相混，倘若违律时，徒一年。诸牧场所属官地方内之原家主家中另外有私地者，不许于官地内安家，皆当弃之……若天旱时，官牧场中诸家主之寻牧草者来时，一年以内当安家，不许耕种。逾一年不去，则当告于局分而驱逐之。官牧场之马不好好养育而减食草者，计量之，比偷盗法加一等。可见西夏对牧场有明确的划界，并年年登记造册上报。除上述国有牧场、农田外，大量闲置的"闲田旷土"也属于国有土地范畴。西夏国有土地来源于前代国有荒地、草原、山林、牧场和以屯田、营田形式存在的官地。淳化五年（994年）四月，宋太宗为了制服李继迁而下《废夏州旧城诏》，其中记载"其夏州旧城，宜令废毁，居民并迁于绥、银等州，分以官地给之，长吏倍加抚存"。西夏立国后，上述官田被全部继承了下来。西夏国有土地的第二个来源是籍没入官的田土。《天盛改旧新定律令》卷1《谋逆门》规定：谋逆已发及未发等之儿子、妻子、孙及孙媳等，同居不同居一样，而父母、祖父母、兄弟、未嫁女姐妹，此等同居者应连坐，当易地居，使入牧农主中。畜、谷、宝物、地、人等，所有当并皆没收入官。以直接贪财，对祖帝之影像、地墓、殿堂等上动手盗毁，及盗窃隐藏毁官及金抄等，不分主从，以剑斩杀。自己妻子、同居子女等当连坐，迁往异地，当入牧农主中，畜、谷、宝物、地、人等当没入官。诸人议叛逃未行者，造诣绞杀，从犯迁居异地……造诣主从一律家门勿连坐。畜、谷、宝物、地、人有多少，三分之一留给属者，一分当送举告者，一分当交官。另外，户绝地在原则上也入为官地。

西夏政府提倡开垦荒地，并予以法律保证。西夏新法规定开垦的土地归开垦者所有，开垦者及其族人可以永远使用，并有权买卖。

---

① 《西夏书事》卷36，"天盛八年夏四月"条，北平文奎堂影印小岘山房刻本。

2. 贵族大土地占有制。党项内迁后，唐朝即授以庆①、灵②一带的田土，令部落居住生息。后来随着生产的发展和社会的进步，原来归部落公有的土地逐渐被部落首领占有。因此，党项贵族大土地占有制是西夏土地制度的重要组成部分。西夏建国后，官僚贵族的巧取豪夺和土地买卖则成为贵族私有土地的重要来源。元昊死后，国主谅祚年幼，外戚没藏讹庞专权，他以窟野河西"田腴利厚，令民播种，以所收入其家……宴然以为己田"。这段记述西夏侵耕的文字，就清楚地反映了党项大贵族没藏讹庞兼并土地的情况。还如晋王察哥，"有园宅数处，皆攘之民间者"③。西夏中期以后，土地买卖频繁，在《番汉合时掌中珠》中有"更变田地"的记述，《天盛改旧新定律令》中更有多处土地买卖方面的规定。

3. 寺院土地占有制。西夏统治者笃信佛教，经元昊、谅祚、秉常三代提倡，佛教寺院遍布全境，并逐渐形成了兴灵、甘凉、瓜州、黑水四大佛教中心。始建于西夏崇宗永安元年，就是1098年的西夏国寺，又叫"迦叶如来寺""宝觉寺""弘仁寺"，因塑有著名的室内大卧佛，由此成为寺院一项重要经济来源。西夏寺院田产来源不外乎兼并和捐赠，所以老百姓叫它卧佛寺或大佛寺，兴盛时，有僧众1000多人。要维持如此众多寺庙的宗教活动和僧侣的衣食，仅靠官府和善男信女的施舍是远远不够的，还需仰赖田产经营和施舍。《天盛改旧新定律令》卷15《租地门》记载："僧人、道士、诸大小臣僚等，因公索求农田司所属耕地及寺院中地、节亲王所属地等，诸人买时，自买日始一年之内当告转运司，于地册上注册，依法为租用或买卖事方。"既然法令规定寺院土地可以卖出，那么兼并买进也是必然的事。施舍是佛教寺院田产的特殊来源，与西夏同时代的宋、辽寺院也均有大量的赐田。寺院里除僧侣阶层外，还有行童、居士、农主和奴仆。行童为用于杂役的青少年，农主可能是寺属土地的生产者或管理者。奴仆的身份也很明确，除用于杂役外，也有可能在寺院土地上进行耕作。寺院居士的身份则低于

---

① 庆即今甘肃省庆阳市庆城县。
② 灵即宁夏吴忠市境内灵武县附近。西汉时期，汉武帝设立灵州县。
③ 《西夏书事》卷36，"天盛八年夏四月"条，北平文奎堂影印小岘山房刻本。

行童。

4. 小土地占有制。西夏境内还存在为数较多的小土地占有者，这在《天盛改旧新定律令》卷15《春开渠事门》中有体现：畿内诸租户上，春开渠事大兴者，自一亩至十亩开五日，自十一亩至四十亩十五日，自四十一亩至七十五亩二十日，七十五亩以上至一百亩三十日，一百亩以上至一顷二十亩三十五日，一顷二十亩以上至一顷五十亩一并四十日。当依顷亩数计日，先完毕当先遣之。根据宋代占田百亩以下、产钱一贯上下约为自耕农民的上层或富裕农民，占田30亩以下为半自耕农民，那么上述与宋同时代的个体土地占有者均为自耕农和半自耕农。除京畿兴灵地区外，周边其他地区也存在大量的小土地占有者，内蒙古黑城出土的西夏文《天盛廿二年卖地文契》记载：天盛庚寅二十二年立文契人寡妇耶和氏引等，今有自用畜养牲口之置地一片，连同陋屋茅舍三间，树两株，情愿让与耶和女人，圆满议定地价为全齿骆驼二，双峰骆驼一，代步骆驼一，共四匹。此后他人不得过问此地。若有过问者（耶和）宝引等是问。若我等翻悔，当依法领罪，有不服者告官罚麦三十斛，决不食言。地界在院堂间，共二十二亩，北接回鹘茂，东南邻耶和，西界梁嵬名山。这条记载较为真实地反映了黑河流域地区土地私有化与小土地占有情况。

西夏社会中，以族帐为单位的小土地占有者虽为数众多，但在封建官府和贵族首领双重压迫下，特别是在高利贷冲击下，大量破产沦为佃农、佣耕者及各类依附民与奴隶，并以各类依附民为主。这样就使得西夏社会沿着农奴制方向发展，而不是向封建租佃制方向发展。

(二) 赋税制度

西夏建立了比较完整的财政管理制度。西夏财政收入主要是赋税收入、国有牧场收入、官营采造收入、对外贸易收入和其他收入。赋税收入包括田赋、摊派与和买、牲畜税和商税。田赋即土地税，主要有谷物与禾草两大类；摊派与和买为额外的赋税收入，和买是以官府与国主需要为由，从广大农牧民手中收买杂物、牲畜及种种食物。牲畜税是个体牧民按牲畜的多少提供披、甲、马等军事装备，大致是五十只羊、五头牛则当烙印一马。

国有牧场收入是西夏将国有牧场承包给有一定赔偿能力的牧人，允许其领取骆驼、马、牛十五头至二十头以上，羊七十只以上的官畜，然后按照每百头母骆驼一年产三十只幼崽，每百头母马一年产五十匹小马，每百头母牛一年产六十头小牛，每百头母羊一年产六十只羊羔，每百头牦牛一年产五十头小牦牛的繁殖率，向封建政权缴纳幼畜。除按一定的繁殖率缴纳幼畜外，牧人还要向官府上缴毛、绒、乳、酥等副产品。官营采造收入是对木材、薪炭、矿物、池盐的采取收入和对金银及金银器皿、铁器、丝织品、刺绣品、毛织品、扣丝、绳索、曲、酒、钱币、纸张的造物收入。对外贸易收入是对榷场贸易、贡使贸易和转手贸易的收入。其他收入是赐赠收入和罚赎赃没收入。

西夏的赋役十分繁重。境内的农民，15岁为丁，两丁抽正军一人，为统治阶级服军役、垦田。按照规定，在服军役时，必须自备弓箭、盔甲等武器装备，所配的马、骆驼作战死亡，均由自己赔偿。此外农民还得向朝廷和地主缴纳各种租税。李继迁执政时，银州党项族部落首领拓跋遇便向宋朝边吏诉说赋役的苛虐情况，要求允许他移居内地，以逃避繁重的赋税和劳役。如晋王察哥，在大德元年（1135年）广建府第，向党项族和汉族人民横征暴敛，使"蕃汉苦之"，其苛刻的程度连濮王仁忠也对他提出弹劾。遇到严重的自然灾害，农民生活更是陷于绝境。大庆四年（1143年），"兴州、夏州地震，逾月不止，地裂泉涌，出黑沙。岁大饥，乃立井里以分赈之"①。仁宗李仁孝采纳御史大夫苏执礼的建议，下令"兴、夏二州，遭地震家中死二人者免租税三年，死一人者免租税二年，伤者免租税一年"，但是粮食缺乏的情况并未得到根本改善。西夏的情况和内地一样，地主、贵族和皇帝拥有绝大部分土地，而农民则只有很少的土地，或者完全没有土地。农民用自己的农具去耕种地主、贵族和皇室的土地，并将收获的四成、五成、六成、七成甚至八成以上，奉献给地主、贵族和皇室享用。

---

① 《宋史·外国传二·夏国下》。

二、种植业

党项族传统上是一个以畜牧业为主的民族。唐代贞观年间,党项西迁西北地区后,逐渐接受汉族文化,吸收汉族先进生产技术,开始发展农业生产。西夏占领河西后,采取了一系列措施发展农业生产。

(一)迁徙人口,增加劳力

西夏统治河西后,在党项族人口不断迁入河西的同时,将一部分从战争中掳掠来的汉人和其他民族人口也安置在了张掖。西夏军队中就有专以俘掠人口为职责的军队,称为"擒生军"。俘获人口,有相当一部分安置在了张掖、酒泉等地。漠北回鹘汗国消亡后,回鹘中的一支西迁进入河西,散居于甘、凉、瓜、沙州等地,促成了张掖人口的增长。此外,西夏实行"全民皆兵"的军事制度,使河西诸监军司的10多万士兵成为开发河西的重要力量。河西地区劳动力来源主要分为三类:一是士兵,二是移民,三是当地部族。西夏在全国设置了十二个监军司,共有兵员五十余万。而甘州监军司有兵力三万,河西其他监军司兵员人数没有明确记载,但由此推测,河西诸监军司当有兵力十余万人。西夏的军事制度,有其鲜明的民族特色,这就是全民皆兵,所谓"无复兵民之别,有事则举国皆来"。由于西夏"种落散居,衣食自给",军队的装备必然大部分是由士兵自筹解决,西夏人"凡年六十岁以下,十五岁以上,皆自备弓矢甲胄而行"。西夏兵民一体,战时出征,平时从事生产。由此可见,在这种军事体制下,士兵成了西夏发展生产的主要劳动力资源;河西诸监军司的兵员十多万人,自然也成为开发河西的主要劳动力。

除了士兵之外,河西移民也是开发河西的一支重要劳动力。西夏移民实边的史料很少,但从仅有的史料中,也可以窥见西夏统治者增加河西人口的一般情况。河西地区由于战略地位的重要及其地理、自然等条件的优越,成为西夏的后方基地,在战争中掳掠而来的人口在这一地区有较多的安置。西夏曾"得中国无艺者,使耕于河"或"守肃州城"。

"河"乃为广义的地域范围,泛指黄河以西、以北,也包括河西走廊在内的广大地区。河西地区有内地迁居的汉人,这已被考古发掘材料所证实。如在武威西郊林场发现的两座西夏墓题记中,得知两位刘姓的墓主人祖籍彭城(今江苏徐州市),并担任"西路经略司都案"。莫高窟、榆林窟三十余座保留西夏文题记的洞窟中,其题记中的姓名多为汉姓。凉州虽为吐蕃六谷部居地,但宋朝建立以来还有"汉民三百户",西夏统治时期,凉州"三百户汉民"的人口肯定会不断增加。由上述情况可以推断,这一时期移入的和河西原有的汉族人口有较大增长,并占有一定比例。

河西地区的党项、回鹘、吐蕃等诸少数民族部族也是开发河西的重要力量。由于西夏政权的建立,曾居凉州北部沙岭的党项部落,随之成为河西统治民族而迁入凉州地区。武威小西沟岘发现的天庆虎年(1194年)"会款单"上列有七人姓名,均为西夏人,说明党项族在这一地区曾经居住过。

中唐以后,吐蕃占据河西地区,由于战争与统治的需要,不仅大批吐蕃部落迁进河陇地区,而且河西绝大部分汉人也已"吐蕃化",如甘、凉、瓜、肃地区"居人与蕃丑齐肩,衣着岂忘于左衽"[1]。从《宋会要辑稿》195册《西凉府》中记载的一些吐蕃部落来看,其中一部分完全可能是"吐蕃化"的汉人。如刑家族、懒家族(兰家)、章家族、马家族、周家族、赵家族、王家族等,他们很可能是由原来的刑、兰、章、马、赵、周、王等姓的汉人转化而来,一个家族成了一个部落,故以某家族相称。[2]《张氏勋德记》也载"河西创复,犹杂蕃、浑,言音不同",文献中所载的"蕃"就是吐蕃。可见吐蕃王朝崩溃后,吐蕃在河西仍有残余势力,而且部落散居于整个河西,吐蕃部族如"扑丁原、庄浪族、乔家族诸路,以麻宗山、奶酪河为界堠"[3]。西夏占据河西之

---

[1] 敦煌文书伯3451号《张淮深变文》。
[2] 汤开建、马明达:《对五代宋初河西若干民族问题的探讨》,载《敦煌学辑刊》,第4期。
[3] 《西夏纪》卷6,宁夏人民出版社,1988年。

后，吐蕃部族仍在河西活动，武威小西沟岘发现的藏文印本和写本①，以及在张掖出土的《西夏黑水桥碑》，碑刻阳为汉文，阴为藏文，均说明当时河西存在说藏语的吐蕃居民。这些吐蕃居民生息繁衍在这块土地上，已成为西夏境内的一个民族，他们与回鹘、党项、汉族等各族人民共同生活，从事生产劳动，成为开发河西、经营河西的一支重要力量。

留居在河西地区的回鹘部族也在开发经营河西中起到了重要作用。840年，漠北回鹘汗国灭亡后，回鹘部族西迁，其中有一支进入河西地区，逐渐成为河西居民。宋仁宗天圣六年（1028年），元昊领兵攻破甘州，"取河西地，回鹘种落窜居山谷间，悉为役属"②。除了甘州有回鹘部族外，凉、瓜、沙等地也有回鹘族帐。

这些河西地区的回鹘部族分布在"合黎山、浚稽山③、居延塞④诸路，以牛头、朝那水为界堠，内包张掖、敦煌等地⑤"，他们皆成为河西居民。敦煌莫高窟存有一方六体文字碑，建于元至正八年（1348年），碑身用汉、藏、梵、八思巴、西夏、回鹘六种文字刻写。⑥ 所有这些都充分反映了回鹘族在河西占有一定的比例，是组成河西居民的重要成分。他们从事生产劳动，成为历史上开发河西的一支重要力量。

(二) 兴修水利

1036年，西夏占有河西走廊，部分党项人受汉族影响，兴修水利，经营农业，使河西成为"府库积聚，足以给军需、调民食"的重要粮仓，支撑西夏立国达190年。

西夏重用汉族人主持河西农田水利。宋朝华州（今陕西华县）人张元、吴昊二人，分别以元昊二字化名投奔元昊，得到重用，将镇夷郡

---

① 陈炳应：《西夏文物研究》，宁夏人民出版社，1985年。
② 宋·洪皓：《松漠纪闻·回鹘》。
③ 浚稽山约在今蒙古国土拉河、鄂尔浑河上源以南一带。
④ 居延塞，《史记正义》引《括地志》"汉居延县故城在甘州张掖县东北一千五百三十里，有汉遮虏鄣，强弩都尉路博德之所筑。"据此，路博德是在居延泽附近修筑遮虏鄣，后世称之为居延塞。
⑤ 《西夏纪》卷6，宁夏人民出版社，1988年。
⑥ 史金波：《西夏文化》，吉林教育出版社，1986年。

封作他们的采邑，定居张掖。张元曾官至太师、尚书令兼中书令；吴昊则专管河西农田水利，整修甘州旧渠，沿用汉地习俗，在黑河沿岸渠口处修建上、中、下三座龙王庙。《甘州府志·艺文》所载任已任诗曰："吴昊张元封邑在，潴宫削迹莫教传。"民国时期成书的《新修张掖县志·古迹·张元吴昊采邑》篇说：任已任诗有"吴昊张元封邑在"，又阅三百年，知之者稀矣。又说张元、吴昊墓在城东，故老云："清初尚有人拜扫，盖张吴之后裔也，今不知其墓址矣。"

西夏统治者为了有效管理水利事业，制定了一套较完备的水利法规和管理制度。如《天盛改旧新定律令》中的《春开渠事门》《园地苗圃灌溉法门》《灌渠门》《桥道门》和《地水杂罪门》等。此外，西夏分别在中央设立农田司、地方设水利局进行农田水利管理。水利局分设大人、承旨、司吏、夫事小监、渠水巡检、渠主、渠头，专门负责一州一县，或一渠一沟的分水配水及渠系设施的维修管护。[1] 水渠的基层管理者有渠头、渠主、渠水巡检等，他们主要负责巡视、监察和修理水渠，管理放水灌田，并对管理者有严格规定。《天盛改旧新定律令》卷15载：春开渠发役夫中，当集唐徕、汉延等上二种役夫，分其劳务，好好令开，当修治为宽深。若不好好开，不为宽深时，有官罚马一，庶人十三杖。

《天盛改旧新定律令》卷15《催租罪功门》载：灌水时，诸人排水者未依番予水，曰未得时，当告所管事处，应派人则派人，应行则行。原排水者有罪迹，应问则当问之，当即予水。若排水者有罪迹，受贿徇情而不问之时，局分大小则一律以枉法贪赃罪法判断。未受贿则有官罚马一，庶人十三杖。

这些法律规定的实施，促进了张掖灌溉农业的发展和生产技术的进步。《文海》中多次出现渠、畦、垄、地畴等反映农田水利建设的字条，如"渠"为"挖掘地畴中灌水用是也"，"地，此者地畴也，畦也，开畦种田之谓也"，"此者田畴也，种田也，出粮处也"。随着灌溉渠系的开浚，张掖地域内大片农田被划分为一方方小块田地，农业生产精细

---

[1] 《天盛改旧新定律令》卷15《催租罪功门》。

程度逐步提高，从而使农业有了一定的发展，使河西成为"府库积聚，足以给军需、调民食"的重要粮仓，支撑西夏达190年。

（三）开垦荒地

西夏统治者鼓励开垦荒地，扩大耕地面积，并给予法律保证。西夏文《天盛改旧新定律令》明确规定，抛荒地与无主荒地归开垦者所有，而且三年之内，免交地租，三年之后，根据土地、苗情等情况，决定交纳"五等租"中的某一等地租。土地还可永远占用，有权买卖。在鼓励开垦荒地的同时，还大力提倡租地农户开垦邻近的闲田。法令规定树草、池地、泽地、生地等可开垦为地者，三年之内免征地租，三年之后，酌情交纳。这些措施的实施可使人尽其力、地尽其利，充分发挥土地的效用。《天盛改旧新定律令》第15《取闲地门》记载：诸人无力种租地而弃之，三年已过，无为租用草者，及有不属官私之生地等，诸人有曰愿持而种之者，当告转运司，并当问邻界相接地之家主等，仔细推查审视，于弃地主人处明之，是实言则当予耕种谕文，著之簿册而当种之。

《天盛改旧新定律令》第15《租地门》记载：诸人地册上之租地边上，有自属树草、池地、泽地、生地等而开垦为地者，则可开垦为地而种之。开自一亩至一顷，勿为租用草，当以为增旧地之工。有田地多于一顷者，除一顷外，所多开大小数当告转运司。三年毕，堪种之，则一亩纳三升杂谷物，佣草依边等法为之。彼诸人新开至一顷之地，不许告举取状，若违律举取状，导助者等有官罚马一，庶人十三杖。若多开于一顷以上，依边等法，与逃避租用草同样判断。已告日毕，局分处不过问，察量者之租等级以顷亩低入高时，与边只占据闲地，逃避租用草，入虏杂之罪状同样判断。

这不仅促进了张掖土地资源的大量开垦，而且进一步巩固了新兴的封建生产关系，在西夏融入封建化进程中具有重要意义。

（四）推广先进的生产工具

西夏的农业生产技术和农作物品种，基本上和汉族农业地区相同，只是由于河西尤其张掖以南祁连山浅山地带气候比较寒凉，内地的一些农作物不适宜在这些地区种植，如青稞生长期较短，只能在沿山地区种植，其他粮食作物还有小麦、大麦、荞麦、糜子、谷子、水稻、豌豆、黑豆、胡麻、油菜（菜芥）。蔬菜主要有香菜（芫荽）、蔓菁、胡萝卜、萝卜、茄子、葱、蒜、韭菜等。水果和药材也有栽培，祁连山中就盛产各种药材。

《文海》记载西夏农业生产的工具有犁、耙、锹、耧、镰刀等；《番汉合时掌中珠》则收录有碌碡、子耧、犁、铧、锄、耙、镰、锹、镬、椵、车碾、碓、砲等字。在张掖推行的农耕工具，主要有犁铧、摆耧（又叫子耧，畜力拉的播种农具）、镰刀、锄头、铁锹（铁锨，挖地垦田农具）、碌碡（碡子，用以碾地保墒和打碾平田的农具）、耙（用以磨平犁沟的畜力拖拉农具）、镂坎（也叫馒头，用以刨垦砾石、硬地，适宜于开河凿渠）等。以往已经普遍采用的牛耕，此时应用更为广泛，逐渐代替了回鹘时骆驼耕地的方法。

西夏在农业生产中广泛使用牛耕，《蕃汉合时掌中珠》记载了牛耕，《文海》释"[牛]扛"为"农用（牛）扛拉犁者也"。牛挽扛耕的耕作办法在瓜州榆林窟中有壁画佐证。榆林窟第3窟（西夏窟）绘有表现西夏农业、手工业生产的壁画，上有犁耕图、踏碓图、酿酒图和锻铁图，犁耕图中二牛抬杠、一农夫身着西夏服饰，手中扬着长鞭，二牛挽一犁，作二牛抬杠式（图45上编图31）。贺兰山下的西夏皇陵已发掘的101号陪葬墓内有鎏金铜牛。这些均表明西夏人已普遍使用牛耕，而其耕作方法则与中原地区流行的"二牛抬杠"完全一样。西夏二牛抬杠的耕作方法比唐时双手按犁柄的耕作方法已有了改进，但与当时内地流行的曲辕犁相比显然落后得多，说明吐蕃占据河西以来，农业工具的改善是极其缓慢的。但生产工具的多种形式、牛耕的普遍使用及农业生产方式程序分工的多样化，说明当时张掖农业生产技术水平与中原地区十分接近。

同时，也出现了一些新式农具，如耧锄、砘车和铡刀等。耧锄是我国最早采用畜力牵引的中耕锄草农具。元朝初年颁布的《农桑辑要》介绍耧锄说：爰有一器，出自海壖，号曰耧锄。撮苗后，用一驴带笼咀挽之。初用一人牵，惯熟不用人。只一人轻扶，入土二三寸。其深痛过锄力三倍。①

耧锄一日可锄20亩。耧锄一直沿用到20世纪后半叶，至今华北农村仍可见到，唯一齿变三齿，功效更高。

砘车，是耩地之后用来轧地的石制农具。王祯《农书·耒耜门》载其形制说：凿石为圆，径可尺许。窍其中以受机栝，畜力挽之，随耧种所过沟垅碾之。使种、土相著，易为生发。砘车碾压之后，种子紧附熟土，提高了发芽率。

此外，切割饲草所用的铡刀，也发明于宋代。中华人民共和国成立后曾在河南禹州市白沙水库工地出土，形制与至今仍在北方使用的基本相同：形似菜刀，长约两三尺，头部有洞。底座是长三尺许的硬木，中间开缝。缝头设横轴装刀，可自由转动。工作时一人送草，一人下铡。

河西地区由于水利的开发，荒地的开垦，以及先进生产工具的使用，因而农业生产获得了一定的成效。宋人刘攽《熙州行》诗中提到"岂知洮河宜种稻，此去凉州皆白麦"，正是凉州农业生产有所发展的反映。农业的发展使粮食增多，《凉州重修护国寺感应塔碑》记载，护国寺竣工后，赏赐工匠的物品中就有"谷千斛"。河西已成为西夏支持战争和维持政权的粮食供给地之一。大安十一年（1084年），银②、夏③等地发生严重旱灾，粮食缺乏，西夏政府下令"运甘、凉诸州杰粟之"④。西夏普遍采用汉族较先进的农业生产工具和生产技术，使张掖的粮食产量有所增加，除自愿支持战争维持政权外，还运往银州、夏州

---

① 《农桑辑要》卷2，引《种莳直说》。

② 银指银川，银川是历史悠久的塞上古城，史上西夏王朝的首都，是国家历史文化名城，民间传说中又称"凤凰城"，古称"兴庆府""宁夏城"，素有"塞上江南、鱼米之乡"美誉，城西有著名的西夏王陵。

③ 夏指当时的夏州。夏州是晋朝时期陕西省白城子村的古地名，是西夏政权的发祥地之一。晋时赫连勃勃称夏王，筑统万城都之，431年，北魏灭其国，先改统万城为统万镇，不久即改为夏州，治岩绿县。隋改置朔方郡于此，唐复为夏州，唐末拓跋思恭镇夏州，子孙继之，遂为西夏重要的政治、军事、经济、文化中心。至宋代，城周围已逐渐为沙漠所覆盖，最终成为废墟。元初州废。

④ 清·吴广成撰：《西夏书事》卷27，北平文奎堂影印小岘山房刻本。

等地赈灾。这充分说明甘、凉等地农业生产已取得成效,粮食不仅自给,而且还有积余。顾祖禹说"西夏得凉州,故能以其物力扰关中,大为宋患"①,这也可以说是从另一角度对河西地区经济发展成效的肯定。

这一时期,张掖粮食作物主要有小麦、大麦、荞麦、糜子、稻、大豆、小豆、豌豆、黑豆、荜豆等;蔬菜作物有苦苣、芥菜、香菜、蔓菁、萝卜、茄子、菠菜、胡萝卜、葱、蒜、椒、冬瓜、南瓜、韭菜等;瓜果有桃、李、杏、梨、枣、葡萄等。

西夏对西北地区的开发,尤其是甘州、凉州两地这样"地饶五谷,尤宜稻麦"地区的开发,贡献是比较显著的。李继迁执政时,不仅"令民筑堤防引水灌田",还大量开垦荒地,甚至连宋、夏边界的闲田、禁地,西夏人也进行开垦,说明西夏人有提高抗旱防涝的能力。《甘州府志》载:"西夏僻陋,绝无记载,尤少见闻。"是因为清人修《甘州府志》时前代所有史料因兵乱而荡然无存。事实上西夏无论在农业、畜牧业,还是在手工业方面,都有很大的发展,而且西夏在张掖所遗留下来的文化,也是独具特色的。自宋仁宗天圣元年(1028年)李元昊尽据河西(今甘州)至南宋宁宗嘉定十六年(1224年),蒙古军最后夺取甘州,西夏在甘州的统治历时196年。这196年间,西夏及张掖各族人民对张掖全境的农田水利开发做出了一定的贡献。

三、畜牧业

张掖境内以畜牧业生产为主的主要是党项、吐蕃和回鹘人。河西走廊,尤其张掖黑河流域是西夏的优良牧场,今山丹军马场、民乐与青海交界的扁都口及今肃南县全境都是水草丰美宜于放牧的好地方,张掖境内祁连山内沟谷分布广多,山坡平缓,草洼连片,能容纳大量的畜群。由于张掖境内有良好的牧场,西夏在这里的畜种也很多,当时除牛、马、羊、骆驼以外,已有了驴、骡、牛、犏牛、牦牛等,当时的人已经

---

① 《读史方舆纪要》卷63《陕西十二》。

懂得改良畜种的技术。此外，家畜中也有了猪的饲养。

西夏对畜牧业的管理，大致分设群牧司、经略司（或监军司）以及马院三个管理系统。其中，群牧司为最高畜牧业管理机构，指导全国畜牧业生产，并直接经营、管理官畜生产。监军司和经略司均属军事机构。

西夏实行"亦兵亦民"的部落兵制，地方监军司既是军事单位，又是生产单位，在实施军事防务的同时还牧养着大批官畜。天盛年间（1149—1169年）前后，西夏在地方监军司之上又设置了经略司，地方重大军务、政务、财务都要报经略司批准。此后，监军司系统的群牧也隶属于经略司系统管理。《天盛改旧新定律令》卷19《畜患病门》明文规定：马、牛、羊、驼四种官畜患病时，"隶属于经略司者，当速告经略处，不隶属经略者，当速告群牧司。"马院是专门的养马机构，《天盛改旧新定律令》卷10《司序行文门》将其列入下等司，次于群牧司一等，牧养"熟马、生马及所予契、汉马"。该律令还规定："年年供应给他国所用骆驼、马，牧者予先于北院所辖牧人中分出八十户，再于东院所辖牧人中分出二十户，以此为供应所用骆驼、马予他国之牧者。彼所派牧人持取官畜，则以后当令远离场中。"说明马院还饲养骆驼，有东院、北院之分。马院的马料由官府供给，"一解可耗减七升。"

张掖是西夏"善水草，宜畜牧"的重要牧区。皇祐三年（1051年）三月，辽兴宗兵分三路伐夏，"北路兵至西凉府，获羊百万，骆驼二十万，牛五万"，说明了当时凉州畜牧业兴旺发达的盛况。

西夏畜牧业分官营与私营两种。西夏法典《天盛改旧新定律令》规定：官牧场之马，不好好养育而减食草者，计量之，比偷盗法加一等。未减食草，其时检校失误致马羸弱者，当视肥马已瘦之数罚之，自杖罪至一年劳役，令以高低承罪。官营的畜牧业是西夏财政收入的主要来源。

国有牧场一般设末驱（或译为殿后）、大小牧首领、牧监、盈能等进行管理，大致"临近二百户至二百五十户牧首领中，遣胜任人一名为盈能，当领号令检校官畜"。牧场的具体生产由牧人承担，牧人有一

第五章 张掖农业的衰落时期——中唐至明朝

定经济能力，方允其领取骆驼、马、牛等15、20头以上，羊70只以上的官畜，然后按照百大母骆驼一年限30仔，百大母马一年50驹，百大母牛一年60犊，百大母羊一年60羔羊，百大母牦牛一年50犊的繁殖率，向官府缴纳幼畜，"不足者当令偿之，所超数年年当于牧人。"

私营畜牧业又分部落大姓（宗族大牧主）经营与个体族帐经营。党项内徙后，原归氏族部落公有的土地、牲畜，逐渐被党项贵族私人所占有，原来的氏族部落首领也就演变成宗族大牧主或宗族大牧农主。他们固定占有大片土地，役使"依附民"与奴隶为其生产。在宗族大牧主畜牧业发展的同时，个体牧民开始从氏族部落分离，在宗族外衣掩饰下单独进行生产。天盛二十二年（1170年），张掖出卖22亩"自用畜养牲口之闲置地"的耶和氏宝引，就是一个典型的个体牧民。此外，《乾定二年黑水城守将告近禀帖》记述，黑水城管勾仁勇在老家鸣沙由"七十七高龄老母在堂守畜产"[①]。黑城[②]出土的《瓜州审判案》残卷记载，惠宗天赐礼盛国庆二年（1070年），西夏瓜州官吏受理审判民间因侵夺牲畜而发生的民事纠纷案件，说明牲畜私有制在河西地区受法律保护。残卷有"今更问种异头裂伤""侵马者""夺马者""侵马驴已卖许四口增量三十二"等词句。[③] 收入《敦煌资料》第一辑中的15张《天庆十一年典麦契》中典出物全为袄子裘、马毯、皮毯、白帐毡、苦皮、皮裘等畜产品，换回的则全为粮食[④]，说明前来典当的均是畜牧业劳动者。

西夏政府重视对牲畜的保护，不论官畜私畜，不得随便宰杀，并制定法令。《天盛改旧新定律令》卷2《盗杀牛骆驼马门》记载：诸人杀自属牛、骆驼、马时，不论大小，杀一头徒四年，杀二头徒刑五年，杀三头以上一律徒六年。有相议协助者，则当比主造诣依次减一等。盗五

---

① 黄振华：《评苏联近三十年的西夏学研究》，见《社会科学战线》，1978年。
② 黑城，在今内蒙古自治区阿拉善盟额济纳旗旗政府所在地达尔户布镇东南约30公里处。
③ 白滨：《西夏文献及其史料价值》，见《西夏史论文集》。
④ 中国科学院历史研究所资料室编：《敦煌资料》第1辑，中华书局，1961年，第474-480页。

服以内亲节之牛、骆驼、马时，按减罪法分别处置以外，其中已杀时，不论大小，杀一头当徒刑五年，杀二头当徒六年，杀三头以上一律当八年……诸人杀自属牛、骆驼、马时，他人知觉而食肉时，徒一年。盗杀及亲节牛、骆驼、马时，知觉食肉者徒二年……诸人骡、驴不论大小，杀自属一头徒三个月，杀二头徒六个月，杀三头以上一律徒一年，别人知觉则十杖。盗杀他人所有者，依次递增一等。盗者与钱量罪比，依其重者判断。他人知觉则十三杖……西夏官牧场属于国有，不许随便开垦、建屋安家。

西夏时期，张掖主要牲畜品种有马、牛、驼、羊、驴、骡、猪、狗等。此外，张掖野生动物种类繁多，有多处狩猎场所。狩猎是西夏统治者练兵、骑射的重要手段，也是西夏统治者获取各种野生动物资源，以补充经济收入，获得珍稀动物产品，用于与邻国交换，或是作为贡品进献[①]的重要途径。当时，张掖境内猎物主要有狼、豹、黄羊、野狐（沙狐）、鹿、兔、野驴、野骆驼等，其中沙狐是一种常见而易猎的动物。

西夏时期，张掖成为西夏政权与宋、辽、金相抗衡的重要后方基地，农业、畜牧业等得到一定程度的恢复与发展。

第六节　元朝时期的张掖农业

宝庆二年（1226年）六月，成吉思汗率大军进入河西，遣将军察汗攻甘州，占删丹（今山丹县）。1227年，在甘州建甘肃行省，立"甘肃行中书省"，治所设在甘州路（今甘肃张掖市）。张掖开始进入元朝统治时期。

蒙古汗国时期，以征战杀伐、攻城掠地为主要统治手段，一些被占领地的农业经济遭受严重破坏。元朝统一全国后，统治者开始注重体恤民力，在全国各地采取劝课农桑，发展农业生产，张掖农业开始进入恢复期。

---

① 宋·李焘：《续资治通鉴长编》卷115，"景祐元年十月丁卯"条。

第五章 张掖农业的衰落时期——中唐至明朝

一、张掖农业的倒退

(一) 统治者观念停留在游牧时代

蒙古民族在南下中原以前，尚处于部落联盟的奴隶制社会发展阶段，长期习惯于畜牧经济，虽然在成吉思汗时代已经确立了私有制，但保留着浓厚的游牧民族氏族公社所有制的习惯。在蒙古汗国占领甘州(即今甘州区)初期，北方的蒙古人大量迁入河西，名王、大将进驻重要城镇，一些比较集中的农业和水草丰美的牧地，均被名王、将军们所占有，甘州境内的今肃南皇城、山丹马场等都是大小诸王的驻地。

(二) 热衷于强占农田放牧

由于蒙古统治者封建化不彻底，因此，他们虽然采取了封建政权的组织形式，制定了相应的法律，改变了一些统治方法，但处处渗透了奴隶制的思想，行为上更是沿袭奴隶制的习惯。长期习惯于畜牧经济的蒙古分封诸王，热衷于掠夺包括人口、土地在内的物质财富，对农业不感兴趣。蒙古大汗可以随时把汉人视如生命的农田，连同农田上的汉人，像奴隶一样赏赐给皇亲国戚——亲王、公主或功臣。蒙古贵族和各级将领将大量俘虏沦为奴隶，一些蒙古贵族认为"汉人无补于国"，应"尽汉地而为牧地，弃耕地而为牧场"，进行非人的压迫，大量强占民田、桑园、房屋、坟地作为牧场和军队牧马地。强占农田放牧，"使草木畅茂以为牧地"①，很多农民失去了生产、生活和生存的条件；他们轻视农业生产，习惯于游牧生活，认为"虽得汉人，亦无所用，不若尽去(杀)之，使草牧畅茂，以为牧地"②，大量以农业为主的汉、羌各族人民无立锥之地；他们任意"纵放马匹食践田禾，损坏树木"，社会生产、经济和人口遭到严重破坏。

蒙古汗国时期，由于统治者的封建化不彻底，落后的社会制度，破

---

① 《元朝名臣事略》卷5《中书耶律文正传》。
② 《元史类》卷57，宋子贞《中书令耶律(楚才)公神道碑》。

坏了中原的封建经济，打击和扼杀了广大农民和手工业者的生产积极性，导致各种生产品的低效率、低质量和低效益，也全面阻碍了社会生产力的发展。

二、元代农业的恢复

忽必烈及其以后的元政府认识到农业的重要性，开始重视农业的恢复与发展。

（一）重农政策的实施

元初通过移民屯田等重农政策的推广和实施，大量荒芜土地得到垦种和开发，农业生产得到恢复和发展，人口有所增加，社会趋于稳定。

设置管理农业的官吏。 元世祖忽必烈即位后，"首诏天下，国以民为本，民以食为本，衣食以农桑为本"①，朝廷设有农司，专门负责农桑水利事务，并在地方设立管理农业的政府机构。世祖至元一年（1264年），忽必烈占据北方，在甘州、肃州、沙洲等路，设置河渠同知等官，办理农田水利，清淤修渠，发展生产，"于是民之归者户四五万"②。为了管理屯田事务，朝廷设置管军万户府、屯储万户府，司理军民屯田事宜，大力开展军民屯田；设置河渠司，专管农田水利；设置新民安抚机构，专门负责移民安置；保护发展农业生产，限制抑良为奴；招集逃亡民户，鼓励开荒；兴修水利，免除苛捐杂税；建立仓储制度，预防灾害，各地设立钱粮房、粮仓、广积仓、常平仓等经管钱粮财赋的征收储贮；设置和籴提举司，备军饷、赈灾民。把"户口增、田野辟"作为考核地方官政绩最重要的内容；禁止毁农田为牧地；健全农村村社基层组织；推广先进的农业生产技术。史料记载，元代甘州、肃州等地一些开明的地方官员对当时的农业生产科技成果，都以政府律令的形式命令各统辖区域积极推广。为了保证远征军队的军饷供给，恢

---

① 《元史》卷93《志第四十二·食货一·农桑》。
② 王毓铨等：《中国屯垦史》中册，中国农业出版社，1991年12月，第281页。

复北方农业生产，忽必烈曾经下令禁止将民田改为牧地，并且派遣官员清理被改为牧地的民田，一律恢复农业耕作，在一定时期内有效地制止了侵占民田的现象。至元十六年（1279年）甘州路所属各地连年歉收缺粮，元朝廷下令禁止酿酒。同时又以汉军屯田甘州，使生产得到了发展。世祖至元十八年（1281年）诏四川宣慰司部都元帅刘恩留屯甘州，刘恩率蒙古汉军万人征翰端，途中军队驻扎甘州，诏留屯田，得粟二万余石。按《元史·食货志》称，于甘州黑山子、满峪、泉水渠、鸭子翅等处立屯，为户二千二百九十户，为田一千一百六十四顷有奇。元代世祖时"内而各卫，外而行者，皆立屯田，以资军饷"（《元史·世祖纪》）。元代屯田仍分军屯和民屯，由国家统一举办和经营，这就使张掖土地的开发得到了较大发展。同时，张掖又迁入一批具有较丰富生产经验和劳动素质好的移民，对张掖农业的开发起到了推动作用。当时有"岁岁丰稔，以为乐土"之说。

推广"锄社"组织。元朝初年，北方农民成立了"锄社"。这是封建社会农民自愿结合的一种互助合作形式。王祯《农书·农桑通诀·锄治篇》说：其北方村落之间，多结为"锄社"。以十家为率，先锄一家之田，本家供其饮食，其余次之，旬日之间，各家田皆锄治，自相率领，乐事趋功，无有偷惰。间有病患之家，共力助之，故苗无污秽，岁皆丰熟。秋成之后，豚蹄盂酒，递相犒劳，名为"锄社"，甚可效也。这种农村的互助合作形式，是在我国传统的村社组织的基础上发展起来的。所谓"亲帮亲，邻帮邻"，"一家有难，大家相助"是民间的传统习惯。在自愿组合的基础上，将分散的劳动力集中安排使用，确实收到了良好的效果。政府根据民间的创造，加以肯定，并做了划一和补充。至元七年（1270年），元政府在全国范围内推行了锄社组织。元政府在《农桑制十四条》《通制条格·田令》和《元典章》中，对村社的体制做了明确的规定。虽然专令"诸县所属村疃，凡五十家立为一社，不以来是何诸色人等并行立社"。实际是，既有未立社的村疃，也有不入社的人户。前者如投下（诸王、驸马、功臣等人的封地）村，后者如蒙古、探马赤军户。又规定：如一村五十家以上，只为一社。增至百家者，另设社长一员。如不及五十家者，与附近村分相并为一社。若地远人稀不能相并者，斟酌各处地面，各村自为一社，或三四村五村并为一社，仍于酌中村内选立社长。社长由社众推举年高通晓农事而有兼丁者承担。①

抚治救恤。 抚治救恤是元朝统治者在河西地区贯彻重农政策的具体措施之一。由于河西地区长期战乱，"民罹浮戮，无所逃命"②，加之天灾频仍，致使河西地区田园荒芜，呈现出一片荒凉景象。在这种情况下，要发展生产，就必须保障劳动力的来源，使人民免除饥饿死亡的威胁。中统二年（1261年）九月，元政府"以甘肃等处新罹兵革，民务农安业者为戍兵所扰"③，派阿沙、焦端义前往河西地区抚治。其具体做法有如下几种：一是贷银两。中统四年（1263年）四月，元朝政府贷给"河西阿沙赈赡所部贫民银三千七百两"。此外元政府还给河西地区多次拨款，如至元十六年（1279年）九月，"给河西行省钞万锭以备支用"。至元二十年（1283年）十月，又给"甘州纳硫黄贫乏户钞"。至元二十六年（1289年）三月，甘州发生饥荒，元政府"发钞万锭赈之"。再者，对大量的河西屯军，政府也给予抚恤。如至元十二年（1275年），"给钞万二千四百锭为本，取息以赡甘、肃二州屯田贫军"④。大德元年（1297年）春天，拨给甘肃行省"钞十二万锭，盐引三万"；同年十一月，又给沙州、瓜州的屯田军"中统钞二万三千二百余锭置种、牛、田具"二是赈饥荒。元朝政府对贫困地区或灾区进行赈济。西凉地区历经战乱，"居民困敝"，元政府"给钞赈之"⑤。甘州发生严重自然灾害，人民缺粮，元政府"发钞万锭赈之"，并且命甘肃行省"赈千户也先所部人户之饥者"。三是免田租。西凉地区屡经战乱，生产遭受破坏，人民生活异常困难，元政府除给钱、钞外，下令"免租赋三年"；并鼓励流亡的人们返回家乡从事生产，又下诏"西凉流民复业者，复其家三年"，仍免租三年。至元二十六年（1289年），

---

① 赵德馨：《中国经济通史》卷6，湖南人民出版社，2002年，第187页。
② 《元史》卷202《丘处机传》。
③ 《元史》卷4《本纪第四·世祖一》。
④ 《元史》卷13《本纪第十三·世祖十》。
⑤ 《元史》卷5《本纪第五·世祖二》。

安西发生严重饥荒，政府"减估籴米二万石"。延祐三年（1316年），甘州、肃州等地发生灾荒，人民无粮，元政府乃下令蠲免这一地区的田租，编制户籍。至元八年（1271年），元世祖忽必烈颁布了《户口条画》，将诸王、权豪世家非法占有的"驱口"追查出来让他们编籍为民，使大批被奴役人口获得人身自由，转化为农业人口，弥补了元代初期农业生产劳动力严重不足的问题。当时，甘州作为甘肃移民屯田政策实施的重要地域之一，大量移民被编入军屯和民屯组织，保证了鼓励垦荒政策的顺利贯彻和实施。元代统治者为了更有效地控制百姓，把人民按不同的行业分成若干专业户，如民户、军户、匠户、医户、儒户等，其中有一项特殊的人户，叫做"站户"。顾名思义，"站户"是和驿站有密切关系的户头。元代驿站繁多，所需费用浩大，统治者便把这些负担转嫁给百姓，让一些人户专门承担驿站差役费用，这些人户便被称为"站户"。庄户制度始于窝阔台统治时期。当时规定，各驿站附近人家，每100户出车10辆，每年每户纳米1石。站户与军户一样，是从民户中分离出来登入站户户籍的。站户户籍一经登记，世代相承，不能改变。站户也是按照军队的十进制组织编制，十人一甲，十甲设一百户。根据政治、军事的需要，各地区驿站数目多少不一，各站所辖站户也多少不一。

迁徙人口。由于战争使河西地区人口锐减，劳动力严重不足，影响这一地区的经济发展。元朝统治者采取的办法是大量移民。其移民形式有：一是从外地移入。至元七年（1270年）八月，诸王拜答寒部曲缺粮，元朝政府采取救灾措施，"命有车马者，徙居黄忽儿玉良之地，计口给田；无车马者就食肃、沙、甘州"①。这些无车马者显然是贫苦牧民，他们迁到肃、沙、甘州居住就食，实际上这是用移民的方式将他们迁入这一地区。同年十二月，又"徙怀孟新民千八百余户居河西"②。至元二十三年（1286年），"遗蒲昌赤贫民垦甘肃闲田"。敦煌莫高窟元代重修的464窟壁画中，就有反映从四川阆中一带迁入甘州、肃州的

---

① 《元史》卷7《本纪第七·世祖四》。
② 《元史》卷7《本纪第七·世祖四》。

移民生产生活场景。这些来自传统农业耕作区域的移民，有比较丰富的农业生产经验和良好的劳动素质。他们将内地先进的农业生产技术传授给当地农民，带动了当地农业生产水平的提高。这些从外地迁入河西的人口日后必然成为当地居民，成为开发这一地区的生产者。二是本地区内移民。元朝统治者还在本地区内用自行调整的灵活方法进行人口迁移，作为移民的另一种补充形式。至元二十四年（1287年）十二月，征发"河西、甘肃等处富民千人往阇鄽（河西西部）地"① 从事耕种。至元二十九年（1292年）九月，将沙州、瓜州地区的人民迁到甘州从事农业生产。这种在河西地区之内进行的人口迁徙与农业生产的需要更能紧密地联系起来。三是迁移罪犯。将罪犯发配边地是历代封建政府采取的实边方式之一，元朝政府也不例外。发配罪犯来充实边地，实质上是移民的另一种形式。至元十三年（1276年）正月，王孝忠等人"以罪命往八答山采宝玉自效"。途经沙州时，恰遇火忽叛乱，王孝忠等"自拔来归"，元朝政府便命令他们"于瓜、沙等处屯田"。据此史料所载，王孝忠等人因戴罪而被遣送，他们是移入河西的另一种人口。

鼓励垦荒。河西地区广袤千里，人口稀少，旷土闲田甚多，历来为垦荒的重要地区。西夏末期，在河西进行的蒙夏战争更使河西疮痍满目，人口逃亡，土地荒芜。忽必烈即位后，重视农业生产，大量移民到河西开垦荒地，并贷给耕牛、种子、农具。规定："凡是荒田，俱是在官之数，若有余力，听其再开"②，"凡荒闲之地，悉以付民，先给贫者，次及余户"。把全国荒地用法令形式规定为封建王朝所有，只要农民有劳力的都允许报官开垦。大规模的垦荒，使农民缺乏耕地的问题有所缓和。其具体措施：从牛、种、农具、衣、粮上资助垦荒农民。《元史·世祖纪》载：至元元年（1264年），对宋新附民，拨以土地、衣、粮，给以牛、种。至元十二年（1276年），遭蒲昌赤贫民垦甘肃闲田，官给牛种农具。二十九年（1292年）九月，"沙州、瓜州民徙甘州，诏于甘、肃两界画地使耕，无力则给以牛具、农器。"解决农民生产和生

---

① 《元史》卷14《本纪第十四·世祖十一》。
② 《元典章》卷19《户部》5《荒闲田地给还招收逃户》。

活上的困难，让农民定居下来从事生产，从赋税差役上优待垦荒农民。中统二年（1261年），朝廷颁布了流民还业免税一年，第二年减半征收的诏令。诏书规定：凡"逃户复业者，将原抛事产不以来是何人种佃者，即便吩咐本主户下，合著差税一年全免，次年减半，然后依例验等第科征"①。随之对垦荒地起科（收地租）的年限宽展到三年以至六年，并免除一切杂役，以鼓励农民垦荒。并且从产权上鼓励开荒。至元十四年（1277年）规定，各处荒地在限期内许田主认领；逾期"不拣什么人，自愿种的教种者"②。

至元二十八年（1291年）十一月，"以甘肃旷土赐昔宝赤合散等"③，让他们开垦种植。"官授之券，俾为永业，三年后征租。"④ 农民开垦出来的田地，政府发给契券，承认他有稳定的使用权，这就大大提高了农民开荒的积极性。

三、农作物品种的增加

元代甘州（张掖）各地种植的粮食作物和经济作物品种都有一定程度的增加。如敦煌出土的元代畏兀儿和汉文文献中，粮食作物的名称主要有小麦、大麦、青稞、荞麦、高粱、谷子、黍、豌豆等。

此外，当地还种植了供饲养牲畜的苜蓿及用来榨油的大麻、芝麻等。元代，棉花、西瓜、红花、蚕豆、亚麻等经济作物也在张掖各地普遍种植。

尤其值得一提的是这一时期棉花在张掖地区已经普遍种植，棉花栽培技术也已趋于成熟。我国历史上的木棉有两种：一种是多年生树棉，或称大树棉花，高两三丈，干端直，春开红花，状似山茶，云南及闽广亚热带地方原有生产，宋元以后的记载少有提及。一种是草棉，也称木棉，此为春种秋收一年生草本，其茎长两三尺，叶掌状分

---

① 《元典章》卷19《户部》5《荒闲田地给还招收逃户》。
② 《元典章》卷19《户部》5《荒闲田地给还招收逃户》。
③ 《元史》卷14《本纪第十四·世祖十一》。
④ 《元史》卷16《本纪第十六·世祖十三》。

裂，花五瓣，色黄，果实像桃子，熟时破裂，里面出棉，即今日的棉花。①唐代张掖的棉花种植，仅限于甘州、临泽。元代已经在张掖地区普遍种植，并且已经形成了一整套包括下种、浇水、间苗、打心、摘棉等棉花生产技术流程。鲁明善《农桑衣食撮要·种木棉》记载：先将种子用水浸，灰拌匀，候生芽，于粪地内每一尺作一穴，种五七粒。候芽出时，稠者间去，止存旺苗二三窝。勤锄，常时掐去苗尖，勿要苗长高，若苗旺者则不结。至八月间收棉。这里强调选种、浸种以至育苗。关于种子的消毒，古代用盐拌种，元时用草木灰拌种。草木灰里有钾盐等物质，能抑制细菌生长，这种种子消毒术一直沿用到现代。当棉花植株长到一定高的时候，就要把中茎的尖端去掉，术语叫摘尖，也叫作打心，为的是使枝向四下伸出。等到果枝长到一定高度时，再依样摘尖，这样开花就可更多，结果也更好，像这样的办法，至今仍然采用。

元代张掖棉花种植技术的成熟，促进了棉花生产的发展。棉花生产的发展，为棉纺业发展奠定了基础。

四、农业生产工具的改进

元代改进和推广了大量生产工具。据王祯《农书·农器图谱》所介绍的农业生产工具，较之汉代氾胜之《氾胜之书》和后魏贾思勰《齐民要术》所记载的农具要进步得多。氾胜之记载当时的农具大致有耒、耜、耰、锄、镢、锸、铚、艾、铫、耨、钱、镈、犁、铧、耧等十多种。贾思勰《齐民要术》记载的农具有三十种。而王祯《农书》记载的有一百零五种。这一百零五种农具当中，有些早已绝迹，有些起源很早，后来经过多次改进，至今犹存。另外有不少是元代改制和新制的。元代改制和新制的农具，比较集中地反映了在耕耘、栽种、收割、灌溉、粮食加工等几个方面的进步，这些新农具更多更广泛地运用了机械原理和采用了机械零件。

---

① 赵德馨：《中国经济通史》卷6，湖南人民出版社，2002年，第219-224页。

元代从垦地、耕耘、栽种、收割、灌溉、粮食加工等农业上所需要的一整套工具，这时经过改良和新制已基本完备，农具中利用杠杆原理、曲柄连杆机构等都较西方国家领先。

元代农具发明之后便能延续的主要原因，首先是广泛利用竹木石等材料，如水车、水碓、耧车等，因而造价低廉，便于就地取材，是适合我国小农经济条件的；其次，结构简单精巧，合乎力学原理，能经济运用动力，适合以人畜为动力的农业技术要求；再次，通用性广，适用性强，同样一把锄头，可用来翻地、开沟、起垄、中耕、收获，耕犁可以下水田，也可以上山耕梯田。这样的农具经济实用，农民乐于采用。农具在元代基本完备以后，经明、清以至民国时期，一般仍是保持着在元代已经确定的形式。

五、农田水利建设

元初，开始在西夏中兴、西凉、甘、肃、瓜、沙、亦集乃等地屯田，水利工程也随之兴起。至元元年（1264年），元朝政府设置甘肃总管府，并派专人负责办理河西水利。有时为了某一项工程的建设需要，还专门设立行都水司、都水庸田司等临时机构。据史料记载，元代河西地区普遍设立了河渠司，专管管道开凿、疏浚和行水配水等事宜，对已修的水利工程设施则采取保护措施。由于这些水利工程的兴建，使土地得到灌溉，保障了河西地区移民屯田和农业生产的需要。

至元元年（1264年），元世祖任命董文用（字彦材，1223—1297年）为西夏中兴等路行省（后改为甘肃行省）郎中，主办河西水利、垦荒等事宜。在董文用主持下，元代甘肃行省"始开唐涞、汉延、秦家等渠，垦中兴、西凉、甘、肃、瓜、沙等州之土为水田若干，于是民之归者户四五万，悉受田地"[1]，"溉田十数万顷，人蒙其利"[2]。在张掖修建了大古浪、小古浪、塔儿渠和鸭翅渠等水利工程，张掖的大米是

---

[1] 《元文类》卷49《翰林学士承旨董公行状》。
[2] 《元史》卷65《志第十七·河渠二》。

当时的贡品。至元十八年（1282年），都元帅刘恩留屯甘州，有屯田户2290、田1164顷，得粟2万余石。后来屯田一度中断，至延祐元年（1314年），恢复甘州屯田，免除租赋，这一年甘州米价"从每石200缗涨到400缗。官仓粮足，民饥则发粟赈之；春缺种，则贷之。兵饷既足，民食亦给。"

元朝统治者发展农业的措施，还体现的垦荒、屯田、安定流民、清理户口田土等方面。关于垦荒屯田，在成吉思汗南征北战及忽必烈下江南用兵之际，因"国家平中原，下江南，遇坚城大敌，旷日不能下，则困兵屯田，耕且战，为居久计"①。"既一海内举行（屯田）不废，内则枢密院各卫，皆随营立屯，军食仰足焉。外则行省州郡，亦以便利置屯。甘、肃、瓜、沙……皆因古制以尽地利……或以地所宜，或为边计，虑至周密，法甚美矣。"②

在大力提倡垦殖的同时，又不断扩大屯田网。除军屯、民屯外，还有军民合屯的形式。元代在各地的驻军都屯田。元始祖封诸子为王，分别镇戍张掖乃至整个河西等地。元朝在全国共设屯田军12.88万户、58万人，所垦荒田达到17.78万顷。元朝在张掖镇戍的诸王有合丹、八春、哈必赤等人。至元元年（1264年），在甘州以董文用为西凉、中兴等行省郎中，由他督促张掖开治水田。当时，董文用被称为"列郡咸劝，地利毕兴，五年之间，政绩为天下劝农使之最"（虞集《道园学古录·翰林学士承旨董公行状》）。至元十七年（1280年），又以汉军屯田甘州，单在今民乐沿山地区就垦水浇田数万顷。次年，又派四川宣慰司都元帅刘恩所率蒙古军、汉军万人驻扎甘州，诏留屯田，当年获粟二万余石。据《元史·食货志》载，元军在甘州黑山子、满裕、泉水渠、鸭子翅渠等处设立军屯，屯田户有2290户，垦田数达到1164顷有余。这年六月，又往甘州增派来曾驻太原的新附军（元攻南宋时新投降的南宋军，被改编后称新附军）在张掖屯田。至元十九年（1282年）二月，从湖北江陵（中兴）调来甘州的屯兵，有许多逃亡太原，被追回

---

① 《经世大典序录·政典总序·屯田》。
② 《经世大典序录·政典总序·屯田》。

后遣甘州还戍屯田。这年，甘州屯兵逃跑者有22000余人。被俘后，大部分人为了避免杀身之祸，表示愿意携带家眷4940余口来张掖屯田。对此，元世祖下令以钞10620锭、布4940匹、毛驴4940头，以安置这批新增屯民。并在当年四月奖赏在张掖安心屯田的士卒，同时下令杀掉拒命不从的四人，但此后逃兵事件仍时有发生。为了鼓励戍卒继续屯田，在张掖定有"赦逃兵听复业"的宽大政策（《甘州府志·顺帝至元三年条》）。至元十三年（1286年），又遣发育昌（今新疆鄯善县一带）贫民来甘州府开垦闲田。当时元世祖提出了考核官吏政绩的五个条件："户口增，田野辟，词讼简，盗贼息，赋役平。五事备者为上选，内三事成者为中选，五事俱不举者黜。"（《元典章·圣政·饬官吏》）

中统元年（1262年）给张掖县调拨课银1500锭赈济贫民；至元元年（1264年），将居住在蒙古汗国境内的回民及甘州的回民436户，迁往江南各卫，诏董文用在甘州开辟水田的同时，令他仿照宁夏的栽培方法，在甘州黑河流域中游水乡扩种水稻，又派遣河渠副使郭守敬观察前西夏在黑河水系所辟河渠的兴废情况，督查西凉州、甘州、肃州、瓜州、沙州等地及黑河流域开垦水田，扩种水稻，招抚流民，并由官府供给田种及农具，扶持归农之民继续进行耕桑和兴修水利的本业。

至元十八年（1281年），又安置大量的军屯力量，当地农民同肃州军民一道在黑河流域以沿石灰关河等大河流域致力凿渠开河，引水溉田。至元二十三年（1286年）之后，元政府在高台县一带继续安置瓜州、沙州的流民从事农田水利开发事业，当时，瓜、沙州等边境不宁，时有入侵者掠夺扰民，在划地与流民的同时，政府还对无力耕种土地的贫困流民配给耕牛和农具，扶持帮助他们改善生产状况。至元三十一年（1291年），又对迁徙到这一带的许多瓜、沙二州农民继续实行赈济和扶持，"给瓜、沙之民徙甘州屯田者牛价钞2600锭"。

六、核定田赋赈灾济民

元朝统治者在甘肃路（后改为甘州路）推行减轻租赋，清理户口田地的措施，始于元始祖至元六年（1298年），此时，张掖设立了"和籴提举司"后，增价向农民收购粮食，以备军饷，并发钞赈济贫民。又清查户口，核定田赋。至元十六年（1279年），饥民乏食，元政府下令禁止酿酒，贯彻禁酒令。从至元二十五年（1288年）到至元二十七年（1290年），张掖境内连续三年大旱，饥荒一直持续到元武宗至大二年（1309年），元政府也时有发钞银赈济之举，并在元仁宗延祐元年（1314年），又恢复张掖境内的屯田，并令官府及地主对农民减轻赋税，以扶持农田水利开发事业的持续进行。

延祐三年（1316年），元政府鉴于连续三年灾荒而人民饥饿乏食情况，又在甘州、瓜州、沙洲一带赈粮救灾，并令地主对饥民实行减免租税。当时，元代在河西也大设驿站，驿站服役者多为农民，因此，这次赈济灾民时也包括驿户，"甘州驿户饥，赈粮三月"。在此前三年，元政府就已经在甘州全境恢复屯田，对贫苦农民，减免租税。当时因连续荒灾，境内"米价腾涌"，由每石钱200缗涨至400缗。但由于忽必烈多年来发展经济的措施在境内得到贯彻落实，所以还是"官仓粮足，民饥则发粟赈之，春缺种，则贷之；兵饷既足，民食亦给"。

元世祖至元十五年至二十二年（1278—1285年）七年多的时间里，一方面设和局司，政府补贴粮价向农民购余粮，以备军食，一方面连续对贫苦农民予以一定赈济，使其能附着土地，不荒废农田。至元二十五年（1288年），还因甘州路普遍旱灾，免收农民田赋4400石。在采取恢复农业生产措施中有一项重要的内容，就是检括户口问题。张掖境内，检括户口工作始于元世祖始元三年（1266年）时，董文用受命来甘州路巡视水利农田事宜，同时也兼检括户口以及核实田赋租税数额工作。忽必烈在至元十八年（1281年）八月下令"甘州诸投下户"，依民例应站役（《甘州府志·世纪》），令所有"投下户"按一般（农）民例支应驿站徭役，规定（农民）每地一顷，纳租（税）二石，至元二十年（1283年）后新检括地亩，每年每亩税租三升。

七、畜牧业的发展

元朝建立后，忽必烈采取多种措施，恢复和发展畜牧业，使当时河

第五章　张掖农业的衰落时期——中唐至明朝

西地区的肃州、甘州等一些地方出现"庐帐而居，随水草畜牧"① 的繁荣景象。元朝甘肃行中书省官牧设于甘州，曾先后设立了太仆寺、尚乘寺、群牧都转运司等官方机构，专门负责管理畜牧业生产。据《元史·张珪传》记载：阔端赤牧养马驼，岁有常法，分布郡县，各有常数，而宿卫近侍，委之仆御，役民放牧……瘠损马驼。大德中，始州县正官监视，盖暖棚、团槽枥以牧之……臣等议："宜如大德团槽之制，正官监临，阅视肥瘠，拘钤宿卫仆御，著为令。"

元代畜牧业仍是河西最重要的生产部门，甘肃行省及各路、府、州、县都设立有官吏专门管理畜牧业。元代张掖饲养的牲畜种类主要是马、牛、羊、骆驼等。蒙古汗国征服西夏后，盛产于西夏东部境内（今内蒙古自治区西部）的骆驼，大量输入甘州、肃州、沙州等地，当地牧民还从西夏牧民那里学会了驯养骆驼的技术。当时张掖所产的牲畜不仅数量多，而且质量高。史载，张掖盛产河西牛，驾车服犁的耐力很强，牦牛与黄牛杂交而成的犏牛，"行走甚便，力可任耕载"，"甘州、肃州、沙州等地所产的骆驼多食棘茨，其色红，耐饥渴，习惯于在瀚海沙漠戈壁上运载货物②。"当地牧民很注意种畜的选配，并精通骟马、骟羊等技术。元代的蒙古马匹、南番马匹均通过张掖进入陕、甘等地，改良了内地马匹的品种。此外，北方公马与中小型母驴交配而生产的骡，身体强壮、吃苦耐劳、能担负重活；由于马和驴交配生产的骡子系异种属间的杂种，尽管较其父母强健，但骡子没有繁衍能力，所以这一阶段张掖境内经常引进优良公马以改良骡子品种，为农耕业提供了优良的畜力，促进了张掖农业生产的发展。

第七节　明代张掖农业

洪武五年（1372年）六月，征西将军冯胜攻克甘肃，驻甘州路的

---

① 《元史》卷160《徐世隆传》。
② 清·黄文炜：《重修肃州新志·物产》，酒泉县博物馆翻印，1984年。

元朝上将上都鲁投降明军,张掖归属明朝。同年十一月,在甘州设置甘肃卫。

明代前期,军民屯田、劝课农桑、茶马互市等政策的实施,促进了张掖农业的发展。"屯田遍天下,九边为多,而九边又以西北为最①。"张掖屯田在明代为最兴盛时期。到嘉靖二十九年(1550年),甘州左等五卫游屯田七千五百八十四顷一亩九分六厘(《甘州志·屯田》)。大量屯田开垦,加快了张掖的农业开发,发挥了强兵固边作用。

一、戍边屯田

明王朝面临着元朝残余势力蒙古高原鞑靼、瓦剌的严重威胁,明王朝动用了大量的人力、物力修筑边墙(长城)。明朝建立卫所制,用招募移民和迁移罪犯来进行戍边屯田。按照5600人为一卫、1120人为一所计算,甘肃卫所大约有兵员11万—12万人。"安边御房,足食为先",如此多的兵员,如果全部靠国家供养,在明初社会经济极其凋敝的情况下,是根本不可能的。何况河西走廊道路交通不便,粮饷运输困难。向老百姓摊派,则势必造成社会动荡。屯田戍边自然成为明政府的现实选择。明朝在张掖各卫所均设有军屯与民屯。这一时期张掖屯田的特点是,分布范围广,屯田数目大,屯田力量相对增加,成效比较显著。尤其主要的是中央王朝重视、地方官吏尽职。明太祖统一河西后,就十分重视张掖的屯政。令各卫所以三分戍守、七分屯垦。所以,张掖境内的军屯,在元代的基础上恢复发展较快。规定屯田之初不征税,三年后亩收租一斛。洪武年间大量迁移山东、山西、河南、陕西等地人到河西屯垦,并实行"属兵于农"的屯田制度。

(一)军屯

洪武十三年(1380年),朱元璋下诏:"陕西诸卫军士留三分之一

---

① 顾炎武:《天下郡国利病书》。

守御城池，余皆屯田以食，以省转输。①"此后，军屯便在河西地区大规模地展开。在张掖驻军普遍进行屯田的同时，朝廷还从外地卫所调拨军士前来屯田。洪武二十四年（1391年），调拨陕西西安右卫以及华阴诸卫的官兵8000余人到甘州、肃州屯田。②洪武二十五年（1392年），令甘肃临洮、岷州、宁夏、洮州、西宁、甘州、肃州、庄浪、河州、山丹、永昌、凉州等卫军士屯田，"以余粮十分之二上仓，收效颇多。因命天下卫所军卒，十分之七屯种，十分之三守城，务尽力开垦，以足军食。"③

明初，英宗正统三年（1438年），始定军田为屯田，民田为科田，当时甘州五卫共有屯田、科田（民田）81.68万亩，已有相当规模。世宗嘉靖元年（1522年），朝廷挑选精壮屯丁二万五千多名，分驻甘州各地屯垦，平日冬操夏耕，有事则战，无事则耕。嘉靖八年（1529年）朝廷命甘州、山丹等卫，"委官统领所营步兵，给以牛耕农器，垦荒屯田，水地三年之后起斜，山地永不征赋"。嘉靖二十九年（1550年），甘州左卫、右卫、中卫（约今张掖市）有屯、科田5494顷，收粮46845石；甘州前卫（约今临泽县）有屯、科田853顷，收粮8121石；甘州后卫（约今民乐县）有屯、科田1237顷，收粮6265石；山丹卫有屯、科田1459顷，收粮10699石；高台千户所有屯、科田1132顷，收粮7845石。当时甘州城内粮很多，有"敬依仓""甘肃仓""预备仓""永丰仓"；山丹卫和高台所，都有"富积仓"和"预备仓"。由于粮仓多，成化十七年（1481年），还在甘州城内专设"布政司参议"一人，管理仓库。

明政府在屯田的组织、管理和监督方面，有比较严格的制度和措施。河西各卫屯田由陕西行都指挥使司总管，卫所具体组织实施。"屯"是基本生产单位，屯的基层组织是"屯田百户所"，一百户为一屯。"每百户所管旗军一百一十二名，或一百名、七八十名。千户所管十百户，或七百户、五百户、三四百户。指挥所管五千户，或三千户、

---

① 《明太祖实录》卷123。
② 《明太祖实录》卷207。
③ 《明太祖实录》卷216。

二千户。"①明洪武二十八年（1395年）二月，陕西行都司上奏："甘州伍卫军士分耕塞上，一伍之中，有远至二百里者，军不成伍，将吏不能朝夕督视，以致军士怠惰，所获不足自食。自今宜令一百户为一屯，以便耕种。"这一建议得到朱元璋同意，肃州卫开始设置"屯田百户所"。

军屯推行"家自为守""人自为战"的耕防战略。由于河西地处边防前哨，面临着元朝残余势力的严重威胁；加之军民的居处稀疏不相连属，致使"南蕃北虏"出没无常，"掠我人牛，扰我耕牧。"明政府建立了既能御敌又保耕种的屯堡体制。永乐十二年（1414年），明朝规定："在"五七"屯或四五屯内选择近而便利者筑一大屯堡，其城堡高七八尺或一二丈不等，四面开八门以供人出入，旁近军屯的辎重粮草皆集中于此堡之内。"大堡设屯长1人，屯副1人，小屯堡只设屯长1人。正统八年（1443年），又在甘肃增设了专理屯田的佥事。大的屯堡设有守备、操守、防守等官；小的屯堡只设防御、掌堡官或总旗。这样，屯军"无事则耕，有事则战；贼寡则本堡之兵，贼众则近堡合力，各大城兵马相机应援，大则可以斩获成功，次则亦可夺获抢掠，不至损失"②。

成化十二年（1476年），巡按御史许进上疏说河西十五卫，东起庄浪，西至肃州之间2000里内的水利设施，多为势家豪强所侵占，请求派官员专理此事。朝廷对此非常重视，诏命屯田佥事官专理这一地区的屯田水利之事。③嘉靖初年，右佥都御史刘天和主持甘肃屯田之事，请求让甘肃丁壮及山陕流民在近边之地耕种，这一建议得到朝廷同意，其后又在各边境卫所推广，加大了边境屯垦的力度，使得"屯利大兴"。

此外，明初允许并鼓励军士携带家属随边，以稳定军士安心戍边。明代中后期，甘肃镇所属的甘州、肃州等地聚居着大量住户，他们大多是军士家属，完全依靠军屯生活。④明代军屯所需耕牛、农具、籽种等

---

① 《大明会典·屯田》。
② 石茂华：《议设保甲疏》。
③ 《明史》卷88《河渠六》。
④ 《明经世文编》卷198。

都由国家提供。洪武二十四年（1391年），调拨陕西西安右卫以及华阴诸卫的官军8000余人到甘肃屯田，对于他们急需的生产资料，由政府予以提供，史称"官给农器谷种"。永乐元年（1403年），黄福奏："陕西行都司所属屯田多缺耕牛耕具，命官市牛给之，耕具于陕西布政司所属铸造。"① 牛种借贷和还官的办法，因时因地而有所不同。隆庆年间（1567—1572年），庞尚鹏在《清理甘肃屯田疏》中说，"肃州卫原有牛种银一千两，每牛贷银二两，种粮按实际需要给贷。"庞尚鹏请求动用库银，按肃州例贷给屯军牛种，"俱以三年内听便还官，息银每年一石加一斗。"军屯所需的耕牛、农具、种子属于国有，使用之后要偿还。

经过洪武年间的屯田，张掖耕地面积大幅度增加，社会经济得到发展。明正统三年（1438年），甘州卫屯田发展到11875.95顷。据万历朝《大明会典·屯田》所记："国初兵荒之后，军无定居……后设各卫所，创制屯田……军士三分守城，七分屯种。又有二八、四六、一九、中半等例。皆以肥瘠、地方缓冲为差。"明代每名军士屯田的数额没有统一标准。《大明会典·屯田》载："每军种田五十亩为一分，又或百亩或七十亩或三十亩或二十亩不等。"宣德六年（1431年）九月，工部侍郎罗汝敬上疏："甘肃十三卫所每名屯军分地虽为百亩，但除去沙碱不毛之地外，肥饶之地只有五十亩左右。"甘州卫由于地域辽阔，人口稀少，每名军士分得的屯地为百亩左右。河西从事屯田的军士当存七万人左右；又按最保守的每人五十亩屯田额（因河西地旷人稀，军卒屯田额要比人均五十亩多）计算，也有三百五十万亩左右的屯地，所谓河西"屯田几万顷"。

明初，军屯供给军粮（饷）较多，宣德以后日益减少。宣德四年（1429年）二月，户部尚书郭敦上疏谈到屯田时说："以一卫计之，官军一年所支俸粮，动以万计，而屯收籽粒只有六七十石或百余石。"②明代中期后边防形势严峻，各卫所军士被频繁地差遣、逃亡等情况不断发生，屯田逐步减少。嘉靖七年（1528年）正月，大学士杨一清在谈

---

① 《明太祖实录》卷25。
② 《明宣宗实录》卷51。

到河西屯田时说："按军士三守城，七屯田，例也。今各卫征操之外，有乘墩、守堡、伏塘等役，即守城且苦之矣，其何有于屯？"①可见，政府规定的屯守比例，并没有坚持下来。

明朝在甘州卫规模最大一次巡察督促屯政活动，是在明成祖永乐十三年（1415年），朝廷派遣巡察的组成人员包括指挥刘树、给事张磐等12人，他们在甘州各卫视察了民屯及军屯的操练。其阵容之大，足以说明朱明王朝对张掖屯田的重视及张掖诸卫屯田对巩固明朝边境安宁、国家统一的重要性。明宣宗宣德元年（1431年），明朝廷又派御史某人来甘州巡视屯田及水利开发情况。该御史到张掖后，了解到蒙古残余势力对甘州诸卫军民屯田生产不断侵扰，生产不能顺利进行，及时向朝廷反映了自己的意见。接着明朝廷派平羌将军蒋琬在甘州卫沙河一带边地督屯田，率民修筑屯田堡墩、营寨及烽火台等预警设施，以整饬边备、保卫屯耕。

（二）民屯

明代在发展军屯的同时，大力发展民屯。据《明惠宗实录》记载："曰民屯，凡荒闲可耕之地，招募军民商贾有捐资开荒者，结为永业。凡愿耕无力者，照佃发给资，待二年后起科。"民屯之民首先来自"民之无田者"或"丁多田少家"。其次是大量招募移民屯田。如洪武初年，明朝将河北、山西、山东一带的数十万居民迁移到河西一带，屯田实边。洪武四年（1371年），"徙山后民三万五千户于内地"，"散处诸卫府"②，其中应有部分安置于肃州卫。

明代移民过程中，政府给予一定补贴，如"官给牛种""给钞锭"等，并设置屯田正副使，专门管理屯田事务。各屯则根据人数的多少，置长左来督导，其编制与国家编户稍有不同："太祖仍元里社制，河北诸州县土著者，以社分里甲；迁民分屯之地，以屯分里甲。③"

民屯在明代整个屯田体系中不占主要地位。正统年间（1436—1449

---

① 《明经世文编》卷119《论甘肃事宜》。
② 《明史·太祖纪》。
③ 《明史》卷80《食货志》。

年），西北边疆不断遭受蒙古瓦剌部侵扰，军士流亡严重，劳动力减少，军屯日渐衰落。为了屯田实边，明朝大量招募和迁徙民户屯田，并颁布"减免灾粮"等优惠措施。

洪武元年（1368年），令农民归耕，承认已被农民耕垦或即将开垦的土地都归农民自有，并分别免除三年徭役和赋税。次年，又下令各城市附近的荒、闲田地分配给无地的农民耕种，人50亩，另给菜地2亩，"有余力者不限（开垦）顷亩"。洪武二十七年（1394年），明政府颁布了"额外荒田，永不起科"的诏令，除纳税的土地外，如有余力继续垦荒，垦地听其自由，永不征税。在统治者这里，其主观目的是防止农民流徙，保证政府对额内土地的赋税剥削，但在客观上对于农业生产的恢复、水利的兴修，都有积极的促进作用。

洪武、永乐年间，曾多次组织和调配无田农民，包括一部分降民和罪囚从狭乡迁往宽乡屯种。民屯与一般垦荒不同，屯民所耕种的是"官田"，他们是官家的佃户，"官给牛、种者十税五，自备牛、种者十税三"；军屯由卫、所军户屯种，内地驻军二分戍守，八分屯种，每军户给田50亩至80亩，边地驻军三分戍守，七分屯种。交纳的谷物作为军粮。商屯是由盐商在边地重募人屯垦，就地交粮，向政府换"盐引"（售盐营业证），到指定的地点领盐贩卖。为了使屯田制度顺利进行，明朝政府还发给屯种的军士衣服，给农民大量的耕牛。统领张掖的陕西行都司诸卫所缺乏耕牛，明朝政府又把大批的耕牛运往本地，每百名军士给牛40头，使其及时耕作。

对迁居河西的少数民族实行"优抚"政策，使其与当地居民友好相处，以便屯田耕稼不辍。由于"关西七卫"的残破及其部族的东迁，明王朝不得不将其部众就近安置在河西地区。如永乐三年（1406年），蒙古把都帖木儿率部众5000来归，明廷使其定居于凉州。再如正统十一年（1446年），沙州卫喃哥部200余户1230余人来归，明廷允其居住甘州。明王朝一方面向西来之部族"修筑城堡，以安尔居；开浚渠坝，以便尔耕；处给种粮锅铧，以恤尔穷[1]"。另一方面，又严令其

---

[1] 杨博：《查处屯田计安地方疏》，见《甘州府志》卷13。

"自相约束，遵奉禁令"，"不得仍前啸聚，剽掠横行。凡各处出口通立戒谕牌，严行禁戢。除开马市，照例听其交易外，其余不许擅入内地，惊扰居民。每岁中查无入犯，即将各头目特加赏犒"，以为如此，则"稼穑之夫，得安其业而无剥肤之患矣①"。为了保证这一政策的顺利实施，明政府还"屡敕边将，不许纤毫侵扰"西来部族。因为只有这样，他们才能"安生乐业""安分守法"。这样做的结果，的确实现了使内迁各族人民与当地居民和睦相处、共同保卫和开发河西的预期目的。庞尚鹏就此说道："查肃州有近山聚族者，相率垦田，告领牛种，与吾民杂居，并耕而食，照岁例纳粮。"② 他们在张掖当地一些宜于耕作的地区或自耕，或加入政府组织的屯田队伍（一般是无地农民）从事农业生产，为张掖农业开发做出了贡献。

明朝着力经营河西，使河西地区发生了较大的变化。一方面，河西大量荒田被开垦出来，从而使河西耕地面积有较大的增加，土地的利用率大为提高。明洪武末年，河西屯田共有1.63万余顷。③ 到万历年间（1573—1619年），经过土地清丈，河西田额多达4.6万顷。④ 另一方面，便是河西人口的增加和民族成分的增多。明代河西人口的来源除当地居民外，还有来自全国各地的卫所军卒，有招募来的"陇右关西之民"，有因"永不起科""世为己业"等优惠政策的吸引而"望风来归"的外郡之民，有罪犯，有谪官，有西来的七卫部众，有朝贡而久留河西的西域贡使及商人。明代河西大量荒田的被开垦，与人口的增加、劳动力增多有直接关系。

明代前期，屯田的收益也是颇为可观的。洪武三十年（1397年）正月，陕西行都指挥使司都指挥陈晖上奏说："凉州等卫十有一屯，军三万三千五百余人，屯田万六千三百余顷，凉州、西宁、永昌、肃州、庄浪（治今甘肃永登）累岁丰足，以十之二输官，八分给予士卒。⑤"

---

① 庞尚鹏：《清理甘肃屯田疏》，见《明经世文编》卷360。
② 庞尚鹏：《清理甘肃屯田疏》，见《明经世文编》卷360。
③ 《明太祖实录》卷249。
④ 《明神宗实录》卷133。
⑤ 《明太祖实录》卷249。

说明河西不少地区的军屯收入,不仅可以自给,而且还有积余。

(三) 移民实边

洪武初,从北平、山西、山东等地移徙数10万居民来甘肃陇西、宁夏垦荒屯田。永乐、万历年间,因京城连年灾荒,曾移民至甘、凉二州屯田就食,实行"属兵于农"的屯田制度。守卫所的兵士,携带家属,利用河西丰富的水源,开辟田园。洪武七年(1374年)朝廷曾遣将安抚劝谕各县,屯军三分守域,七分耕作,每人授田50亩,拨给耕牛、籽种,授以种植之法,恢复租粮和赋税,屯田每亩租税1斗。英宗三年(1438年),户部侍郎罗汝敬巡视甘州屯田时始定田额,甘州五卫中卫、左卫科田1930顷3分6厘,右卫1939顷9分4厘,中卫1593顷98亩6分6厘,前卫1230顷34亩,后卫1483顷57亩,五卫共计8176.94顷,折合81.77万亩。

二、农业的发展

明朝经常性地派遣大臣以不同的身份来甘肃行省诸卫所督察屯田及兴修水利事宜,而在张掖任职的各级官吏,上至巡抚,下至县令,高度重视。明嘉靖二十九年1550年,甘州五卫有田7580多顷。改山丹州为山丹卫后,明政府派庄得和以都指挥使的身份来山丹督农讲武,山丹小麦长势喜人,大获丰稔。

(一) 农作物品种增多

这一时期,张掖的粮食作物主要是稷、小麦、大麦、青稞、莜麦、黍、胡麻和大豆、小豌豆、扁豆及绿豆等;蔬菜类作物主要有茄、茄莲、芹菜、葱、蒜、韭菜、白菜、菠菜、萝卜、胡萝卜、苜蓿、蘑菇等;瓜类有西瓜、甜瓜、黄瓜、丝瓜等;林果类有梨、杏、桃、李、枣、葡萄、楸子、沙枣等。

(二) 经济作物品种扩大

明朝政府对农业经济作物品种的扩大种植也大力提倡,朱元璋曾下令，农民有田5亩至10亩，俱令种麻、桑、棉各半亩，地方官不督促种植者要受处罚。并规定，不种桑的便出绢1匹，不种麻和棉的要出麻布和棉布1匹。农民若有余力开地植棉，"率蠲其税"。这些措施，不仅使荒废的土地尽量被利用，扩充了农业经济作物的种植面积，也为纺织手工业增加了原料，促进了丝、棉纺织业的发展。

（三）引种玉米

玉米在明代中晚期就已经在甘肃地区种植，在明代史料中，嘉靖时期的《河州志》、嘉靖三十九年编修的《平凉府志》，嘉靖三十九年编修的《华亭县志》、万历四十四年（1616年）修编的《肃镇华夷志》等均有甘肃种植玉米的记述。据《肃镇华夷志·物产》记载，"回族大麦，肃州昔无，近年西夷带种方树之，亦不多。形大而圆，白色而黄，茎穗异于他麦，又叫西天麦"。这里所说的"回回大麦"，正是原产于美洲的玉米，说明张掖也是我国最早引进生产玉米的地区之一。

（四）农田灌溉面积显著增加

明代前期对张掖黑河水系众流域水利复兴成效卓然，因此，在明代武威和张掖农田灌溉面积已经分别达到27729顷和11749顷。据统计，仅张掖（甘州区）一地就有引水灌渠110条之多，虽时有旱情不雨，也能使年岁丰登，故而在明代张掖就有"塞上江南"和"金张掖"之美誉（《中国大百科全书·水利》）。耕地面积大体情况如下：

1. 甘州左卫。阳化东、西两渠，宣政渠，大慕化东西两渠，小慕化上、下坝渠，马蹄渠，虎刺孩（海潮坝）东西两渠（以上均为祁连山山谷水），洞子渠，鹿沟渠（以上两渠属今民乐县洪水河水系），以上渠水灌田680余顷。

2. 甘州右卫。城北渠，大官渠，沙子渠，卓家渠，阿薛古渠，小沙渠，古浪渠，小满渠，大满渠，龙首渠（旧名木龙坝），马子渠，洞子渠，东泉渠，回族坝渠等，共灌田3123顷。

3. 甘州中卫。鸣沙渠，昔刺下坝渠，板桥渠，七十二户渠，二坝河，三坝屯田渠，四坝旧站渠等，共灌田518顷。

4. 甘州前卫。牙刺渠，西洞渠，磁窑渠，小彩竹渠，白集渠，巴乞儿祁渠，宿嵬渠等，共灌田85顷。

5. 甘州后卫。洪水渠，洪水二坝，洪水三坝，洪水四坝，洪水五坝，洪水六坝，义德渠，无虞渠，童子坝渠，黑城东四渠，西山渠，红崖头二坝、三坝渠，独泉渠等共灌田1436顷。

6. 山丹卫。明代有史有名者约15条，洪水渠，洪水二坝，洪水三坝，洪水四坝，草湖渠，无虞渠，红崖子渠，暖泉渠，童子寺渠，寺沟渠，木沟渠，白石崖渠等，共灌田900顷。

7. 高台所（为甘州卫守御千户所）。主要灌渠20条。一部分属肃州卫所辖。其中，纳凌站家渠，丰稔渠，永兴渠，黑泉渠，五、六、七、八、九、十坝，红崖渠，平川渠，河东上坝渠，河西渠，暖泉渠，古城渠，镇夷二坝渠，毛家坝渠等，共灌田913顷。

(五) 建造仓廪

自汉代起，张掖就建有粮仓开始储粮，居延汉简中有"城仓入谷"的记载，又有"仓丞""仓曹"的叫法。至明代时，当时甘州城内粮仓很多，有"敬依仓""甘肃仓""预备仓""永丰仓"。山丹卫和高台所有"富积仓"和"预备仓"。由于粮仓多，成化十七年（1481年），还在甘州城内专设"布政司参议"一人，管理仓库。迄今，张掖市内仍有明代粮仓遗迹。存留至今的明粮仓（图46 上编图32）张掖东仓，旧名甘州仓、永丰仓、甘肃仓，俗名大仓，明朝洪武二十五年（1392年）由甘肃都督宋晟始建。明弘治十六年（1503年）都御史刘璋建预备仓于内。根据历史记载，明粮仓总名为"广储粮"，内有廒房12座（图47 上编图33）。清乾隆年间系行都司衙署改建。清光绪年间，由知县喻炎炳重建廒房22座，占地面积为20883.3平方米，可储存粮食776万公斤。22座廒房如今只留存了包括广被、广恒、广泰、广积、广福、广禄、广寿、广丰、广成等在内的9座廒房（图48 上编图34）。这些现存廒房由9座54间构成，廒房长161.2米，宽12.3米，建筑面积1982.8平方米。一般粮仓都有一个总的名字，但是像明粮仓这样，给每一间廒房都起了名字而不用数字来标明区分的情况较少见。广字开头取"广储粮"之意，其余22个字都是蕴含丰收、吉祥等美好之意。房顶屋架为"人"字形梁，由大梁、檩条、椽子通脚开铆套制而成。从地基到房梁的设计，都遵循着坚固耐用，通风抗震，防潮、防鼠、防虫害、防霉变等的性能。巧妙的是，在每间廒房墙面与地基接合处都留有一个拳头大小的小孔，人在廒房外可以看到，在廒房内却看不到。

张掖明代东仓建造距今有600多年的历史，曾为储粮备荒、军需民食发挥了巨大的作用。中华人民共和国成立以来，张掖大多数收购粮均在东仓入库，明粮仓至今还能储存粮食，是目前国内保存时间最长、最完整，还能继续使用的古代仓廪之一。1966年储粮用过的标牌（图49上编图35）就是见证。

甘州各卫的清查户口、丈量土地以及核定租赋的工作是在明英宗正统三年（1438年），户部侍郎罗汝敬主持进行的。《甘州府志》载：罗汝敬以朝命清理河西田赋，始定军田曰"屯田"，民田曰"科田"，各以上、中、下三则均其赋。当时张掖五卫的户口和赋役的具体情况是：在核定田额前所报者为14.444户，人30.883口；嘉靖年间为12.567户，人17.961口。这个数目中不包括山丹卫的户口数（山丹卫时有户6363，有人12720口）。较之元朝，增幅较大（元朝甘州路总有户1950，有人23987口）。

国以粮为本，民以食为天，仓廪实天下安。粮食是一个国家和民族赖以生存的基础，也是社会进步和经济发展的前提。地处河西走廊中部的张掖，虽然身处内陆，但却有祁连山脉环抱，黑河水滋润形成了开阔平坦的绿洲地带。夏季炎热，冬季寒冷，降水稀少，昼夜温差大，是典型的温带大陆性气候。环顾四周多高山、戈壁和沙漠，但却土质肥沃，水源充足，日照时间长，再加上境内还有黑河、山丹河等内陆河作为灌溉水源，连带着湿地、雪山融水等优越的自然地理条件，让这里成为种植农作物的优良场所。尤其适宜大麦、小麦、玉米、马铃薯和瓜果蔬菜等农作物的生长。张掖这座存留至今的明代粮仓就见证了这一朴素的真理。

三、畜牧业

明代甘州各卫（所）在畜牧业方面，发展较快。主要畜种牛的品种倍增于前代，可以用于耕地的牛种除黄牛外，山区农民又引进了一种耐力更强、体格比黄牛更壮大的犏牛耕种，直到现在，犏牛仍然被张掖沿祁连山麓的农民用于耕地。还有一种适宜于在山地、草原间往来进行驮运的牦牛。游牧民族和拥有一定畜牧业的张掖汉民，迁徙时，往往用牦牛驮运比较沉重的物品或帐篷之类，牦牛也可当坐骑，以代脚力。牦牛出自今之西藏、青海及祁连山一带的张掖牧民的畜群，至今犹存。牦牛的尾当时是用来制作缨的唯一原料，其绒毛可以捻成线而织作毡帐、毡衣、帽，农民还以牛毛线织成牛毛褐来作牛毛大氅、褐褂、褐衫，盛粮用的口袋、褡裢等。牦牛的肉乳是牧民的主要食品。羊的品种也有增加，本地有绵羊、山羊。骆驼、骡子、驴、马已经成为当地牧民畜牧业中的一部分，但这些牲畜在山谷、草原上长期放牧。在农忙时，主要饲养于农家，用于农业生产中，驴身体灵巧、体格较小，便于一家一户饲养，用以碾磨、骑坐，但不宜耕作；骡子是驴、马杂交的一个畜种，驴产的是驴骡，马产的是马骡，耐力强于马，可以用以农耕，无论春种、秋收、打碾，都少不了使用骡子和马匹。在畜牧业中，耕牛、马匹是其大宗产品。

为了发展马匹，明朝政府设立了比元朝更为庞大而系统的马政管理机构。明太祖洪武三年（1370年），就在甘州城设立了"甘肃行太仆寺"，以督理甘州等15卫所的马政。甘肃行太仆寺设少卿一人、丞一人以主其事，另有都指挥、千户、百户等辅助管理。明永乐四年（1406年），复设甘肃苑马寺，辖六监二十四苑。武威监在山丹开府进行本地马政管理。关于牧场的开辟和设立，在永乐十三年（1415年）甘肃行省守臣提议要扩大牧地，既要拓宽甘州卫所境内的原有牧场，也要增辟新的牧地，并要求就于各卫水甘草丰处创建马厂（场），放牧马匹"多寡不一"。明代创建的牧场，不仅包括对牧场的管理与水草的改善，充分利用甘州宜设牧场境内水泽地利资源，还对放牧人员的编制作了规定，并为大量的放牧人员在牧场修建房屋，也为马匹在草枯雪压季节的饲养修建了专门的"秣饲调匀之厩"。当时在甘州五卫共有六处牧场：即甘州镇北隅一处，东乐（今甘丹县东乐乡）一处，沙河（位于临泽）一处，抚夷（今临泽与肃南交界处）一处，黑河（位置不详，当在其水源充足草场广阔之地）一处，盐池（高台盐地）一处。在山丹卫设的牧场有二处：即山丹卫城东草地广阔、水源便利之地一处，山丹石峡口一处。正统年间，在黑河口龙首堡一带也曾设有牧场。

明代饲养马匹，主要用于军事。因在明朝游牧于蒙古地区的鞑靼、瓦剌各部势力日益强大。鞑靼部的达延汗（《明史》《甘州府志》均称其为"小王子"）联合瓦剌各部的统治者与明朝政府之间长期处于对立地位，就在张掖境内，也常遭鞑靼、瓦剌各部的侵扰、掠夺。如明宣宗宣德十年（1435年），上述部族入侵宇罗口，交战中驻甘明军失败，千户孙祯被杀；明英宗正统元年（1436年），阿台朵儿只伯入侵今临泽境内平川；正统二年（1437年），阿台朵儿只伯又多次入侵掠扰甘州、凉州等地，到次年（正统三年），阿台朵儿只伯的入侵才被驻甘平羌将军任礼击败于石城。正统十二年（1447年）秋，明王朝敕令操练军队，防御瓦剌部族的侵扰。

正统十四年（1449年），瓦剌部酋长也先骑兵入寇甘州，以马军侵扰甘州，他自带骑兵入寇山西大同。明英宗初年，鞑靼部酋长孛来也时而入冠甘州等地。除此之外，这一时期蕃族首领巴沙、巴哇等也对甘州等地"攻掠无虚岁"（《甘州府志》）。

而明政府所遭遇的则有鞑靼首领阿鲁台杀害明朝廷使者郭骥的事件，阿鲁台在明成祖时经常引兵进犯塞下，明成祖不得已而亲征阿鲁台三次，瓦剌部首领马哈木也常有侵明之举。瓦剌首领也先不仅侵扰河西，而且为了"求大元一统天下"，力图向中原扩张。攻大同时，将亲征也先的明朝皇帝英宗俘虏于土木堡（今河北怀来县境内），史称"土木堡之变"，从明朝边境紧张形势，就可以看出明朝政府在全国设立马政官、牧马监、牧马场的根本原因了。

畜牧业的发展除了马政、牧场的空前扩大、增加外，农民也大力发展养牛、马、驴、骡、羊等家畜饲养业，但这最终还是为了发展农业，提高生产力,同时也是为了支应官差解运等杂役。农民在明代一般养马很少,养马主要用于为官府支差役。

四、水利工程

明朝洪武至嘉靖年间,在"欲兴屯田,必开水利,欲为斯民筹干旱之虞,亦必开水利"的思想指导下,曾多次颁布诏令,鼓励和倡导兴修水利,历任官员都非常重视水利事业,大力开创新渠,疏浚旧渠。明太祖洪武二十五年(1392年)右佥都御史杨超巡抚甘肃,大兴屯利,请募民垦田,永不征租。明世宗嘉靖二十五年(1546年),巡抚都御史杨博、石茂华巡抚甘肃,在甘州大兴水利,认为水利是"甘民衣食之源"。

巡抚都御史杨博亲临大都麻、海潮坝视察,组织民众,修堤筑坝,引水灌溉。石茂华于左卫之慕化、梨园,右卫之小满、龙首、东泉、红沙、仁寿,中卫之鸣沙、河西、瀚树洼、德安、宁西,山丹卫之树沟、白石崖等处,悉力经营农田水利。分巡副使杨衍庆、石永,指挥使张廷辅、曹凤,"皆渠之功臣也"。明代兴修水利"遗迹犹存,俗名或异,按借以稽,不特可知增耗,且使饮和者思源,尚无忘观流度隰之实有成劳乎"。明代设管屯官,管理屯田水利,各渠设农官、水老、总甲。明朝初年,政府还组织各地农民及时兴修水利,使许多大小水利工程都得到了修复。朱元璋下令各州县官吏,凡关兴修水利的事都要立时向中央王朝呈报,并由朝廷派专人至所在监修。

明代先后开创修浚甘州左卫的阳化东西渠、宣政渠、大慕化东西渠、小慕化上坝渠、梨园渠;右卫的小满渠、龙首渠、东泉渠、红沙渠、仁寿渠;中卫的鸣沙渠、河西渠、瀚树渠、哇哇渠;前卫的德安渠、宁西渠;山丹卫的暖泉渠、寺沟渠、白石崖渠。分巡副史杨衍庆、石永,指挥副使张庭辅、曹凤,都是修渠的功臣。水利事业得到空前发展,灌溉面积和经济效益有所提高。浇灌着成千上万亩田地,其中小满渠浇灌田地351顷,大满渠浇灌田地849顷[①]。

---

① 《张掖史地读本》(历史分册),兰州大学出版社,1997年6月,第39-40页。

明朝洪武至嘉靖年间，在"欲兴屯田，必开水利，欲为斯民筹干旱之虞，亦必开水利"的思想指导下，曾多次颁布诏令，鼓励和倡导兴修水利，历任官员都非常重视水利事业，大力开创新渠，疏浚旧渠。明太祖洪武二十五年（1392年）右金都御史杨超巡抚甘肃，大兴屯利，请募民垦田，永不征租。明世宗嘉靖二十五年（1546年），巡抚都御史杨博、石茂华巡抚甘肃，在甘州大兴水利，认为水利是"甘民衣食之源"。在明代，甘州继续成为河西的经济中心。

明代镇夷所建立后，便开始修建镇夷所水利工程。镇夷所地处黑河流域，水资源丰富。但是这里地势低洼，排水不畅，积水沼泽较多，土地盐碱化程度十分严重，致使许多土地无法耕种，即便是原有良田也因闲置而变为荒田。明初镇夷所初建时，除了上述现象外，还因蒙古贵族将大量耕地变为牧场，经历了元末明初的战乱，这里已是野草丛生，满目疮痍。镇夷所建立后，明朝就充分利用这里的自然条件，推行屯田政策，屯田数目基本稳定在700公顷左右。但这仅仅是今高台县城周围的地区，不包括今高台县其他区域。镇夷所屯田密度较高，只要保持水源和耕地之间的水流畅通，避免开垦地造成新的水涝淤积，就能解决灌溉的问题并保证收获。因此，镇夷所开凿的水利工程虽然规模不大，其承担的灌溉面积有限，但修筑的坝渠数量却比较多。镇夷所有纳陵、纳陵站家、回回、永丰、鸭子、堰治、黑泉、千人坝、橙槽、红山、花墙、西坝、红城、沙碗十三坝、镇夷官、镇夷坝、红山坝、杨家泉、临河等引水灌渠。纳陵渠和纳陵站家渠灌田有六七十顷；有的又比较少，灌田只有几顷，如临河渠灌田只有3顷多；其他坝渠灌田一二十顷、二三十顷不等。这些水利工程的修建，为镇夷所一带农业生产的恢复和发展创造了条件。

据《中国大百科全书·水利》记述：明代，张掖就有灌渠110多条，这是张掖水利事业发展的第二个兴盛时期。

据《甘州府志》记载："明巡抚都御史杨博、石茂华于左卫之慕化、梨园，右卫之小满、龙首、左泉、红沙、仁寿，中卫之鸣沙、河西、瀚树哇哇、德安、宁西，山丹卫之寺沟、白石崖等处，悉力经营，淘成美利。分巡副使杨衍庆、石永，指挥使张廷辅、曹凤，皆渠之功臣也。""张掖县城东南,仁寿渠灌田四十四顷六十亩。明嘉靖年,巡抚杨博、副使石永以仁寿驿堡迤西荒地一十七顷可开。疏渠垦田,给赡本驿军即此,后益增广。城西木龙坝渠,即龙首渠,灌田二十九顷五十九亩。明嘉靖年,巡抚杨博躬浚,募兵防守,且继修是渠,为黑河首即此。城西南的小满新渠,分六闸,灌田一百二顷八十亩。明隆庆年,巡抚石茂华、副使杨衍庆督修即此。城东北东泉渠,分四闸,灌田七十八顷一十亩。明嘉靖年,巡抚杨博、副使石永开黄张二家湾、傅家庄、白果园,即此二坝地。城南德安渠,灌田三十二顷六十亩。巡抚杨博桓橄指挥曹凤修垦即此。"

五、农业的衰落

明代中后期,官吏贪渎和豪强兼并的现象严重,屯田税赋征收数额成倍增加,官员将屯军视为奴隶,随意役使、盘剥,使得屯军不堪忍受,纷纷逃亡,造成屯田的大量荒芜。张掖农业开始衰落。

(一) 屯田制度遭到破坏

一是侵占土地。土地既是封建经济的支柱,也是封建官吏攫取财富的热点。为了夺取土地,他们不择手段,置国法于不顾。在河西的陕西行都指挥使司官员及卫所的大小将臣为了"贪图享利",丝毫不顾"公家"的利益。其"掌屯之官,武职则惯于侵渔,文臣则事多姑息。屯法之坏,职此之由耳"。河西"膏腴"之沃土,皆为"镇守及各卫豪横官旗所占"。侵占之后,他们"俱不报官输粮,间有报者,十仅得一。其卑下瘠地,则分与屯军"。宣宗宣德年间,肃镇"官豪之家"占地"一万四百九十余亩";宪宗成化年间,甘肃镇"大小将臣"多"占肥饶之地"。孝宗弘治年间,甘肃镇屯之"肥饶者多为太监、总兵等官占据",如镇守太监傅德和总兵都督周玉等"盗种屯田三百余[顷]",其中傅德"占种军田二百七十余顷"。又如武宗正德三年,势家侵占土地,却"不纳税粮",反而让军士"纳无地之粮",使"屯军终年赔粮"。

二是抢夺水利。明代,河西的膏腴之地往往与水利连在一起,即

"该镇屯田，全资水利"。为此，河西的大小将臣千方百计、不遗余力地侵占膏腴屯田的同时，也在极力争相抢夺水利，"占据水道"。他们"既占肥饶之地，复专灌溉之利"，使河西屯田之"膏腴在官，而瘠薄归军；官享其利，军任其赋"①。在其淫威欺凌面前，河西"军民莫敢与争，多误耕种"②。河西地区的大小将臣、官豪势要贪图私利、抢夺水利的不法行径极大地破坏了该地区的屯田制度。

三是转嫁税粮，课外加课。在侵占屯地、抢夺水利的同时，大小将臣还将所占屯田的土地税转嫁给屯田军民。任意征收赋税，使河西屯田遭到破坏，军民生活极度困苦。明廷虽明确规定开垦"抛荒之地""永不起科"，却不能严格执行此一政令，而"一概追征，更无分别"，使开荒者"未受富饶之利，先罹剥肤之害"。

更有甚者，"种未入土，名已在册，人已在逃矣"③。吏治的败坏，致使河西"屯地荒芜，仓廪空虚"，军民生计"日就穷蹙"。另外还有在耕作制度上的管理问题，屯田规定每名士兵耕种50亩地，这对负有戍边任务的士兵来说，已经是不轻的负担。但有的地方盲目追求数量，强迫士兵开垦100—200亩不等的土地，如甘肃靖虏卫屯军耕种数额即达200亩，严重超出士兵力所能及的范围，造成广种薄收、耕作粗放的现象，这也是土地抛荒的一个重要原因。

四是役使军卒。河西大小边臣私自役使军卒耕种其所占有的土地。占人年间，查得"甘肃等处镇守太监宋彬田一百一十二顷，总兵官署都督佥事卫勇田八十七顷，左副总兵都指挥佥事白琮田一十四顷，监枪都知监左监丞欣田一十顷，又采草湖田共八十七顷，分守凉州卸马太监张昭田三十三顷，右副总兵官都指挥佥事姜汉田二十五顷，分守肃州左参将都指挥佥事苏泰田一十三顷"④，如此等等，不胜枚举。尽管明廷申谕各级官员"不许置立庄田及占屯田草场以病民"，并且派监察官巡视整饬，但收效甚微。屯田被大小将官所侵夺，从根本上破坏了明代河

---

① 《皇明世法录》卷30《屯政》。
② 《明宣宗实录》卷83。
③ 杨博：《查处屯田计安地方疏》，见《甘州府志》卷13。
④ 《明武宗实录》卷58。

西的军屯制度。明初，"军士月粮出于屯田"，"国用以舒"；到了明代中期，却变成军士"含怒赔粮，衣食不足"；最后，屯政破坏，军饷无着落，不得不由国家财政负担，如此，便导致了"库藏空虚，内外窘急"的险恶局面。屯地多为势家侵占，或被军士盗卖，征粮之数多不过田地而成的庄田，以"收利肥己"。他们私役士卒为其耕获，使"壮夫余丁，半为服役"。如此，屯军渐渐地失去了御边和屯田的职能，而成为大小将臣的家兵和仆人。大小将臣对他们是招之即来，挥之即去。这种"非时役使，依法苛求"的行径，使"屯军愈缺""军不成伍"。这样，河西的镇守、分守、总兵官、都指挥、指挥、千户、百户等大小官员因权势不同而成了名副其实的大小地主。为了逃避当地封建官僚的驱使和强役，屯军开始大量逃亡。

（二）发展环境日益恶化

明朝初年，甘州（张掖）西南基本上是以蒙古族为主的少数民族集居区，明政府对他们的防范主要依靠肃州及嘉峪关地区的守军，而甘州主要防范重点是北方蒙古族的侵扰。为减轻河西地区的外部压力，明廷设置安定、阿端、曲先、罕东、沙州、赤斤蒙古、哈密"关西七卫"作为缓冲地带，且采取封官授爵、通贡、互市等手段招谕沿边少数民族部落，以缓和双方矛盾来换取边疆的安定。明朝设立关外卫所的目的是巩固西北边防，加强对西域地区的控制，维护明朝与阿拉伯和中亚各国的公路畅通，并为朝贡提供某些服务，明廷的这一做法在一定程度上达到了目的。明朝中后期，随着国势的日益衰弱，大小冲突频频发生。军队的转防、敌军的骚扰等，使得屯田活动不能正常进行，原来耕种的土地遂被抛荒。

明嘉靖中期后，蒙古亦不剌部（漠西蒙古的一部）占据青海、吐鲁番，重新占据哈密，进逼肃州卫，关西诸卫向内迁徙的各族民众先后散居在肃州、甘州境内，这些民族之间彼此征战，影响着河西地区的社会稳定。嘉靖七年（1528年），总督王琼巡查甘肃镇时，考察了嘉峪关地区军事防御和嘉峪关以外的民族状况，了解到赤斤蒙古卫人口仅千余人。遂奏请朝廷放弃赤斤城，赤斤卫遂废，赤斤卫印绶由都督锁南束掌管。为妥善安置赤斤蒙古部，责令肃州卫在肃州南山沿山一带（祁连山北麓）择地集中安置，受肃州管辖。

(三) 西部农业基本废弃

弘治元年（1488年）十二月，吐鲁番速檀①阿黑麻诱杀哈密忠顺王罕慎，自立为王，占据哈密，并不断进攻瓜州、沙州，劫掠赤斤，对肃州边防构成巨大威胁。弘治六年（1493年）十月，明政府派人规劝阿黑麻归附，遭拒绝，"于是河西外防大患，内防诸番，兵事日亟"②。

明王朝对其战而无力，和而无望，便于弘治七年（1494年）第一次关闭嘉峪关，禁绝关外贸易，固守肃州，最终放弃西域。明弘治八年（1495年）十一月，甘肃巡抚都御史许进及总兵刘宁率兵出师哈密，吐鲁番速檀阿黑麻兵败西遁。此后，西部地区各民族部落与关内贸易逐渐增加，明朝也默许了嘉峪关内外的商贸活动和人员往来。但是，到了正德十年（1515年）后，吐鲁番速檀阿黑麻的继任者速檀满速儿联合瓦剌部，又屡屡进攻瓜州、沙州及赤斤等地。正德十一年（1516年）九月，攻破嘉峪关，进入肃州，夺得大量牛羊而返。嘉靖元年（1522年）八月，吐鲁番速檀满速儿又率兵进攻肃州、甘州，"以二万骑入甘州，焚庐舍，剽人畜"③，此次进攻虽然被甘肃巡抚陈九畴打败，吐鲁番速檀满速儿等逃至嘉峪关外，然而嘉峪关外各部族因此而蒙受巨大的人员和财产损失，特别是赤斤蒙古卫损失最为严重，人口锐减，卫城被毁。为防止吐鲁番回鹘与瓦剌入侵内地，应都督锁南束等部族首领请求，明朝将赤斤蒙古卫所全部内迁，安置于肃州南山。嘉靖十八年（1539年），明政府二次封闭嘉峪关。

---

① 速檀，一般为伊斯兰教对君主的称呼。
② 《明史》卷330《列传》218。
③ 《哈密志·明经世文编》卷331。

第六章　张掖农业的恢复时期

——清顺治至道光年间

　　1616年，建州女真部首领努尔哈赤建立后金。1636年，皇太极改国号为大清。1644年，清朝迁都北京。

　　1644年，李自成部将贺锦率军攻下甘州。世祖顺治二年（1645年）六月，英亲王阿济格招抚河西，清军陕西总督孟乔芳平定甘州贺锦义军，置官镇守。清朝对张掖开始长达268年的统治。

　　明清之际战乱不断，直接造成张掖劳动力锐减。施行奖励屯垦，发展农业政策，势在必行。清代雍正、乾隆年间推行免除赋税、招民认垦、开办屯田、兴修水利、调整民族关系等一系列措施，进行了大规模的屯田和农业开发，继续屯田。顺治十年（1653年）清政府以大兴屯田来加速开荒工作的政策在甘肃得到推行，由行都司和屯操都司劝民开荒，同时抽调各处守军实行军屯。雍正二年（1724年）定制，内地卫所悉归并州县，在张掖设甘州府，从此明末清初以来的屯田并入州县管理，渐与民田无甚区别。

　　清代前期和中期，实行积极的经济政策和大规模移民屯田，农业开发取得显著成效；清代后期，政治腐败，民族政策失误，自然环境恶化，导致经济衰退。

第一节 清初张掖农业概况

清初时期，张掖地区的农业已经有了相当的发展。农作物种类丰富，包括小麦、大麦、青稞等多种粮食作物，以及亚麻、油菜等经济作物。这些作物不仅满足了当地居民的基本生活需求，也为农业经济的发展提供了有力支撑。

农业生产方面，虽然当时的灌溉系统和耕作技术相对简陋，但农民凭借丰富的种植经验和辛勤劳动，仍然能够维持一定的农业生产水平。然而，受自然灾害和病虫害等因素的影响，粮食产量存在较大的波动性。此外，张掖地区得天独厚的地理位置和气候条件，以及肥沃的土壤，为农作物的生长提供了良好的环境，使得该地区的农产品在品质上具有一定的优势。

一、人口大量外迁新疆屯田

清廷在平定了大小和卓木和张格尔在新疆的暴乱后，开始全面经营新疆，一方面移军驻守，一方面移民垦田。

乾隆二十三年（1758年）八月，侍卫弩山等人奉命查勘屯田，并向清朝廷报告说新疆木垒（今木垒哈萨克自治县一带）至乌鲁木齐、昌吉、罗克辟展等处，皆可开垦耕种，建议清政府拨兵在上述地区屯田。从乾隆二十七年（1762年）正月，到乾隆四十三年（1779年）九月，五次从张掖黑河水系各县（高台未迁）移往新疆屯田农民1510户，6189人，这无疑对张掖黑河水系农田水利开发的人力大有影响。

主要原因：一是张掖一带距新疆路途较近，可以减少众多人口往西跋涉移徙之费，能以较快的时间到达；二是清代，张掖频闹灾荒，人民生活困难者较多，尤其水旱之灾，使许多田地不是因旱无雨而歉收，就是水利方面，因渠道不畅或洪水泛滥，给张掖各县造成水冲地甚多，土地面积减少，致使租税不能完纳，村民也食不果腹，迁移农民既可开发新疆，又可屯耕度荒自救；三是主要从政治上考虑，在平定新疆分裂势力后，为了加强对新疆的管理、经营和促进新疆的经济发展，维护祖国统一和多民族的交往。通过在新疆地区大力推行屯田制度，迁移内地大批汉人中的农民和绿营兵携带家眷到新疆各地，尤其是天山南北一带辟田屯耕绿营兵携眷带属到新疆垦田，当时称为"军屯"；内地汉族农民垦田，当时称为"民屯"或"户屯"；而在新疆组织当地人民垦荒的，称为"回屯"。

迁往新疆的张掖人到新疆后，同新疆各族人民根据当地的自然条件，充分利用当地的水利资源，并把他们开发张掖黑河水系农田水利和进行畜牧业生产的宝贵经验传播并运用于当地的农牧业生产中，在张掖移民屯种地区，总计垦田4万余亩，设堡11所，为新疆农牧业生产发展，作出了巨大贡献。

二、水灾使耕地面积锐减

清代，张掖各县耕地，一方面因兵乱杀戮，农民或死或逃，使大量土地荒芜，致使耕地面积缩减；一方面由于水灾严重，经常造成耕地冲毁、良田淹没，尤其黑河水系各大河流一旦暴发山洪，往往使水流改道，向两岸冲刷，河岸坍塌，使两岸沿线既有良田塌陷而随水流下泻，丧失殆尽。乾隆三十一年（1756年）张掖县令张若瀛向清朝政府奏称："黑河水势宽大，迁徙靡常，所灌田亩岁有冲坍，又一种板荒盐碱之地不堪耕种，共勘得地381顷25亩5分7厘5毫"。因无法缴纳国家征收的税粮税草，请求"豁免所征粮草"（《甘州府志·国朝辑略》）。而根据清朝对张掖地区各县蠲免的水冲地亩（包括淹没及沙压地亩）粮草税次数，自顺治年间到乾隆四十五年（1780年）（钟赓起修编《甘州府志》所述），共有12次之多，可见当时黑河水系各河流域洪水泛滥冲毁土地次数之频繁，其中尤以黑河泛滥毁地最多。

三、板结地及盐碱地较多

由于当时排碱渠系方面的水利设施不全，当地农民排碱经验方法欠缺，使越来越多的土地有的因为土壤本身就属板结硬土，改良方法不足，导致板结程度日益严重，加之在开垦时也缺乏足够的辨识土壤的科学知识，只求垦田亩数，并不管土壤能否宜于耕种。当时高台县（清代一个时期隶属肃州管辖）的碱泉墩及下连临泽县的威狄堡，其间的三清湾山皆沙碛，地尽碱。计新垦300余顷，其中上盖有土沙尺许，下系碱地，经水利（浇）碱气泛上（地面），不能播种者；有虽非碱地，而土薄沙重（厚）者；有坚如石田，难以锄犁，号曰板土，即令加工耕种，一经水泡，凝结如故，不能诱发（苗）者；有碱气虽轻，而需水较多于他地（这种土地特别浪费水资源），周围约20余丈，经水低陷，寻尺土稀，非（天气）晴晒数月（泥土）不干，上干下温（淤泥沼泽一类）误入其中，颇为费力（挣扎出来），若牛骡被陷（入干土之下淤泥），则无法可救，听其自毙而已。"在成熟之地，碱气已清，土性已定，雨滋倍长，自可坐致秋成。若新垦之土，纵苗穗茂发，一雨之后，破气上升，遍地皆白，日色（光）蒸哨，根烂苗枯，终于无（收）成。探手入土，其热如火，稍入三四寸，即（手指）皮皱发泡，所谓碱烧者也。"

以上仅举高台一地为例，实际上板土盐碱土田地在各县都有。数量不少，因为不堪耕种，只能弃之不种。乾隆三十一年（1766年），共勘查出板荒地和盐碱地（已经不能耕种的）多达381顷25亩多。为此，清政府也经常对张掖全境内板荒地及盐碱地亩应缴纳的税粮、税草予以蠲免。

关于治理板土地与盐碱地，是张掖农田开发中比较困难而艰辛的事，治理盐碱问题一直延续至现代。

四、水事纠纷较多

在清代，地方官吏中的一部分人虽然奉朝廷旨意抽调民夫修渠开河，但又不能尽职尽责，"漫无督率"，因此治理效果甚微。据《甘肃新通志》载甘肃巡抚陈宏谋《饬修渠道以广水利檄》中说："河西凉（州）、甘（州）等处，夏常少雨，全仗南山积雪，夏融流分导引，灌田转磨，处处获利，凡渠水所至，树木荫翳，烟村胪列；否则，一望沙碛，杳无人烟。此乃天造，年年积雪永供灌溉，资万民之生计美利。较之他省浚泉开井、利薄法便。时而涸者，其利更薄。"陈宏谋肯定了河西水利资源的优势以及天造地设的引灌获利之易之便，更优于（干旱地区）靠浚泉开井作为百姓生计之利者，同时又指出了河西凉、甘、肃等州虽有丰富的水资源和便利的引灌条件，却未能使水尽其利，民获其益，"然而，渠身未尽通顺，堤岸多所坍塌，渠水泛溢，不但（使）有用难得之水漫流可惜，而道路阻碍，亦有碍于行人。"陈宏谋认为这是人为的因素，官府督率不力，百姓勤惰不一，均未能尽心于水利开发事业。尤其是传统的不文明的用水方式，"只图目前，不为远计"，"遇缺水之岁，则各争截灌"，不遵守用水规矩，甚至为了一己之私利，不惜开大口引水，毁闸坏堤，不顾其余，水流入地，漫灌串灌，哪管他人等水之心急如火焚？由此造成了对水资源的极大浪费。但一遇到"水旺之年"，又怕水多伤稼，因此"随意挖泄"。乱挖乱泄，只能起破坏沟渠堤岸、水闸的作用，同时也容易引起许多良田被乱泄之水冲毁的后果。

在乾隆年间撰写的《五凉志》记述："河西讼案之大者，莫过于水利一事，争端连年不解，或截坝填河，或聚众毒打。"天越旱，水越少，争端越多。主要是用水不文明，无视用水的乡规民约，以暴力争夺水源，强占水利。小者聚众殴打，大者诉诸官府，或采取其他报复手段相毁相害，因此水事纠纷在张掖黑河水系农田水利开发史上，确属影响不良又长期难以解决的大事。

第二节　清初恢复农业生产的措施

清初，由于兵连祸结，对农田水利开发事业造成了破坏；自然灾害严重，旱灾、水灾，均对农业生产造成了巨大的损失；加之清政府征噶尔丹、罗卜藏丹津、大小和卓木等，张掖为清朝官军必经之地，当地农民支应差使较多，对农业生产的干扰较多，种种原因直接导致张掖境内各县农业收成不景气，农民生活困难而大量流亡。田地荒芜者多，完纳税粮、税草极为艰难，年年有拖欠赋税的情形。但清政府在统一新疆后，把张掖作为军事、政治、经济重镇，采取一定的措施恢复张掖的农业经济，以巩固清朝在西北地区的统治。因此，恢复农业经济是清初统治者面临的较大的问题。

一、禁止圈地

为了缓和因满族贵族"圈地"而激化民族矛盾，康熙八年（1669年），清政府下令停止圈地，宣布满汉军民，应一律对待，凡该年所圈旗地，立即退还汉民。康熙二十四年（1685年），又正式规定，民间所开垦的田亩，自后永不许圈（《畿辅通志·诏谕》），同时对八旗庄头的横暴也加以相对的限制。原来被官僚、勋戚、地主豪强所霸占的土地，也因这些霸占者被农民起义军所镇压，又重新转归农民所有。清初，一些佃农也摆脱了占田者的奴役，而成为自耕农民，清政府把一些庄田改名为"更名田"，并承认"属于农民所有"，与民田一例输粮（租）（《清通典·食货·田制·民田》）。这样，使一些空闲已久的荒田被农民继续开垦出来，增加了耕地面积，在一定程度上促进了农业经济的恢复和发展。

二、禁止"增租夺佃"

清朝法律把佃户当作"良民"，并颁布了"勿许大户欺凌佃户"的规定（《中国史纲要》第264卷引文）。康熙、雍正时先后命令满族贵族和汉族地主不得"增租夺佃"，并劝谕他们在荒年时要对贫民实行减免地租（《清圣祖实录》《熙朝纪政·不许增租夺田》）。清朝政府又制造了统一的收粮量器铁斛、铁升颁行全国，规定地主收租必须用国家制定的仓斗为准，并在各州县"勒石"永禁用"大斗剥佃"（雍正十年

《严饬奸佃短少租谷告示》)。并规定"年代久远,文契无存的奴仆,一律改入'民籍'","概不得以奴仆名之"(《史学工作通讯》1957年第1期所引碑文),这在缓和阶级矛盾方面有一定的积极作用。

三、实行"摊丁入亩"

清初,曾宣布以明朝张居正所定"一条鞭法"征派赋役,但因执行不力,并时常发生横征暴敛、杂派无穷的情况,逼得农民四处逃亡,拒交丁银。流民任意行走,结成党类,也构成对清政府统治的威胁。因此,在康熙五十一年(1712年)又宣布,即以康熙五十年(1711年)全国的丁银额为标准,以后额外添丁,不再多征,这在当时叫"圣世滋丁,永不加赋"。据《高台县志》载,清康熙五十五年(1716年)颁布实行"摊丁入亩"的征税办法,而在甘州开始实行"摊丁入亩"征税法的时间在雍正四年(1726年),即将征得丁银摊入田亩内征收。具体规定,以上年人丁(24621324人)和丁银(359万两)为定数,人丁和丁银固定后,将丁银摊入田亩,以后增加人丁,永不加赋(即盛世滋生人丁,永不加赋)。而把固定下来的丁税银摊到地亩上,每地税一两(银)分摊若干丁银。另外,还将地丁以外的其他赋役也合并在田赋中征收。

贯彻"摊丁入亩"后,富者田连阡陌,竟少丁差,贫民无立锥之地,反多徭役(《乾隆任丘县志·艺文》)的状况为之改变,使地主不能再幸脱于丁税,而无地少地的贫苦人民则可以免去丁税或减轻丁税负担。人民不必再有添丁加税之虑,不必再为躲避丁税负担而逃匿流亡。从此,中国历史上几千年来的人头税基本上被废除,既有助于封建统治秩序和税收的稳定,也使封建国家对农民的人身束缚逐渐削弱。

四、实行"耗羡归公"

针对清初漕粮、白粮、经费、火耗以及各种中饱地主官吏私囊的杂项赋银激起了农民武装斗争的严重形势,雍正二年(1724年),施行了

"耗羡归公"办法，规定杂项赋银火耗等每两征收不超过二钱，由政府统一征收入库，然后再给地主官吏以"养廉银"。此举不仅增强了国家财政透明度与公正性，还促进了资源均衡分配与有效利用，为国家的稳定与发展奠定了坚实的财政基础，同时也减轻了农民在正税外的一些负担。

五、减免赋税

为了笼络人心，恢复生产，清政府还多次宣布减免赋税。入关之初，摄政王多尔衮即下令免除"厉民最甚"的明末"三饷"的加派，宣布"自顺治元年（1644年）为始，凡正额之外，一切加派，如辽饷、剿饷、练饷及召买米豆尽行蠲免"（《清世祖实录卷六》）。地亩钱粮悉照前明《会计录》原额征解。另外还宣布了城乡许多钱粮杂税减免的项目。如凡清军经过的地方，免征正赋一年，归顺州县虽清军所未经过的，也免征本年二分之一（正赋）。对于拖欠本折钱粮和额解工部四司科银、匠价银，以及盔甲、腰刀、胖袄等各色名目（的银粮），自顺治元年（1644年）五月初一日以前逋欠的，概行豁除，以苏民困。直省州县零星税目，也一概严禁。同时对北方各地因"乱久民稀"、土地荒芜等情况，清统治者要求地方官员注意安抚流亡，劝农桑奖励垦荒，以恢复农业生产。

六、分水用水规制

张掖各县，在前朝早有分水用水规定，按田亩分坝，依地势设闸，按次序浇水，无官私之分。但随着地亩、人口的不断增加，或水渠的经年失修，或连年的天旱少雨，浇水灌溉中的水事纠纷日益增多，且日益严重复杂，成为本地的一大难题。为此，清政府对黑河水系的分水设坝作了新的规定，其中最为突出的是雍正四年（1726年）陕甘总督年羹尧首次对黑河流域各县制定了均水制度。这一年，年羹尧到甘、肃等州巡视地方政事，路过黑河流域的镇夷（高台县境内）等五堡，当地士民遮道堵路，向年羹尧告状，控诉当地官府在黑河流域分水不公、水利失平的情况。年羹尧对此事比较重视，查清原因后，把高台县官萧某降级调离，并饬令临洮府马某亲自到高台县，会同甘肃府道州县各级官吏妥善协商黑河分水章程。最后确定：在每年芒种前十日寅时起，到芒种之日卯时止，高台上游镇江渠以上的18渠一律暂闭。所均出的水在前7天先浇灌镇夷五堡的地亩，后3天浇灌毛（目）、双（名不详，未知为双树、双柳或双丰、双井）等二屯堡地亩，并将此永为定例。

张掖黑河水系均水制度，在清朝，年羹尧均水定例为首次，但上述镇夷五堡要求公平配均水利的事，早于年羹尧均水之前就已出现。据《高台县志》载，康熙五十四年（1715年），镇夷堡农民阎如岳就带领乡民到兰州诉求解决上述五堡水利不均、分水不公的问题，不但告诉无果，阎如岳本人还被关押监狱，受尽凌辱。

明清时代，张掖黑河水系农田灌水采取"按粮取水，点香计时"的方法。即依据渠口（分水口）的大小，以及受益农户所交纳的田赋税粮额的多少，来决定该处浇灌的时间。当时将一昼夜分为十二个时辰，按时辰定燃香的长度，管水的人拿上点香的匣子赶到将浇灌田地，水一进地就点香计时，所定的香的尺寸燃完，即刻闭闸停水。但这"点香计水"甚不科学，只认时辰和香的尺寸，不管水势的大小。一日之内，水势昼夜流量都有显著变化，遇到天热雪化冰溶较快，夜晚潮水上涨，水量就大，浇灌也绰绰有余；而若遇到水量减弱，时辰虽够，但水量不足，田亩就不能如数灌溉，甚至使部分庄稼因缺水受旱减产。针对渠水浇灌易起争端的情况，张掖县还在八蜡庙、牛王庙前把均平水利的内容刻成碑文，同时在甘泉书院也刻有关于均分水利的碑记，该碑记还有张掖县令王廷赞关于孔洞涓余，添一昼夜（浇水时间）给某渠施工的记载。

年羹尧制定的黑河下游均水制度及通行于明清时期的点香计时分水制度，对于基本保护公正用水、减少用水纠纷，有一定积极意义。

七、垦荒屯田

雍正八年（1730年），清政府与新疆境内的准噶尔蒙古军发生武装冲突，河西地区成为重点军需补给区，"为了于军兴之时或可节省运价，凯旋之后备裕边储。"清政府于雍正九年（1731年）开始在甘、凉、肃诸州进行大规模屯田，以省挽运，以足兵食。动用军需银数万两，雇用农民修渠平地，共开荒地三十六万多亩。清同治、光绪年间，左宗棠西征期间，曾屡次凑拨款项，命令各地官员配发口粮、籽种、牛畜、农具，安抚难民流亡，使之归农垦种。并倡导"兵屯""民屯"同步并举，极力恢复生产，促使民生复苏。

清政府早在顺治年间就一再下令要求地主官吏招民垦荒，并规定了相应的扶持政策。清初，黑河水系各流域仍有很多荒田，针对这种情况，顺治五年（1648年），镇甘肃（治所在甘州）总兵孟乔芳在平乱后对张掖恢复治理和发展生产，一方面实行蠲免荒地税粮，一方面废除以往的苛政。此时境内的屯区主要有：

（一）三清湾屯田

在高台县城东南7.5公里处，雍正十一年（1733年）垦辟，由原任南宁知府慕国瑛负责，通判廖英专司水利，有地162.32顷。灌渠从张掖县鸭子渠引水，全长45公里，渠分五个字号，每号灌地2000—4000余亩。开垦当年下糜、粟种1.445石，收获后除去籽种，官民各分得4484石；翌年下种小麦、青稞、豆子、糜、粟共2710石，除去种子，官民各分得3214石。雍正十三年（1735年），又种麦、青稞、糜、粟共973石，除去种子，官民各分得2462石. 乾隆元年以后，下种量更大，收获也相应增加。

（二）柔远堡屯田

在高台县城西南10公里处，雍正十一年开垦。先后经历人员有驿臣李洪绥、州同荆有庆、县臣王敷等。乾隆时由高台县主簿管理，有地51.08顷，灌渠长39.5公里，内分四号，每号灌地1000多亩。雍正十三年，下种小麦、青稞、糜、粟共376石，除去种子，官民各分得578石。乾隆元年以后下种量更大。

(三) 九坝屯田

在高台县城西北10公里处古城外，雍正十一年（1733年）开垦，有地12.16顷，灌渠长4.5公里。当年下种糜、粟80石，收获后除去籽种，官民各分得95石。翌年种麦、糜、粟109石，收获后除种子外，官民各分得90石。后因土地碱、沙太重，不宜耕种，奉文停种。

(四) 平川堡屯田

在张掖县城北40公里处，雍正十一年开垦，有地21.69顷。灌渠主要由接修现成各渠坝而成，新开渠只有4.5公里。初由张掖县令李廷桂经理，后交由主簿黄汉文、驿臣李洪绥主管，乾隆时，由高台县主簿管理。开垦当年下种糜、粟、豆58石，收获后除种子外，官民各分得501石。翌年种麦、豆、粟共145石，收获后除去种子，官民各分得787石。雍正十三年下种麦、豆、糜、粟119石，收获后除去籽种，官民各分得912石。平川堡屯田地质肥沃，产量高达下种时的二十几倍，开垦费用少，因此官民都从屯田中得到很大的收益。

雍正三年（1725年），河西废除卫所屯田制，改立县制。屯田时期所开发的土地，经过长时间的朝代更迭和军民迁徙都转入当地土户，而当地土户基本是历代屯军屯民的后裔，军屯与民屯遂无区别，所有耕地一律按等起科．由县实行行政管理。县管后，建立了一套严格的监督制度，"奉歌交部议准，"高台设主簿一员，管三清湾、柔远、平川电务。毛目城设县塞一员，管毛目、双树墩屯务。垦务在历代基础上又有了新的发展。《甘州府志》卷十四《开垦屯田记》载"雍正十年，特饬甘肃诸大臣酌议发办于嘉峪关口内外柳林湖、毛目城、三清湾、柔远堡、双树墩、平川堡等处，相度土宜，开垦试种，穿渠通流，以资灌洒。凡所以经水之利，顺土之宜，莫不周详备至。"三清湾屯田开垦的结果是"地、渠告竣，计垦成熟田二万余亩，合柳林湖等处新垦屯田，约计二十万墒"。

清朝在甘、凉、肃州大规模开办屯田，兴修水利，开荒36万亩。实行雇民耕种、佃民耕种、兵丁营田、安置移民屯田等形式，时有民户

28.24万户,有屯户53.9万户。到宣统元年(1909年),境内有屯田7670多顷,其中熟地7500多顷,在区内修了三清渠、柔远渠、暖泉渠、小坝渠、镇江渠、新鲁渠、石灰关渠、水关坝渠、黑新开渠、永安渠、元丰渠、有本渠、更名东西渠等,大小渠道170多条,灌溉面积1.4万顷,形成稳定的农业区。

第三节 清代张掖的水利

清初连续对新疆准噶尔部用兵70多年,在长期战争中,前线将士的军粮供给成为很大问题,张掖便成为西征的后方基地,清政府把屯田提到了头等重要地位,清人说得更直白:"无黑河,则无张掖。"清朝康熙、雍正、乾隆三代,更加重视对河西走廊的经营,广泛召民到河西屯田,大规模兴修水利。

继明朝兴修水利的良好基础,清代张掖辖属各县为了防止洪灾而在固坝、设闸等方面,积极作为,尤其是黑河水系各大河流治理和灌溉水渠的开挖,针对"黑河水势宽大,迁徙靡常,所灌田亩岁有冲坍"等状况,清政府采取了兴修水利、治理水害、保灌农田的有效措施。一是对前代的旧渠重新调浚,或深掘,或加宽,或截柳插椿(贴草垡植被,使草树生根互相交错,以保护堤岸不被洪水冲决),或在主渠两岸开设闸门,减缓水势,分流以扩大灌田面积;二是在前代既有渠坝之外,新开水渠,分坝设闸。三是设官吏专门管理水利。清代设府县同知、县丞、通判、主簿管水利,灌区由水利把总率弁兵、夫役管理。不仅修复了明代已建水利工程,而且兴修了三清渠、柔远渠、暖泉渠、小坝渠、镇江渠、新鲁渠、新开渠、永安渠、元丰渠、有本渠等。这是张掖水利事业发展的第三个兴盛时期。清康熙到乾隆年间,张掖境内的渠道达170条。《甘州府志·水利篇》所载,在清代乾隆三十七年(1772年)四月,甘州知府钟赓起编修《甘州府志》时,共统计出甘州府各县所开引的黑河水系各大河流及泉水水渠共计为127条。

第六章　张掖农业的恢复时期——清顺治至道光年间

这里就时属张掖辖各县水利渠系工程作以梳理。①

一、张掖县

上述127条水渠，属张掖县的有47条，有渠名的有：

（1）大官渠，位于甘州城西南，计有3号，设18闸分水。

（2）永利渠，位于甘州城西南，计有3号，设分水闸9道。

（3）盈科渠，属前代开挖，至清代共分5工，设分水闸36道。

（4）齐家渠，位于甘州城东南，计有10号。

（5）仁寿渠，属明代杨博等人所开，清代兴修而益增广。

（6）草湖土军永安渠，位于甘州城东南，渠分3号。

（7）大满渠，系前代旧渠，至清代增上、下2号，设分水闸21道。

（8）更名南旗渠，位于甘州城东南，分5旗（号）。

（9）大古浪渠，位于甘州城之南，计有3号，设分水闸16道。

（10）小古浪渠，位于甘州城之南，设分水闸7道。

（11）小满渠，位于甘州城之南，计有3号，设分水闸21道。

（12）阳化（东西）两渠，位于甘州城之南，号、坝、闸数不详。

（13）马子渠，位于甘州城南，计有3工，设分水闸21道。

（14）宣政两渠，位于甘州城之南，其工、号、坝、闸不详。

（15）安民沟渠，位于甘州城西，清时新开水渠。

（16）四海渠，位于甘州城西，系新开渠，设分水闸5道。

（17）城北旧渠，位于甘州城西北，设分水闸9道。

（18）城北新渠，位于甘州城西北，设分水闸3道。

（19）加官渠，位于甘州城西南，共计3号，设分水闸9道。

（20）大满新渠，位于甘州城南，设分水闸8道。

（21）小满新渠，位于甘州城西南，设分水闸6道。该渠原为明代隆庆年间甘州巡抚石茂华、副使杨衍庆所督修。

（22）木龙坝（龙首）渠，位于今龙渠乡龙首堡村附近。明嘉靖年

---

① 王元第：《黑河水系农田水利开发史》，甘肃民族出版社，2003年10月。

间，甘州巡抚杨博亲自督众疏浚该渠，并继修堤坝，募兵防守，是黑河出莺落峡口的首渠。

（23）西洞渠，系黑河分水之渠，位于洞子渠对岸，即黑河两岸出山口附近。

（24）巴吉渠，位于甘州城西南，计有10号。

（25）永丰渠，位于甘州城西南，其分坝设闸情况不详。

（26）旧塔儿渠，位于甘州城西北，今乌江乡境内。

（27）小泉渠，位于甘州城西南。

（28）牙喇渠，位于甘州城西南，计有5号。

（29）上沤波渠，位于甘州城西，计有14号。

（30）新丰渠，位于甘州城西北。

（31）江淮渠，位于甘州城西北。

（32）下沤波渠，位于甘州城西。

（33）有本渠，位于甘州城西北。

（34）敬依渠，位于甘州城北。

（35）黑水沟渠，位于甘州城西北。

（36）回回渠，位于甘州城东。

（37）左暖泉渠，位于甘州城东。

（38）重新渠，位于甘州城东。

（39）老人坝渠，位于甘州城东北，分为上、下两沟。

（40）阿薛古渠，位于甘州城东北，设分水闸10道。

（41）更名北旗河东、河西两渠，均位于甘州城西北，东渠计有7旗，西渠计有11旗。

（42）东泉渠，位于甘州城东北，设分水闸4道。该渠就是明代嘉靖年间巡抚杨博采纳指挥张廷辅的建议，为免除城郭沮洳浸坏而浚渠东注，兼利出亩的泉水渠。

（43）平顺渠，位于甘州城之南，设分水闸4道。

（44）溢泉渠，位于甘州城之西。

据《甘州府志·水利篇》记载，"张掖系黑河弱水蔓延之区，到处洼下，掘土成泉①，滞则有沮洳之虞（成为沼泽浸坏城郭墙屋的忧虑），疏则有灌溉之利。"汉唐开屯以后，兼修水利，到了元、明更加推广水利兴修事业。清代仍重视黑河水系兴修水利之事。但由于水渠往往涨于沙，浸于卤（盐卤、盐碱），造成大量摺荒盐碱耕地，不堪耕种，时时由地方官上奏请免租赋。张掖一县的水渠，名目可能比上述开列的还要多，但渠道沿废增减，由于资料兵乱亡佚，不能详细考证。这里的渠名仅仅是编修《甘州府志》时，以当时渠长统计上报的实有名目为依据。

二、东乐县

东乐县有23条，有渠名的有：

（1）洪水渠，共分有头、二、三、四、五、六坝之渠，上述六坝均从洪水河引灌。

（2）马蹄渠，即今马蹄河，属肃南县。在清代，马蹄渠水流量较大，共分有头沟、二沟，引马蹄河水灌溉。

（3）虎喇海（今民乐顺化、丰乐乡海潮坝河）东西两渠，其东渠也叫东干渠，引海潮坝河水灌溉东岸流域间耕地；西渠即西干渠，也引海潮坝河水浇灌海潮坝河西岸各村、堡农田，自夏至秋各村、堡按分水规定每一月又三天轮浇一次，共三次，当地农民叫头轮水、二轮水、三轮水。

（4）明洞渠、鹿沟渠，该两渠在清代俱引海潮坝（虎喇海渠）水灌田。

（5）酥油口渠，在今民乐县城西，其分坝设闸不详。

（6）宣政东渠，宣政渠分东、西两渠，因宣政两渠清代属张掖境内，故东乐县只领宣政东渠。上述两渠均由酥油口河引水灌溉。

（7）大小都麻河，位于今民乐县城西，两河各有引水分渠《甘州府志》漏载。

---

① 但张掖一带的泉水之源并非黑河一流，尚有其南祁连山各山口如洪水河、山城河、海潮坝河、大小都麻河、酥油口河、大野口河等。

（8）慕化大小二渠，该渠系由大都麻河引水灌溉，位于今民乐县城西南。

（9）东乐渠，在今山丹东乐乡境内，共设水坝7道，一说共有9坝，实即山丹河水。

山丹渠还有十二、十四、十九、二十4坝。东乐渠坝与十二、十四、十九、二十4坝，都从山丹东西两泉引水灌溉，至清乾隆年间又增开十三、十五、十六、十七、十八5坝，以灌溉新增田亩。

（10）河宁口，当地农民称河牛口，在今民乐县南古乡柳谷村。

（11）西屯寨渠，位于甘州城东，分坝设闸情况不详。

（12）和安堡渠，位于甘州城东，分坝设闸情况不详。

（13）房家寨渠，位于甘州城东，分坝设闸情况不详。

清代东乐县承分管洪水、虎喇（海潮坝）、大都麻、小都麻、马蹄等六大河渠，为黑河水系主要河流，均发源于祁连山冰川积雪融化之水，灌田成膏。从山丹东西两泉发源引灌的水渠，共有9道，比前代新增5道分坝，渠名较前少有变化，到河宁口（又叫河牛口）、西屯寨、乐安堡、房家寨，因渠流程较长，其引水系统混合在各分坝之内。

三、山丹县

属于山丹县的引水渠有22条，有渠名的有：

（1）南草湖渠，位于山丹县城之南，全渠有13座分坝。

（2）西草湖渠，位于山丹县城之西，分坝不详。

（3）暖泉渠，位于山丹县城之南，共有分水闸5道。

（4）东山坝渠，位于山丹县城南，分坝不详。

（5）西山坝渠，位于山丹县城南，分坝及设闸不详。

（6）塌崖泉渠，位于山丹县城南，分坝及设闸不详。

（7）新开独泉渠，位于山丹县城南，分坝及设闸不详。

（8）义得渠，位于山丹县城南，分坝及设闸不详。

（9）无虞山口渠，位于山丹县城南，分坝及设闸不详。

（10）童子寺渠及其东西共3渠，位于今民乐县童子寺一带，分坝设闸不详。

（11）大黄山坝渠，位于山丹县城东南，分坝及设闸不详。

（12）独泉渠，位于山丹县城东南，分坝及设闸不详。

（13）卫厅木沟渠，位于山丹县城东南（因初设卫厅时在此处采木料，因有此名）。

（14）白石崖渠，位于山丹县城东南，该渠之水发源于青海大通河，即由大通河分派而来。明正德七年（1512年）后，因边遭寇犯而该渠流域田亩荒芜；至嘉靖二十八年（1549年），巡抚都御史杨博发告示晓谕士民，并督砌山隘，增添墩台，疏通原白石旧渠，才使荒田重新耕种起来。至清代仍沿用该渠，分坝及设闸不详。

（15）大慕化东西二渠，位于山丹县城西南，即今民乐县西南，分坝及设闸不详。

（16）小慕化上下坝二渠，位于山丹县城西南，分坝及设闸不详。

（17）红崖子渠，位于山丹县城之南，共分为3坝。

上述大小慕化四渠，修开早于明代，至明已湮没不堪使用。明巡抚都御史杨博和副使石永于嘉靖年间督众重新疏浚整修，使四渠流域内荒田尽行恢复耕种。

四、抚彝厅

属于抚彝厅的有35条，有渠名的有：

（1）抚彝渠，位于县城之北，分上、中、下3号。

（2）新工渠，位于县城之北，分上、中、下3号。

（3）小鲁渠，位于县城之西，分坝设闸不详。

（4）小新渠，位于县城东北，分坝设闸不详。

（5）鸭子渠，位于县城之东，元代刘恩在张掖屯田，所在抚彝厅鸭子翅（黑山正在鸭子渠流域）。

（6）暖泉渠，位于县城东，分坝设闸不详。

（7）葫芦湾渠，位于县城东，分坝设闸不详。

（8）东海渠，位于县城南，分坝设闸不详。

（9）早兀喇渠，位于县城南，分坝设闸不详。

（10）通济、化音二渠，位于县城南，分坝设闸不详。

（11）明麦渠，位于县城东，分上、下2号。

（12）永济渠，位于县城东，分坝设闸不详。

（13）昔喇下坝渠，位于县城东，据旧志说，分水闸2道。

（14）板桥渠，又名板昔喇渠，位于县城东，明代嘉靖年间巡抚都御史杨博、副使石永督开黄家湾、张家湾、傅家庄、白果园等渠，正在板桥渠之处。

（15）头坝渠，位于县城东，分上、下2号。

（16）二坝渠，位于县城北，分上、下2号。

（17）三坝渠，位于县城北，分上、下2号。

（18）四坝渠，位于县城北，号、坝、闸不详。

（19）五坝渠，位于县城西，号、坝、闸不详。

（20）八坝渠，位于县城西，号、坝、闸不详。

（21）九坝渠，位于县城西，号、坝、闸不详。

上述各渠皆引黑河水灌溉。

（22）西海渠，位于县城南，号、坝、闸不详。

（23）威狄渠，位于县城南，又名委的渠，号、坝、闸不详。

（24）德安渠，位于县城南，号、坝、闸不详，明代巡抚都御史杨博檄指挥曹凤兴修水利及进行屯垦就在该渠流域。

（25）古集渠，位于县城南，号、坝、闸不详。

（26）土军渠，位于县城南，因当初土军在此地屯田，因以"土军"为名。

（27）倪家渠，位于县城南倪家营一带，号、坝、闸不详。

（28）橙槽渠，位于县城南，以橙槽跨河引水灌溉，所以称为橙槽渠，该渠号、坝、闸不详。

（29）小彩竹渠，俗名为小采渠，位于县城南，号、坝、闸不详。

（30）梨园渠，位于县城南，明代巡抚石茂华、副使杨衍庆曾在此处疏浚并新开渠坝，也名梨园河。

（31）铺家渠，位于县城南。

以上各渠俱影响山河冰雪融水灌溉。

（32）九眼渠，位于县城东。

（33）五眼渠，位于县城东。以上两渠分别引九眼泉、五眼泉之水灌溉。

（34）双泉渠，位于县城东，引用碱滩水灌溉。

以上抚彝厅大小渠，由黑河引水灌溉的有22渠，由响山河引水灌溉的有10渠，响山河也发源于祁连山冰川积雪融水。自红山岸起，直连威狄渠止，其水源远流长，抚彝城东南沙河接济渠一道，自毛家湾至沙河堡，通连早兀喇、东海、通济等渠止，其河水盈荡干涸亦赖响山冰雪水多寡而定，唯五眼、九眼、双泉皆引本泉之水（即祁连山、响山地下水出头之源），抚彝人民生计全赖其地利水利之便，当地为鱼米之乡，其本全在于水利。

关于高台县渠系，因清代将高台县划属肃州府管辖，因而未录。

河西人民俗有"有林才有雨，密林好积雪，赖积雪之水，资灌溉之利"之说。祁连山孕育了苍翠的林木，涓涓细流滋润着河西走廊，使这里的人民得以繁衍生息。从历代封建王朝至近代，都把祁连山视为"生机之源""养命之根"。正如《河西志》记载："河西人民把祁连山区当作命根子和铁饭碗，没有祁连山的森林，就没有衣食住行的来源。"护林养泉是保护河西农牧业生产的重要举措。历代王朝在政局稳定时较为重视护林养泉，而在政局动荡之年，森林往往遭到破坏。清代前期沿明制，严禁砍伐，而后政令废弃，无人保护，森林操于驻军，滥事采伐，影响水利甚巨。到了乾隆年间，《甘州府志》记载：往昔林木茂密，原藏冬雪，滋养山泉，故常逢夏水盛行；今则林毁雪微，泉减水弱，而浇灌渐难，岁难一获，且多间歇种者。

嘉庆年间甘肃提督苏宁阿驻甘州期间，特别重视保护黑河源头。当时陕西商人意在黑河发源地八宝山开发铅矿，苏宁阿当即带人到现场考察，见八宝山松柏成林，树冠上积雪皑皑，珠滴玉溅，细水下泻，汇为巨流，奔腾出山。苏宁阿感慨地说："黑河之源，是甘州百姓的生活之源，岂能让人开山破坏森林，断送资源。"于是上奏朝廷，嘉庆皇帝恩准，下旨禁伐祁连山森林，以保水源。苏宁阿用生铁万斤，铸"圣旨"

二字于碑，上书"伐一株者斩"，立于八宝山麓，永为铭志；并悬挂铁牌"禁止入山伐木"，规定"每三年伐一次，斧不过八柄，人不过二十"的育林、护林记载。同时还撰写《八宝山来脉说》《八宝山松林积雪说》，其中记载有"甘州居民之生计全依松林多而积雪，若被砍伐，不能积雪，大为民患，自当永远保护"。这是历史上第一次提出保护黑河源头，并真正付诸实施的人。自此，张掖人民倍加保护，使黑河之水入渠灌田，始保其收获。

读苏宁阿封山碑文，令今人肃然起敬。

第四节　清代张掖的种植业

清代，由于兴修水利和土地面积扩大，张掖农业有了大的发展。粮食作物主要有小麦、玉米、谷子、豌豆、洋芋、水稻、青稞、大麦等10多种。其中，小麦是最主要的粮食作物，播种面积和产量均居全区粮食作物之首。这一时期，张掖种植业在粮食作物、经济作物、农业技术与管理以及特色农产品等方面均取得了显著的发展。

一、五谷粮食

农业中的大宗粮食作物，至清时，甘州府全境所产谷物类的粮食有黍（俗名糜子，碾去皮壳后称黄米）；稷（俗名谷子，碾去皮壳后称小米）；稻子多出于张掖西北今乌江一带及临泽县、高台，俗名大米或白米。糯即糯米；小麦，全境皆宜种植；《金史》称小麦"白麦与山东无异，俗以东乐（所产小麦）为上"；大麦（俗名连皮，皮壳经碾舂方脱，故叫连皮）；青稞，产量较高，宜于沿山地区气温较低地带种植，生长期短，但张掖、抚彝厅等地也可种植，是食用、酿酒的主要原料；莜麦亦有出产；蚕豆（今称大豆，甘州农民均有种植，种类有大大豆、小大豆之分）；豌豆（即毕豆，俗名叫小豆子，与青稞炒熟可作炒面，小豆、大豆磨面可作粉，且为牛马等大家畜的精饲料,豆麦碓面后可兼供军饷);黄豆(今称为大豆,可作豆腐);黑豆;扁豆(小而形扁,故名);那孩豆(其俗名不详);绿豆(色绿而小,其性凉,盛夏将绿豆与小米合煮为粥,可清热。冬天农家以筐发绿豆芽可当蔬菜,品质优);胡麻(可以榨油,质优味香);菜籽(又名油菜籽,可榨油,出油率高于胡麻,性凉,盛夏灌喂耕牛,可清热)。

二、蔬菜种植

清代,蔬菜在张掖境内也大量种植,以作副食。主要种类除明及前代所有者外,如萝卜、胡萝卜外,还有白菜(又叫菘)、芹菜、芥菜(又叫芥末)、甜菜(又叫甜萝卜),胡萝卜中已有红、黄两种,另有一种紫皮萝卜;葱、蒜、韭菜已经普遍栽培;薤、苤蓝、南瓜(俗称倭瓜)、瓠、葫芦、茄子、黄瓜、菠菜、芫荽(俗名香菜)、莴苣、茼蒿、沙葱(不植于耕地中,戈壁滩、荒丘以及合黎山阳台所出者最佳)、椒蒿(可调味)、杞芽、沙芥、苣荬(俗名不详)、圆根(即蔓菁,味甜美),山中又多产蘑菇(红白两种),还有头发菜(清人李渔来张掖,食用后称其为河西物产中第一)、羊肚菜等。

三、果树栽植

清代,张掖果之类有桃、杏(其中巴丹杏仁甘美,元朝时常以其核仁作贡品)、李、梨(张掖盛产长把梨,味也佳)、黑梨子(经冬月既冻后,色黑如墨,味更佳)、查(俗名软儿,味微酸甘美,下树后俟其软乃可食)、奈子(《广志》:"张掖白奈,酒泉赤奈")、白果(属花红林檎之类,俗以色名称之,花红色即花红果)、林檎、花红、冬奈(俗名楸子,色赤,味甘酸。《唐书》说:土贡有冬奈,甘(州)人取其汁煎为膏,印花纹名曰果单皮)、樱桃、葡萄(相传汉张骞自西域引移种栽此地,味佳)、沙枣(有红、黄二色,果大小如棘,实末如细沙,甘酸可口)、西瓜、甜瓜(瓜州瓜美名,清已从沙州即敦煌一带移入张掖，黑河流域西北所种者味最佳，还有一种甜瓜大小如拳）。

四、花圃花卉

清代张掖已重视修治花圃，养花观赏，张掖所栽培的花卉，大致有探春、丁香、牡丹、萱草、蜀葵、玫瑰、蔷薇、荼蘼、黄红刺梅、山丹花（山中也盛产，农家移入栽培）、卷丹（形同百合，但其叶宽于百合，花也比百合更美）、石竹、罂粟花（有五色）、珍珠花（花蕾小的如珍珠，多年生）、六月菊、金凤、毛金莲（有五色，俗名荡池娇）、凤仙花、西来意（又称绣球梅）、芍药（张掖生长最艳）、鸡冠花、菊花（不同于上述六月菊）、石榴（盆栽，冬入窖）、木槿（盆栽，冬入窖）、绯桃（俗称碧桃）。

五、植树造林

植树造林与农田水利关系密切，明清时期，植树造林已成为官府的一项政事活动。同治十年（1871年）至光绪六年（1880年），陕甘总督左宗棠饬各防营，于操防护运之暇，次第承修各县的房屋、道路、桥梁、祠庙、学校，并修渠筑坝。张掖县开渠7道，修复马子渠56公里扩宽通往东西的道路（基本走向同今甘新公路）3—10丈，广植树木。左宗棠指导清军沿陕甘、甘新古"丝绸之路"两侧广植杨树、柳树，数年后，杨柳成行，绵延几千里，被后人誉为"左公柳"或"左公杨"。杨昌浚赋诗曰："大将筹边尚未还，湖湘子弟满天山。新栽杨柳三千里，引得春风度玉关"。明、清时期，张掖境内已经重视植树造林。

除用植树造林保护渠堤、防风固沙外，在宅前屋后街道院落，古刹庙院中都植树以美化环境。当时树木种类有榆、柳、柽（三春柳）、桑、椿、槐、白杨、青杨、松树、柏、侧柏、桧（柏的一种，又叫胭脂柏）等。榆木是张掖人民制造大车的主要材料，大车轮、辐、轴必用榆木制作。

嘉庆七年（1802年），甘肃提督苏宁阿著《引黑河水灌溉甘州五十二渠说》，主要论述森林调节祁连山冰雪融水的功能。

第五节　清代张掖的畜牧业

清代张掖的畜牧业，较明代有所发展。早在清顺治八年（1651年），总兵官张勇就在洪水（今民乐县洪水乡一带）开设皮毛马匹交易市场，同今青海省境内的藏族进行交易。《秦边经略》一书中也有"时，总兵官筹皮马之利，始与海部（青海）通市（贸易）于洪水"的记载。

一、争夺大草滩草场

通过皮毛茶马交易，蕃族部落的一些贵族首领乘机移近民乐边境驻牧，并不时地掠夺张掖境内的人口和牲畜，并通过勒索被抢者的赎财等物后，才能放回被掠人、畜，从而使甘州南部边境遭到较大的侵扰。康熙四年（1665年），青海蕃族首领（即青海蒙古厄鲁特部酋长怀阿尔赖）常过大草滩入京师进贡，意欲请割大草滩（今山丹军马场）为蕃族牧地，朝议不决，派人勘查大草滩。康熙的使臣会同提镇督抚等官员勘后欲答应蕃部的要求，割让大草滩牧场。但当时协镇永固（今民乐永固乡）的甘肃副总兵王进宝坚持不可割大草滩，因为"大草滩处甘凉扼要"，如果把这块牧场分割出去，等于拆除藩篱，从此以后，不仅甘州一带畜牧业直接受到影响，而且河西边陲再无安宁之日，同时提议，"不仅不能把大草滩牧场分割给海部，而且还要加固永固城郭以凭借守卫大草滩"。王进宝的建议得到了康熙帝的允准，朝廷提拔王进宝为副总兵，协镇永固。从此使祁连山以北（张掖境内）再无海部蕃族放牧民帐篷。由于王进宝力主保留大草滩，康熙帝在北京亲自召见了他，并晋升王进宝为西宁总兵。王进宝力保大草滩，为发展张掖地区的畜牧业作出了重要贡献。

后来，由于青海蒙古厄鲁特部酋长怀阿尔赖觊觎大草滩的野心未能得逞，在洪水开设皮毛马匹市场后，曾率领弓弩手3000人，驱赶马匹数千，移徙放牧于白石崖口外的野马川，继而进据大草滩、焉支山，并屯驻定羌庙（山丹之东），从此甘州与凉州的通道被阻断。这年冬天（即康熙四年，1665年），王进宝设奇计击破怀阿尔赖，随即加筑永固城，以王进宝驻守。乾隆十五年（1750年），清政府原在大草滩设提标马场，由于此时畜牧业发展较快，马群繁殖甚快，大草滩牧场已显得地狭马多，所以提督成元震又在这年将大草滩的马匹移往古佛寺（今民乐双树寺大河上游石佛寺）放牧。① 古佛寺在扁都口以外，其地有野马川，水甘草美，马匹繁殖甚快。清嘉庆六年（1801年），大马营草滩孳生马1.8万余匹。至晚清时，时局动荡，马政衰微，大马营草滩仍有马数百匹。

二、游牧民族归附清朝

乾隆年间，除大草滩、野马川外，张掖地区其他游牧民族多归附清朝。在祁连山一带和边塞之下进行放牧，也"得宁其家室，育其子孙"，其畜牧业发展很快，当时张掖一带的少数民族牧场还有以下一些地方：

（1）张掖县（今甘州区）境内南部大野口以内的西流水林场地方有460余名蕃族放牧，其酋长副头目叫锁喃铁令，该部牧民每年向清廷贡马2匹。

（2）今临泽县南约100余里，有裕固族牧民，其酋长正头目叫端都扎什，副头目叫薛令扎什，共有牧民2053人，放牧草场在牛心滩一带。

另酋长正头目叫善巴，副头目叫薛儿加什，该裕固族支系有1566人，他们住牧的牧场在思曼地方。

又一酋长正头目叫纳卷却吉，副头目叫班第马乌藏布，有男女老少1689人，他们住牧的牧场叫大牛毛山，据张掖约50公里。

---

① 《甘州府志》以为成元震移徙大草滩牧马于古佛寺时在乾隆十五年，与《山丹县志》不合，并录以存参考。

另一支系酋长正头目叫簪巴嘎，副头目叫尔旦木架，该部族共有男女老少992人，他们住牧的牧场叫本本耳干，距张掖有95公里。

还有一酋长正头目叫贡格，副头目叫洋喇什嘎，该部族共有男女老少837人，他们住牧的牧场叫半个山，距张掖有45公里。

上述裕固族牧民每年向清政府贡马数目分别为15匹、23匹、23匹、12匹、9匹，均由梨园营管辖。

（3）在今民乐县黄草沟牧场有一支藏族牧民住牧，其酋长总头目化密加，副头目宫卜扎什，共有男女老少565人，据洪水约25公里之地，每年向清廷贡马8匹，该部牧民由洪水营管辖。

（4）在今民乐县境内，还有一支藏族牧民，其酋长正头目叫阿干段住，共有男女老少1272人，这支牧民住牧的草场在大都麻河两旁山地，距农业区约15公里。每年向清政府贡马12匹，属南古城营管辖。

以上由甘州城守、梨园、洪水、南古四处所管辖的地域，共有牧场8处。这些牧民的祖先倾心归诚清政府后，于康熙三十七年（1698年）经川陕总督吴赫奏请，奉旨安插在上述八处牧地居住，至乾隆四十五年（1780年），已生活在这一带80余年。上述头目都是承袭世职，他们向清廷私馈（赠）的皮币叫"手信"，岁时加献的物品叫"添巴"。

清代的张掖，无论牧民或是农家，其畜种主要有马、骡、驴、牛、犏牛、牦牛、绵羊、骆驼、山羊。主要的畜产品有褐、绒、皮革、牛毛、羊毛、毡、奶酪、皮胶、酥油等。顺治八年，在洪水（今民乐县城）开茶马互市，"筹皮马之利，始于海部通市于洪水。"部分优良畜种销往外地，羊毛、皮张经兰州、包头运到天津出口。

第六节　清代张掖的农业成就

由于清初顺治至乾隆年间所采取的一系列有力措施，使张掖境内的封建生产关系得到一些较为合理的调整，为清初张掖社会经济的恢复和发展创造了比较有利的条件。在清代，张掖种植业形成了多样化的农作物种植体系，粮食作物成为张掖种植业的重要组成部分。同时，经济作物在清代张掖种植业中开始占据重要地位。此外，当地农民还注重农作物轮作和复种，以提高土地利用效率和农作物产量。张掖境内各族人民以垦田屯军的共同辛勤劳动，使本地农业经济得到恢复和发展。

一、耕地面积扩大

在农业方面，首先表现在荒地大量开垦和耕地面积不断扩大上。据《甘州府志·食货·合属赋役实征表》记载，清代张掖全境耕地面积为13347顷8亩有余；其中东乐县有耕地1389顷有余，山丹县有耕地4093顷有余，抚彝分府（厅）耕地面积为1699顷有余，张掖县有耕地10506顷6亩有余。上述耕地中，清政府对甘州府实征税粮的耕地面积为12809顷有余；其中张掖县实征耕地为7003顷有余，东乐县实征地亩为1371顷9亩有余，山丹县实征税地亩为2761顷9亩有余，抚彝分府（厅）实征税地亩为1671顷9亩有余；在耕地面积中张掖另有学田2634亩。时高台县隶属肃州，故未计算在内。

二、有效灌溉面积显著增加

清代张掖地区作为西北地区重要农业区域，其农业发展在清代达到了一个新的高峰，其中有效灌溉面积的显著增加是这一时期农业发展显著标志之一。这一现象不仅反映了张掖各县及抚彝厅在水利建设上的巨大成就，也彰显了当地农业生产力的提升。

在清代，张掖县作为核心区域，其水利灌溉体系得到一定程度的完善。据记载，张掖县共有47条渠道，这些渠道纵横交错，覆盖了广阔的农田，使得3428顷30余亩的耕地得到了有效灌溉。这一数字不仅体现了张掖县在水利建设上的投入与努力，也直接推动了当地农业生产的快速增长。这些渠道不仅满足了农作物的灌溉需求，还通过科学的灌溉管理，提高了土地利用率和作物产量，为当地农民带来了实实在在的收益。

与此同时，东乐县、山丹县以及抚彝厅等地也紧随其后，纷纷加大水利建设力度。东乐县的23条渠道共灌溉2838顷7亩有余的耕地，山丹县的22条渠道（归总为五大坝）则灌溉了1383顷有余的耕地，而抚彝厅的35条渠道更是灌溉了1710顷59亩有余的广阔农田。这些数字的背后，是无数劳动人民辛勤汗水的结晶，也是张掖地区农业发展的生动写照。

值得注意的是，这些有效灌溉面积中，除了原有已开发的耕地外，还包含了大量清代新开或修整后的河渠流域新增的灌溉面积。这些新增的灌溉面积，得益于清政府对于水利建设的高度重视和持续投入，也得益于当地农民对于水利设施的积极维护和管理。他们通过开凿新渠、疏浚旧渠、修建堤坝等方式，不断扩大灌溉面积，提高农业生产能力。

有效灌溉面积的显著增加，不仅为张掖地区带来了丰富的粮食和经济作物产量，也促进了当地经济的繁荣和发展。同时，这一成就也为我们今天研究清代农业历史提供了宝贵的资料和参考。它告诉我们，只有重视水利建设、加强农业基础设施建设、提高农业生产能力，才能实现农业的持续发展和农民生活水平的不断提高。

三、人口迅速增长

清代张掖人口增长历程，是一段融合了灾难、复苏与繁荣的复杂叙事，它深刻地反映了农业生产的恢复与发展对于人口动态的决定性影响。在清初的动荡时期，张掖地区遭受了多次重大兵乱的沉重打击，导致人口锐减，社会经济几近崩溃。

然而，正是这样的逆境，激发了张掖人民重建家园的强烈愿望，也为后来的农业复苏和人口增长埋下了伏笔。随着战乱的平息和清政府的统治逐渐稳固，一系列旨在恢复和发展农业生产的政策措施相继出台。政府鼓励垦荒，提供种子、农具等生产资料，减轻赋税，甚至对于新开垦的土地给予一定年限的免税优惠。这些措施极大地激发了农民的生产积极性，他们纷纷回到故土，开垦荒地，重建家园。随着时间的推移，张掖的农业生产逐渐恢复了往日的生机。肥沃的土地在勤劳的农民手中焕发出新的活力，粮食产量大幅增加，经济作物也开始种植。农业生产的恢复不仅满足了当地人民的基本生活需求，还为人口的增长提供了坚实的物质基础。同时，随着农业技术的不断进步和水利设施的逐步完善，农业生产效率进一步提高，为人口增长提供了更为广阔的空间。

在农业生产的推动下，张掖人口开始迅速增长。据乾隆四十三年（1778年）甘郡进呈的民数册显示，当时张掖地区的人口数量已较汉、唐、元、明等历史时期有了四五十倍的增长。甘州府1厅2县合计人口809540人，其中民户人口280470人，屯户人口529070人。这一惊人的数字背后，是农业生产力的飞跃和人口政策的积极效应。值得注意的是，清政府在这一时期实行了"永不加赋"的政策，即按照康熙五十一年的人口统计结果确定税额，后续新增人口不再增加赋税。这一政策减轻了农民的负担，促进了人口的自然增长。

此外，张掖地区人口增长还体现在人口迁移和屯垦活动的活跃上。由于当地农业生产条件的优越和政策的鼓励，许多来自张掖各县的农民选择迁移到新疆等地进行屯垦。他们带着先进的农业技术和生产经验，在新疆开垦荒地，种植作物，不仅促进了当地农业的发展，也为国家边疆的稳定和繁荣做出了重要贡献。

综上所述，清代张掖的人口迅速增长是农业生产恢复和发展的直接体现。在清政府政策扶持下，张掖人民凭借勤劳和智慧重建家园，实现了农业生产的发展。这不仅为当地人民带来了富足和安宁的生活条件，也为国家的人口增长和边疆稳定做出了重要贡献。同时，张掖农业发展历程也为我们提供了宝贵经验和启示：只有重视农业生产，保护农民利益，促进农业技术进步和水利设施建设才能确保农业持续发展和人口稳定增长。

《北城旷览》

[明代] 张联元

山光草色翠相连，万里云尽万里天。
黎岭氛消兵气散，戍楼尘满月华妍。
耕深健犊桃花雨，卧饱龙骊碧柳烟。
羌笛无声边塞远，鸣蛙低伴水潺潺。

中编

张掖近代农业

1840年，鸦片战争爆发，延续了两千多年的中国封建社会开始进入半殖民地半封建社会为特征的近代时期。不同于西方近代社会即以工业化为主导的资本主义社会，中国近代社会不是因为中国社会历史内部自然发展的结果（即新的资本主义生产关系成熟到要求取代旧的封建生产关系，爆发资产阶级革命），而是由于外国列强对中国发动的侵略战争。

鸦片战争，西方列强把中国变成它们发展本国经济的商品倾销地、原料掠夺地，中国领土主权、关税自主、司法主权等遭到空前的破坏。当一个国家已经不能全部独立地拥有领土主权、关税主权、司法主权、领海主权时，这个国家的主权完整就遭到破坏。外国资本主义国家在中国推行殖民主义，引起中国社会内部的变化，把中国推进了一个特殊的近代历史时期，即半殖民地半封建社会。这个社会虽然在后来也产生了民族资产阶级，也曾有过资产阶级建立政权的阶段，但它并不是一个完整的或者说完全的资本主义社会，只不过从历史发展阶段来说，它相当于资本主义近代社会的范畴。中国是被迫进入世界近代历史的。

由于小农经济的大量存在，帝国主义的分而治之，使中国长期不统一，政治经济发展不平衡，中国社会生产力发展缓慢。辛亥革命，推翻了清王朝，结束了中国两千多年的封建制经济制度，由于资产阶级革命的妥协性、不彻底性，中国仍然处于半殖民地半封建社会状态。中国半殖民地半封建社会，从道光二十年（1840年）开始，直到1949年中华人民共和国成立前才结束。

本篇论述时，把近代与民国时期安排在同一部分，个别内容放在同一节，目的是从整体上了解张掖近代时期的社会状况、农业生产与中国半殖民地半封建社会的固有联系及其对中国社会经济发展所带来的影响。

第七章 张掖农业的艰难发展时期

——近代以来至清末

鸦片战争后，随着西方列强的入侵和通商口岸的开放，中国逐渐被卷入世界资本主义市场。中国社会自然经济逐渐解体，导致对农产品需求结构发生变化，传统农业面临巨大市场竞争压力；对张掖农业发展产生了一定影响。同时，帝国主义强加给清政府的不平等条约割地、巨额战争赔款，给中国农民带来巨大经济负担。农业生产更加凋敝，清政府已无力顾及河西，张掖农业在蹒跚中行进。

第一节 近代张掖农业的发展环境

在半殖民地半封建社会中，张掖农民的命运同全中国农民的命运是相同的。具体来看，张掖境内的社会状况十分混乱，农业经济呈凋敝衰落状态，兵乱对农田水利开发不良影响尤为严重。张掖农业发展处于至暗时期。

一、农民遭受的经济剥削

鸦片战争中，清政府面临的财政压力前所未有。战争费用高达约70万两白银，而战败后签订的《南京条约》所规定的战争赔款更是惊人，达到了2100万两白银，这一数额几乎占据清政府1842年全年财政岁收入3714万两的一半。为了筹集这笔巨额资金，清政府不得不将沉重的经济负担转嫁给各省，各省官员则进一步将这些费用分摊至下辖的府、县，最终这些费用如同滚雪球般层层加码，沉重地压在了广大农民的肩上。张掖也未能逃脱这一厄运。依靠微薄土地收入维持生计的张掖农民，农田产出本就有限，加上天灾人祸侵扰，生活已是捉襟见肘，这一时期不得不面对额外赋税和摊派。许多家庭因此陷入贫困甚至破产，农民们的生活陷入了前所未有的困境之中。

与此同时，洋货涌入和鸦片合法贸易，更是对中国社会经济造成前所未有的冲击。这些外来商品以其低廉价格和新颖样式迅速占领市场，严重冲击了国内手工业和农业生产。张掖农民所生产的农产品，在洋货竞争下，价格暴跌，销量锐减，导致农民收入大幅下降。而鸦片贸易合法化，更是让无数家庭陷入吸毒、贫困和死亡深渊。农民们为了购买鸦片，不得不变卖家产、借贷高利贷，最终陷入恶性循环，无法自拔。雪上加霜的是，这一时期张掖地区还频繁遭受自然灾害侵袭。水灾、旱灾、虫灾等接踵而至，给农业生产带来毁灭性打击。农田被淹、作物枯萎、粮食歉收，农民们生活陷入绝境。他们无力抵御自然灾害侵袭，也无法从政府那里得到足够的救济和帮助，只能眼睁睁地看着自己的辛勤劳动化为乌有。面对如此艰难的生活环境，张掖农民不得不奋起反抗。他们通过农民起义方式，试图推翻封建土地所有制和旧有的租佃关系，寻求新的生存之道。然而，由于种种原因，这些起义最终都未能成功。起义失败后，地主官绅们迅速恢复了他们在农村的统治地位，对农民的封建剥削不仅没有减轻反而更加沉重。他们通过种种手段压榨农民，榨取高额地租和劳役，使得农民的生活状况进一步恶化。

相反，从19世纪80年代开始，在农民起义打击下，一度趋于分散的土地占有又重新趋向集中。在半殖民地半封建社会的中国，土地所有权虽日益集中，但土地使用却日益分散、破碎。地主除了自己经营大量的土地外，其余部分给佃农耕种，地主并不肯在土地种植上进行投资，只是向农民榨取苛重的地租，使得农民生活日益贫困。

二、政府摊派苛捐杂税

光绪七年（1881年）三月，清政府在张掖境内开始抽收烟（鸦片）厘（税钱），至此时，清政府把过去的禁烟令完全废弛，借农民种植罂粟征收税金。宣统元年（1909年），山丹地主马起驹勾结官府包办盐局，加重盐税。时童子坝村（属今民乐县）农民杨生华、魏廷瑞（一说魏廷阳）联合农民千余人进山丹县，要求县府惩治马起驹，并推倒马起驹的房屋。县署表面安抚农民，劝他们退回。随即将杨、魏两人拘捕入狱，令其自缢，又勒令群众给马起驹赔偿损失。光绪元年（1875年），甘州农民乔良廷、李太和因贫困而拒纳官粮，立时被杖毙。光绪十八年（1892年）七月，高台县娃坝堡（今黑泉永丰村）农民王陵创立秘密结社的"龙华会"，聚众日渐趋多，密谋杀官劫富。正在酝酿中，知县陈昌徽已尽知实情，先派差役令其解散。此时驻甘州清军提督周达式，为了邀功升官，派兵包围突袭该村，将已解散的会众和村民残忍杀害，并将王陵斩首。周达式因虚报事态获得奖赏加兵部尚书衔。后经御史安维峻参劾，周达式闻后惊死。光绪二十三年（1897年），清政府在张掖各县增收罂粟（鸦片）税，水地每亩征银3钱，川地每亩2钱，山坡地每亩1钱2分。这等于将禁烟令完全废弛，使种植罂粟合法化。民国三年（1914年），北洋政府发行"民国三年国债"，派甘肃40万元（银币），又分摊各县，后本息未还；次年，高台县农民张振清、方仲英聚众数千人，反抗征收"验契税"，并捣毁征信局局长住宅，被县署派兵镇压下去。这一年，袁世凯称帝，北洋政府再次发行"民国四年国债"，甘肃各县共募40万元（银币），后本息未还。是年，官府又对张掖各县农民加征"一五毫羡"（税银名目），即每笔正赋银1两加征老库平银1两7钱5毫，折合银币4元余；另加征教育费、"烟亩（鸦片栽植地）罚款"、军费杂款诸类费税，于是原征银1两者，竟增至银币40元。民国八年（1919年），甘肃省向各县发行"民国八年甘肃7厘短期公债"库平银70万两，此后，本息未还。本年，甘肃完全开放烟禁，张掖境内农民不仅种植罂粟，而且吸食鸦片之风始行于民间。官府开放烟禁，完全是为了借以加税。本来，设"烟亩罚款"一项税目，目的在于禁烟，但虽播期已过，农民仍得试种，以纳此款，而地方官府或督军既对种植罂粟者实行罚款，又对不种罂粟者实行所谓"烟亩懒款"。种与不种一例征收。"烟亩罚款"每亩征银5元。1919年，国民党省政府不顾张掖各县人民赤贫，又强行派借短期公债8万元，同时又设立皮毛税征收所，对人民征收皮毛税。

民国十六年（1927年），甘肃省政府又发行"整理有奖公债"，各县所摊派银圆均在万元左右。

在如此社会环境下，个体小农耕作举步维艰，张掖农业整体而言，根本就谈不上发展。

第二节 自然灾害对张掖农业的影响

民国时期，张掖地区遭受了多次自然灾害，尤其是地震、雪灾、干旱等，直接导致农作物减产甚至绝收，严重影响了张掖的农业生产，导致农民收成锐减，生活陷入困境。自然灾害还间接导致农村社会经济秩序的动荡。灾害发生后，农民生活困难，社会不稳定因素增加，一度出现抢粮、械斗等现象。这些问题进一步加剧了农业生产的困境，阻碍了农村经济的健康发展。

一、旱灾

张掖民间素有"三年一小旱""十年一大旱"之说。清末三年两头旱的情况在河西各地接连发生，史书中"春夏亢旱""连年荒歉""颗粒无收""赤地千里"的记载随处可见。

道光二十年（1850年），山丹草头坝泉被泥沙淤塞不通，田亩大面积受旱，收成无几。七月，民乐雨雪交加导致南部祁连山区农田严重受灾，损失惨重。

光绪二十七年（1901年），民乐县境内普塔河（山城河）山洪暴发，水浪高达八尺有余，近千余立方米的大石块冲积于河床，支架在树木枝杈中者尤多。沿岸田亩被冲毁坍塌者不少。三年后的七月，该县洪水、海台、南古等地大风拔木，雪深数尺，收获在即的庄稼尽遭毁坏。

1907年至1909年，甘肃全省大旱，三年中出现了连续995天"旱魃为虐"的日子，以至于"不独无粮，且更无水"，"牛马自仆，人自相食"。

民国五年（1916年），高台顺德等堡既干旱成灾，伤寒之疫又在县内大流行。是年，民乐也因滴雨未落，麦苗五寸许即已抽穗，草木枯死，四乡农民背井离乡，饥民载道。

就在广大人民生活濒临绝境之际，民国十八年（1929年）特大旱灾又发生了。民国十六年（1927年）至民国十八年（1929年）连续发生了三年罕见的特大旱灾。据记载，1927年全省"受灾达五十余县"。1928年全省五十余县空前大旱。由于前二年旱情的严重，到这年夏收前，树皮、草根、麸皮、油渣均被食尽。绝大多数牲畜因缺乏草料被饿死，所余也被饥民杀吃度荒。自陇东以迄河西均春不能下种，夏又亢旱，寸草不生，禾稼全枯。实为甘肃空前罕见之奇灾，饥民啼饥号寒，哀鸿遍野。

民国三十一年（1942年）八月，高台阴雨连绵，山洪暴发，柔远、建康两地灾情严重，洪水所过，庐舍田亩尽为废墟。1942年冬季无雪，导致次年春旱，种不能下播入土，农民继而又遭饥荒。是年，张掖境内各县均因旱灾严重，逃荒灾民甚多，国民党中央政府和甘肃省政府各拨10万元、7千元专款以赈济灾民。

民国前20年间，河西地区仍然年年都有不同程度的旱灾发生。清末以来的灾情并未缓解，生产无力恢复，更大的灾难接踵而至。

二、地震

张掖地处河西走廊中部，位于祁连山地震带中段，祁连山地震带从东往西横贯全境。祁连山地震带呈北西西向展布，东端与南北地震带相接，西邻阿尔金山地震带，北界在金塔、阿拉善以南，南界进入青海境内。历史上张掖曾多次发生破坏性地震，是我国地震多发区之一。

张掖现存《重刊甘镇志》《甘州府志》《张掖地区志》《肃州新志·高台县志》《纂修山丹县志》《新修张掖县志》等地方史志，记载张掖地震历史的相关情况，清朝发生9次；民国年间发生10次。从1920年至1932年的12年中河西地区又受到三次强烈地震的影响和危害。其中1927年的地震破坏性最大，人员伤亡，牲畜损失，农田毁坏，房屋坍塌，水利设施以及一些古建筑被破坏的程度极为严重。

1920年12月16日18时30分，甘肃58县发生里氏8.5级强烈地震。震中在北纬36°、东经105°的海原、固原一带（当时属甘肃辖区），烈度为12度，震区面积2万平方公里，波及面积170万平方公里。

1927年5月23日5时40分，武威、古浪一带发生里氏7.75级强烈地震，震中在黄羊河与杂木河之间的祁连山区沈家窝铺至冬青顶一带，北纬36°75′、东经102°。地震发生40分钟后，地声隆隆，天昏地暗，山崩地裂，房屋倒塌，人喊畜叫。据记载：地震中张掖县震倒房屋多间，死135人，压毙牲畜甚多；临泽县倒塌房屋千余间，死10余人，死牲畜250余头。山丹震及村堡170余处，倒塌房屋5820余间，坍塌土窑50余孔，伤亡人口880余人，损失牲畜1000余头（只）；张掖树木摇摆，小河小沟流水上涨出岸，东门外地裂五六处，并上冒黑色泥水，当日伴有余震两次；兵营房及民房倒塌者甚多，压死居民135人，重伤156人，损失牲畜350余头（只）。此外，大佛寺、土塔顶端震倒，州城西角楼摇倒，城墙震坏30多处，城上垛口毁坏甚多。

民国前20年间，河西地区连续发生的特大旱灾和破坏性地震，严重影响了近代张掖经济的开发，导致社会的全面衰退。具体表现为：一是灾民大量死亡，极大地破坏了社会生产力。二是土地荒芜，粮食减产，生产生活资料遭受严重损失和破坏。三是历代开发成就惨遭破坏，损失重大。四是加剧了张掖人民的贫困和社会的动荡不安。

三、瘟疫

光绪二十六年（1900年），高台县内白喉大流行，传染甚烈。

民国二十六年（1937年），高台县内白喉流行迅猛。这年四月二十三日早晨，河西发生大地震，民乐县倒塌房屋3800余间，伤亡达3000余人，损失牧畜1000余头（只）。

民国十四年（1925年），民乐洪水河以西乡村流行白喉，死亡人数甚多。次年上半年大旱，农民饿死无数。县长萧维国募捐赈灾款8万左右，在洪水、顺化、南固、六坝等地设粥场以救济饥民，持续两月。

民国十七年（1928年），民乐因干旱不雨，春不能播种，秋又遭冰雹，庄稼枯萎无收，县内又流行伤寒。次年，高台县饥荒，饿殍盈野，目不忍睹。

民国二十一年（1932年）五月，临泽县饥民达四五千人，至六月，四乡断炊者甚多，只得以草根、树皮充饥。

民国三十三年（1944年）五月，民乐县境内白喉、伤寒交相流行，死亡人数多达200余人，有些县城还伴有天花流行。

第三节 左宗棠对张掖农业的贡献

鸦片战争后，中国陷入前所未有的民族危机之中，西方列强的侵略不仅破坏了中国国家主权，也深刻影响了国内经济结构稳定，特别是广袤的西北地区，因地理位置偏远，自然环境恶劣，加之清政府统治力度减弱，河西走廊一带的农业发展遭受了严重打击，张掖作为这一区域的重要城市，其农业更是面临严峻挑战。时任陕甘总督的左宗棠针对张掖地区的实际情况，推行了一系列行之有效的农业复兴政策。他大力奖励"民屯"与"军屯"，提倡多种经营，鼓励农民根据当地条件发展畜牧业、果林业等副业，以丰富经济结构，增强抵御自然灾害的能力。尤为重要的是，左宗棠深知水利是农业的命脉，亲自督率官员和民众兴修水利，为张掖农业发展提供了有力保障。更为深远的是，左宗棠在张掖大力推行重教兴学政策，他深知教育是提升民众素质、推动社会进步的根本。通过兴办学校，培养人才，不仅提高了当地民众的文化水平，也为农业发展注入了新的活力和智慧。

一、移民垦荒

左宗棠率军进入甘肃后，出于当时经营新疆的用兵需要，从平凉至敦煌都兴办了屯田。他认为"自古边塞用兵，无不以兴屯为首务者，此也"，其着眼点是："筹军粮。"但是，他强调：筹军粮"必先筹民粮，乃为不竭之源。否则，兵欲兴屯，民与他徙，靠兵力兴屯，一年不能敷行一年，如何得济？"因此他提倡"军屯""民屯"并举。1873年，左宗棠先后命令各地官员在甘肃27个州县区，广为招徕，拨给农具籽种、领地垦殖。规定凡垦荒耕种者，从开种之日起，第一年豁免全部田赋，第二年豁免一半。到清宣统元年（1909年）张掖境内有原额屯、科地七千六百七十四顷二十九亩三分之二厘，内除历年荒芜地一千九百六十顷九十二亩五分。左宗棠的屯田政策在甘肃各地取得了显著成效，军粮民食都得到了较好的解决。

左宗棠任陕甘总督期间还整顿改革了甘肃田赋制度，将全省耕地分为"民田""屯田""更名田""监牧地"、"土司地"等类别。左宗棠到甘肃后，原来的田赋制度已严重破坏，人口逃亡，土地荒芜，农民失掉土地仍要缴纳原来规定的田粮，而地主豪绅则隐瞒土地，以多报少。鉴于此种情况，光绪二年（1876年）左宗棠下令各地清丈地亩。将全省可耕地分为川地、原地、山地三等，各等又分为上、中、下三级。丈量后的土地，一律按照数量和类别，根据原来各州县应承担的田赋总额，确定赋税征收标准。这项田赋改革增加了地方财政收入，一定程度上减轻了农民的负担。与此同时，左宗棠还鼓励农民开垦荒地，并规定"从开种之日起，第一年豁免全部田赋，第二年豁免一半田赋"[1]。从而提高了农民开荒种地的积极性。

由于左宗棠的极力倡导，种棉织布逐渐普及全省，尤其原来种烟最多的河西地区，种粮植棉、家庭织布颇有成效。山丹、临泽、敦煌等地棉花长势良好，左宗棠路经这些地区时，常停车与当地群众谈话，了解

---

[1] 孙占元：《左宗棠评传》，南京大学出版社，2002年5月。

到农民"皆知棉利与罂粟相埒,且或过之,一亩之收,佳者竟二十余斤,每斤千文。"

二、发展畜牧业

面对张掖这一多民族聚居、自然条件复杂多样的特殊区域,左宗棠不仅深刻洞察了畜牧业在该地区的战略地位,更推动了一系列政策与措施,实现了农牧业的协调发展。

首先,左宗棠充分认识到畜牧业在张掖这样的传统畜牧区,不仅是当地民众生计的重要来源,也是国家经济结构中不可或缺的一环。他提出"西北之利,畜牧为大"的论断,精准地把握了西北地区的经济特点,为制定科学的农业发展策略提供了理论依据。在此基础上,他强调"可耕可牧"的因地制宜原则,根据不同地区的自然条件和资源禀赋,合理布局农耕与畜牧业的发展空间,既保证了粮食生产的稳定,又促进了畜牧业的繁荣。

在具体实施上,左宗棠采取了一系列务实有效的措施。他鼓励农民在适宜畜牧的地区扩大养殖规模,特别是加大对羊只养殖的投入,因为羊毛、羊皮、羊肉等产品在市场上有着广泛的需求和较高的经济价值。同时,他还注重畜牧技术的推广和改良,引进优良品种,提高养殖效率,确保畜产品的产量和质量。这些举措不仅直接增加了农民的收入,也带动了相关产业的发展,如畜产品加工、贸易等,进一步促进了地方经济的繁荣。

此外,左宗棠还深谋远虑地看到了甘肃地区"地瘠民贫"的现实问题,并决定通过发展副业来开辟新的经济来源。他特别重视种桑养蚕业的发展,认为这不仅是解决民众生计问题的有效途径,更是为甘肃开创"万年之利"的长远之计。为此,他亲自查阅古籍资料,研究适合甘肃地区生长的桑树种类及其养蚕技术,并详细描绘这些树木的特征和形态,以便百姓能够识别并种植。在他倡导和推动下,甘肃蚕桑业逐渐兴起,不仅改善了民众生活条件,也为地方经济注入了新的活力。

左宗棠的这些贡献不仅体现在经济领域，更深刻地影响了甘肃地区的社会结构和文化传统。他通过发展畜牧业和副业，促进了民族间的交流与融合，增强了地区的凝聚力和向心力。同时，他还注重教育和文化事业的发展，提倡兴学重教，培养了一大批有知识、有技能的人才，为甘肃的长远发展奠定了人才基础。这些思想和实践对于今天我们推动乡村振兴、实现农业现代化仍然具有重要的启示和借鉴意义。

三、大兴水利

左宗棠在治理甘肃期间，始终把兴修水利放在十分重要的地位，认为这是发展农业生产的重要措施。他指出："西北素缺雨泽，荫溉禾稼疏棉，专赖渠水，渠水之来源，惟恃积雪所化泉流而已。地亩价值高下在水分之多少，水足则地价贵，水绌则地价贱。"他主张："修沟洫宜分次第，先干而后支，先总而后散，然后条理秩如，事不劳而利易见。"在左宗棠倡导下，甘肃各地修复了已损坏的干渠，新开了许多支渠。在甘州开渠七道，修复马子渠28公里，可灌溉6800亩。抚彝厅（今临泽县）开挖渠道费，支银1775两。由于开渠道耗资过大，左宗棠便提倡各地打井，引导地下水灌溉田地和解决因干旱而引起的人畜饮水困难。张掖一带，凿井历史较为久远，民间早就以打井积水防旱。左宗棠为了动员老百姓凿井，实行"以工代赈"办法，即"于赈粮之外，议加给银钱。每井/眼，给银一两或钱一千数百文，验其深浅大小以增减之。俾精壮之农得沾实惠，而目前之救奇荒，异时之永水利，均在于此。①"开渠凿井促进了张掖地区农业生产发展，"以工代赈""富者出资，贫者出力"等措施，一定程度上减轻了农民的负担。

到清宣统元年（1909年）张掖境内有科地七千六百七十四顷二十九亩三分之二厘，内除历年荒芜地一千九百六十顷九十二亩五分六厘外，实熟地有五千七百一十顷，形成了比较稳定的农业区。

---

① 孙占元：《左宗棠评传》，南京大学出版社，2002年5月。

清代后期的张掖，由于整个中国被帝国主义国家所侵略，中国社会处于半殖民地半封建社会，国家主权被分割，民族尊严被践踏，政府官吏贪污腐化，社会经济发展如断线的风筝，随风雨飘摇，张掖农业发展更是无从谈起。

第八章 张掖农业的缓慢发展时期

——民国时期

民国时期，张掖农业发展轨迹充满了曲折与挑战。民国二年（1913年），废甘州府，张掖属甘肃省河西道（又改甘凉道，治武威），提督仍驻张掖。民国十六年（1927年），废道，张掖县直隶甘肃省。民国二十五年（1936年），张掖县属甘肃省第六行政督察区。尽管行政区划几经更迭，从甘州府到直隶甘肃省，再到归属第六行政督察区，但张掖的社会经济结构始终未能摆脱古代、近代农业的烙印。这一时期，农业不仅是张掖经济的支柱，也是民众赖以生存的基础。

然而，张掖农业发展却并未迎来预期的繁荣。民国初期，鸦片种植泛滥不仅侵蚀了民众的健康，更挤占了粮食作物种植空间，导致粮食产量锐减，农村经济遭受重创。加之频繁的自然灾害和战乱不断，农业生产环境日益恶化，农民生活陷入困境。

随着抗日战争全面爆发，甘肃作为抗日后方，其经济地位逐渐凸显。农田水利建设被提上日程，成为缓解农业困境、保障粮食供应的重要举措。民国政府虽有所努力，但受限于资金、技术和人力等因素，成效并不显著。到了民国后期，随着国民政府统治日益腐朽，劳役捐税不断加重，强行抓兵征粮更是让农民苦不堪言。这些政策非但没有促进农业的发展，反而加剧了农村凋敝和农业衰落。张掖农业经济在内外交困中艰难前行，始终未能摆脱封闭性、自给自足的传统模式。

民国时期张掖农业缓慢发展态势不仅反映了当时社会的动荡与不安，也揭示了农业现代化进程中的艰难与曲折。

第一节 张掖的鸦片种植

民国时期，甘凉道下辖的武威、古浪、永登、民勤、永昌、山丹、张掖、临泽等地因其优越的自然地理条件，成为甘肃乃至西北鸦片种植的主要地区。据调查，张掖烟毒泛滥主要是由鸦片流通量大、地方政府支持、群众依赖等因素引起的。

一、鸦片流通量大

张掖优越的自然条件适宜鸦片种植。因其地处偏远的西北地区，中央政府难以顾及，尤其是清咸丰帝以后，在广东遭禁的鸦片就大量流入张掖地区，再加上道光末年，陕甘地区本就有大片的鸦片田，更使得广袤的西北成为"中华毒窝"之一。尽管有过严禁，但并未能从根本上解决问题。民国初期，全国军阀混战，西北地区也出现军阀割据政权，甘肃烟毒更是泛滥，河西走廊的敦煌、酒泉、张掖、武威等产粮大区则发展成为产毒大区。张掖及周边各县镇几乎遍地罂粟，所产烟土运销西北，有一部分甚至远销天津。20世纪30年代，甘肃河西地区16县中，除鼎新县禁绝鸦片外，其余15县种植总数达20多万亩，占全省种植总面积的43%，总产量600多两，占全省总产量的43%。1934年，甘肃64个种烟县中，张掖种植面积居前五位。

清政府统治后期，政府下令在陕西、甘肃等省征收鸦片税，种植罂粟也因此在西北地区取得合法地位，并逐渐成为全国鸦片种植的主要地区。民国时期，西北地区在大小军阀控制下极力扩充鸦片种植面积，并以此作为军费补充、敛财的重要手段，使西北军阀有条件长期盘踞在此，危害社会。

第八章　张掖农业的缓慢发展时期——民国时期

此外，张掖的地理位置和交通条件也为鸦片的流通提供了便利。张掖地处甘肃河西走廊中部，是古丝绸之路上的重要节点，坐中四向交通便利，商业繁荣。这些因素都为鸦片的流通提供了有利条件。

二、地方政府支持种植鸦片

张掖灌溉农业发达，早先就有"张掖不干水湖塘""金张掖，银武威"美称。到了民国时期，中原地区军阀混战，西北地区也出现军阀割据政权，从而进一步加剧了甘肃烟毒泛滥。《镇番遗事历鉴》中载："邑人胡欲昌经商陕中，是年（即1760年），自彼土携烟籽二斗二升，散于乡里，令试种之，奢秋熟还，其价。讵料既种则成，成则事半功倍，市人颇获厚利，爱之益甚，几经鼓吹，于是乎邑田家越明年种之连畛。"由此可见，鸦片在甘肃民勤、武威、张掖等地早在清朝中期就已广泛种植。虽然曾有严禁，但并未斩草除根，肃本清源。

从民国十二年（1923年）开始，地方军阀为了掠夺民财，大开烟禁，张掖肥沃土地，罂花遍地。如在张掖山丹军马场、老寺庙农场等地曾公开种植罂粟。鸦片种植面积占耕地面积的20%—30%，粮食面积减少，总产减产40%以上，而且苛捐杂税日益加重，种烟一亩，勒交银币六元五角以上，如张掖县年交烟款在19.5万元以上。鸦片在全国普遍种植，致使烟价大跌。据当时调查，烟价跌到每百两50元，每亩产烟土不足50两，最多值25元。烟亩罚款每亩14元，每亩种植工资5元，每亩仅有五六元的盈余。但烟亩罚款、驻军费用，均由烟农负担。农民无钱支付，只得向富户、土客借贷，备受高利贷盘剥，一般借银洋一元，到收新烟时，少则交烟土六两，多则八两，价值四、五元，种烟一年，到头来却空空如也！每年夏季烟场一过，一没粮吃，二没籽种，典田卖地，卖儿卖女，向地主还租还债，落得倾家荡产，流离失所，土地大量荒芜，农民破产。政府为了维持烟款收入数额，于民国十一年（1922年）对不种烟的农民征收"无烟亩罚款"。这样，种烟要罚款，不种烟也要罚款，农民怨声载道，迫使减少对粮经作物的投入，把好地拿出来种烟，并投入大量的人工和肥料，使农业生产受到影响。加上民国十八年（1929年）前后连年灾荒，出现空前大旱，狂风大作，飞沙走石，压没禾苗地亩无数。树皮、草根被食尽净，十室九空，妻离子散，饿殍遍野。同时粮价飞涨，一斗麦白洋50元，贫苦农民无法生活。肥沃田地和财产，大量集中到了地富之手。

1931年—1941年，马步芳部队盘踞河西，其一〇〇师师长韩起功驻张掖达十年之久。韩启功在张掖征粮征税，为所欲为，欺诈农民，大量抓兵、要粮、派款、抢劫、施放高利贷等，农村濒临破产。国民党政府巧立名目，"改屯田为民田"勒索巨额屯田价款，其中从张掖县攫取银币274673元，从民乐县攫取83000多元，均为民脂民膏。

三、群众对鸦片的畸形依赖

军阀割据政权林立、财政状况紧张，全国战火不断，经济遭到严重破坏，为了生存农民只能顺从，广泛种植鸦片。另一方面，西北地区自然条件恶劣，人民生活困苦，容易生病，在医疗条件极为落后的条件下，下层百姓生病无法医治，只能借助鸦片麻醉、镇痛作用自救，有些地区甚至食用罂粟叶充饥，久而久之，便对鸦片产生依赖，最终无法自拔。

首先，烟毒问题长期无法解决，对种鸦片地方的社会发展产生了极大影响。好多地方树皮被剥光，其中以榆树皮最多。

其次，鸦片巨大利润引得不少军阀长期盘踞于此，搜刮民脂民膏，苛捐杂税繁多，战争频繁时期，则"抓丁"补充兵源。在各方面因素共同压迫下，好多人外出逃难，让本已民不聊生的河西地区社会动荡，更加无力发展。

第三，长期种烟吸烟，让很多劳动力丧失劳动能力，无心从事生产，最终流落街头，一部分人为了继续吸食鸦片而进行抢劫、偷盗等犯罪活动，更增加了社会的不稳定因素，加剧了农村经济的破产。

第二节 张掖农业的缓慢发展

民国三十一年（1942年），随着社会发展和科技进步，先后建立了"张掖农业推广所""张掖农业试验场""张掖中心苗圃""张掖农校"等机构，开展生产试验和农技推广。张掖农业在日寇入侵中国、地方军阀割据甘青的夹缝中缓慢发展。

一、土地重新集中情势严重

这一时期，土地趋于集中的情势依然比较严重，据六县统计的数字，至民国末年，张掖全境有地主近4000户，富农近6000户，其他占有并出租耕地者也在1000户以上。

张掖全县地主占有土地8642.1856公顷，为全县总耕地面积的20.49%，其人口仅为全县总人口的8.06%，人均占有耕地102.118公顷；富农占全县人口的0.11%，占有耕地102.118公顷，为全县总耕地面积的0.24%，人均占有耕地0.4002公顷。而贫农占全县总人口的34.84%，人均占地仅为0.13607公顷；雇农占全县人口的6.89%，人均占地仅为0.14007公顷。

临泽县地主、富农户均占地为7.53043公顷，贫农户均占地0.7798公顷，雇农户均占地仅为0.3395公顷。

高台县地主占有土地3796.2204公顷，占全县总耕地面积的20.61%，人均占有耕地0.37285公顷；富农占有耕地1556.286公顷，占全县总耕地面积的8.45%，人均占有耕地0.2535公顷；贫农人均占地为0.12473公顷，占全县人口的31.04%；雇农占全县人口的6.78%，人均占地仅为0.05803公顷。

民乐县地主866户，占有土地13782.49公顷，占全县总耕地面积的20.5%，人口为9554人，人均占耕地1.4407公顷；富农407

户，占有耕地4589.292公顷，人口为4965人，人均占耕地0.9238公顷，占全县总耕地面积的6.81%，贫农人口为40607人，占地17997.19公顷，人均占地仅为0.4402公顷，占全县耕地的26.63%；雇农7773人，占地1733.47公顷，人均占地0.2201公顷，占全县耕地的2.57%。

山丹县地主2779人，占有土地4781.99公顷，人均占耕地1.7209公顷；富农1448人，占有耕地1628.68公顷，人均占耕地1.12723公顷；贫农13911人，占地4269.47公顷，人均占地仅为0.30682公顷；雇农3977人，占地410.672公顷，人均占地0.10272公顷。

二、实行"改屯为民"政策

民国十八年（1929年），国民党甘肃省政府实行"改屯为民"政策，对历史上开垦的屯田（公田）的处理，将历代屯田定价出售给屯田所在的地区，规定水地每亩2元（银圆），平川地每亩1元，山旱地每亩0.5元。当时所定的地价不算昂贵，而张掖境内屯田面积较大。这种售地政策对地主、富农及其他比较富有之家更为有利，既可以多买土地，又可以多买好地。定价之后，各县政府将屯田摊分到各耕种户，所得售地价款，上交省政府，据称是"以资军费"。地价虽低，又是均摊到户，但张掖各县因多年的灾害、瘟疫、兵匪之乱及苛捐杂税已造成无数的赤贫农户，很多人根本无财力支付地价，增加耕地，只能把均摊给他们的土地转交到地主、富农或其他较富有的人手中，其结果仍然免不了土地向少数人手里集中。

"改屯为民"政策的实施，初衷在于通过土地制度改革，促进土地的合理流转与农民生活条件的改善，但在实际操作中，其效果却与预期产生了偏差。这一政策在民国十八年（1929年）的张掖地区，虽然以相对低廉的价格将屯田出售给当地民众，理论上为民众提供了增加土地所有权、提升生活质量的机会，但在张掖这样一个历经多年灾害、瘟疫、兵匪之乱以及沉重赋税的地区，多数农民已经陷入赤贫，根本无力承担即便是低价的地款。这一政策无形中加剧了社会财富的不平等分配，使得本就贫困的农民群体更加边缘化，从而使得土地资源的再分配并未真正惠及广大农民。相反，地主、富农等凭借经济实力大量购买土地，尤其是优质土地，进一步加剧了土地的集中与垄断，剥夺了贫困农民通过土地改善生活的可能。

售地所得款项名义上用于"资军费"，但在实际操作中，这些资金的流向与使用情况往往缺乏透明度与有效监管，难免引发民众对于资金滥用、贪污腐败的质疑与不满。这不仅削弱了民众对于政府政策的信任与支持，也加剧了社会的不稳定因素。

这一历史案例也警示我们，在推进土地制度改革等重大社会变革时，必须充分考虑当地的经济社会条件与民众的实际需求，确保政策能够真正惠及广大民众，促进社会的公平与正义。

三、清查辖区耕地

近代至民国时期因饥荒、灾荒、兵乱使农民流亡较多，同时也造成许多无主荒田，这一时期政府有两次对张掖耕地进行清查丈量。结果表明，张掖全境总的情况是耕地面积减少不甚显著。

光绪元年（1875年），左宗棠在张掖各县派专人清丈土地，以实种地亩"变通税则章程"，并通过清丈后，把土地分为"川""原""山"三等，又将这三等各分为三则，即"三等九则"，其各属田额、赋额，均查照《赋役全书》数目征收。

民国三十四年（1945年），国民党政府在张掖全境各县清丈耕地，所清查丈量的亩数，有的县予以详载，有的县则提及清丈年份及其事情，而无地亩之数。清丈结束后，于当年夏天由国民党省编查队以地形划片标测大致面积，由土地所有人自报亩数产量，再经总核相符合，造册登记田亩面积、等级及田赋科则。民国时期的垦田，将河西走廊作为甘肃的重点垦区，并设立"县垦区管理局""县垦务处"

等机构管理垦田事务。

甘肃省政府为了进一步搜刮民财,独在河西清丈耕地,致使山丹、民乐、张掖、临泽、高台五县在原有耕地1131021亩之外,又新冒出661350亩。民国三十七年(1948年)把土地分三等九则,以此征粮派款,赋额增溢张掖县47%,山丹县74%,民乐县37%,临泽县78%,高台县14%。在繁重的负担压榨下,大批农民逃亡,大片耕地荒芜。如山丹县在清康熙时有耕地269572亩,到1947年只有54115亩,就是与清道光十三年耕地89200亩比较也减少了39.33%。农业生产大幅度下降。以张掖县为例,1942年有耕地681771亩,其中灌溉水地664984亩,到1948年总播种面积只有555000亩,比1946年下降17.17%。其中谷物播种面积514300亩,下降14.88%以上,总产谷物764160石,比1946年下降16.84%。民乐县在民国三十年(1941年)有耕地412522亩,其中灌溉水地260410亩,到1945年全县播种面积1673473亩,总产90366.1石。

四、农业人口减少

民国初年,军阀混战,盗贼纷起,特别是大股土匪对社会危害严重。但张掖社会比较稳定,其原因是,焦大聚、马麟统军戍守甘州,兵马精壮,军纪严明,加之连年丰收,民众生活得以改善,故而社会较安定,人口有所增长。到民国十六年(1927年),五县共有76382户397470人,比清末增长8.25%。自民国十七年(1928年)到民国二十八年(1939年)的12年间,张掖连年发生严重天灾,大旱、暴风、洪水、冰雹接连相加,造成饥馑荒年,饿殍遍野,十室九空,民众妻离子散,流离失所。民国二十六年(1937年),发生白喉、鼠疫,蔓延数年,夺去了不少人生命,各县人口锐减,以高台、山丹两县最为严重。抗日战争期间,张掖处于大后方,远离抗日战争的烽火,加上甘新公路建成通车,经济一度繁荣,人口有所回升。到1945年抗战胜利时,五县共有50010户,375404人,与民国十六年相比,仍少22066人。从

1945年到1948年，人口有所增长。1948年，五县共有74767户，435052人，比1945年增加59648人，增长13.8%，1945至1946年增长幅度较大。

这里需要说明的是，民国时期的人口数字不实，其原因是人民群众为了逃避抓兵而隐瞒丁口，特别是马步芳、韩起功驻张掖时尤甚，考虑到这一因素，抗战胜利时，5县人口的发展比史料记载的数字要大。

民国时期，各县人口发展的情势因自然条件、经济状况、受灾程度、抗灾能力等诸方面情况的不同而有着明显的差异。现将各县的人口状况分述如下。

张掖县 民国时期的人口一直呈发展趋势，虽经连年天灾，人口仍未减少。民国十六年（1927年）发展到22000户，106000人，户数与人数分别比宣统元年（1909年）15000户、70000人增长31.82%和33.97%。抗战胜利的1945年，全县有18000户、157000人，与民国十六年（1927年）相比较，户数减少18.2%，人口增长32.5%。1949年发展到38000户、220000人，与1945年相比，户数增长32.69%，人口增长28.64%。

山丹县 民国十一年（1922年）有6710户、50393人，与宣统三年（1911年）相比，户数减少43.64%，人口增长6.43%（均不含童子、慕化两区）。1943年，户数减少到6625户，人口减少到35365人，与民国十一年相比，户数减少1.27%，人口减少29.83%。1948年有6327户、44283人，与1943年相比，人口增长20.14%。

民乐县 民国十九年（1930年）有6942户、51451人，1949年有49392人，与1930年相比，人口减少4%，呈减少趋势。

高台县 民国十年（1921年）有29428户、130640人，与宣统二年（1910年）相比，户数增长31.6%，人口增长19.11%。1944年，户数减少到8252户，人口减少到61928人，与民国十年（1921年）相比户数与人数分别减少71.96%和62.6%。

临泽县 民国十六年（1927年）有58986人，1949年有544088

人，比民国十年（1921年）减少7.77%。民国时期临泽县的人口呈减少趋势。

1948年国民党政府对农业税实行"征一借一"的政策，把下一年的粮提前征掉，农民叫苦不迭，1949年全区农业生产严重减产，粮食平均亩产75.5公斤，油料平均亩产30.06公斤。

五、推行垦荒政策

由于交通不便，远离中原，使张掖较少遭受战争的破坏。尽管天灾人祸频仍，在民国初期、抗日战争时期，张掖的农业还是得到了较稳定的、缓慢的发展。

民国时期，国民政府把甘肃农垦重点放在河西。民国三十一年（1942年）6月，农林部在河西各县设置"屯垦实验管理局"，民国三十四年（1945年）改为"县垦区管理局"，翌年更名为县垦务处。各县垦务处编制7人，其中处长1人，处员3人，会计1人，工友2人，统一管理全县垦务，此期，虽有垦务机掬，名为加强垦务，而实际是军阀官僚为了掠夺民财，大开烟禁，苛捐杂税日益加重，种烟一亩，勒交银币6元5角以上，仅张掖县年交烟款19.5万元以上，再加上民国十八年前后连年灾荒，物价飞涨，地主剥削，农民典田卖地，造成土地大量荒芜。国民政府还以"改屯田为民田"为由，勒索农民巨额屯田价款，仅张掖一县就攫取银币27.47万元，形成地主种地，农民出钱的状况。加之祁连山林木横遭滥伐，水源减少，水利失修，导致大片耕地荒芜。据国民政府农村部垦务局调查，民国三十六年仅民乐县荒芜的熟地就达4.07万亩。

民国初年到民国十六年（1927年），张掖风调雨顺，旱、涝、虫、风各灾俱无，加上社会相对安定，农业得到较大发展。以张掖县为例，民国三年（1914年），张掖县农作物的播种面积为32.4万亩，其中谷物播种面积30.82万亩，收获谷物43.14万石（每石150市斤）。

第八章　张掖农业的缓慢发展时期——民国时期

民国20年（1931年），马步芳赶走马仲英进入张掖后，自任甘肃省政府临时维持委员会委员长的孙蔚如，将各县划为马步芳部队的补给区，使马步芳在张掖征粮征税合法化，致使张掖农业不堪重负。

抗日战争爆发后，沿海各省相继沦陷为敌占区，大西北和大西南成了抗战的后方。为了打破日军的封锁，在西南修了滇缅公路和中印秘密公路，接受英美等盟国对我国的援助；在西北修了甘新公路，接受苏联对我国的援助。甘新公路建成通车后，打破了张掖交通闭塞的状况，再加上张掖处于抗战大后方的地位，经济一时繁荣起来。苏联援华物资的运输车队源源不断地经过张掖，西北运输公司的货车和客车，私人营运的商车，也到达张掖。张掖设立了汽车站，有了汽车修理厂。张掖的农副产品、畜产品大量外运，促进了农业发展。1937年禁种鸦片，农民解除了种烟之累，增加了对农业的投入。所以，在抗日战争期间，各县的农业得到了缓慢而稳定的发展。以民国三十三年（1944年）为例，各县农业情况如下。

耕地　五县共有耕地1763629亩，其中水浇地1478662亩。张掖县有耕地681771亩，其中水地664984亩；山丹县有耕地191819亩，其中水地129020亩；民乐县有耕地412522亩，其中水地260410亩；高台县有耕地262673亩，其中水地224769亩；临泽县有耕地214844亩，其中水地199479亩[1]。

播种与收获　五县共播种1692579亩，收获谷物1687884石，胡麻26374石，油籽5046石，棉花8108市担，大麻2477市担，烟草780市担。其中，张掖县播种646647亩，收获谷物581049石；山丹县播种190057亩，收获谷物330650石；民乐县播种384177亩，收获谷物261443石；高台县播种250747亩，收获谷物215894石；临泽县播种220951亩，收获谷物298848石[2]。

农佃比例　张掖县有农民13845户，111353人，自耕农占62.37%，

---

[1] 张掖粮食志编纂领导小组：《张掖粮食志》，甘肃人民出版社，1999年5月。
[2] 张掖粮食志编纂领导小组：《张掖粮食志》，甘肃人民出版社，1999年5月。

半自耕农占25.54%，佃农占12.09%；山丹县有农4789户，25530人，自耕农占66.90%，半自耕农占13.70%，佃农占19.40%；民乐县有农民4610户，28026人，自耕农占87.70%，半自耕农占8.3%，佃农占4%；高台县有农民6855户，57600人，自耕农占40.71%，半自耕农占55.12%，佃农占4.17%；临泽有农民5010户，42508人，自耕农占59.83%，半自耕农占28.48%，佃农占11.69%。①

抗日战争期间，有识之士已在张掖推广农业技术。1942年已有张掖农业推广所、张掖农业试验场、张掖中心苗圃等科技机构，在张掖进行农业生产实验和农技推广，改良品种，防治病虫害，为张掖科技兴农之先驱。

民国十六年（1927年）到民国三十三年（1944年），各县农业均有较大发展，播种面积增长30%，谷物产量增长36%。

解放战争时期，通货膨胀和国民党大量抓兵，张掖农业大幅度下降。五县的播种面积与1944年相比，下降14.18%。1948年国民党实行"征一借一"，把1949年的公粮也提前征收了，农民贫困交加，有苦难言。

民国十九年（1930年），国民党西北长官马步芳将大黄山甘沟至流水沟40多平方公里的山林砍光，造成大面积荒山秃岭，流水沟成为无水沟。民国二十六年（1937年），国民党军驻张掖旅长韩起功派4个营兵力滥伐祁连山林木。其中伐黑河口树木22万株，大都麻15万株，其他山沟10余万株。

民国三十四年（1945年）10月，"祁连山国有林区管理处"裁撤，护林工作由甘肃省政府接管。在第六、第七行政督察区专署各设护林督导员1人；所属武威、永昌、山丹、民乐、张掖、临泽、高台、酒泉8县各设护林指导员1人；警察及自卫队兼充林警，由各县警察局局长任队长。

---

① 《张掖粮食志》编纂领导小组：《张掖粮食志》，甘肃人民出版社，1999年5月。

第三节 张掖的畜牧业

民国时期，张掖仍然农牧兼有，既有农业区，半农半牧区，也有纯牧区，各县的川区是农业区。在农业区，由于历史习惯，农民也放牧大家畜和适量的羊群。根据《河西志》记载，1949年时，张掖地区共有牛148629头，马19056匹，驴90302头，骡7093头，骆驼14872头，绵羊363761只，山羊153528只。这些数字显示了当时张掖畜牧业的规模。

一、发展畜牧业的良好基础

民国时期，张掖以其得天独厚的地理位置和丰富的自然资源，成为畜牧业发展的理想之地。祁连山北麓的龙首山、合黎山南麓，不仅为张掖带来宜人气候和肥沃土壤，更孕育了半农半牧的独特经济模式。这一区域，作为农业与畜牧业过渡地带，既保留了农耕文明精髓，又融入了游牧文化血脉，为张掖经济发展注入了活力。

祁连山地是张掖畜牧业发展的天然牧场。焉支山腹地，龙首山、合黎山及其以北，延伸至张掖的蒙古高原（甘州区平山湖），这里地势辽阔，水草丰美，是畜牧业的理想之地。山丹县的大马营草滩，以其广袤的草原和优质的牧草，吸引了游牧民前来放牧；高台县的双井子草原，同样以其丰富的草场资源和良好的生态环境，成为畜牧业发展的重要基地。这些纯牧区的存在，为张掖畜牧业发展提供了坚实基础。

在绿洲之外，荒漠草场同样有不可忽视的价值。牧民们在这里，利用农闲时节放牧牛羊，构成农耕与畜牧兼容的宜农宜牧生活。

此外，张掖的农耕区也为畜牧业发展提供了有力的支持。农区大量的秸秆、穗衣和瓜蔓，以及田间丰富的杂草和饲草资源，为畜牧业提供了充足的饲料来源。这些资源的有效利用，不仅降低了畜牧业的生产成本，还促进了农业与畜牧业的良性循环，为张掖的农业结构优化和产业升级奠定了坚实的基础。

民国时期，政府对畜牧业的扶持政策更是为张掖畜牧业的发展注入了强大动力。政府对农区、半农半牧区和荒漠草场放牧的牧民免征牧业税，这一举措极大地减轻了牧民的经济负担，激发了他们发展畜牧业的积极性。同时，政府仅对在祁连山中从事畜牧的牧民征收"草头税"，且税额相对合理，并未对畜牧业造成过重压力。这种灵活的税收政策，既保障了政府的财政收入，又促进了畜牧业的健康发展。

二、畜牧业发展的两起两落

近代至民国时期，张掖畜牧业基本上保持着清代的发展规模，畜牧品种在清朝的基础上，引进新品种，在改良品种方面有一定成效，牧场面积和数量仍保持着清代的状况。

民国八年（1919年），政府派人经管山丹大草滩牧场，并于次年定名为甘肃种马牧场。后因战事频仍，马场历经沉浮，于民国十八年沦为马步芳、马步青兄弟的私人牧场。直至民国二十九年，才复归中央政府经营，几经周折，组建为山丹军牧场。

但这一时期，在张掖与青海两省交界处，由于战乱频频发生，对畜牧业的破坏较大，损失也很严重，牧场被占领，马匹被抢夺事件时有发生。由于战乱，政府对马匹的消耗量增大，往往从张掖境内山丹大草滩等地补充战马，并向当地农牧民征收马匹，同时为了满足官军对马匹的需求，在抓兵征夫时，提出"以丁代马"政策。但国民党政府验收马匹的条件越到后来越加苛严，农民的主要生产工具——马匹大量被征走，严重影响了农业生产，而少数富人却借农民无力买马代丁之危，大发横财，牟利损民。养牛业主要以耕牛为主，即发展犏牛、黄牛从事耕种。牧区牧民则多用牦牛，同时也繁殖一部分耕牛与农民交易。羊群发展较快，且有新品种引进。

第八章　张掖农业的缓慢发展时期——民国时期

　　当时，山丹培黎学校在农场组附设牧场，牧场设在25公里外的北山坡地。民国三十六年（1947年），新西兰对外救济团体联合会赠送给工合山丹培黎学校25只"斯达特"细毛种羊，并派遣畜牧师魏美思来校帮助传授技术。经过改良的新羊种每年每只羊产毛可达4公斤。前来工合山丹培黎学校参观的一位阿拉善蒙古族头人看到第二代杂交羔羊时，欣喜若狂，他高举羊羔过顶，跪地口念祷词，祝愿自己家乡草原也能够有这样的优质种羊。同年，甘肃省善后救济总署拨赠山丹培黎学校新西兰种羊350只，培黎学校自己也引进"土根堡"奶山羊、"考力代"种公羊，开始对本地土种羊进行改良。① 1952年4月26日，已经改名的西北石油管理局山丹培黎工业学校，将牧场全体人员包括新西兰籍畜牧师魏美思，以及他们多年繁殖培育的201只优质种羊全部移交给甘肃省人民政府农林厅所属的永昌绵羊改良繁殖场。

　　关于马场变更情况，主要是在机构名称及管理者方面。如，在民国八年（1919年），北京政府陆军部在山丹大马营（大草滩牧场）设立甘肃省种马饲养场，并任命了场长，当时该马场有马2486匹，属甘肃都督府管辖。七年之后，甘肃督办刘郁芬又改组大马营马场为第一马厂（场）。民国十七年（1928年），由于驻张掖军队马麟部军人哗变为匪，对山丹军马场实施杀掠，杀死牧兵100余人，抢走马匹100余匹（一说2000余匹），民间私养马匹也被抢走无数。为此，大马营马场和海原、马啣山马场②合并。清朝末年，左宗棠、林则徐都曾视察过山丹军马场。

　　清朝在张掖境内祁连山各牧场放牧的少数民族，在这一时期仍在各划定牧场进行放牧。黑河水系各流域农民，为了发展生产，除大力

---

　　① 况鹰编：《中国工合山丹培黎学校（1941—1951）史料汇编》，中国文化出版社。

　　② 马啣山，地处兴隆山南侧，呈西北、东南走向，面积398公顷，最高海拔3670米，山顶如平川，宽约8—10公里，长约40—50公里。据《榆中县志》记载：唐代《故交河郡夫人慕容氏墓志序》中称马啣山为"薄寒山"；宋、明称"马御山"；明太祖洪武二十五年，肃庄王朱楧将"马啣山"辟作避暑山庄；清代称"马寒山"，以"寒山积雪"列入榆中八景；民国年间改称"马啣山"，沿用至今。

254

养殖耕牛、马匹、骡子等大家畜外，毛驴已经成为各县农民家庭不可缺少的生产辅助工具和交通工具了。骆驼在有些县也是重要生产运输工具。

民国时期，张掖畜牧业的发展经历了两起两落。民国初年，清军不复存在，军士屯田弃耕，撂荒放牧，畜牧业一跃崛起，加之民国初年到民国十六年风调雨顺，牧草茂盛，使畜牧业得以发展。这是一起。民国三年以后，军士屯田逐渐被农民种植，农区荒地减少，载畜量也逐渐减少。民国十七年（1928年）到民国二十六年，连年天灾，特别是民国十八年的特大荒年，牲畜、羊只损失殆尽，使畜牧业跌入深谷。这是一落。畜牧业灾后恢复缓慢。抗日战争期间，由于张掖所处的特殊地位，畜牧业又发展起来。这是二起。1945年，各县家畜及畜产品数量如下①。

张掖县 大家畜发展到54500头，其中，马4320匹，骡3250匹，驴18600头，牛25830头，骆驼2500峰，猪达到85800头，羊达到168000只。除骆驼外，均为民国时期的最高水平。

山丹县 有马3100匹，骡540匹，牛15000头，驴12000头，骆驼1900峰，猪32000头，羊180000只。

民乐县 有马2800匹，骡1700匹，驴18000头，牛15000头，猪65000头，羊160000只。

高台县 有马2200匹，骡1200匹，驴12000头，牛12000头，猪33000头，羊65000只。

临泽县 有马1200匹，骡900匹，牛12000头，驴8800头，猪38000头，羊70000只。1945年，5县年产山羊毛14.5万斤，绵羊毛121.9万斤，驼毛4.1万斤，老羊皮7万张，羔羊皮4.4万张，牛皮2300张，狼、狐皮9800张。

解放战争期间，国民党打内战，加大土地负担，加重地税和草头税，大量征用马匹，勒索牛羊，使畜牧业连年下降；加上瘟疫流行，

① 《甘肃省张掖地区畜禽疫病志（1949—1989）》。

更使畜牧业走衰。1948年,张掖党寨乡谢家屯庄发生人畜共患传染病——炭疽,一夜死羊30只,七天死畜70头;半年死人20人。周围群众惊恐万状,纷纷外逃。由于缺乏兽医和兽药,不能及时控制疫情,使畜牧业蒙受严重损失。这是二落。

民国时期,国民党在张掖摊税派捐、搜刮民财,导致民不聊生,畜牧业生产也受到严重影响。广大牧民受到各种盘剥,畜牧业生产步履艰难。同时,畜牧业生产方式仍然较为落后,牲畜品种退化严重,畜牧生产效率低下。民国时期张掖畜牧业发展两起两落主要受到政治局势、政策导向以及自然环境和社会经济条件等多种因素影响。

第四节　张掖的水利事业

晚清时期,张掖境内的农田水利建设不如汉、唐、明以及前清之盛,但兴修水利的工作并未完全停止。清朝有"五十二渠"之说,后人调查认为仅存47渠。同治十一年(1872年),清政府驻张掖提督军帅徐某(崑山人),曾率军重修过张掖黑河分水渠马子渠。马子渠始建于明朝万历年间,凿洞引黑河水灌溉田亩144.74公顷有余,全渠曾分3工,设分水闸21道。渠成后该渠灌区农民获益200余年,至清末同治初年,黑河洪水暴涨,冲断渠口,泥沙淤塞,堵塞渠身,致使140.07多余公顷良田荒旱不耕,不但国赋不贡,人民生计不遂者历有余年。这充分证明张掖农田"水至为良田,水涸为弃壤"的实际区情。此时,提督军师徐某借兵力复凿马子渠洞口,于是,"整我行伍,携我锸斧,悉力经营,掏穿洞道,曲折旁通约10里许"。这项工程开始于同治十一年(1871年),告竣于同治十二年(1872年),历时一年余。徐督军亲临现场,"朝夕督工,疏浚引水,全资灌溉。额征(田赋)2200余石,仍复原数,向之荒芜者,今皆丰稔矣;向之旱燥者,今皆润渥矣"。光绪元年(1875年),左宗棠在张掖督众兴开水渠7条(渠名未详),同时又对同治年间徐督军开凿的马子渠进行续修增延25公里，灌溉田亩由同治年间的140.07余公顷增加到453.56余公顷。

民国时期，张掖黑河水系水利情况较之以往有所变化。随着抗日战争形势变化，甘肃成为抗日后方。发展后方经济，水利成为当务之急。民国时县设水利委员会，干渠设农官，以下设渠主、号主。省政府于1942年委托甘肃省水利林牧公司分设张掖工作站，开展水利工作，至1948年先后整修渠道63条，同时做了一些水库库址测量的基础工作。1948年7月开工兴建高台县马尾湖洼地水库，于1949年7月建成，有效库容700万立方米，灌田33000亩。这是张掖历史上兴建的第一座小型水库。

一、对水利工程的科学测绘

（一）设立兴修水利的工作部门

民国初期，张掖县设水利委员会，干渠设农官，以下设渠主、号主。民国三十二年（1943年）三月，设立甘肃省水利林牧公司张掖工作站。民国时期的水利管理机构，国家有水利部，省政府设立水利农牧公司辖全省水利农林畜牧事业，专区设工作站。张掖工作站自成立之日起，下辖张掖、临泽、高台、鼎新、民乐、山丹六县的水利农林牧事业，即以上述六县为其工作区域。基层（乡村）管水人员由清代的"农官"改称为"渠长"。民国三十四年（1945年），由于工作范围的扩大以及兴修水利工程的需要，张掖工作站改为河西水利工作总队第三、四分队。这年7月，甘肃省水利林牧公司受国民党政府行政院的委托，在河西成立甘肃省河西水利工作总队，并聘请国民政府水利部总工程师周礼先生兼任总队长，总队下设六个分队，张掖工作站改组成其中的第三、四分队。后来，各县又先后成立了水利委员会。

(二) 编制兴修水利规划

在通过实地勘察基础上编制了兴修水利的规划，为水利工程整修工作提供科学依据。张掖工作站成立之后，对辖区内水利形势进行了实地勘察。如首先对张掖的盈科、大满、小满以及高台县的十坝等旧渠的现状进行勘察，然后对上述勘察后的旧渠整治修理编制计划，内容达32条之多。其后，在民国三十三年（1944年），又对张掖境内将要兴建水库的地址进行实地勘察，配合当时的河西水利工作总队深入祁连山，勘察黑河水系各河流宜于建造水库的地点。经初步勘测，认为红湾寺（今肃南红湾寺）、马尾湖（今高台县境内）、拉东峡、油葫芦、二珠龙等水口可以建造水库，同时对民乐境内无虞、义得、明洞等10渠进行勘察。民国三十五年（1946年）六月到七月，河西水利工作总队在张掖境内祁连山进行水库建设方面的勘察工作。第三、四分队勘察了民乐县境内出祁连山口六大坝水渠的现状，并对马蹄河、泉沟、太草滩等地的控洪、蓄洪水库预建方面情况进行勘察，并进行临泽县梨园河（也称响山河）拟建水库勘察工作。次年，又完成了对昔喇渠、大满渠（张掖县境内）、海潮坝河、大都麻河（民乐县境内）勘察工作，并编制对上述已勘河渠整修计划。继而对山丹的白石崖灌溉给水工程，川沙口（又叫川口）、草湖头坝地下水截引工程以及张掖县新坝渠进行整修前的勘察工作，接着又对拟建山丹县大佛寺附近的祁家店水库，民乐县大河双树寺水库，高台县马尾湖、镇夷（今正义峡）湖水库进行建前勘察，并编制兴修临泽鹦鸽嘴、民乐双树寺、高台马尾湖、山丹祁家店等水库工程修建计划书，同时也编制出黑河流域引灌工程整修计划书。

在此之前，国民党政府行政院在民国三十一年（1942年）饬令制定河西水利十二年发展规划。认为"河西水利，军事、政治上之价值重大"，1942年蒋介石巡视甘肃后，核定以十年为期，由国库每年拨专款1000万元用以建设河西水利。又经国民党中央五届十二中全会决议，"确认开发河西水利为国家事业"，行政院因此而令拟制十二年详细规划。具体要求是，战时二年侧重对旧渠的养护，战后十年着重建设新渠。并委托甘肃省水利林牧公司办理编制规划事宜，分设酒泉、张掖、武威、安西四个工作站以执行上述规划。1942年9月，甘肃省林牧公司派第三分队（属原张掖工作站的一部分）开始勘察红水河、金川、黑河、北大河、疏勒河等流域水利形势，勘察工作至次年二月结束。

(三) 重视水文监测

由于对水文监测的重视，在民国三十三年（1944年）先后于黑河出山口的莺落峡及其下游出境口的镇夷峡（今改称为正义峡）分别建立水文检测站，开始对黑河进行水文监测。黑河流域张掖地区境内这两个水文检测工作站，自建立运作之日起，迄今已有60年历史，60年来，两检测站为治理黑河研究黑河提供了大量的水文资料。

当张掖工作站改组为河西水利工作总队第三、四分队后，先对高台县三清渠（系旧渠）实施了改建。三清渠在明代就因渠系水流不够通畅而对该渠系灌区的农田灌溉造成了严重的不良影响，民国三十三年（1944年），三清渠灌区夏禾旱枯导致秋收绝粒，人心绝望，民不聊生。当地农民王三重等十六人联名请命于国民党甘肃省政府，要求解决三清渠水利问题。甘肃省政府即委托张掖工作站（第三、四分队）对三清渠改建工程进行勘测设计，并派遣崔崇桂来张掖，担任三清渠（改建）工程处处长，负责该渠工程工作。三清渠改建工程于民国三十四年（1945年）四月开工，十月竣工，随即由省政府派员验收。由此可见三清渠改建经济意义之重要。该渠改建工程也是张掖工作站成立以来旧渠改建的第一项规模最大的工程。

继三清渠改建工程告竣后，高台县马尾湖洼地水库兴建工程开始实施。民国三十七年（1948年）七月开工，由河西水利工作总队按其编制计划督建，至次年七月建成。该水库由高台县及酒泉的金塔县共建合用。这是张掖黑河水系农田水利开发史上所兴建的第一座或是最早的一座水库。

这一时期所完成的第三项治水工程是在山丹县截引地下水工程。民国三十六年（1947年），河西水利工程总队在山丹县设立了截引地下水工程处，在该县川口（山丹县城南3.5公里处）开挖深度为2—3米的"十"字形水渠，截引地下水引以灌溉。次年截引工程告竣，每昼夜灌溉农田0.667余公顷。但因水中含碱量较高，久灌便引起碱气上泛地表，呈一片白色。此外在张掖、高台等地的水利勘察结束，整修旧渠达32条。

二、对水利开发的理论认识

民国时期，研究张掖农田水利开发事业方面的论著相继问世，内容涉及的多是本地农田水利开发问题。

民国二十四年（1935年），学者张其昀发表了《甘肃省河西区之渠工》论文，对包括张掖在内的河西渠工（农田水利工程）、引水渠道的管理、水利与聚落（人民聚居寨堡村落）、关塞以及灌溉发展的关系进行了论述。张其昀认为"河渠为河西之命脉，土地水至为良田，水涸为弃壤，有灌溉之利（河西走廊）即成平畴绿野（即河西绿洲），否则为荒凉不毛之沙漠。昔日谓'无黑河则无张掖'，推而广之，也可谓无河渠则无河西，河渠不但为养民之源，尤有卫国实边之效。渠为人工河流，人类适应环境之成绩，在此处（河西）得一极显著之例证"。主要强调引水工程建设的重要性。论者认为祁连山冰川积雪丰富，河西土地再平坦广阔，土壤再良好，如果没有可资引水灌溉的河渠水利工程，便不能使水尽其利，地尽其力，国计民生有所依。因此要开发水利，必须把河渠的开挖兴修作为第一要务。但仅仅兴修了河渠还不够，还必须加强对水利工程的管理与保护。论者认为，对渠道管理，不仅是对渠道的维修保护，还应侧重于对用水的管理。即"各县多有渠正、渠长，由农民公举，县府委任"。指出管渠的负责人的职位和责任不轻，应慎重对待，不能轻视。管水老实得其人，才能保证河渠"蓄泄之方，皆有定制"。比如分水均水可以尽量做到公平合理，确实达到管好水，用好水的目的，"渠口有大小，闸压有分寸，轮浇有次第，（浇水）期限有时刻，公平分水"，最终的目的是"藉免（在用水分水上）偏枯兼并之弊"。除了管水人在分水派水时主持公正、不偏不倚外，对河渠自身的保护也应负起责任，"当盛夏水涨，或闸坝坍断，渠水泛滥，须巡查修筑。冬日多风，或飞沙堆积，沟塍壅阻，须加挑（挖）浚。要之分工合作，按粮派夫，历代相传，法良意美"。这是重点强调了冬夏两季因自然灾害对河渠造成损坏后修理整治，更强调对于河渠的管理，无论在用水时，还是不用水的时节，都应由管水人员随时查实，及时排除自然灾害对河渠的毁坏。保护水渠畅通无阻，既要沿用古已有之的传统良法，又要强调渠长的职责。人人既有用水的权利，又有护渠的义务，用水权和护渠的义务是相当的。河渠的畅通与否，直接关系到农田的浇灌、收成，最终关系到人的生存，所以往往因水事问题引发争端，因此在河西一带各县，水利始终是"吏治的中心"，把兴修水利当作政治和社会稳定的中心，是正确的。

张其昀还认为，河西走廊村堡与水源的关系极为密切。为什么村落与水源紧密相连？主要是因为河西自古为军事重镇，移民屯田寓兵于民，因此村堡既是军事防守之地，又是垦田积粟所在，与水利息息相关。凡是村落聚集之处，必是"垂杨拂水，麦香遍地"的风景秀丽人文精华荟萃之所。它体现了古代"出而荷戈，入而负来，亦兵亦农，崇尚自己"的边民风俗。河西各县关塞，自古在军事、交通方面处于咽喉锁钥之地。关塞与河渠的关系，与村堡与河渠的关系相比，一样重要。自古建郡治县，修城附郭，都考虑到军事与经济这两方面意义，因此必须考虑到与水利的关系。而河西四郡的繁盛，正说明水利对关塞城乡经济的显著作用。正因为河西有使利的水资源为河西移民屯垦打下良好基础，所以汉武帝才能特别重视对河西的开发，而唐代、元、明、清继续开发经营河西，政治、经济、军事诸方面的原因反过来推动了河西农田水利开发事业的不断发展。

民国三十年（1941年），近代学者慕少堂在论《甘州水利溯源》

一文中，通过对甘州52渠的论述，强调保护森林，维护水源涵养。认为保护森林，就是保护水源，初步认识到生态环境保护问题，这是继清代苏宁阿之后又一位强调森林与水源关系密切的学者。此外，他还提出关于筑坝蓄水、改良水源、凿井取水、修筑谷（山谷）坊、建修坝工（拦河坝工程）、改善渠类的许多积极建议。其中关于凿井取水的建议，在当时渠水浇灌大面积耕地，负荷较重，易于引起水事争端和水资源开发尚不充分的情况下是切实可行的，但在今天黑河水系生态保护压力巨大的情况下，无节制地凿井滥采地下水之法，已不可取。必须适度加以限制，以挽救水资源濒临枯竭的危机，找出目前的节水良法。

当时，对河水渗漏问题已引起高度重视，节水意识明显。民国末年，周礼曾在《甘肃经济建设纪要》中撰文，题为《甘肃农田水利四年来之认识》。首先，作者认为"河西渠水渗漏之剧，值得特别叙述"，并且主要论述了造成"渠水渗漏"浪费的原因。例如渠道的设计不够合理规范（指过去的旧渠、古渠），布局不合理，或直交或平行或经道路或经戈壁或过沙漠，河宽而水浅，渗水边缘过长，蒸发多、渗漏多，有的沿渠体渗漏，有的是渠道的某一段疏松沙软渗漏，也有平行数渠同时引水造成渗漏蒸发问题。另一个主要原因是水渠没有必要的节制水流工程设施。一是对冲入河道泥沙的控制不力；二是对进水的节制不力；三是对河水冲刷堤岸的控制不力。这是旧渠固有之病（缺陷）。有的虽以卵石堆堤堆坝，但旧渠口多无拦河渠坝，仅仅修筑简单的分水坝，溯河而上，水坝长度在数公里或十数公里不等，即旧渠河水流程较长，而河水均在卵石河滩上流行。有的河堤一面以陡峭高崖为岸，一面以卵石堆筑为坝。平时水量经行这样的河道，一部分入卵石河床，一部分钻入卵石堤岸石缝中，水行不远，就出现或河中无水，或水流极小的现象，很难满足田亩灌溉；一旦洪水汹涌，沙石随水俱下，而渠道又无节水工程，引灌河渠又兼作排洪之渠，崖岸坡度陡峭，冲决崩塌时见，水渠如有排洪蓄洪设施，就可以减少洪水对岸崖的冲刷以及引起的崩塌。因此使大部分旧渠修而复毁，费时费工费水，主要是引水工程过于简陋缺乏科学性所造成的。因此，水利工程应该使蓄水节水设施在兴修水利中占有重要的位置。

这些理论和认识的提出，对后世农田水利建设提供了可资吸取的教训。

三、水利设施

张掖是一个大型自流灌溉区，黑河水利灌溉设施齐备。民国时期，各县水利设施，除高台县的马尾湖水库外，均为渠道，五县共有渠道209条。渠道绝大多数是独立引水；其次是小水时分口，大水时并口，例如明麦渠和永济渠；一渠还在另一渠内的，例如盈科渠内含齐家渠，为数很少。1942年，省政府委托甘肃省水利林牧公司分设张掖工作站，开展水利工作，至1948年先后整修渠道63条，同时做了一些水库库址测量的基础工作。各县拥有的渠道如下。

张掖县 黑河各渠是龙首、洞子、马子（上三渠），大满、大满新、小满、小满新、古浪、盈科、齐家、永利（东八渠），西洞、明麦、永济、沤波、巴吉、沙河（西六渠，明麦、永济、沙河三渠与临泽县共用），城北、大官、加官（中三渠），有本、靖安、大湾（下三渠），张掖县黑河共23渠。酥油口河张掖县自西岸引水，有均坝、板坝2渠。大野口河有河东坝、河西坝2渠。大瓷窑河有瓷窑口1渠。山丹河有头坝、二坝2渠。梨园河响山口外东岸有张掖县的亚喇、小泉、宿嵬3渠。泉水有乌江、靖安2渠。张掖县共有渠道35条。

山丹县 马营河有白石崖、暖泉（下分头、二、三、四、五坝）6渠。山丹河有南草湖（下分二坝、三坝、小三坝、四坝、五坝）、西草湖六坝6渠。霍城河有后梢沟、土军沟、东鞑靼坝、西鞑靼坝、东山坝、白家坝、皇马坝、西山坝、皇马圈、红崖泉、王林坝、新开坝、盛家沟13渠。寺沟河边山沟渠。另焉支山北麓出山的小河有流水口、大口子、瓷窑口3渠。山丹县共有29条渠。

民乐县 童子坝河分为东河、西河两个灌区，东河八闸（8渠），西河十闸（10条渠）合称童子坝十八闸，即18条渠。童子河另有泉水及支流渠道4条，它们是乃堵坝、天井沟、石灰窑、沙口。童子坝河共有渠道22条。玉带河有渠1条，名义得。洪水干流有一至六坝6条渠，支流及上流小渠有明洞、新沟、鹿沟、南丰红岭、洪水红岭5条。洪水河共有渠11条。海潮坝河有东渠、西渠2条渠。大堵麻河有渠2条，称西坝、东坝；另有支流柳家坝条，共有渠3条。小堵麻河有沐化渠1条。苏油口河民乐县有渠1条，称东渠。民乐县共有渠41条。

高台县 黑河南岸有渠15条，它们是三清、柔远、丰稔、站家纳凌、定宁、新开、乐善、永丰、黑新开、黑泉、黑小坝、镇江、双丰、腿脂。黑河北岸有渠4条，它们是五坝、六坝、七坝、八坝。黑河罗城以下有渠8条，它们是罗城北、罗城南、河西、小主发城、你庄、天城。黑河在高台县境内共有渠27条，大河有渠1条名暖泉。摆浪河有渠12条，它们是河西上坝、河西下坝、黑元山、黑四坝、新坝、从仁上坝、从仁下坝、许三湾（以上为西岸各渠）、暖泉新沟、顺德中坝、暖泉旧沟、顺德下坝（以上为东岸各渠）。水关河四岸有高红正、高红黄2渠；东岸有二坝、古城、六洋、毛家4渠，共6渠。石灰关河有高红西、高红上、高红二、高红三，共4渠。红沙河有红沙河渠1条。高台县共有渠51条。

临泽县 黑河北岸有渠11条，它们是昔喇、惠隆及头坝至九坝。黑河南岸有渠8条，它们是永安、新安、葫芦、鸭翅、暖泉、萝泉、新工、小鲁。黑河西岸有与张掖县共用的明麦、永济、沙河3渠，此3渠不计在临泽县渠道数内，以免重复。梨园河响山口（梨园口）内有上六渠，响山口外有下十渠；响山口狼尾巴山西岸有5渠，依次是委的、西海、德安、土车、古集；东岸有3渠，依次是倪家、铺加、化音。另有通济、东海、早儿、小彩、江淮、橙槽、丰安7渠。泉水有九眼泉、五眼泉、双泉3渠，临泽县共有53渠。

民国时期修建高台县马尾湖水库1座，位于县城西北35公里，属洼地水库。工程于民国三十六年（1947年）由甘肃省河西工程总队勘测设计，由受益的高台、金塔（属酒泉）两县合建。民国三十七年

(1948年) 7月1日开工, 民国三十八年 (1949年) 7月1日竣工。工程总投资16.9万元 (按民国三十六年价格计), 完成工程量36.48万立方米, 其中, 土沙方36.38万立方米, 浆砌石993立方米, 混凝土6万立方米。分上、下两库。围堤总长9.76公里, 最大坝高4.69米, 引水渠长2.1公里, 进水量7.5秒立方米, 给水渠长567米, 给水量10秒立方米, 蓄水面积4平方公里, 设计库容821万立方米, 有效库容700万立方米, 高台、金塔按6∶4比例分水, 灌溉农田3.3万亩。

《五云楼远眺》

[民国] 罗家伦

绿荫丛外麦毵毵,竟见芦花水一湾。
不望祁连山顶雪,错将张掖认江南。

下编

张掖现代农业

中华人民共和国成立后,张掖这片古老的土地迎来了新生。在党和政府的领导下,张掖人民以饱满的热情和坚定的信念,踏上了农业现代化的征途,书写了农业发展的新篇章。这一过程,不仅是对传统农业的全面革新,更展现了从贫瘠走向富饶、从落后迈向先进的壮丽画卷。

张掖农业的恢复与发展(1949—1957年):中华人民共和国成立初期,在党的正确领导下,张掖人民通过土地改革彻底实现了"耕者有其田"。随后,政府积极组织农民开展互助合作运动,提高了农业生产的组织化水平。同时,大力兴修水利设施,改善灌溉条件,为农业生产的恢复与发展奠定了坚实基础。这一时期,张掖初步建立了稳产高产的商品粮基地,为国家的粮食安全作出了重要贡献。

张掖农业的受挫与调整(1958—1965年):进入社会主义建设初期,张掖农业也经历了一段曲折的道路。受"大跃进"和人民公社化运动的影响,农业生产中出现了高指标、浮夸风等问题,导致农业生产遭受一定程度的挫折。在这一阶段,张掖农业虽然经历了波折,但也在调整中积累了宝贵的经验,为后续的发展奠定了更加坚实的基础。

张掖农业的徘徊与缓慢发展(1966—1977年):"文革"期间,张掖农业同样受到了严重冲击。张掖人民在逆境中,坚持农业生产不动摇,发扬自力更生、艰苦奋斗的精神,努力维持着农业生产的基本稳定。

张掖农业的全面大发展(1978—2011年):改革开放开启了中国现代化发展的伟大征程,张掖农业也迎来了前所未有的发展机遇。家庭联产承包责任制的推行极大地激发了农民的生产积极性,农业生产效率显著提升。张掖以占全省5%的耕地,提供了全省35%的商品粮,成为全省乃至全国重要的商品粮生产基地。随着市场经济体制的建立和完善,张掖农业逐步向商品化、专业化、规模化方向发展。新品种、新技术的广泛应用极大地提高了农作物的产量和品质。这一时期,张掖农业实现了全面大发展。

张掖农业、农村的现代化发展(2012—2021年):进入新时代以来,在乡村振兴战略的引领下,张掖农业加快转型升级步伐,积极培育新型农业经营主体和服务主体,推动农业产业化和农村一二三产业融合发展。同时,大力推进农业科技创新和绿色发展理念深入人心,生态农业、循环农业等新型农业发展模式不断涌现。在这一时期张掖农业和农村面貌焕然一新,展现出勃勃生机与活力。

第九章　张掖农业的恢复与发展

——中华人民共和国成立后（1949—1956年）

1949年至1952年间，随着全国范围内社会主义革命的深入，张掖地区不仅有效清除了国民党残余势力和地方土匪的侵扰，还积极稳定了社会秩序，为农业生产的恢复奠定了坚实的基础。这一时期，政府采取了一系列措施，如土地改革，将土地分配给无地或少地的农民，极大地激发了农民的生产积极性。

进入1953年至1956年的社会主义改造阶段，张掖积极响应国家号召，广泛开展农业合作化运动。农民们自愿组成互助组、初级社，进而发展到高级农业生产合作社，实现了从个体经济向集体经济的转变。在这一过程中，农业生产资料得到了更有效的配置和利用，先进的农业技术和生产方式得到推广，农业生产效率显著提升。同时，政府还加大了对农业基础设施的投资，改善了灌溉条件，提高了防灾减灾能力，为农业的持续发展提供了有力保障。

至1956年，张掖不仅提前完成国家第一个五年计划中关于农业发展的主要指标，还基本完成了社会主义改造的任务，建立起以全民所有制和集体所有制为主体的社会主义经济体制。这一历史性变革，彻底废除了张掖地区延续两千多年的封建土地制度，极大地解放了农村生产力，促进了农业生产的迅速恢复与发展。

第九章 张掖农业的恢复与发展——中华人民共和国成立后

第一节 社会主义改造时期的张掖农业

中共张掖地委、专署遵照中央人民政府的有关方针政策,动员组织广大干部和农民群众积极恢复农业生产。张掖人民进行了土地制度改革和对农业的社会主义改造,废除了封建土地所有制,实行生产资料公有制,开展互助合作运动,解放生产力,改变旧的生产关系,为张掖农业发展开辟了崭新而广阔的道路。

一、减租清债

从1950年1月起,各县人民政府根据中华人民共和国政务院《农村债务纠纷办法》和西北军政委员会《农会减租办法》,制定了各县关于减租清债的决议。规定不论任何租佃形式,均按租额减免25.3%。减租后的租额不能超过正常产量的37.5%;人民政府建立前,农民所欠地主、富农的地租和庙宇、教会公地的旧租一律免交;公地、庙地一律退还农民,地权归农民所有,由当地人民政府和农会协议分配,尽量先分给无地、少地农户。保障佃权。地主、富农不得借佃借卖倒地夺田。减租后抽回旧约,另立新约,地主按新约收租,佃户也按新约交租。如因灾荒歉收,得依灾荒具体情况减免。减息原则是:中华人民共和国建立前的地主、富农、高利贷者之钱债一律以月息三分(单利)计算;青苗债先定之价无效,按交收时的市场价扣算,另按钱债行息,并严禁青苗债。从1951年起,在各县分三期开展减租清债工作。

通过发动群众减租减息,生产自救发放农贷、人畜变工、自行换种、适时播种。5县完成播种面积161.28万亩,其中粮食作物152.25万亩。是年粮食总产12728.31万公斤,泊籽总产243.4万公斤,分别比1949年增加2532.7万公斤和28.24万公斤。使广大贫苦农民初步获得了翻身解放后的经济实惠,为从根本上进一步铲除封建地主阶级的土地所有制创造了条件。

二、土地改革

张掖地区的土地改革（以下简称"土改"）运动是从1951年10月开始的。到翌年年底，全区胜利完成土地改革。"土改"所遵循的政治路线（或称农村阶级路线）是："依靠贫农、雇农，团结中农，中立富农，有步骤地有分别地消灭封建剥削制度，发展农业生产。"各县的"土改"一般分两期有计划、有步骤、有秩序地进行，一般都在半年多的时间内（即到1952年4月）全部完成"土改"任务。

"土改"运动的具体步骤是：第一步，开展宣传，发动群众，培训（土改）骨干。采取多种形式宣传《土地改革法》，宣传土地改革政治路线、方针和政策，访贫问苦，提高农民觉悟；第二步，根据中华人民共和国政务院《关于划分农村阶级成分标准》和省委《关于划分农村阶级成分的补充规定〈草案〉》，采取"自报、公议、三榜定案"的方法，划定阶级成分；第三步，斗争恶霸地主、富农。采取"孤立首恶，严惩破坏，守法不斗"的策略，有计划、有领导地开展斗争；第四步，没收财产。没收财产是农民与地主阶级最激烈的斗争。地主千方百计地分散、转移、挥霍、破坏财产，农民群众采取监视、管制、清查、登记、转移等方法，同地主展开斗争。在没收中，区别对待恶霸地主与守法地主。对守法开明地主实行先留后没收，并照顾其家庭的劳动者；第五步，分配（土改胜利）果实。本着团结互让，"天下农民一家人"的精神，首先满足贫雇农，照顾中农，按贫苦程度与有利于发展生产的原则，对没收的果实进行分配；第六步，整顿乡村组织，巩固土改胜利果实，动员群众发展生产。对农村政权组织和农会、妇联、民兵、青年等群众组织进行整顿，清除阶级异己分子，纯洁组织。

继1950年的减租清债，"土改"中进一步废除了债权债务契约，停止地主、富农和其他债权，废除和停止雇农、贫农、中农的其他债务。并按照"土改"政策，在"土改"中比较准确地划分了农村阶级成分（地主、富农、小土地出租者、中农、贫农、雇农，不久又分为富裕中农、下中农）。并对地主的土地、房屋、粮食、农具、大牲畜及其他物品进行没收,征收了半地主、富农以及小土地出租经营者的土地,还征收了庙宇香火地、学田、祠堂奉祀地等旧时的公益土地,然后同没收的土地及其他成果(时称土改胜利果实)分配给无地、少地或缺乏生产资料的农民。在"土改"运动中,镇压了一批恶霸地主和反革命分子,整顿和扩大了农民队伍,重新整顿了乡村政权。

"土改"运动结束后,张掖各县对"土改"中的遗留问题进行了处理,组织干部分期完成"土改"中错划的农村阶级成分,补划了漏划的地主成分,对"土改"中未分配的土地继续进行了分配。经过丈量土地,查清地界,评定地等、产量后,将土地、房产全部登记,由各县人民政府给所有者颁发了"土地房产所有证"。"土改"运动是一场伟大的历史变革,大大地解放了生产力,变革了旧的生产关系,促进了农业生产的发展。土改以后,消灭了封建剥削,但贫下中农普遍缺少耕畜、农具等生产资料,小农经济困扰着农业生产的迅速发展。

通过土改,全区占有总户数60%以上的农民增加了土地,原来少地或无地的贫农或雇农,人均占有耕地达到了略高于平均水平的程度。土地改革废除了封建制度的生产关系,解放了生产力,激发了全区农民生产的积极性,广大贫下中农当家作主,激情满怀,起早贪黑,精耕细作,选用良种,增施肥料,添置农具,开垦荒地,兴修水利。到1952年全区施肥面积扩大15%,施肥量增加30%;粮食作物良种面积占到50%左右;开垦荒地和复耕撂荒地。扩大耕种面积达41.81万亩;扩大灌溉面积19.3万亩,减轻了旱涝灾害的威胁,全区农业生产得到了很快恢复。1950—1952年,年均总播种面积173.06万亩,比1949年增加29.33万亩。其中粮食面积163.9万亩,扩大28.6万亩;年均总产1.53亿公斤,增加5100万公斤,增长50%;年均亩产93.5公斤,增加18公斤。油料年均总产281万公斤,增加66万公斤,增长31%。

三、农业合作化

土地改革以后,虽然广大农民摆脱了封建剥削,但仍然是分散的个体经营,广大贫下中农,普遍缺少耕畜、农具等生产资料,在生产和生活上仍有许多困难。1953年春，中共中央作出《关于农业生产互助合作的决议》，同年12月又发出了《关于发展合作社的决议》，张掖全区从1954年开始，积极开展农业互助合作运动。1955年，毛泽东主席发表《关于农业合作化问题》讲话，张掖迅速掀起农业合作化高潮。到1956年底，全区除肃南外，5个农业县86%以上的农户参加农业生产合作社，基本实现了农业合作化，完成了对农业的社会主义改造。

1956年1月，中共中央公布《一九五六年到一九六七年全国农业发展纲要〈草案〉》（以下简称《纲要》），即农业四十条。要求在农业合作的基础上，迅速地大量地增加农作物的产量，发展农、林、牧、副、渔等各业。甘肃省委发布了发展农业三十六条。中共张掖地委、专署宣传贯彻《纲要》及省委条款，全面规划，组织实施，迅速掀起了全区农业生产的新高潮。

（一）农业生产互助组

张掖各县遵照中共中央《关于农业生产互助合作的决议〈草案〉》和省、地等上级组织的指示，本着自愿互利、等价交换原则，在农村组织互助组。互助组的组织工作多开始于1952年春季，有临时性互助组、季节性互助组、常年性互助组等多种形式。农业生产互助组成立后，发展很快，如张掖县到1953年底，共组成各种形式的互助组4370个，参加农户239万户；临泽县到1953年已有了第一个初级农业生产合作社；高台县在1952年有互助组3583个，秋后又发展互助组1952个，参加农户10658户，全县共有农业生产互助组6352个；山丹县在1952年有互助组116个，参加农户812户，到1953年底，全县互助组发展到1132个，参加农户6885户；民乐县在1952年底有临时性互助组13个，参加农户250户，全县有常年性及临时性互助组共2743个，参加农户14726户。

农业生产互助组组员的土地、耕畜、农具等生产资料及收获的产品属农户所有，互助组的劳动力、畜力、农具依劳动效果和使用时间评工记分，以工还工，以工顶工，等价交换，定期结算。生产计划由互助组统一制定。畜力与人工，可以以人抵畜，也可以是畜力和人力互换互利。农业生产互助组由于集中使用牲畜、劳力以及农具等生产资料，发挥了集体力量。开展农田基本建设，平整土地、改良土壤、兴修水利，改善农业生产条件，有效灌溉面积由土改前的122.15万亩发展到171.62万亩，增长40.5%；开荒扩地40多万亩。改进农业技术，推广优良品种，实行条播、合理密植，增施有机肥料等。既有利于解决农民生产中的困难，也初步培养了农民集体劳动、同心协力的习惯。互助组规模小，便于实行精耕细作，因此生产效率、收获效益高，粮食产量普遍比单干户增产，大多亩增产30—50公斤。

(二) 初级农业生产合作社

张掖出现的第一个初级农业生产合作社是临泽县沙河乡五三村互助组组长丁福元办起来的五三初级农业生产合作社（社名因建社年份是1953年而定为"五三"）。1954年，张掖各县根据中共中央《关于农业生产互助合作的决议》，在常年互助组的基础上，坚持"自愿互利、典型示范"的原则，先搞试点，再扩大普及。初级农业生产合作社（以下简称"初级社"）是半社会主义性质的农业生产互助合作组织形式。1955年，根据毛泽东《关于农业合作化问题的报告》和中共中央《关于农业合作化的决议》，张掖各县都掀起了扩建初级社的高潮。

初级社实行土地入股，统一经营；劳力评工记分，统一调配；牲畜农具作价入社，统一使用；种子按股代入，果园土地按股分红；果树分等付酬；肥料或以地、劳代入，按等付酬，或按质收购；土地私有公用，牲畜的使用法也有实行租用或按件包工两种方式；车辆等大农具实行租用、评工记分、按件包工付折旧费等付酬方式。初级社的分配方式是收入按土地、牲畜、农具和劳动工分分配。有的实行死分红制（劳力六成、土地四成），有的实行活分红制。

初级社的建立，具有一定的集体化程度，使农业生产得到进一步发展。

(三) 高级农业生产合作社

从1956年开始，各县陆续进行转并或建立高级农业生产合作社

(以下简称"高级社")。

通过试点示范，然后推行。"高级社"以取消土地分红，主要生产资料如土地、大牲畜、大农具归集体所有，全部实行按劳分配为特点。高级社的建立，实现了由个体经营到集体经营的历史性变革，基本上实现了对农业的社会主义改造。为了巩固和发展高级社，各县都曾派工作组驻社进行整顿，也称"整社"运动。经过整社，解决了高级社的领导班子、民主办社、勤俭办社以及财务、财产管理中存在的问题，使高级社的经营管理水平都有不同程度地提高。但因发展过快，急于求成，规模过大，工作较粗，入社的生产资料折价偏低，又未实行兑现，缺乏集体经营和管理经验，也造成了生产关系的变革脱离生产力发展水平的偏差。

第二节 农业合作化后的农田水利

1949年到1956年，是张掖地区农田水利建设事业迅速恢复和发展时期。由于各县都完成了土地改革任务，实现了农业合作化，民族自治县实行了对牧主经济的民主改革和社会主义改造，广大农牧民生产积极性空前高涨，党和人民政府又采取了一系列切合实际而又稳定的农业牧区政策，更使农牧业生产加快了恢复和发展的速度。

一、耕地面积扩大

农田基本建设方面，广大农村干部和群众大搞平整土地，改良土壤，兴修水利，努力改变生产条件。1953—1957年，通过水利建设，改串灌为畦灌以及平整土地等措施，全区有效灌溉面积由122.15万亩增加到171.62万亩，增长40.5%。开荒扩地40多万亩。

在第一个五年计划时期，张掖县1952年的播种总面积为40113.38公顷，1956年为46916.78公顷，比1952年增加6803.4公顷。

临泽县 1950年耕地总面积为16908.45公顷，粮食作物播种面积

第九章　张掖农业的恢复与发展——中华人民共和国成立后

为11519.09公顷。1953年，全县播种面积增加到14213.77公顷，到1957年，基本保持在14007公顷。

高台县　1949年全县播种面积为11083公顷，1952年，全县播种面积为16022.61公顷，到1957年，全县播种面积增加到15304.72公顷。

山丹县　1949年的总耕地总面积为31314.85公顷，1953年为32303.94公顷，到1958年增加到38092.57公顷。此外，县境内也有一部分国营农场。

民乐县　1949年末实有耕地面积为63678.49公顷，1955年末实有耕地面积为69534.75公顷，比1949年增加了5856.26公顷[①]。

二、粮食产量增加

在合作化运动推动下，张掖县粮食总产量由1950年的6949.24万公斤增长到1957年的8283.5万公斤，增长了16.1%。从1953年至1957年第一个国民经济五年计划建设时期，根据"增产粮棉为主，全面抓好农牧业生产，提高单位面积产量，扩大小麦种植面积，有计划地减少杂粮种植面积，连年扩大耕地面积"的指导思想，执行"一五"计划，1957年，粮食亩产140公斤，比1952年增长9.38%，总产量比1952年增长5.41%；其中小麦亩产150公斤，总产4955.08万公斤，分别比1952年增长6.76%和55.06%；棉花、油料、大麻都有较大的增长。临泽县1950年粮食总产量为1.42万吨，亩产82.2公斤，人均产粮199公斤；1951年，粮食总产量为1.47万吨；1952年粮食总产量为2.58万吨，亩产125.7公斤，人均产粮336公斤；1953年粮食总产量为3.25万吨，亩产152.5公斤，人均产粮434公斤；1957年粮食总产量为3.03万吨，亩产144.3公斤，人均产粮350公斤。高台县在实现农业合作化后，落实粮食"三定"（定产、定购、定销）政策，进行农

---

① 《张掖地区志》编纂委员会：《张掖地区志》（远古—1995年），甘肃人民出版社，2010年10月。

业技术改革，推广新式农具，使用农药消灭虫害，尤其通过宣传贯彻《全国农业发展纲要》，1956年粮食总产量达到4167.5万公斤，比1955年增长6%，比1949年增长183.8%。山丹县1949年粮食总产量为985.925万公斤，亩产量48.5公斤，"一五"计划的第一年1952年粮食总产量为1903.477万公斤，亩产量73.9公斤，至1957年粮食总产量达到3308.215万公斤，亩产量93.3公斤，总产量比1952年增加1404.738万公斤，亩产量比1952年增加19.4公斤。民乐县1949年底粮食总产量为2403.89万公斤，亩产量56公斤，人均产粮254.5公斤。1952年粮食总产量为3460.69万公斤，比1950年增长35.44%[1]。

三、农业总产值递增

张掖县在"一五"计划末期，农业总产值达到2023.08万元，占工农业总产值的70.65%。五年中（1953年至1957年）农业总产值平均以5.36%的速度递增，临泽县在实现农业合作化之后，1949年的农业总产值为258.66万元，1953年为596.75万元，1957年为684.60万元，也呈逐年递增之势，递增幅度较大。农业总产值虽未单列比较，但"一五"末期临泽的工农业总产值为1952年的138%，高台县在1952年完成农业总产值669万元，1957年农业总产值增加到863万元，比1952年增加194万元。民乐县在1949年农业总产值为753.8万元，占社会总产值的93.9%，1952年农业总产值为3127.0万元，占社会总产值的102.7%，1957年农业总产值为9666.9万元，占社会总产值的92.2%。据"一五"计划计算，农业总产值每年平均以1.4%的速度递增。山丹县1956年农业总产值达到1568万元，是1952年的1.8倍，是1949年的3.2倍。

1955年3月12日，内蒙古自治区政府与甘肃省人民政府批准《山丹县与内蒙古阿拉善右旗边界协议方案》。《方案》规定：双方应保持

---

[1] 《张掖地区志》编纂委员会：《张掖地区志》（远古—1995年），甘肃人民出版社，2010年10月。

和平的放牧关系，不能因划界限制放牧；山丹群众在阿拉善右旗境内放牧应按阿拉善右旗现行税务制度缴纳草头税；禁止双方群众越境砍伐树木。10月10日撤销武威、酒泉专区，合并成立张掖专区，专员公署下设农水组，林业由农林水组统管。1956年2月，成立"张掖专署林业局"，内设秘书、造林、经营、木材、计划统计5个股。

1953—1957年，年均播种粮食192万亩，五年累计生产粮食12.54亿公斤，油料2206.5万公斤。年均生产粮食2.51亿公斤，产油料441.5万公斤。其中：1956年粮食总产量2.98亿公斤，比五年平均数高出4700万公斤，油料总产达679.5万公斤，比五年平均数高出238万公斤。其他经济作物如蔬菜、瓜类等产量都有大幅度增长。农业总产值由1952年4897.52万元提高到1957年的7033.7万元，按可比价计算，"一五"时期平均增长速度为7.5%。

就上述比较看，国民经济恢复和第一个五年计划时期，张掖地区各县农业生产恢复和发展速度是比较快的。

四、改进农业生产技术

针对当时播种过稀、种子杂乱、耕作粗放、缺少肥料等问题，主要抓了合理密植、改进播种方法、推广良种、大搞积肥造肥等工作，提高单位面积产量。张掖县从1953年起，大力推广手锄开沟条播，1954年又推广马拉机播种和机播，到1957年机播面积达74095亩，占小麦播种面积的21.22%，从而提高了播种质量，出苗齐，苗全苗壮，亩保苗达80万株以上。该县梁家墩村，机播小麦比撒播小麦亩增产41.5公斤。同时推广小麦干耧湿锄，加强了田间管理，促进了丰产丰收。

在选用良种方面，根据1950年农业部制定的《五年良种普及计划草案》要求，广泛开展以县为单位的群众性选种活动，组织群众开展小麦品种现场观摩鉴定，评选出农家优良品种10个，就地繁殖，就地推广。并大力引进外地优良品种，到1957年全区小麦基本普及了良种，杂粮和经济作物也评选、引进推广了良种。从1956年开始，各类粮食作物普遍建立留种田，并因地制宜地确定了不同区域的主栽品种，有力地推动了生产的发展。

在肥料方面，主要抓了农家肥的积造。1953年政务院《关于开展冬季农业生产工作的指示》指出："要普遍发动群众积肥造肥"，要求因地制宜地开展群众性的冬季积肥造肥工作，保证在商品肥料不足的条件下，耕地施肥数量仍有增加。全区积极开展了群众性千车万担的积肥运动，1957年全区夏粮平均亩施农肥由1952年的1.6吨增加到2.5吨。秋禾作物从1955年开始，基本克服了白水下种现象，对过去地面撒施为集中条施，并推广秋施肥、浅耕施肥。同时，开始推广施用硫铵、尿素、过磷酸钙等化学肥料。

在植物保护方面，贯彻"防重于治"方针，重点开展了土蝗、腥黑穗病、金针虫、蚜虫等病虫害防治工作，腥黑穗发病率由1949年前的20%—45%降低到1%左右，基本控制了金针虫的危害。

此外，开始推广新式犁、双铧犁、马拉播种机、之字耙、中耕培土机等新式农具，提高了农业耕作技术。

在发展农业生产中，中共张掖地委、专署还认真贯彻农业部《1951年农业丰产奖励试行办法》，注意培养和奖励先进集体和模范人物，大力开展爱国增产比赛和奖励劳动模范运动，有力地推动了全区农业生产的发展。1956年张掖县梁家墩乡小麦亩产达到282.7公斤，全县获得大面积丰收，分别获得了中央和政府部门的奖励。

五、水利建设成就显著

这一时期的水利建设成就是通过废除旧制，健全机构，全新管理取得的。

1949年，各县人民政府建设科兼管水利，区、乡设水利委员会，坝、渠由群众推选水利员管水，村上设灌溉小组。1953年，各县成立"水利灌溉管理委员会"，并对黑河水系各大河流设管理分会，专管水利，并撤销了区、乡水利委员会。1956年，县政府增设水利科，管理全县水利，县境内的各大河流设"水利管理所"（简称水管所），这是基层水利专管组织和业务执行机关，受县水利科领导。1958年，县水利科改称县水利局，年底又改名为水林部，1959年改称为水林局。

1951年，由酒泉、武威两专署（1950年张掖、民乐、山丹属武威专署；临泽、高台属酒泉专署）邀请中国人民解放军第三军军代表联合成立黑河流域水利管理委员会，军长黄新廷兼任主任，政委潘坤兼任副主任，政治部秘书科科长李中林兼任水管会办公室主任。

1953年1月，甘肃农林厅水利局派出黑河水利工作组，前来张掖开展水利工作，工作范围涉及山丹、民乐、张掖、临泽、高台、酒泉、鼎新7县。1954年5月，甘肃省水利局派专人邀请酒泉、武威两专区建设科长、4县及张掖农场负责人举行会议，决定重组黑河流域水利管理委员会。因原黑河流域水利管理委员会主要负责人都是军代表，随部队撤走后需重新组建。会议认为，张掖县县长在军代表撤走后兼任黑河流域水利管理委员会主任，不便于对黑河流域实行管理，甘肃省水利局决定直接代管。重组后的黑河流域水利管理委员会，由酒泉地委书记贺建山兼任主任，武威专署专员孟浩兼任副主任，蔡德旺、张守宽任副主任。委员由张掖、临泽、高台、鼎新4县县长及群众代表13人组成，主管黑河干流及梨园河所属灌区的水利管理工作。

1956年3月，成立了"张掖专员公署水利局"，专署水利局为专属的水利行政职能机构。由段子敬任第一任局长，工作范围涉及河西18个县。当年5月，甘肃省地质矿产局组建第二水文地质工程地质队，派驻张掖工作，队址设在张掖县平原堡，简称水文二队。水文二队主要从事区域水文地质普查、农田供水工程地质勘察等工作，为张掖地区地下水的水文地质状况和地下水资源开发利用以及水利建设事业提供了大量的科学依据。1957年，由张掖专署水利局在张掖县新墩乡上堡村设立的专区农业技术站又建立了水利灌溉实验站。这是最早在张掖专区开展农业用水的灌溉试验站。

这一时期水利管理的成就主要表现在：

第一，**废除封建水规，改革分水制度，缓解用水矛盾**。1949年以后，人民政府成立了专门的水利管理机构，把为人民管水，为人民配水分水作为自己的工作宗旨，于是根据黑河水系各流域灌区群众的要求，着手改革旧的不合理的用水制度，建立了新的分水制度，以缓解用水矛盾，增加灌溉效益，节约水资源。1951年，黑河水利管理委员会首先在黑河总口初建分水设施，对分水旧制度实行改革。黑河自莺落峡出山后的10公里河段两岸，原有引水渠14条，而龙首、洞子、西洞、巴吉4渠渠口居上，较易于引水，其余10渠引水较难，灌区农民为了便于引水，竞相向上延伸渠口，平行引水。而延长的河段多经戈壁荒滩，加长了空流河段，造成水资源的严重浪费。水流大小不均，导致苦乐不均，从而不时引发水事纠纷。黑河水管会组织有关灌区农民代表通过民主协商，对上5渠的引水加以适当控制，将黑河两岸6渠合并为两渠引水，减少了空流河段17.5公里；又合并分干渠两条，减少了空流河段6公里。同时，在黑河总口建立了临时分水坪21座，实行均衡引水，显著减少了水资源的浪费，并增加了有效灌溉面积4669公顷，扩开荒地600.3公顷，同时缓解了多年难熄的水事纠纷。同年8月，黑河水利管理委员会顺应民心，建立了民主管理新制度。坚持从用水的实际出发，成立渠道水利管理委员会以取代旧社会的"农官"管水制，在乡村组织灌地小组，制定了合理负担、合理用水的规则，实现了土改后水利管理体制上，也是水利开发史上的空前大变革。1954年制定的新的用水公约规定：继续发扬生产互助精神，服从全局利益；坚持生活用水（人畜饮水）第一，农田灌溉第二的原则；实行勤浇薄灌，经济用水；大量栽培和保护沿渠树木；坚决拥护和执行灌溉管理规划制度等。这一公约明确体现了节约用水，反对浪费水资源，反对落后的大水漫灌方法和保护水利设施的精神，开始了对传统的不良用水习惯的革除。

第二，黑河下游泄水均水问题被列入主要议程。1955年3月，中共甘肃省委根据黑河下游的金塔、高台等县提出的"张掖黑河总口也应给黑河下游均水"的要求，责成甘肃省农林厅水利局局长杨子英在张掖召开黑河流域管理委员会会议，专门研究黑河总口各渠均水问题。会议期间，由于张掖县领导从本县利益考虑，不同意黑河总口各渠给黑河下游均水，进而难以达成协议。为此，甘肃省委裁定：黑河总口各渠每年给黑河下游均水两次7昼夜，并对均水的具体时间、水量、实施办法均作了具体规定。后经过一段时间的均水实践，对每年第一次均水的时间做了调整，并规定黑河总局口以上5渠龙首、洞子、马子、西洞、迎丰不实行均水。当年5月，黑河水利管理委员会正式对黑河总口，对龙首、洞子、马子、西洞、巴沙5渠分水口，东、西干渠分水口，东干渠之盈科分水口以上，西干渠之欧波、明永二渠分水口以上诸渠实行管理，并负责对上述诸渠统一调配水量，实施流域均水；并配合张掖、临泽两县开展计划用水管理，渠道岁修养护以及防洪抢险等工作。给黑河下游均水问题虽不同于当前的生态保护问题，但均水问题在当时已存在严重性，而配水、均水、节水已成为当时水利事业的重点和要务。

第三，推行均水、用水规章，明确指标规定。1956年春，张掖专员公署颁发黑河水系《灌溉用水示范规章〈草案〉》《张掖专区各河系流域性调配水量规定》以及《张掖专区水费收入办法〈草案〉》等三项关于用水、均水以及收取水费的办法。这是合作化以后，首次统一制定的关于黑河水系各流域的用水、均水及水费收取标准的规范性文件，此后，黑河水系各河流有了共同遵守统一实施的用水、均水规章及收费标准。尤其是关于收取管理使用水费的办法，黑河水系各河流的保护修复和管理有了一定的经济保障（当时的水费征收标准：凡每年能浇两次苗水者为全水地，每亩征五角，水稻每亩征七角；凡每年能浇一次安种水与一次苗水或仅灌一次水的为半水地，每亩征二角。浇一次安种水亦无保证的撞田，有收成者每亩收费二角，不浇水的不收费）。

1957年10月，张掖专员公署由专员高鹤龄，副专员王庆海、毛迎时签署了《关于张掖专区灌溉用水示范规章（草案）》，该规章的主要内容，一是说明专区根据农业合作化后生产关系的改变与1957年实际工作中的体会，对灌溉用水规章研究作了若干修订，基本上适应各大灌区的灌溉特点，能提高现有水利设施的利用率，充分发挥灌溉效能，对扩大灌溉面积，保证农业增产发挥保证作用。要求张掖各县一方面组织学习宣传，一方面遵照执行。

这是针对1956年所颁发的灌溉用水规章修订文件而下达的，此后，每年对该规章作一些必要的修改后印发一次，在实践中吸收新鲜经验，使之不断科学、完善。

不久，中共张掖地委、专员公署在当年10月7日又作出了《关于今冬（1957年冬）明春大规模开展兴修农田水利运动的指示》。具体要求，在张掖修建重点水利工程19处，建成小型洼地水库20座，大力开展打井工作，充分利用地下水进行灌溉。文件还要求各县加强对兴修水利工作的领导，克服保守思想，推广先进技术和经验，保质保量完成任务。

1957年年底，中共张掖地委召开张掖县委书记座谈会，讨论研究关于扩大灌溉面积和建设小水电站的问题。会议提出1958年将在张掖扩大灌溉面积203435公顷，建设小水电站11座的任务。

第四，根据规章和有关的指示精神，整治和兴修了一批水利工程。从1951年起，就开始对以黑河为主的张掖各河水系的修治进行勘测规划，并发动群众着力整治水利工程。当年，由甘肃省水利局河西水利工作组对黑河中游的整修治理进行了勘测规划。张掖县组成的黑河水利整建工程委员会负责对黑河总口一带各引水渠实施合渠并坝、土渠整治的工作。

实施合渠并坝、土渠整治工作后，极大地缩短了引水流程，减少了渗漏和蒸发，节水效果十分明显，达到了节水目的，并适应了扩大灌溉面积的要求。

1954年，在民乐县又实施了合并渠坝和始以卵石干砌技术（不用水泥为卵石衬浆）衬砌渠道的工程。

民乐合并渠坝的工程，主要用于洪水河的整治。而且开始在本县首次用卵石干砌新干渠渠道，受益甚大。此后，以卵石干砌渠道的新技术及经验先后在省内外推广应用，收到了良好的增产、节水、扩灌的效果。

1955年秋季，又在黑河总口东、西两干渠修筑新的分水口工程，减少了大河滩输水损失，显著地节约了水资源。张掖县对乌江境内塔儿渠进行的整治修理，是利用当地泉湖区草皮堡的优势，就地取材，既可以用丰厚的草皮植被加固堤岸，减少渗漏，又无遇冬冻胀裂堤之虞。此后，塔儿渠草皮衬砌经验和方法在张掖适宜该法的渠道整修中得到迅速推广。1956年，先后对民乐县大都麻河东西干渠、山丹县白石崖引水渠及高台县摆浪河干渠进行了规模不等的整修改建。

由于改建工程卵石衬砌法的推广，水资源利用率比过去的土渠有了显著的提高，急流直下，避免了过去凭水顺地势蜿蜒曲折，回环往复，遇大小陷坑则任水填满而后流行，遇沙滩则任水渗漏至透而缓进的弊端。但卵石干砌在当时水利事业恢复整修期间是新技术，要克服其大量渗漏浪费的弊病，尚待后来的混凝土浆砌法。

1957年9月，在兴修水利中开始试用定向爆破技术。这次试用定向爆破技术，主要是用于酥油河山谷小水库典型示范工程的兴建中，酥油口山谷小水库的修建，是张掖专区选定的，并得到人民解放军的大力协助。工程进行中，由于没有系统的建库规划设计，并遇到了其他方面的困难，只得在修建中途停工。

继酥油口山谷小型水库停工之后（九月），1957年10月25日甘肃省计划委员会、监察厅、农林厅水利局会同张掖专区及张掖、山丹等县领导，联合组成验收委员会，对山丹县祁家店水库进行了验收。

第十章 张掖农业的曲折发展

——全面建设社会主义时期（1958—1965年）

全面建设社会主义时期（1958—1965年）是我国开始全面建设社会主义的十年，也是中国共产党领导全国各族人民在探索社会主义建设道路上曲折前进的十年。

初期，张掖积极响应国家号召，大力开展农田建设和积肥运动，取得了一定成效。然而，随着"大跃进"和人民公社化运动的推进，农业生产遭遇了高指标、浮夸风等"左"倾错误的冲击，加之连续三年自然灾害的影响，农业产量急剧下降。

面对困境，张掖地委在党中央领导下，采取了一系列措施，如整顿干部队伍、开展国家救济和群众生产自救等，有效稳定了局势。随后，张掖贯彻中央"调整、巩固、充实、提高"的方针，恢复以生产队为基础的三级所有制，重视经济作物生产，农业逐渐得到恢复。

特别是在1963至1965年期间，张掖坚持"以粮为纲，全面发展"方针，深入开展"农业学大寨"活动，加强对农业生产的指导和支援，推广先进经验，促进了农业生产的恢复和发展。这一时期，张掖的粮食和油料产量显著提升，农业总产值大幅增长，为后续的农业发展奠定了坚实基础。

张掖农业在受挫与调整中走过了曲折发展的十年。

第一节 "大跃进"时期的张掖农业

这一时期，中共中央发动了大规模的农业生产运动，旨在实现农业快速发展和粮食大幅度增产。然而，由于违背了客观规律，加上浮夸风、冒进思想盛行，张掖农业在"大跃进"运动中遭受了严重挫折。一些地方为了追求高产量指标，甚至出现了虚报产量、浮夸成绩现象，导致实际情况与上报数据严重不符。这不仅给当地的农业生产带来了困难，也给国家粮食安全造成了威胁。

一、农业受挫

1958年，张掖县作出了《关于1958年大跃进的决定》，提出当年全县实现粮食亩产500公斤，总产量5亿公斤，每人平均1500公斤的奋斗目标。同年8月，全县抽调机关干部581人，农村劳动力4万余人，汽车28辆，各种人、畜力车6890辆，参加大炼钢铁运动。贯彻"土、肥、水、种、密、保、管、工"农业八字宪法农业生产方兴未艾。

1959年8月，开展"反右倾"运动，"高指标"、瞎指挥等错误倾向愈演愈烈，加之自然灾害，使农业生产骤然跌落。与1949年相比，1961年粮食总产8342.9万公斤，减少1852.71万公斤，减产18.2%。油料总产106.73万公斤，减少108.43万公斤，减产50.4%。1958—1962年"二五"计划时期，平均每年播种粮食面积175.1万亩，生产粮食7.17亿公斤，比"一五"时期减少5.35亿公斤。1960—1962年，3年粮食总产量26110.32万公斤，比1956年1年粮食总产量还少3622.55万公斤，3年征购粮食7033万公斤，占总产量的27%。造成农村口粮不足、疾病流行、人口外流和非正常死亡。[①]

1958年至1962年，在"大跃进"和"农村人民公社化"运动及农

[①] 甘州区委党史研究室：《中国共产党甘肃省张掖市甘州历史大事记（1921—2021）》，中共党史出版社，2021年6月。

业生产高指标、瞎指挥、浮夸风等错误倾向影响下，农业生产严重受挫。

从1958年夏收开始，全区农村大放各种所谓"高产卫星"，张掖市乌江公社瓦窑大队放出1.3亩水稻总产1816公斤。全大队565.5亩水稻亩产555公斤；大满公社朱家庄大队2.5亩胡麻平均亩产402公斤；跃进公社1.2亩大麦亩产5162.7公斤，油料亩产1345.6公斤。1958年全区粮食总产量实际只有25493.53万公斤，而粮食征购却高达12015万公斤，比上年增长32.2%，占到当年粮食总产量的47.1%，使农民的口粮普遍下降，严重挫伤了群众的生产积极性。[1]

农村大部分强壮劳力被抽出来调离农业外用，使成熟的庄稼黄在地里收不回来，农业受到很大的挫折。民乐县"大跃进"开展的1958年8月，抽调机关干部2000多人，农村壮劳力3万多人，开展全民性大炼钢铁运动，而留在农村的大都是老弱病残者和少部分妇女，大面积的成熟庄稼无力收割，有一部分甚至被压在雪中，农业生产遭受严重的损失。

二、"左"倾错误造成的破坏

由于"大跃进"在指导思想上急于求成，违背了客观规律，加上浮夸风、冒进思想的盛行，使得以高指标、瞎指挥、浮夸风、共产风为主要标志的"左"倾错误严重泛滥。一些地方为了追求高产量指标，甚至出现了虚报产量、浮夸成绩的现象，导致实际情况与上报数据严重不符。农业生产不顾客观条件，忽视自然法则，盲目冒进，造成人力、物力的极大浪费，再加上严重的自然灾害，破坏了生产力，造成农业大减产，农村经济陷入困境，农民群众生活极其困难。

1958年张掖发生的平调（意为平均主义的无偿调拨，又称"一平二调"）总值2011.9万元，其中：用于大办地方工业72.57万元，大炼

---

[1] 甘州区委党史研究室：《中国共产党甘肃省张掖市甘州历史大事记（1921—2021）》，中共党史出版社，2021年6月。

钢铁572.02万元，植树造林（易地造林，所有权不属于本队）57.02万元，办交通运输（修建公路中超过民工建勤义务规定的部分）45.33万元，商业收购农产品44.96万元，用于大办农牧场161万元，其他325.85万元。①

第二节 "人民公社化"时期的张掖农业

在"大跃进"运动轰轰烈烈开展的同时，中共中央在1958年下达《关于在农村建立人民公社问题的决议》，根据中央《决议》，1958年9月，甘肃省委下达《关于建立人民公社的紧急指示》，各县也下达了贯彻执行中央、省委关于实现人民公社化的一系列文件，要求立即全面开展建立人民公社工作。

一、"人民公社化"的实行

张掖从1958年9月10日开始，到9月25日全县实现人民公社化。将原有的24个农业乡、190个农业社和两个农场合并组成6个人民公社。临泽县从1958年9月推行人民公社制度，但在1958年临泽县被撤销前，全县共建8个人民公社，下辖80余个生产大队。1962年，临泽县恢复时（原分别划归张掖、高台两县），全县有13个人民公社，此后又并为12个公社，1965年又调整为8个。高台县从1958年9月8日开始，仅用10天时间就将高级社组建为人民公社。实现人民公社化后，共有新坝、城关、宣化、罗城、蓼泉、平川6个人民公社，辖111个大队。临泽县恢复后，高台县有人民公社23个，1964年调整为10个。山丹县在1958年9月将全县37个高级社合并为3个人民公社。民乐县自1958年8月20日始建人民公社，到当年9月20日，全县共建人民公社

---

① 《张掖地区志》编纂委员会：《张掖地区志》（远古—1995年），甘肃人民出版社，2010年10月。

4个。人民公社化期间，山丹、民乐两县曾实行合并，后又分县，其间公社数目几经调整。肃南县在1958年8月以后采取撤区并乡，调整组织机构等措施，随后将全县原有的53个农牧业初级合作社和5个公私合营牧场合并，成立起35个人民公社和1个机关公社。到1958年11月，全县实现人民公社化。[①]

二、农业生产遭到破坏

农村人民公社是以生产资料归劳动群众集体所有的社会主义经济组织，工农商学兵五位一体，农林牧副渔综合经营。实行"政社合一"，强调"一大一公"，是我国社会主义政权的基层组织。人民公社建立初期，实行"组织军事化，生产战斗化，生活集体化，管理民主化"，生产劳动上组织大兵团作战，收益分配上实行绝对平均主义。实现公社化后，立即成立社员集体食堂，并盲目推行"吃饭不要钱"的供给制。在"左"的思想指导下，造成集体经济和社员个人利益的极大损失，正常农业生产秩序遭到破坏，并使农村经济秩序出现了一定程度的混乱。

1958年4月27日—5月7日，张掖专署下发《关于建立国营林场的批复》，将祁连山林区现有的马蹄、黑河、梨园河森林经营所和祁丰区林业站改建为国营林场，新建7个国营林场。张掖朝元寺、高台南滩、山丹丰城堡、民乐六坝林场以经营用材林为主，肃南寺大隆、张掖东大山、山丹大黄山国营林场以更新、封育、绿化荒山为主。

关于人民公社规模，自1958年开始组建到1963年调整，各县都有变化，时而分设，时而合并，合县撤县情况在公社化后较为频繁，所以公社、大队也随之增减，直至1983年前后实行政社分开，最后改社为乡人民政府，其间对人民公社规模的调整至少有四五次。

[①] 《张掖地区志》编纂委员会：《张掖地区志》（远古—1995年），甘肃人民出版社，2010年10月。

第十章　张掖农业的曲折发展——全面建设社会主义时期

第三节　农业发展受挫的教训

1958年至1965年，我国农业在尝试进步、扩大规模、提高效益等方面遇到阻碍，农业发展遭遇严重挫折。总结教训，对于张掖农业而言，十分必要。

1958年至1965年，我国农业领域经历了一段充满挑战与困难的时期。在追求农业生产的快速进步、扩大生产规模和提升经济效益的过程中，我国农业遭遇了前所未有的挫折和困难。这段时期，虽然国家投入了大量的人力和物力资源，但由于一系列内外因素的交织影响，农业发展并没有达到预期的目标，反而出现了严重的下滑趋势。

在这一阶段，我国农业面临多方面的挑战。首先，农业政策上的失误导致生产秩序的混乱和资源的浪费。特别是在"大跃进"和人民公社化运动中，过于追求速度和规模，忽视了农业生产的规律和农民的实际情况，使得农业生产遭受了严重的打击。其次，自然灾害的频发也给农业生产带来极大的困难。尤其是1959年至1961年的"三年自然灾害"，导致粮食和其他农产品产量大幅下降，农民生活陷入困境。

对于张掖农业而言，这一时期同样充满了挑战和困难。张掖地区作为我国西北地区的重要农业产区，也经历了类似困境。在追求高产和扩大规模过程中，农业生产出现了诸多问题，如土壤肥力下降、水资源短缺、病虫害频发等。这些问题不仅影响农产品产量和质量，也制约了农业生产的可持续发展。

总结这段时期农业发展的教训，对于张掖农业乃至整个中国农业都具有重要意义。

一、尊重客观经济规律

在"大跃进"运动中，政府和人民对农业生产的潜力和人民群众的主观能动性寄予过高的期望。这种过于乐观的估计，使得农业生产目标设定得过高,严重脱离了当时的生产条件和技术水平。人们盲目追求产量和规模,却忽视了资源的有限性和生产技术的制约。结果,农业生产不仅未能达到预期的高产目标,反而因为过度开发和不合理利用资源,导致土地肥力下降、水资源短缺、生态环境恶化等一系列问题。

同时,人民公社化运动也加剧了农业生产的困境。这一运动过于强调集体化、公有制,试图通过集中资源和劳动力来实现农业生产的快速进步。然而,这种集体化的模式忽视了农民的生产积极性和个人利益,使得农业生产效益急剧下降。农民的生产热情被压制,技术创新和进步受到阻碍,农业生产陷入停滞甚至倒退的境地。

这两大运动的失败,深刻揭示了不尊重客观经济规律的严重后果。农业生产的发展必须遵循自然规律和经济规律,不能盲目追求速度和规模,而应当注重质量和效益。同时,也要尊重农民的生产积极性和个人利益,激发农民的创造力和创新精神,推动农业生产的可持续发展。

对于张掖农业而言,也应从中吸取教训,尊重客观经济规律,制定符合实际情况的农业政策。要合理规划和利用资源,保护生态环境,提高土地和水资源的利用效率。同时,要加强科技创新和人才培养,推动农业生产的现代化和智能化。只有这样,才能实现农业生产的持续发展和繁荣。

二、注重科学技术的应用与创新

在1958年至1965年这一时期,由于对科学技术的忽视,农业生产方式相对落后,难以应对日益增长的农产品需求,导致产量和质量难以提高。然而,随着科技的进步和时代的发展,我们越来越深刻地认识到,发展现代农业离不开科技的支撑。

科学技术在农业生产中的应用和创新,能够极大地提高农业生产效率。通过引进先进的农业机械设备,可以大幅度减少人力投入,提高劳动生产率。同时,现代化的农业技术还能够优化作物种植结构,提高土地利用率和产出率。例如，精准农业技术可以通过对土壤、气候等环境因素进行实时监测和分析，为农民提供科学的种植建议，从而提高农作物的产量和品质。

此外，科学技术在农业生产中的应用还能够减少资源浪费和环境污染。传统的农业生产方式往往存在资源浪费和环境污染的问题，而现代科技则可以通过优化生产流程、减少化肥和农药的使用等方式，降低农业生产对环境的负面影响。这不仅有利于保护生态环境，还能够提高农产品的安全性和健康性。

对于张掖农业而言，注重科学技术的应用和创新同样至关重要。张掖地区作为我国西北地区重要农业产区，具有得天独厚的自然条件和资源优势。然而，要实现农业生产的可持续发展，必须不断引进和应用新技术、新应用。政府应加大对农业科技的支持力度，鼓励科研机构和企业加强技术研发和推广。同时，农民也应积极学习和掌握现代农业技术，提高自身的科技素质和创新能力。

总之，注重科学技术的应用和创新是现代农业发展的必然趋势。只有不断引进和应用新技术、新应用，才能提高农业生产效率、降低资源消耗和环境污染、提高农产品的质量和安全性。对于张掖农业而言，应注重采取科技引领、创新驱动的发展模式，推动农业生产的现代化和可持续发展。

三、需要稳定的社会环境和政策支持

要实现农业的稳定发展，一个稳定的社会环境和有力的政策支持是不可或缺的。在1958年至1965年这一时期，由于政治运动频繁，农民无法安心投入农业生产中，同时农业政策也缺乏连续性和稳定性，给农业发展带来了极大的困扰。

首先，稳定的社会环境是农业生产的基础。只有社会和谐稳定，农民才能在一个安全、有序的环境中专注于农业生产，努力提高产量和质量。相反，如果社会环境动荡不安，农民将难以集中精力进行生产，这无疑将对农业生产造成极大的破坏。

其次，政策的连续性和稳定性对农业发展至关重要。农业是一个长期性、周期性的产业，需要政策的持续支持和引导。如果政策频繁变动或缺乏连续性，农民们将难以适应，无法对农业生产进行长远的规划和投入。同时，缺乏稳定的政策支持也会降低农民的生产积极性，影响农业生产的可持续发展。

为了确保农业的稳定发展，我们需要维护社会和谐稳定，为农民提供良好的生产环境。这包括加强社会治安管理，保护农民的合法权益，确保农民能够在一个安全、有序的环境中从事农业生产。同时，我们还需要制定科学合理的农业政策，为农业发展提供有力的支持。这包括加大对农业的投入，提高农业科技水平，优化农业产业结构，促进农业现代化和可持续发展。

对于张掖农业而言，稳定的社会环境和政策支持同样重要。张掖地区具有得天独厚的自然条件和资源优势，但要实现农业的稳定发展，还需要政府和社会各界的共同努力。政府应加大对农业的投入和支持力度，制定科学合理的农业政策，为农民提供良好的生产环境和政策支持。同时，社会各界也应积极参与到农业发展中来，为农业的稳定发展贡献自己的力量。

总之，稳定的社会环境和政策支持是确保农业稳定发展的关键所在。只有在一个和谐稳定的社会环境中，农民才能安心生产，农业才能实现可持续发展。同时，我们还需要制定科学合理的农业政策，为农业发展提供有力的支持和保障。

四、关注农民的利益和需求

在农业发展历程中，农民作为最直接的生产者，其利益和需求应当被置于核心地位。然而，在1958年至1965年这一时期，由于种种原因，农民的利益和需求往往被忽视，这就对农业的稳定发展造成了不利影响。

农民是农业生产的主体，他们的生产积极性和创造力是农业发展的根本动力。然而，如果农民的利益和需求得不到应有的关注和满足，他们的生产热情就会受到打击，农业生产也难以取得理想的成果。因此，农业发展必须坚持以农民为主体，将农民的利益和需求放在首位，让农民成为农业发展的真正受益者。

关注农民的利益诉求，首先要保障农民的基本权益。这包括土地权益、生产自主权、劳动收益权等。只有确保农民的基本权益得到保障，他们才能安心投入农业生产中，为农业的发展贡献力量。

同时，还要关注农民的生活需求，提高农民的生活水平。农民的生活水平直接关系到他们的生产积极性和创造力。如果农民的生活水平得不到提高，他们的生产热情就会受到抑制，农业的发展也会受到影响。因此，政府和社会各界应该加大对农村基础设施建设的投入，改善农村的生产生活条件，提高农民的生活水平。

此外，还要激发农民的生产热情，鼓励他们积极参与到农业生产中来。这可以通过多种途径实现，比如加大对农业科技的投入，推广先进的农业技术和装备，提高农业生产的效率和效益；同时，还可以加强对农民的培训和教育，提高他们的科技素质和创新能力，让他们成为农业发展的中坚力量。

总之，农业发展要坚持以农民为主体，关注农民的利益诉求，提高农民的生活水平，激发农民的生产热情。只有这样，才能真正实现农业的稳定发展，让农民成为农业发展的最大受益者。对于张掖农业而言，同样需要关注农民的利益和需求，让农民成为推动农业发展的强大动力。

综上所述，张掖1958年至1965年农业发展受挫的教训是多方面的，包括需要尊重经济规律，重视科学技术应用，保障社会稳定和政策连续性，重视农民利益等。对于张掖农业而言，未来的发展方向应该是注重农业生产的可持续性发展，加强农业科技创新和人才培养。同时，还要加强农业生产的组织和管理，推动农业生产的规模化和集约化经营。只有这样，才能推动张掖农业的持续发展和繁荣。

这些教训，对张掖今后一个时期的农业发展具有十分重要的启示和参考意义。

第四节 农业政策的调整

随着农业生产实践中出现的问题,党和政府经济管理部门对"大跃进"运动进行了深刻的反思和调整。在"大跃进"时期,由于过度追求高速度和高产量,农业生产遭受了严重挫折。农业资源的过度开发和不合理利用,以及忽视自然规律和农民实际生产能力的做法,导致农业生产的严重滑坡和资源环境的破坏。这一时期的教训是深刻的,它让人们认识到农业发展不能脱离实际情况,不能违背自然规律和经济规律。

基于这些认识,党和政府经济管理部门开始调整农业发展策略。他们强调要尊重农民的主体地位和生产积极性,注重农业资源的保护和合理利用,推动农业的可持续发展。同时,还加强了对农业的科技投入和支持力度,提高农业生产的技术水平和效益。

通过这些反思和调整,党和政府经济管理部门为后续的农业发展奠定了坚实的基础。只有不断总结经验教训,才能在未来的发展中避免重蹈覆辙,从而推动地方经济、农业农村不断向前发展。

一、检查和纠正"五风"

1960年,中央西北局兰州会议后,从"抢救人命,安排生活"入手,开展整风整社运动,采取国家救济和群众生产自救相结合的办法,恢复农业生产。1961年贯彻中共中央农村人民公社条例,停办公共食堂,恢复以生产队为核算单位的三级所有制,坚持按劳分配,处理平调退赔问题。国家调进粮食、下拨发放资金、减免农村贷款、减轻农业税、减少农产品收购量、提高农产品收购价格(粮食提高25.8%,生猪提高26%),扶持农业生产。1963—1965年,贯彻"以粮为纲,全面发展"方针,农业科技人员下农村建立试验田、样板田,开展试验示范,推广先进技术,促进农业生产恢复发展。1965年粮食总产

21515.41万公斤，比"二五"时期年均产量14400万公斤增长50.82%；平均亩产113公斤，比1962增长96.52%；油料亩产由20公斤提高到53.9公斤，农业总产值达到6683.55万元，比1962年增长97.6%。①

1961年2月，张掖地区各县根据中共中央《关于农村人民公社当前政策问题的紧急指示信》和《关于农村整风整社和若干政策问题的讨论纪要》，在各公社开始整风整社试点工作，重点是彻底检查和纠正"共产风、浮夸风、瞎指挥风、特殊化作风和强迫命令风（时称"五风"）"，彻底反对贪污、浪费、官僚主义，彻底清算"平调"账并进行退赔。整个工作分两个阶段进行：第一个阶段，检查贯彻执行《农村人民公社工作条例〈草案〉》（即"六十条"）的情况，宣传政策，发动群众，揭发坏人坏事，狠抓退赔兑现。第二个阶段，在搞好1961年决算分配的基础上，下放核算单位，整顿各种组织，制定制度，在公社干部中进行整风。

通过整风统一了认识。党的政策是党的生命，无论任何时候，任何工作，都必须坚持按党的政策办事；正确贯彻群众路线，相信群众，依靠群众，对群众的错误言行必须通过说服教育，以理服人的办法解决，否则，只会适得其反。

二、贯彻"八字"调整方针

1962年，各县又根据中共中央《关于改变农村人民公社基本核算单位问题的指示》，确立了公社、大队、生产队"三级所有，队为基础"的管理体制，调整了人民公社的规模，划小了核算单位（以生产队为基本核算单位），并实行土地、耕畜、劳力、农具"四固定"原则。根据中共中央以调整为中心的"八字"方针即"调整、巩固、充实、提高"，进行国民经济的全面整顿，主要是：减少城镇人口，精减

---

① 《张掖地区志》编纂委员会：《张掖地区志》（远古—1995年），甘肃人民出版社，2010年10月。

职工；压缩基建规模，调整工业体制；加强农业，发展农业生产，调整生产关系。一是减轻了农业税的征收额，削减了对粮食和农副产品的征购量，提高了农副产品的价格，即粮食提高25.8%，油料提高13%，生猪提高26%。增加了对农业的投资，减免了贫农合作基金贷款和农村其他贷款；全党动员，协调各部门大办农业，大办粮食；停办社员集体食堂，纠正"一平二调""共产风"，清退了所平调的农民财物，发放救济款；恢复自留地，允许社员搞一些家庭副业；开放集市贸易，稳定市场，稳定物价，回笼货币，使农贸市场价格下降，货币流通量有所减少；分配上废除供给制，实行按劳分配，将增产的粮食大部分留给农民，用以改善生活，休养生息。

1965年，中共甘肃省委书记汪锋在张掖县梁家墩公社清凉寺大队蹲点，组织干群建设"五好"（好渠道、好道路、好林网、好条田、好居民点）新农村。至1966年新建干渠2条，支、斗渠3条，农渠18条，乡村主干道2条，条田194.93公顷；干渠、主干道、支渠、斗渠、农渠两旁栽植钻天杨4.18万株，形成农田林网格11个，每个网格面积16.67公顷。

通过贯彻"八字方针"，进行全面调整，人民公社制度趋于稳定，党群关系得到了改善，农业生产在1963年停止下降，1965年得到恢复和发展。1965年，张掖县播种面积恢复到42034.34公顷，粮食总产达到7519万公斤。民乐县1963年全县农业生产开始回升，1964年得到恢复和发展，1965年粮食作物播种面积34684公顷，总产4373万公斤。高台县1965年全县播种面积15.738公顷，亩平均产量137公斤，总产量达到3232.32万公斤，比1962年的13.397公顷增加播种面积2.34公顷，粮食总产量比1962年的1370.22万公斤增加1862.10万公斤，亩均产量比1962年的68公斤增加69公斤。山丹县自1963年到1965年，经过三年的调整和努力，到1965年社会总产值回升到1231万元；粮食总产量年平均上升为3050.87万公斤，比"二五"计划期间净增1021.85万公斤，递增14.6%。[1]

---

[1] 《张掖地区志》编纂委员会：《张掖地区志》（远古—1995年），甘肃人民出版社，2010年10月。

第十一章 张掖农业的徘徊发展

——"文革"时期（1966—1977年）

1966—1976年，张掖农业生产受到极"左"错误干扰，经济工作正常秩序遭到破坏，生产关系上追求"一大二公"；在分配上，推行"大寨工分"，记"大概工"，出现出工不出力、干活效率低的现象；社员的家庭副业被限制，农村集市贸易被取消；群众思想陷入混乱，农村经济再次受挫。

第一节 "农业学大寨"运动时期的张掖农业

1966年，"农业学大寨"运动在张掖各县普遍展开，并兴起了大搞农田基本建设高潮。农村基层干部和农民群众大搞平田整地，积肥造肥，改良土壤，以农田基本建设的成果改变了张掖农业基本条件。从这一年开始，张掖各县每年冬、春和农闲时节，都要按规划要求实施农田基本建设的步骤。

1970年8月国务院召开北方农业会后，以修建干渠为重点，要求各县建成渠、路、林、田配套的标准化条田。张掖地委、行署认真贯彻落实北方农业会议精神，落实公社三级所有、队为基础的体制，坚持分给社员自留地，坚持按劳分配的原则。同时，加强农田基本建设，努力增加肥料，搞好农业机械化等，推动和促进农业生产的发展。

一、加强农田基本建设

全国北方农业会议后，全区各县坚持不懈地兴修农田水利，改良土壤，努力建设旱涝保收、高产稳产农田。从1975年起，每年冬春组织动员千名干部、二十多万农民参加农田基本建设。经过三年努力，1977年全区有效灌溉面积发展到202.12万亩，比1985年169.51万亩增长19.2%。

张掖县在这一时期，共建设标准化条田19576.45公顷，梯田396.87公顷；造林947.14公顷，植树208.9万株。到1971年，全县有16个大队在张掖率先实现了条田化。到1973年，全县共建成条（梯）田27693.84公顷，占全县耕地面积的62.3%；累计深翻（拖拉机深翻）耕地27153.57公顷，占全县耕地面积的66%；开挖干、支、斗渠，改善灌溉条件，植树542.9万株。基本实现"四好"（即按配套要求达到好渠道、好道路、好林带、好条田）农田的公社有8个，平整土地面积达到11038.85公顷；基本实现"四好"农田的大队85个，平整土地面积为13806.9公顷。到1976年，累计建成条田30815.4公顷。[①]

民乐县在1972年成立了农田基本建设规划队，逐社逐队进行"五好（在上文的"四好"外，又加了好居民区）"规划。1976年，全县平整条田5336公顷，继而修建了中型水库2座和小型水库3座、塘坝6处，增加保灌面积5716.19公顷；旱地改水地133.4公顷。[②]

高台县从1970年按照规划大搞农田基本建设，到1978年，全县建成条田14440.55公顷。高台骆驼城农田开发始于1973年，共开垦耕地360.18公顷，到1975年，全县总耕地面积达到20521.522公顷。高台县在大搞农田基本建设中，以渠系配套和小型水利建设为中心，以平整条田和改良土壤为重点，以"五好"为标准；以实现蓄（水）、引、提、排结合，渠、路、林、田配套，旱涝保收，稳产高产为目的，组织

[①]《张掖地区志》编纂委员会：《张掖地区志》（远古—1995年），甘肃人民出版社，2010年10月。

[②]《民乐县志》编纂委员会：《民乐县志》，甘肃人民出版社，1996年12月。

干部、群众学习大寨自力更生、艰苦奋斗的精神，坚持群众生产运动与专业队相结合的方法，在每年春播、夏收、秋收后，分别集中15%、30%和50%以上的劳动力搞三次规模较大的农田基本建设；以生产队为单位，抽调10%的劳动力组成专业队，坚持常年搞农田基本建设。全县每年投入的劳力占总劳动力的20%以上，平均每年移动土、石、砂达到5060万立方米。累计建成条（梯）田13440.05公顷，符合"四好"标准的有4002公顷。社、队用于农田水利建设的自筹资金达到218万元，修建各种渠道3707条，总长为1497公里；衬砌干支渠208公里，为灌溉而打井2386眼，配套2227眼，开挖阴沟504条，总长629公里，使全县60%的盐碱地土壤得到改良，另外还修建了若干中小型水库、塘坝，增加了保灌面积2201.1公顷；有效灌溉面积发展到17608.8公顷。[①]

　　临泽县的农田水利建设，主要是根据本县荒地多、沙地多的特点有针对性地开展工作。从实现人民公社化时期就把主要力量投入垦荒上，到1957年，全县开垦荒地1600.8公顷。但这种生荒地收益低微，到20世纪80年代，本县历史上的废弃地被普遍开发利用。在"农业学大寨"运动中，临泽县农田基本建设的重点是治沙造田。县境内的沙漠地带及沙漠侵入地带，在现代地质年代结构表面长期存在自然作用力和人为作用力的影响（自然作用力指阳光暴晒、风雨剥蚀、沙尘层积、洪积物覆盖等；人为作用力指间隔性灌耕等），自然作用力对土壤的破坏力最大。自明清至20世纪40年代，长城以外的农田往往被流沙吞没或被洪积物覆盖。经过全县人民几十年的艰苦努力，建成了完整的绿洲防护林体系，实施了县人民政府提出的防风治沙战略。移沙造田，把林带林网间辟为农田，夺回沙压地约400.2公顷，使平川到板桥一线绿洲向北扩张1000到1500米，通过实施统一的规划，开发了板桥壕洼滩、平沙滩墩、鸭暖南板滩、双墩子滩、新华西平滩、小泉子滩等。尤其在20世纪60年代以平田整地为主要内容的农田基本建设中，又将成片和连片的农田按照支、斗、农、毛渠网络布局，规划为统一规格的条田，组织劳力进行彻底的平整，建设渠、路、林、田配套的"四好"农田。

---

① 《高台县志》编纂委员会：《高台县志》，兰州大学出版社，1993年12月。

到1968年，共建成配套条田500.25公顷，到1976年，全县共建成条田10945.47公顷，其中高标准"四好"条田5669.5公顷。① 除零散地、边缘地及新开荒地外，全县农田在20世纪70年代末基本上实现了条田化。通过大规模的农田基本建设，耕地面积逐年增加。

山丹县的农田基本建设开始于1965年。这年，山丹县设立条田建设办公室，成立了规划队，制定了《四好农田建设规划》，并从1970年开始整修条田，在"农业学大寨"中形成高潮。全县10个人民公社抽调2.59万余劳动力（占总劳动力的60%），划分为29个平田整地的"战区"，进行条田建设。这种规模当时称为"大兵团作战"。经多年土地整修，到1988年，全县共建成条田10805.4公顷，占全县有效灌溉面积的54%。渠、路、林、田、桥涵水闸一次建成。地块大小各不相同，小者0.2001公顷到0.2668公顷，大者0.667公顷到1.334公顷。在20世纪70年代的农田基本建设中，对荒山荒坡进行绿化的同时，对风沙危害严重的67个村（受害面积29327.99公顷），以山丹河、马营河、霍城河流域为重点，实行统一规划。② 水利条件较好的地带，营造小网络窄林带；没有形成条田的地带，随其地形地势，沿渠、路、地边营造防护林带。

各县通过农田基本建设，改善了农业生产的基本条件，耕地由七高八低、方斜不正、破沟烂崖，变成了地势平坦，田亩整齐划一，大小适中的耕地；纵横畅通的标准灌溉渠道，一改往日七零八落、残破淤塞、渠路不分的状态，而变成了干、支、斗、农、毛五级配套齐全，田间道路四通八达，整个农田渠网络密布，阡陌纵横，为进一步发展农业生产打下了坚实的基础。

二、推广农业技术

中华人民共和国成立后，全国贯彻农业"八字宪法"（水、肥、

---

① 《临泽县志》编撰委员会：《临泽县志》（远古—1990），甘肃人民出版社，2001年1月。

② 《山丹县志》编纂委员会：《山丹县志》，甘肃人民出版社，1993年11月。

土、种、密、工、管、保），实行科学种田，对农业生产的发展起到了极大的促进作用。

在造肥施肥与改良土壤方面，张掖境内以往的农田施肥主要以农家肥为主，但农家肥量少，不能满足耕地的需要。阴山滩旱地和山坡旱地更用不到农家肥，主要以草皮垡子烧红灰（垡灰）为肥料。土改后，大搞造肥积肥。主要农家肥有人畜粪便、炉灰、坑灰、炕土、旧墙土、油渣，尤以鸽粪、鸡粪、羊粪为优质肥料。此种肥肥效长、能改良土壤，后来人民政府大力动员农民广开肥源，增施肥料，多打粮食。

在农家肥方面要求人有厕所、猪羊有圈，大搞养猪积肥，除城粪下乡、羊粪下山外，借鉴沤制绿肥的经验，用苦豆子、草木樨、蓬蒿等绿色野草沤肥，或将切碎的秸秆掺和细土堆积，使其高温腐化，造成高温堆肥。也有使用碎秸秆直接撒入牲畜圈内与牲畜粪便掺和，出圈后堆积腐化。当时，把作物秸秆、树叶、野草等堆积腐化后，统称为堆肥。通过大力推产绿肥、堆肥，勤热圈多养猪，逐步改变了"白水下种"（不用肥料）的旧习。从1953年起，有些县（如临泽、高台）已经试用化肥，但用量较少。到20世纪70年代，开始大量推广施用化肥。同时，改变施肥方法，农家肥改地表撒扬为溜入犁沟深施；以碳铵、磷肥作基肥，磷酸二铵、尿素作种肥，硝铵作追肥。二阴山旱地及山坡基地也以施用磷肥代替长期以来撒施垡灰的习惯，后来逐渐又以小麦叶面喷磷、油菜喷硼的方法施肥，由作物自叶面吸收。部分地区还自制"九二〇"菌肥。其后，化学肥料成为黑河水系各流域的主要肥源，一般施用的化肥，按照土壤、植物的不同，有硝酸铵、硫酸铵、氨水、磷肥、碳铵、尿素、磷酸二铵（复合肥）、氮素肥料等。因为化肥的增产效益是十分明显的，所以农民认识到化肥的增产效益后，把施用化肥作为农业的第一要务，施用量逐年增加。但化肥对改良土壤有不利的一面，因此当地农民有"化肥有个怪脾气，光长庄稼不养地"的农谚。

在改良土壤方面，各县因地制宜，一般以深翻为改良土壤的最好方法。铁锨深翻（即铁锨挖地翻地，与"大跃进"时深翻数尺以下者不同）由来已久。不但可以疏松土壤，改善其理化性状，而且深埋杂草，尤其是燕麦，从而抑制杂草。拖拉机深翻效果也佳，且效率颇高，适宜大面积耕作的需要，既能连根铲除多年生杂草，抑制农作物虫害，而且能通过深翻使日光照射土壤，起到肥地和恢复地力的作用，拖拉机从20世纪70年代大力应用，并取代了铁锨深翻。

当地农民常说"倒种（换种）如上粪"，即指对农作物良种的引用和对劣质品种的淘汰。针对粮食品种的退化，自20世纪50年代以来，各县普遍开始推广良种，例如1953年至1957年，引进良种春小麦"武功774"，"甘肃96号、806号"；改良的洋芋品种则有深眼窝洋芋如青海50号、高原7号、8号等。1962年至1965年，引进春小麦良种阿夫、阿勃、内乡5号、1084、欧柔、1955、南大2149；引进良种豌豆多纳夫、张家川豌豆、查力查、箭舌豌豆、高台蚕豆、青海3号蚕豆等；青稞良种则以藏青稞代替了原来的本地青稞。淘汰了"凉州扎芒子、凉州紫杆子、陇东麦、大靖麦"等旧品种，缩小了当地杂种豌豆的种植面积。1976年以后，引进的春小麦良种有甘麦8号、12号、26号、33号，张春9号，墨西哥矮秆墨巴、卡墨；更换了阿夫、阿勃、南大2419号小麦品种。进入20世纪80年代，各县继续推广良种，春小麦如张春9号，前进1号，陇春8号，武春1号，高原338、662、665等；玉米良种则有户单1号、酒单1号等；谷子良种有张农10号、陇谷4号、张谷2号等，油料作物中胡麻良种有雁农1号、张亚4号、雁杂10号、天亚2号等；油菜优良品种有甘蓝型、托尔81008、奥罗、米达斯、青海5号、门油3号等。除引进良种外，还采用穗选等各种切实可行的办法进行选种。

良种的推广不仅增强了农作物的抗病能力，而且因在雨季不倒伏，籽粒饱满、粮质好，能早熟、高产、稳产。截至目前，张掖已完全实现良种化。

这一时期，在农作物病虫害防治方面，取得的成效也很显著。从1953年开始，用赛力散和六六粉等药剂拌种，其方法是以0.2%的赛力散和0.3%的六六粉混合拌种，防治病虫害效果达到90%到95%。20世纪70年代以来，拌种药剂为六氯苯、福美双、托布津、粉锈宁等，防治病虫害效果更为显著。

自20世纪50年代以来，地方人民政府还领导农民对本区蝗虫、麦蚜虫害、田鼠害、草害、小麦锈病、黄矮病等常见病害进行了卓有成效的消灭和防治。各县继而成立了种子部门、农技部门，在不同的种植区域通过小区试验高产栽培试验，对土壤、肥料、种子及播种期、下种量等栽培技术进行试验示范，取得的成效喜人，有的县还在推广农业技术工作上得到了上级农业部门的奖励。

三、加快化肥生产

为了积极响应国家农业现代化建设的号召，张掖地区深刻认识到提升农业生产力、促进粮食增产丰收对于保障国家粮食安全、推动地方经济繁荣的深远意义。在这一战略指引下，张掖地区不仅在化肥生产领域取得了突破性进展，更在农业发展的多个方面迈出了坚实的步伐，全面推动了农业现代化的进程。

1970年，随着张掖地区化肥厂与张掖市磷肥厂的相继建立，张掖地区的农业面貌开始发生翻天覆地的变化。这两座化工厂不仅解决了化肥供应的燃眉之急，更为农业生产的精细化管理和科学施肥提供了可能。农民们开始根据土壤检测和作物需求，精准施用不同种类的化肥，有效提高了肥料的利用率，减少了浪费，同时也减轻了对环境的压力。

在此基础上，张掖地区还积极推广先进的农业技术和装备，如机械化耕作、节水灌溉、病虫害绿色防控等，进一步提升了农业生产的效率和品质。机械化耕作的实施，极大地减轻了农民的劳动强度，提高了劳动生产率；节水灌溉技术的普及，则有效缓解了水资源短缺的问题，保障了农业生产的可持续发展。同时，病虫害绿色防控技术的推广，减少了化学农药的使用量，保护了生态环境，提升了农产品的安全性。

在农业结构调整方面，张掖地区进行大胆的探索和实践。根据市场需求和资源禀赋，张掖地区大力发展特色优势产业，如高原夏菜、优质林果、中药材等，形成了具有鲜明地域特色的农业产业体系。这些特色产业的发展，不仅丰富了农产品种类，提高了农产品的附加值，还为农民增加了收入来源，促进了农村经济的多元化发展。

20世纪70年代，张掖地区通过加强化肥生产、推广先进农业技术、调整农业结构等一系列措施，农业生产能力得到了显著提升，农业产业结构得到了优化升级，农村经济得到了全面发展。这些成就不仅为张掖地区的农业发展注入了新的活力，也为今天农业现代化发展提供了可借鉴的经验和启示。

四、改革耕作制度

随着农田水利基本建设的发展和化学肥料的推广使用，自然而然地促进了耕作制度的改革。

一是耕作复种率不断提高。张掖县的耕作复种率由1965年的4.8%提高到1976年的10.1%，相当于增加播种面积780.4公顷。

二是改一年一熟为一年两熟。在传统的间作套种的基础上，推广以小麦、玉米为主的带田种植。在栽培革新方面，改变种荞麦、小糜子的传统习惯，已将复种作物扩大到谷子、水稻、小油菜、胡麻等。1974年，仅复种谷子面积就达到847.09公顷，1976年，重点推广复种小油菜，1978年推广复种胡麻品种。

三是创新分期分层条播新方法，改变传统混种方法。临泽县从1953年起，创小麦、蚕豆分期分层条播新方法。1956年，仅在黑河沿岸就推广1474.07公顷。到1963年，夏田混种面积达到60%，秋田达到35%。以推广玉米、水稻、高粱等高产作物和多种作物间作套种获得显著增产效益的板桥公社，粮食产量率先超过《全国农业发展纲要》四十条规定的指标，这年，又增加豆类作物的种植，并把数种作物以合理搭配方式归纳为株状间作、条状间作、行状扩大混种，间作和混套种植等。1970年，改单种为间作套种，并将其列为农业改革三项措施之一。1972年试验推广绿肥套种，使间作套种耕地面积达到1787.56公顷，1974年发展到2067.7公顷。临泽县在栽培技术革新中，认为带状种植对光能资源的利用、地力的调整等方面优于间作套种，于是把带状种植作为对间作技术的发展，并广泛推行，将条状间作扩大为带状种植。1970年试验，间作带状为4市尺（约合1.3米），玉米与小麦、蚕豆、豌豆等间作，时称为大带或以带幅宽度（4尺）而称为"四四大带"。1972年试种119.5264公顷。由于平川公社五里墩大队试种小平带（又称窄带）成功，从此小平带又得以推广。至1979年，全县带状种植面积达到3808.57公顷，作物以小麦玉米带为主体结构，还有蚕豆、玉米带，洋芋、玉米带，小麦、葵花带，小麦、甜菜带，胡麻、甜菜带等。带状种植技术和带状形式同时也在高台县广泛推行。以夏秋作物搭配，生长期在200天左右，水、肥、光、热能资源得到充分利用，发挥了群体增产效益。而且带田组合模式的选择，一般根据作物生长的时间差、茎秆高低差、根系深浅差和对水、肥、光、热需求特点而定，使组合共生作物高低相间、层层见天，优势互补，在一块地内，使传统的一年一熟变一年两熟、多熟制，由单一型生产变为粮菜油多品种多层次复合生产。

四是复种移栽方法的成功运用。1968年，临泽县平川公社一大队二生产队0.1334公顷豌豆遇虫害断根死苗，此时又恰值谷子间苗。于是将间出的谷苗移栽到断苗的豆地里，不仅成活率高，而且产量超过了直接播种谷物的平常产量。1970年，便在全大队推广复种移栽方法，移栽4.4689公顷，两茬亩产337.5公斤。1972年以冬小麦作前茬，谷子育苗移栽入收割后的冬麦茬地，这年冬小麦亩产407.5公斤后，谷子又亩产195公斤。[1] 到1973年，板桥公社又成功地进行了水稻移栽。五是倒茬轮作制度的革新。张掖地区各县农民都能因地制宜进行倒茬轮作，以恢复地力、增加产量。随着生产条件的改善和农业科学技术的普及，各县农民根据本地的种植条件创造出了一套完善的倒茬耕作制度，采用秋夏（田）互换，用地、养地作物互相倒茬相结合的办法进行合理倒茬，在补养地力，提高产量方面取得了显著的成效。倒茬的方法一般有如下几种[2]：

(1) 豌豆→春小麦→谷子，三年正茬轮作；

(2) 豌豆→小麦（当年复种）→谷子→豆麦混种→小麦；

(3) 豌豆→小麦→小麦（当年复种）→谷子；

(4) 豆麦混种→小麦→谷子（或胡麻）；

---

[1] 《临泽县志》编撰委员会：《临泽县志》（远古—1990），甘肃人民出版社，2001年1月。

[2] 《张掖地区志》编纂委员会：《张掖地区志》（远古—1995年），甘肃人民出版社，2010年10月。

（5）低洼碱潮区，一般以水稻和耐碱作物进行短期水旱轮作，以防治盐碱（适宜于高台县、临泽县、张掖县）；

（6）洋芋→小麦；

（7）蔬菜、瓜果类→小麦。

沿山地区因自然条件的限制，作物品种单一，倒茬作用重大，但倒茬比川区困难大。20世纪70年代，在山区农民传统经验的基础上，又总结出倒茬轮作的新方式，即"三三轮作制"，每年以三分之一的耕地种植养地作物豆类、胡麻、洋芋、油菜，三分之二的耕地种植小麦，三年轮作一次，比较合理地调整了粮经作物比例，收到了用地、养地结合的功效。

20世纪70年代以来，玉米面积迅速增加，间作、套种面积随之扩大。增产效果显著，亩产比单作小麦增加二三百公斤。1977年间作套种面积达到80多万亩，使传统的一年一熟制改变为两年三熟和一年两熟制，由单一型生产变为粮、菜、油多种类、多层次的复合生产。有效地提高了农作物单位面积产量。

五、总结推广农作物增产经验

1970—1977年，张掖地委、行署坚持每年召开科学种田会，交流经验，表彰先进，部署实验，建立基点。在夏粮收获前组织地县领导及科技人员，深入农村进行现场观摩，发现典型及时推广，遇到问题及时解决。同时。以县为单位，每年冬季坚持广泛向农民群众宣传科技知识，并根据农耕季节，召开春种、夏管等专业会议，指导农业生产。

1971—1977年全区粮食总产量稳定增长，1977年由1971年的2.81亿公斤，提高到4.14亿公斤，增长47.3%，单产由149公斤提高到201.5公斤，增长35.2%。油料总产量由1971年的481.34万公斤提高到661.4万公斤，增长37.4%。其他经济作物产量也有不同程度的增加。

1970年以后农业生产形势虽有好转，但是产业结构不合理，粮食生产比重过大，农村经济收入很低。1977年全区粮食作物205.39万亩，占总播种面积230.49万亩的89.1%。经济作物18.63万亩，占总播种面积的8.08%。其他6.47万亩，占总播面积的2.81%。是年粮食总产量虽然达到4.14亿公斤，但经济效益低，农民人均纯收入仅100元左右。

第二节 农业徘徊发展

由于"文革"期间政治运动的冲击和"高指标"、瞎指挥等错误倾向的影响，张掖地区的农业生产在一段时间内出现了大幅度下降。为了恢复农业生产，1961年张掖地区贯彻中共中央《农村人民公社条例〈草案〉》，停办公共食堂，恢复以生产队为核算单位的三级所有制，坚持按劳分配，处理平调退赔问题。这些措施在一定程度上促进了农业生产的恢复，农村经济在徘徊中发展。

一、耕地面积和粮食生产

张掖县1966年播种总面积42494.57公顷，1967年为42794.72公顷，比上年增加播种面积300.15公顷；1968年播种面积为40120.05公顷，比1967年减少2668公顷；1975年为43488.4公顷，比1968年增加3368.35公顷；1976年为44255.45公顷，比1975年增加767.05公顷。播种总面积在徘徊中有缓慢增加。粮食作物总产量1966年为7783.74万公斤，1967年为8591.25万公斤，比上年增加807.51万公斤；1968年粮食总产量7949.34万公斤，比1967年减少641.91万公斤；1975年为15094.66万公斤，比1970年总产量11444.15万公斤增加3650.49万公斤，1976年全县总产量为16139.39万公斤，比1975年增加1044.73万公斤。[①]

[①] 《张掖地区志》编纂委员会：《张掖地区志》（远古—1995年），甘肃人民出版社，2010年10月。

临泽县 1962 年恢复设县（原为撤销）时核定耕地面积为 14187.09 公顷，比 1957 年减少 740.37 公顷；20 世纪 70 年代大规模的农田基本建设中，耕种面积逐年增加，其中一部分与非农业用地减少面积相抵，一部分新垦荒地受地质条件制约，常年低产，被列入省熟荒地范围，核定的计税耕地面积在这一时期基本保持稳定。粮食作物产量，1962 年粮食平均亩产量降到 95 公斤，总产量降到 1.37 万吨；经过三年恢复，到 1965 年，粮食总产量达到 3.16 万吨；1969 年，亩均产量达到 223.7 公斤，超过全国农业发展纲要提出的指标，粮食总产量达到 4.19 万吨，比 1965 年增加 1.03 万吨（当年播种面积为 12492.91 公顷）；1970 年总播种面积为 2306.15 公顷，粮食总产量为 4.60 万吨，比 1969 年增加 0.41 万吨；1975 年总播种面积为 5255.96 公顷，比 1970 年减少 380.19 公顷，粮食总产量为 .82 万吨，比 1970 年增加 1.22 万吨；1977 年总播种面积为 1219.43 公顷，比 1976 年增加 273.47 公顷，粮食总产量为 6.57 万吨，比 1976 年增加 0.76 万吨[①]。

高台县，1970 年总耕地面积为 20075.432 公顷，1975 年为 20521.522 公顷，比 1970 年增加 446.0896 公顷，这是在大搞农田基本建设中取得的成绩。1965 年，高台县总播种面积为 15737.931 公顷，粮食总产量为 3232.32 万公斤，1970 年总播种面积为 15753.272 公顷，比 1965 年增加 15.341 公顷，总产量为 3898.62 万公斤，比 1965 年增加 666.32 万公斤；1975 年总播种面积为 15191.458 公顷，比 1970 年减少 5.618141 公顷，粮食总产量 5832.62 万公斤，比 1970 年增加 1934 万公斤。[②]

山丹县，1963 年全县拥有耕地面积 36411.196 公顷，1968 年为 38389.118 公顷，比 1963 年增加 1977.9218 公顷；1972 年为 39587.984 公顷，比 1963 年增加 3176.7876 公顷，比 1968 年增加 1197.0649 公顷；1976 年为 40024.802 公顷，比 1972 年增加 64398.183 公顷，这个增幅正是大搞农田基本建设中改土造田的结果。粮食总产方面，山丹县

---

① 《临泽县志》编撰委员会：《临泽县志》（远古—1990），甘肃人民出版社，2001 年 1 月。

② 《高台县志》编纂委员会：《高台县志》，兰州大学出版社，1993 年 12 月。

1965年播种总面积为23778.55公顷,亩均(单)产粮为75.45公斤,粮食总产量为3029.325万公斤,1966年总播种面积为23198.3公顷,单产51.55公斤,比上年下降23.90公斤,总产量为1796.5万公斤,比1965年减少1232.825万公斤;1967年播种面积为23718.52公顷,比上年有所增加,粮食单产83.95公斤,比上年增加32.40公斤,总产量为3417.9万公斤,比上年增加1621.4万公斤(本年比上年增加播种面积520.26公顷,加之单产量提高幅度较大);1968年播种面积23224.94公顷,比上年有所减少,单产为每亩79.55公斤,比上年减少4.40公斤,总产量为2770385公斤,总产量有所减少;1976年播种面积22337.83公顷,粮食为均产135公斤,总产量为5203.505万公斤;1977年播种面积25766.21公顷,比上年有所增加,粮食亩均产126.5公斤,比上年下降8.5公斤,总产量为4870505公斤,比上年减少333万公斤。① 山丹县的农业产量明显处于徘徊和缓慢发展状况。当然,其中有些年份的总产量也与其他经济作物所占的耕地面积的调整变动有关。

民乐县,1965年粮食总播种面积为34733.224公顷,粮食总产量为4373.05万公斤,1966年粮食作物播种面积34141.39公顷,粮食总产量为3244.88万公斤,播种面积比上年减少1258.829公顷,总产量减少1128.17万公斤;1976年粮食作物播种面积39196.388公顷,粮食总产量为7139.19万公斤;1977年粮食作物播种面积39688.834公顷,粮食总产量为6553.10万公斤,播种面积有所增加,但粮食产量有所减少。② 民乐县播种面积从大搞农田基本建设以来,逐年有所增加,但粮食产量也处于徘徊和缓慢发展状态。

二、水利建设

20世纪70年代大搞农田基本建设中,为了达到渠、路、林、田配

---

① 《山丹县志》编纂委员会:《山丹县志》,甘肃人民出版社,1993年11月。
② 《民乐县志》编纂委员会:《民乐县志》(远古—1990),甘肃文化出版社,2018年1月。

套的"四好"指标要求，各县修建了一定数量的水利设施和渠坝等，较大的水利工程也不少。

1964年11月，张掖地区第一条防渗干渠临泽县沙河干渠建成。改建工程系统由省、地水利部门的技术人员设计。同年，山丹县为了解决原白石崖引水渠断面小，纵坡大，易受洪水冲击致毁，影响灌溉的问题，经省、地水利部门技术干部分段设计，另选渠线，重新开渠。同时还建成白石崖永久性引水渠。

1965年，张掖地区组织地、县主管农业的领导和水利部门负责人，参加由省委、省政府组织的参观学习团，前往新疆参观学习农田基本建设经验。当时，各县组成的"四好"农田规划队就是新疆参观学习后的1965年冬季组建的。规划队组成后，制定了农田建设规划，由点到面开展张掖的"四好"农田基本建设，并进行全面配套建设试点工作。当年9月，张掖地委、专署批转了张掖专员公署水利电力局《关于贯彻执行河西水利工作会议精神的报告》，要求张掖各县加强领导，定期研究，由专人负责，采取集中力量打歼灭战的方法，把各县农村的农田水利基本建设工作做好。

1965年10月，高台县新坝公社暖泉大队兴建西柳沟引水工程，经一年半时间，在海拔4100米的西柳沟高山峭壁上凿开隧洞321米，开挖环山渠道2.8公里，引冰雪融水入大河干渠。水流量为每秒钟0.2到1立方米。1965年年底，张掖地委批转了甘肃省河西地区面上工作队《关于张掖专区以"五好"为目标进行农田基本建设试点的情况报告》，对本区进行农田基本建设试点的规划做了系统阐述，并通过对张掖开展农田基本建设13个试点规划实施情况的分析，总结概括了其显著的效益及特点，并将各站的经验向张掖推广。与此同时，张掖地区"四改一建"试点工作在山丹祁家店灌区展开。1964年，甘肃省水利局在水利管理上推行"三改一建"配水制度，即改按行政区划配水为按渠系配水；改过分集中轮灌为合理分组轮灌；改大块漫灌串灌为畦灌、块灌（又说沟灌）、小块灌，建立基层灌水组织。次年，张掖专署水电局派工作组在祁家店灌区进行"三改一建"的试点工作。至1966年，甘肃省水利局又将"三改一建"内容增改为"四改一建"，即增加了"改按亩收取水费为按（水）方收取水费"的内容，从此，"四改一建"制度便在各县所有灌区逐步推广实行。在推广"四改一建"制度的同时，张掖乃至河西最大的内陆河黑河的水利建设规划也开始制定。1966年，由西北水利水电勘测设计院编制出了黑河流域规划初步意见，就黑河的灌溉、水力发电以及对大孤山水库、莺落峡水利枢纽、草滩庄引水枢纽和黑河西总干渠的兴修提出进一步的规划设想和建议，这个规划意见，为后来黑河水利开发和以上各水利工程的实施修建提供了蓝本和理论依据。年末，民乐县也完成了童子坝东干渠的防渗改建工程。勘测工作由张掖专署水电局在1963年进行。此后，由省水电设计院进行总体规划和童子坝东干渠防渗改建设计，民乐县组织劳力实施修建。本渠的防渗改建，改善了东干渠引水灌溉条件，便农利民，群众昵称新建防渗干渠为"铁河"。

1966年5月，高台县南华公社信号大队建设第一期盐碱地排水工程，并建立了信号（大队）盐改试验站。本年6月，在肃南县草原牧区塘尕儿兴建本县最早的引水管道工程，这是肃南裕固族自治县牧区草原水利工程建设史上的第一项规模较大的引水工程。在当年完成了第一期工程后又续建第二期工程，至1969年共建成引水管道两条，长达20.45公里，并打机井2眼，建扬水站1处、蓄水站6座。工程投入使用后，解决了4个生产队牧民共460人，牲畜4万余头（只）冬、春两季的生活用（饮）水问题，效益非常显著，充分体现了党和人民政府对广大牧民生产和生活的关怀与支持。

1966年8月，高台县又在高山地区兴修引水工程。工程任务比较艰巨，在海拔4500米的高山悬崖上凿隧洞650米，开挖引水明渠3710米。引水量每秒达0.14-0.3立方米，并导水入石灰关河，解决了红崖子灌溉不济的困难。本年10月，民乐、张掖两县也分别对益民、大满两干渠进行防渗改建。民乐益民干渠的防渗改建工程由省水电设计院进行规划设计，张掖专署水电局派技术干部指导施工。张掖县大满干渠的防渗改建工程由西北水电设计院河西勘测设计队勘测设计，甘肃省河西规划委员会批准改建，张掖专署水电局派技术干部指导施工。

1967年、1969年，山丹、民乐、张掖分别开始重建李桥水库和酥油口水库的工程。1966年张掖专署水电局对李桥水库重新勘测，由山丹县组织民工按新规划和设计要求进行施工。酥油口堆石坝水库的再建工程开工于1969年7月，由张掖地区农林水牧工作站派技术人员进行设计，张掖、民乐两县共同建设。全部工程历时3年多，于1972年竣工。

1969年秋，高台县在完成了摆浪河干渠的改建工程之后，又开始在县境内二湾河谷上兴建高架引水渡槽。这条渡槽就在当年秋季建成并运行通水，在大搞农田基本建设热潮中，山丹县红寺湖公社在1969年建成了截引黑水泉地下引水工程。红寺湖公社是山丹比较干旱缺水的地区，仅靠一眼黑水泉浇地，水量极小，泉眼又常被洪水冲毁。为此，山丹县水利局通过勘测设计，制定了工程方案，并在1969年施工建成。截引工程投入使用后，水量由原来每秒不足0.01立方米增加到每秒0.02立方米。当年该引水工程灌区生产队粮食产量增加了50%，并节省了大量掏泉清淤的劳动力。该截引工程竣工及农业增产的消息被当时的甘肃省委书记胡继宗得知后，即派记者来山丹采访，并在1970年3月26日《甘肃日报》头版发表评论员文章，同时以两版篇幅刊登了题为《敢叫戈壁变水乡——记山丹红寺湖公社革命人民奋发图强、争水夺粮的斗争》的报道，并在全省掀起宣传、学习发扬0.02精神，大搞水利建设的热潮。

1970年，高台县开工对站家渠进行系统改建。站家渠是高台县在中华人民共和国成立以来的第一条系统改建的古渠道。

1971年4月，民乐县双树寺水库及发电站开始动工兴建。该水库的勘测设计工作始于1966年，当时由西北水电勘测设计院编制了初步设计方案。1969年7月由省革委会批准兴建，张掖地区水电局派水利技术干部参与施工指导，历时近5年，于1975年竣工。在民乐双树寺水库动工兴建的第二个月，即1971年5月，临泽县的鹦鸽嘴水库也由省水利厅批准开工兴建。

张掖地区革委会在1971年10月17日至11月1日召开张掖各县、公社、大队及部分生产队负责人，地、县各部、室、组、局负责人，地直厂矿、学校负责人，省驻张掖农宣队及张掖地区农宣队负责人共3000多人的四级干部会议，传达北方地区农业会议精神，讨论落实当年及次年春农田基本建设任务和"四五"计划各项指标。会议提出：1972年张掖要完成条、梯田20010公顷，改良盐碱地2668公顷，深翻土地26680公顷；打农用井2000眼，配套井600眼；修建蓄水10万立方米以上的水库20座，塘坝200个；小截引地下水工程22项；修建各级渠道1500公里，水渠建筑设施480座；修建小水电站100座，装机容量达到1600千瓦。张掖四级干部会议结束后，高台县于1972年4月，开始实施修建摆浪河水库的第一期工程。摆浪河水库兴建工程由张掖地区水电局设计，高台县组织调派劳力并承担施工。历时近3年，于1975年11月竣工并投入观测运行。

1973年2月，张掖地区组织张掖各级干部、群众代表7000余人进行水利工程大检查。这次大检查是为了贯彻全国水利管理会议精神而在张掖范围内进行的。检查结果认为：从新中国成立至今，张掖改建干支渠364条，总长2489公里，其中衬砌的1104公里，用浆砌石、混凝土板衬砌的有432公里；修建干支渠等各类水利设施建筑物1.74万座；建成蓄水量达百万立方米以上的水库13座，蓄水百万立方米以下的小型水库28座，塘坝91座；打农用机井1164眼，配套机井281眼；兴修小型水电站43座，装机容量2054千瓦。存在的问题是：管理工作落后，工程设施管理不善，损坏浪费严重；灌溉技术保守，工程配套水平差，有的水库还存在安全隐患。

1973年5月，甘肃省军区司令员、省革委会主任张忠到民乐县双树寺水库视察工程建设情况，并拨给工程4台"东75型"拖拉机支援工程建设。之后，到临泽县视察鹦鸽嘴水库以及张掖县新墩公社的"四好"农田基本建设，并给该公社解决了解放牌运输汽车1辆，并对上述视察地区广大群众艰苦创业、辛勤劳动精神予以赞扬。

1973年7月，新西兰国际友人路易·艾黎重游山丹县，并专程到李桥水库察看，了解建设情况，他认为这样大的水库，没有溢洪道不行，并向甘肃省有关领导提出设置溢洪道的建议。随后，省有关领导专门指示对李桥水库作了补充设计，增建水库的溢洪道。

继张掖水利工程大检查之后，张掖地区在1973年掀起第二次打井高潮。1970年，国务院发出在北方地区打井抗旱的指示。甘肃省革委会确定全省水利建设要以打井为重点，张掖地区打井在1972年才形成局面，1973年形成高潮，当年超额完成任务。1973年10月17日，《甘肃日报》对民乐县南古公社柳谷大队"三战河牛口（河宁口）"的兴修水利事迹作了长篇报道。柳谷大队是民乐县南固公社南缘祁连山脚下一个偏僻贫困山村。在20世纪70年代，全大队300户1500口人，耕种着400.2公顷土地，而水地却不足一半，主要靠天吃饭，遇到雨水充足年份，多靠山洪和每秒0.025立方米的小溪水浇地，真正是十年九旱的地方。在"农业学大寨"运动中，柳谷大队先后两次治理河牛口，都失败了。1970年又开始在河牛口修建水库，克服种种困难苦干13年，从17米深的地下截引出每秒0.025立方米的水源，筑起了一条长达120米、高11米、宽17米的小型水库堤坝。这个小水库可蓄水62万立方米。从1972年开始蓄水灌田，1973年，在严重干旱的情况下，全大队186.76公顷水地得以保灌，平均亩产达到88公斤，全队粮食总产量达到78万公斤，油料总产量达到5.7万公斤，比1971年翻一番还多。河牛口水库的建成，使柳谷大队远近闻名，变成"三战河牛口，两次失败不回头"的先进生产队。1973年10月17日，《甘肃日报》发表了题为《要发扬不怕失败，一干到底的精神》社论和《三战河牛口——记柳谷大队兴修水利、改造山河的英雄事迹》长篇报道，以宣传、赞扬柳谷大队干部群众不怕艰辛、同心同德改造家园的精神。

在河牛口水库发挥效益的同时，张掖县经甘肃省计划委员会、建设委员会批准，对本县盈科干渠防渗工程也开始动工改建。

1974年7月底，因黑河洪水超量进渠，冲垮部分干渠渠段，张掖、临泽及高台县全境都受到程度不同的损失。高台县因有6条河水暴涨，使六坝、南华、黑泉、正远、罗城、新坝、红崖子7个公社、26个大队、70个生产队受到严重灾害。洪水过后，高台县从1974年8月开始，首先动工兴修罗城北干渠。当年，高台县还统一规划，组织劳力对骆驼城地下水资源和荒地资源进行开发利用并开发成农业小区。经数年努力，逐步形成了目前的规模，到20世纪80年代，累计打新农用机井73眼，开垦荒地800.4公顷，种草333.5公顷，使骆驼城农业小区成为高台县粮食和林果生产的主要基地之一。

1975年5月，黑河出莺落峡处第一座河道引水发电站——张掖县龙渠水电站开始动工兴建。这是黑河水上第一座引水式发电站。电站工程由甘肃省水电设计院二总队勘测设计，甘肃省计划委员会、经济建设委员会联合批准兴建。电站工程由张掖县组织劳力实施建设，工程建设历时近3年，于1978年竣工。此后，按计划引用同一道水利兴建电站，截至20世纪末，已建成二级、三级3座水力发电站。

1975年年底，民乐县组织力量开工兴建瓦房城水库。瓦房城水库工程建设项目是由甘肃省计划委员会、经济建设委员会联合批准的。这也是张掖地区水电局设计的又一座中型水库。历时近3年，于1978年建成水库主体工程。瓦房城水库动工修建的同时，作为大孤山水库准备阶段的工程——大孤山水库勘测道路初步建成。大孤山水库勘测道路是1975年的省列基建工程，道路建设开工于1975年7月，耗资37.96万元，路基工程为4.13公里，由张掖地区水电局负责组织施工。同年，山丹县也完成了本县境内马营河东西干渠的防渗改建工程。

1976年10月，张掖县为了改善大满干渠下游所辖灌区的农田灌溉条件，对张家湾以下12.5公里渠段加以衬砌改建。这年，张掖地区水电局还在张掖县新墩公社白塔大队第二生产队建成喷灌试验点。白塔大队二生产队位于张掖县城北郊，是本县的粮、菜生产区。从1975年开始兴建固定式喷灌试验点，1976年建成，并立即开始对冬、春小麦，复种谷子，蔬菜等作物的喷灌试验。这是张掖地区兴建的第一个喷灌节水工程。试验证明，取得的节水增产效果是非常显著的，这一喷灌试验点的建立及节水工程的有效实施，对今后大力推广节水增产喷灌工程提供了可资借鉴的经验和依据。

首先，本时期水利工程建设基本概况说明，张掖水利建设的科学性已经逐步增强，都是在经过水利专业技术力量的科学勘测后依照预先编制的规划和设计的蓝图进行施工的，保证了水利工程的质量，提高了利用率，延长了工程的使用期；其次是本时期的水利工程建设的目的十分清楚，就是节水增产。由于节水目的十分明确，因此凡渠道改建工程，无论干渠、支渠均以防渗为改建的唯一目的，这不仅体现在改过去的卵石干砌为浆砌石、混凝土预制板衬砌渠底渠坡，并且是在原来合渠并坝、减少平行引水渠道基础上的改建，同时还体现在建成了现代社会为改善生态环境而正在着力普及的节水工程或节水方法喷灌试验工程。每项引水工程包括截引地下水工程竣工后，都明显地提高了流速增加了流量，减少了渗漏，扩大了灌溉面积。第三是各种类型的蓄水调水工程在这一时期相继在张掖各县建成，中小型水库数目众多，建设都取得了成功，至今仍发挥着它们的调蓄保灌作用，其社会效益与经济效益是前所未有的。第四是在水利开发史上，张掖地区对水的利用由以往的单一灌溉及人畜饮用拓展到以水力发电为人民造福，而且对水资源不会造成损失和浪费。第五是在这一时期，党和人民群众在克服"左"的错误干扰中，在农田水利开发事业中付出了极大的努力。无论任何一项水利工程，大到中型水库、较大较长河流黑河及其干渠的重大工程，小到如山丹红寺湖、民乐柳谷大队河牛口工程，都得到党和人民政府的关怀、支持、赞许。无论农田基本建设，还是兴修水利工程，总是通过有关会议，专门进行研究、讨论，并作出计划、部署，有检查、有落实，在肯定成就的同时，还能准确客观地指出工作中的不足。党和人民政府的关怀和领导，人民群众在生活水平低下，有的甚至连温饱都难以解决的艰苦条件下，苦干实干，才使得这一时期农田水利建设取得了上述成就，才使得张掖地区的农业生产在"文革"严重干扰下没有倒退，而是在徘徊中缓慢向前发展。

第三节　农业发展的经验教训

"文革"是一场持续十年的社会动荡，给中国经济、政治和社会带来了巨大损失，张掖农村经济受到了严重影响，但由于广大农村干部和农民群众在基层党组织的带领下坚持生产，开展农田基本建设，使张掖的农业生产在动乱的年代里避免了倒退局面。1976年,张掖耕地面积为284.84万亩,粮食总产量达到41059.29万公斤,农业总产值达到12460.55万元。在"文革"结束后,张掖人民深刻总结了农业发展的历史教训。

一、必须坚持实事求是的思想路线

首先,要深入了解当地的自然条件和资源禀赋。包括土地质量、气候条件、水资源状况、生物多样性等多个方面。每个地区都有其独特的生态环境,这些环境因素直接决定了农业生产的可能性和潜力。例如,干旱地区可能更适合发展节水农业和耐旱作物种植,而水资源丰富的地区则可以更多地考虑水稻、蔬菜等需要充足水分的作物。

其次,要全面分析当地社会经济条件和市场需求。这包括人口结构、劳动力状况、农业技术水平、交通运输条件以及国内外市场需求等因素。了解这些条件,有助于我们更加准确地把握农业发展的方向和重点。例如,在劳动力充裕的地区,可以发展劳动密集型农业,而在技术水平较高的地区,则可以更多地利用现代科技手段提升农业生产的效率和质量。

在制定了基于当地实际情况的发展规划后,我们还需要制定一系列具体政策措施来推动农业的发展。这些政策措施应该包括财政支持、税收优惠、技术推广、市场培育等多个方面。同时,我们还要注重政策的针对性和灵活性,根据农业发展的实际情况和需要,及时调整和完善政策措施。

二、必须坚持群众路线

在农业发展的宏大蓝图中,农民群众不仅是这片土地上的辛勤耕耘者,更是推动农业进步的重要力量。因此,在发展农业过程中,我们必须充分尊重农民群众的主体地位和首创精神,激发他们的积极性和创造性,让他们成为农业发展的主导者。

首先，农民群众是农业生产的直接参与者，他们对土地、气候、作物等有着深厚的感情和丰富的经验。他们的智慧和经验是农业发展的宝贵财富。因此，我们要尊重农民群众的首创精神，鼓励他们根据当地实际情况，自主探索适合本地特点的农业发展模式。同时，我们还要积极搭建平台，为农民群众提供交流学习的机会，让他们能够相互借鉴、共同进步。

其次，政府在农业发展中的作用不可或缺。政府要加强引导和服务，为农民提供必要的支持和帮助。包括提供政策指导、技术支持、资金扶持等方面的帮助。政府要深入了解农民的需求和困难，及时出台有针对性的政策措施，为农民解决实际问题。同时，政府还要加强市场监管，维护市场秩序，保障农民的合法权益。

在尊重农民主体地位和发挥群众力量的过程中，我们还要坚持群众路线。群众路线是我们党的根本工作路线，也是推动农业发展的重要法宝。我们要深入农村、深入农民，倾听他们的声音，了解他们的需求，把他们的意见和建议作为制定政策、推动工作的重要依据。只有这样，我们才能制定出更加符合农民意愿、更加贴近农村实际的政策措施，推动农业的可持续发展。

三、必须注重科技兴农

科技兴农是推动农业发展的重要途径。

首先，科技兴农是提升农业生产效率的关键。通过引入现代科技手段，如智能化农业装备、精准农业技术、生物技术等，我们可以实现对农业生产全过程的精确控制和管理，从而提高农作物的产量和品质，降低生产成本，增强农业竞争力。

其次，科技兴农有助于农业产业的转型升级。传统农业主要依赖自然资源和劳动力投入，而现代农业则更加注重科技创新和产业升级。通过科技兴农，我们可以培育新品种、开发新产品、拓展新市场，推动农业产业向高端化、绿色化、智能化方向发展，实现农业产业的转型升级。

在注重科技兴农的过程中,我们还需要充分发挥农民群众的积极性和创造性。农民是农业生产的直接参与者,他们对土地、气候、作物等有着深厚的感情和丰富的经验。我们要鼓励农民群众积极学习新技术、新知识,将科技成果转化为实际生产力。同时,我们还要加强农村科技服务体系建设,为农民提供全方位的科技支持和服务,帮助他们解决生产中的技术难题。

政府在科技兴农中也扮演着重要角色。政府需要加大对农业科技的投入力度,支持农业科技研究和创新活动。同时,政府还要加强农业科技推广和普及工作,让科技成果惠及更多农民群众。此外,政府还要加强农业科技人才的培养和引进工作,为农业科技发展提供有力的人才保障。

四、必须注重生态环境保护和可持续发展

在发展农业的过程中,我们还要注重农业生态环境的保护。科技兴农不仅要追求经济效益的提升,还要注重生态环境的可持续发展。我们要推广绿色、生态、循环的农业生产方式,减少化肥、农药等化学品的使用,保护农村生态环境和生物多样性。要合理开发和利用自然资源,避免过度开发和污染;要加强农田水利建设和农业机械化推广,提高农业生产效益和质量;要注重生态农业和有机农业的发展,提高农产品的品质和安全性。只有这样,才能实现农业的可持续发展和农村的长期繁荣稳定。

这些经验教训对于我们今天指导农业发展具有重要借鉴意义。

第十二章 张掖农业的全面发展

——改革开放和社会主义建设新时期（1978—2011年）

1978年十一届三中全会，作出了把党和国家的工作重心转移到经济建设上来的历史性决策。全会拨乱反正，深入分析了中国农业的状况，总结了正反两方面经验教训，开启了改革开放和社会主义现代化建设的新时期。

1979年中共十一届四中全会通过了《中共中央关于加快发展农业若干问题的决定〈草案〉》，要求全党必须集中主要精力把农业尽快搞上去。张掖地委、行署根据中央指示和甘肃省委省政府的部署，从1979年起，开始对农村进行经济体制改革，解放思想，努力探索，逐步建立起多种形式的生产责任制。

为了尽快改变贫穷落后面貌，张掖人民汲取历史经验教训，解放思想，大胆改革，农业生产全面发展。通过包产到户，实行家庭联产承包责任制，治理盐碱，改善土壤，推广农业科技，发展现代农业等措施，农业生产条件得到了极大改善，为张掖农业现代化发展奠定了坚实基础。

第一节 家庭联产承包责任制的实行

家庭联产承包责任制，是以农民家庭为单位，向集体经济组织承包土地等生产资料和生产任务的农业生产责任制形式。我国农村土地承包三十年不变的政策一共有三轮：第一轮：从1978年开始，承包期15

年，最早的 1993 年到期。第二轮：土地承包期到 2023 年到期，个别地区由于晚几年才开始承包，会晚几年到期，最晚 2027 年。第三轮：土地承包期再延长 30 年，最早从 2023 年开始，2053 年到期。

我国土地采取国家所有和集体所有的土地制度。从制度设计上避免了土地兼并问题的发生。同时，土地的所有权、经营权、使用权分开，保证农民没有后顾之忧。农村土地承包政策，反映了广大农民的期盼，给农民带来实实在在的好处，农民既可以沉下心来搞生产，又可以放心流转土地经营权，既可以选择进城务工，也可以选择回乡创业，新型农业经营主体的预期也更稳定，可以放心投入，扩大生产，改善农田设施条件，有利于形成多种形式的适度规模经营，推进中国特色农业现代化。

一、家庭联产承包责任制实行的情况

为了全面推进农村改革，中共张掖地委于 1982 年春季在张掖县党寨公社进行大包干责任制试点。此后，高台、张掖两县分期分批推行。1984 年 1 月，中共中央发出《关于一九八四年农村工作的通知》。张掖进一步完善了全区农业生产责任制，到 1984 年底全区农村实行的家庭联产承包为主要形式的生产责任制达到 95% 以上。

张掖县在 1984 年通过实行土地所有权与经营权的分离，将全县属于集体的 38019 公顷耕地承包给 8.2 万户农民家庭经营，全面实现了家庭联产承包责任制。随着农村经济体制改革的深化，在狠抓农业生产重大措施实施的同时，又对土地（已承包的）进行了评估定等，以等定产，测算承包费，并按每亩地纯收入的 3% 到 5% 收取承包费，以恢复土地的价值属性。规定农户在承包期内，承包的土地可以转包、出租、入股，但土地所有权归集体所有。

临泽县在实行联产承包责任制初期，实行承包所遵循的基本原则是：从实际出发，因地制宜，做到劳动组合机动灵活，专业分工多种多样，计酬方法简便易行。因此，起初的形式，一般有：在生产条件好、生产水平高的队，主要推广"统一经营联产到劳"的责任制；集体各业已有较多分工、干部管理水平较高，多种经营项目较多的队，县上要求积极发展专业分工、联产计酬责任制;集体生产水平低、工作基础差、长期上不去、群众生活困难的一些队,则推行"包干到户"或"包产到户"责任制;副业、瓜菜、园林、畜牧业、机械管理和各种加工作坊等,则大力推行专业承包联产计酬责任制。其中大包干到户责任制的土地承包,把土地按人劳比例划分到户,征购任务集体提留任务到户,社员完成征购任务、集体提留后,其余全部归己。分配给社员的土地(承包的耕地),只有使用权,不准买卖、典当、出租、荒芜,不准擅自转让,也不准在承包耕地上修房、建坟、开矿烧砖瓦等。在深化农村改革中,对承包的耕地进行了小调整。随着时间的推移,一些农户家庭人口发生了不可避免的增减变化,人均占有耕地面积在一些农户中出现了畸多畸少的情况,这就很有必要进行适度的调整。调整坚持土地公有,有利于政策、法律的贯彻落实,有利于减少矛盾、稳定局势的指导思想,解决承包土地占有不均的突出矛盾,严格控制调整面,对非调整不可的农户进行了调整。全县调整土地农户有3957户,调整土地519.3662公顷,其中调增户2397户,调增面积269.3214公顷,调减户1560户,调减面积223.045公顷。①

高台县在1982年全县实现家庭联产承包责任制。集体以合同形式将土地等生产资料承包给农民,以家庭为基本生产单位,分户经营,自负盈亏。土地承包方式是采取按人劳比例或全部按人承包两种方式。全县930个生产队,按人劳比例承包的268个。根据土地远近和土质的优劣,评等定级,合理搭配。1987年,高台县根据中共中央《关于进一步加强和完善农业生产责任制的几个问题》的文件精神,坚持因地制宜、分类指导的原则,在调查研究、先行试点的基础上,注重解决实际问题,完善家庭联产承包责任制。一是进行了承包土地的小调整,以解决家庭联产承包责任制后部分因家庭人口变化而造成的承包土地过少,导致生活困难的问题。按照"大稳定、小调整"和有利于稳定承包关系,有利于安定团结,有利于发展生产,有利于计划生育的原则,对实

---

① 《临泽县志》编撰委员会:《临泽县志》(远古—1990),甘肃人民出版社,2001年1月。

行家庭联产承包责任制后人口增减 2 人以上的家庭进行承包土地小调整。全县调减土地的有 1862 户，调减耕地面积为 485.843 公顷；调增土地的农户有 3396 户，调增耕地面积 620.11 公顷。①

民乐县的土地承包，采取划片分等或以渠系连片承包办法，以人头固定到户，签订合同。农户承包土地自主经营，长期稳定不变。全县 61364 公顷耕地除自留地、饲料地 6589.96 公顷外，承包到户的耕地为 48777.71 公顷。留机动土地 2848.09 公顷，集体管理、不便于承包的山旱地和滩地 3134.9 公顷。② 社员承包的土地，所有权属集体，个人只有经营权，不准买卖、盖房、建坟、挖坑起土。

山丹县从 1978 年开始，陆续在全县建立各种形式的农业生产责任制。1979 年，将全县 82 个生产队划分为 185 个包干作业组；1980 年，全县 750 个生产队推行了各种承包责任制，有 2 个生产队的 13 户农民实行了包干到户；1981 年 5 月，经过县委统一组织工作组深入农村进一步推行和完善各种形式的农业生产责任制，截至 6 月底，群众选定的农业联产责任制有四五种形式；1982 年，全县农民全部推行了家庭联产承包责任制，基本上把以土地为主的生产资料全部承包给农户，有 24314 户农民承包了集体耕地 36524.12 公顷。③ 土地承包的办法要求和规定与其他县类同。

到 1984 年，张掖地区全面普及了承包期 15 年的家庭联产承包责任制。

农村推行各种形式的责任制，特别是家庭联产承包责任制后，调动了农民生产劳动积极性，农村经济结束徘徊局面，进入全面发展的新阶段。1979—1983 年，全区农民人均纯收入由 1978 年的 133 元，增加到 271 元，增长 1.03 倍；农业总产值 3.315 亿元，增长 76%；粮食总产量 5.654 亿公斤，增长 26.21%。民乐县三堡公社三堡大队，地处双树寺水库的主要受益区，但由于人民公社体制的若干弊端，挫伤了农民的生

---

① 《高台县志》编纂委员会：《高台县志》，兰州大学出版社，1993 年 12 月。
② 《民乐县志》编纂委员会：《民乐县志》（远古—1990），甘肃人民出版社，1996 年 12 月。
③ 《山丹县志》编纂委员会：《山丹县志》，甘肃人民出版社，1993 年 11 月。

产积极性，农民生活很困难。仅1976—1978年欠银行贷款60120元（户均179.46元，人均34.65元），吃回销粮10万多公斤；12个生产队中有11个队年人均分配收入在50元以下；人均分配口粮只有140公斤。自1980年下半年实行家庭联产承包责任制后，农民的生产热情高涨，一年购骡马60匹、牛36头，耕畜增长50%。1982年粮食产量增加到120万公斤，比上年翻了近一番，比1980年增产二成，改变了生产依赖银行贷款和生活靠吃返销粮的状况。①

1998年，根据省委办公厅、省政府办公厅《关于搞好第二轮土地承包工作、稳定家庭联产承包责任制的若干意见》，家庭土地承包期限延长30年。各县（市）抽调干部组成工作组，深入乡镇村社，培训骨干，核实数据，登记填表，解决遗留问题，发放承包证书，当年承包合同签约率达95.6%，承包面积17.99万公顷，草场123.57万公顷。1999年，继续开展第二轮土地承包合同的完善工作，对改革遗留问题逐项处理，颁发土地经营权证书和《农业承包合同》24.34万份，占农户24.43万户的99.6%，草场面积123.57万公顷，基本完成第二轮土地、草原承包。1998年，张掖全面完成了农村土地承包期再延长30年的第二轮延包工作，颁发了第二轮农村土地承包经营权证书，全市第二轮承包面积250.05万亩。②

同时进行与家庭承包相对应的配套改革，完善农机服务体系和科技服务体系，依法保护农民合法权益，解决农民赋税过高、负担偏重等问题，市县（区）有针对性地制定出台与农村实际相适应的改革措施，家庭联产承包责任制收到了较好的效果。一是促进了粮食和油料等经济作物的全面发展。1978年全区粮食播种面积209.7万亩。1985年调减为173.38万亩，减少20.95%，粮食单产由213.5公斤提高到331公斤，增长55%；粮食总产量增加1.26亿公斤，增长28.1%。与此同时，经济作物得到了全面发展，1985年经济作物种植40.33万亩，与1978

---

① 《张掖地区志》编纂委员会：《张掖地区志》（远古—1995年），甘肃人民出版社，2010年10月。

② 《张掖地区志》编纂委员会：《张掖地区志》（远古—1995年），甘肃人民出版社，2010年10月。

年相比较,油料总产量由472.2万公斤提高到2793.1万公斤,增长4.92倍;糖料由1303.01万公斤提高到12746.21万公斤,增长8.8倍;瓜菜、水果等都有大幅度的增长。二是林、副、牧、渔各业在农业总产值中的比重明显提高。种植业产值占农业总产值比重由1978年的72.19%,下降到1985年的69.09%,林牧副渔业的比重由27.82%上升到30.91%。三是促进了农村第二、第三产业发展。1979—1985年全区农村有一大批劳动力离土不离乡,转移到了工业、副业、商业、运输业、建筑业、服务业上,打破了农民单一种粮的局面。四是提高了经济效益。农业总产值由1978年的18835.65万元提高到1985年的41498.33万元,增收1.2倍。农民人均纯收入由1978年的133元提高到1985年的402元,增长2倍。①

从1985年开始,农村进行第二步改革,大力改革流通体制和调整农业生产结构。1978—1985年由于加工、贮藏、运输困难等因素,出现了"卖粮难",于是把调整产业结构、改革农产品统购派购制度、逐步放开农产品价格、大力发展商品生产、加速农民致富等结合起来,进一步调整粮食和经济作物种植比例,大力发展优质农产品的生产,1986年全区粮食播种面积170.79万亩,比上年减少2.59万亩,减少1.52%。粮食作物面积的比重,由上年的75.66%下降到72.39%,从而大力发展高产优质作物品种,抓好小杂粮生产。川水地区大力压缩品质较差、产量较低的小麦品种面积,积极推广高产品种张春九号;玉米中单二号代替了张单488、户单一号。沿山地区的小麦大力压缩了甘麦8号种植面积,重点扩大高原338、高原602、武春121等品种。②

二、农村集体资产的处置

1984年实行家庭联产承包责任制时,牲畜承包多采取合理作价,

---

① 《张掖地区志》编纂委员会:《张掖地区志》(远古—1995年),甘肃人民出版社,2010年10月。
② 《张掖地区志》编纂委员会:《张掖地区志》(远古—1995年),甘肃人民出版社,2010年10月。

固定到户，户养户用，分期收回价款的办法；农机具采取承包制，凡畜力牵引的农具作价承包到户，由户使用，大型农业机械集体保管，专业承包，联户使用或作价固定到户。牲畜、农机具的价款，分期归还集体后作为公共积累，用于扩大再生产。

1978年，张掖县确定国家、集体、个人林木权属，实行林业"三定"（确定林木权属、划定"三荒地"、制定林业生产责任制），给农户划定三荒地。林地采取多类承包形式，社队林场、成片林木、果园，采取分片分园承包管理，增值分成；确定指标，专人承包，定额补助；一次作价，分期付款，个人承包等几种形式，加快农田林网建设的步伐，此后平均每年林网植树500万株。

公益事业方面，大队兽医站、保健站采取保本分利、自负盈亏的方式；代销店、各种作坊由专人承包，上缴利润或一次性作价处理，由个人经营。

2012年张掖市被列为国家整市农村集体产权制度改革试点50个市之一，已完成全国集体资产股份合作制改革高台县试点工作。随着各类农村改革举措的相继落地，农业农村发展活力被不断激发，为张掖农业现代化发展提供了新的动能。从2015年开始，张掖进行农村土地承包经营权确权登记颁证试点，确权耕地面积366万亩，确权草原面积2750万亩。2019年全面完成确权登记颁证工作。

三、农村社区性合作经济组织

1983年，全区农村和牧区全部恢复"乡"建制，取消人民公社组织。乡以下设置行政村（一般以原生产大队为基础）、村民小组（一般以原生产队为基础）的农民自治组织。自此，"三级所有，队为基础"的公社体制解体，原生产队成为独立的集体经济组织实体，开始以建立健全社区性合作经济组织为主要任务的农村第二步改革。实行集体与农户双层经营，以农户经营为主的新体制，搞活农村经济，适应商品经济、市场经济发展的要求。1988年6月至1991年，中共甘肃省委、省人民政府在张掖地区建立全省农村改革张（掖）、临（泽）、高（台）试验区，进行深化农村改革的综合试验，一部分项目扩展至民乐、山丹两县，试验取得显著成果。1984—1995年，建立与完善农村社区性合作经济组织。

组织建设。1990年底，在原生产队基础上建立生产合作社5423个，在原生产大队基础上建立村合作经济联社785个。由社员大会选举产生理事会和社长主持社务。为减轻农民负担，限制享受生活补贴人数，村社实行两种组织一套班子，村主任、村民小组长兼任联社、合作社长。制定《农村经济合作社示范章程》，明确规定社区性合作经济组织的性质、任务、组织原则、财产所有权和分配办法等。合作社以经济合同的契约形式，作为规范、处理、调整社与农户之间财产所有权及其有关财产权、债权等经济关系的依据，保障合作社与农户双方各自的经营主体地位。

健全土地制度。明晰土地产权关系，明确土地集体所有权与农户承包使用权的实现形式，农民依照法律规定，并通过与集体签订的承包合同，对集体所有的土地享有以占有、使用、收益三项权利为内容的承包经营权。集体土地作为主要生产要素，实行有偿使用。合作经济组织作为土地法定所有者的代表，向农户发包土地，按照每亩平均纯收入的3%—5%收取土地使用费。承包地、自留地、农户新垦荒地归农户长期使用。对机动地、荒地资源开发实行招标承包，引入竞争机制，争取最佳效益。高台、山丹县实行划分"两田"（口粮田、责任田），平衡负担的办法，按照"动粮、动款，少动地"原则，两县共划口粮田24.51万亩（人均0.92亩），责任田45.9万亩，两者的区别是前者不负担国家粮食定购任务。停止土地的定期小调整，使用权承包保持长期稳定不变。逐步发展土地使用权的商品化，允许社员在取得集体经济组织同意后，向第三者转包，允许所承包土地使用权的有偿转让、出租、抵押、入股，农户投资承包新开垦的荒地，谁投资谁受益，可继承使用权。1990年全区转让土地使用权的有510户，1244亩。对土地评等定级，建立土地档案，评定一等地83.71万亩，二等地67.27万亩，三等地55.43万亩，四等地26.74万亩。制定土地等级定期检查评估和升奖降罚制度。完善土地承包合同，遵照省人民政府1989年7月《甘肃省农业承包合同管理试行办法》，至次年底签订集体与农户土地承包合同208121份，承包土地228.29万亩，占总耕地面积的81.76%；签订果园、机械、鱼池、苇塘、林场、企业等专业定期承包合同2056份，承包期为15年。

增强集体经济组织的统一服务功能。农户单家独户无力办而又必须办的事统一由合作社来承担，其项目有：统一灌溉和开展农田基本建设，统一推广农业科学技术，统一机翻机播，统一农作物种植布局，统一开发土地资源，统一兴办公益事业，统一制订致富计划等。部分生产合作社还实行分户经营农牧业，集体统一兴办工副业的办法。村合作联社选任农民技术员、畜禽防疫员、水利管理员、林木管护员、农机管理员、农经管理员等，他们在乡各农业服务机构（站）的指导协助下，开展对农户的各种服务。扶持和培育一批新的专业服务组织，有科普、养鸡协会，养鱼、水稻、甜菜、瓜莱研究会等。1990年底，村合作联社、合作社兴办有非农企业187个，小农场21个，小林场278个，小牧场31个，小果园1564个，小鱼塘39个，组织劳务输出队61个。至1995年，村办企业发展到818个，从业人员1.42万人。①

创办农村合作基金会。金融资产主要由三部分构成：大包干中折价归社员所有的集体牲畜、树木、农机具等生产资料所收回的价款，共5726.51万元，1990年已收回747.38万元；人民公社时期和家庭联产承包制开始几年集体结存的公共积累，共1221.13万元。以上两部分集体资金的七成留作集体股份，计1529股，金额673万元；三成折股到户，计23793股，金额265万元（包括农户自愿入股金额2.5万元），发给《股金证》；从集体年收入（来自土地有偿承包费、专业承包收入、集体企业盈利收入、农户上缴公积金等）中划出一部分增加为集体股金基金。合作基金会按照"小额、短期、有偿、按期归还"原则，参照农村信用社的办法，对合作社内部农户开展金融信贷，提供融资服务。至1990年底，全区农村建立合作基金会665个，其中以乡建会9

---

① 《张掖地区志》编纂委员会：《张掖地区志》（远古—1995年），甘肃人民出版社，2010年10月。

个，以村联合社建会656个，纳入管理的资金共2294万元。1990年累计融通资金783万元，收回到期贷款385万元，占贷出总数的49%。获得利息16万元。①

放宽林业政策，完善林业责任制。1984年3月17日，中共张掖地委、地区行署作出《关于进一步放宽林业政策的具体规定》。此后，全区农村给农户划给了宜林荒地；小片林、稀疏林一次作价归农户所有，林地承包给农户经营；允许农民在承包地的地埂、地边及毛渠岸上植树；允许在承包地内定植经济树木，建立小果园（不得占耕地打围墙）；公路旁的植树绿化由国家、集体、个人一齐上；集体林场实行合股联营、联户承包和固定专人看护。

农村改革解放了生产力，而生产力的发展又对生产关系提出新的要求。实行家庭联产承包责任制后，农户家庭生产功能恢复，为农业内部分工和农村经济全面发展提供了必要条件。从而改变全部劳动力束缚在土地上务农的状况，剩余劳动力开始向非农产业转移，在社区性合作经济组织内及其相互之间涌现出专业性合作、产供销一体化、股份合作、股份制等多种经济组织。这样，社区性合作经济组织，形成以公有制为主导，兼容和并存多种经济成分和多种经营方式的新型经济体制，适应了产业结构调整和经济全面发展的形势。至1984年，全区出现由单一农业向多种产业、由自然经济向商品经济发展的新局面。

四、农村土地流转

张掖市农村土地流转始于2005年。市委、市政府出台《农村土地承包经营权流转管理办法》，允许土地经营者以转包、转让、代耕代种、土地互换、出租等形式流转土地。

2005年，张掖市委、市政府正式出台了《农村土地承包经营权流

---

① 《张掖地区志》编纂委员会：《张掖地区志》（远古—1995年），甘肃人民出版社，2010年10月。

转管理办法》。这一政策的出台，为张掖市的农村土地流转工作提供了制度保障和明确的行动指南。该办法详细规定了土地流转的原则、方式、程序及监管机制，鼓励和支持土地经营者通过转包、转让、代耕代种、土地互换、出租等多种形式灵活流转土地，有效激活了农村土地资源，为农业规模化、集约化经营奠定了坚实基础。2005年，张掖市52个乡镇、801个村、5397个合作社共流转土地5717.7公顷，占承包面积的3.4%；涉及农户16539户，占承包户的6.53%。虽然占比不高，但这一初步探索为后来的大规模流转实践积累了经验。随着政策的深入实施和农民的积极参与，土地流转面积逐年攀升，至2012年已达到43.3万公顷，占承包面积的26.2%，涉及农户52709户。

土地流转的深入实施，不仅促进了土地资源的优化配置，更为农业产业化发展提供了广阔空间。在甘州、临泽、高台等县（区），依托土地流转，成功建立了大规模的玉米制种基地，总面积达6700公顷。这些基地通过引入现代农业技术和管理模式，实现了农业生产的标准化、规模化和专业化，不仅提高了农产品的产量和品质，还增强了农产品的市场竞争力。同时，张掖市还积极探索"公司+基地+合作社"的农业产业化新模式，通过整合资源、延长产业链条，推动农业与第二、第三产业融合发展，为农民增收致富开辟了新途径。

为了进一步规范土地流转市场，提升服务水平，张掖市各级政府不断加强土地流转服务体系建设。2015年，县（区）级土地流转服务中心相继建立，乡镇土地流转服务站达到59个，村级土地流转服务站更是遍布全市，达到了694个。这一"县有中心、乡有站、村有点"的服务网络，为土地流转双方提供了信息咨询、合同签订、纠纷调解等一站式服务，有效降低了土地流转的交易成本，提高了流转效率。此外，通过加强宣传引导、提供技术支持和资金扶持等措施，进一步激发了农民参与土地流转的积极性。

土地流转总面积达7.78万公顷，占农村承包面积的47%。其中规模经营单位6064个（4—7公顷的3112个，7—35公顷的2218个，35—70公顷的507个，70公顷以上的277个），由承包户合作经营5800

公顷,租赁农户经营62000公顷,承包集体耕地2900公顷。[1]

第二节 改革开放以来发展农业的措施

改革开放和社会主义现代化建设新时期以来,张掖通过调整农业产业结构、科技引领与机械化推进、新品种与新技术推广、高标准农田建设、优化产业结构与品牌建设以及加强水利设施建设与管理等方面的努力,有力推动了农业生产的现代化进程,提高了农业生产效率和质量,促进了农业经济的持续健康发展。

一、调整农业产业结构

(一)调整农、林、牧、副、渔布局

在适宜种粮的土地上,努力种好粮食,不适宜种粮的土地,则退耕还林,还牧,还渔;以种植业为主体,逐步提高畜牧业、林业、副业和渔业(宜渔地区)在大农业中的比重。在充分满足人民生活需要的前提下,大力发展高产、优质、高效作物,增加油料、水稻、啤酒大麦、瓜菜、甜菜、棉花的种植面积,这些作物占总播面积的比重由8.5%提高到20%。调整农作物布局,优化产业结构,促进全区农村经济的发展。1986—1995年,农业生产连续夺得丰收,林、牧、副、渔各业全面腾飞。

(二)调整粮食作物和经济作物比重

从1986年到1995年的十年中,坚持"决不放松粮食生产,积极发展多种经营"的方针,因地制宜,审时度势,按照社会需求和市场趋向不断调整和优化种植业内部结构,使粮食和经济作物在总播面积中所

---

[1] 张掖市地方志编纂委员会:《张掖市志》(1996—2015),甘肃文化出版社,2020年8月。

占的比例、夏粮和秋粮的比例、高效优质作物的种植比例逐步趋于合理，产量和效益大幅度增加。1978年和1995年相比，粮食播种面积占总播种面积的比重由90%下降到71%，经济作物所占的比重由8.1%上升到21.3%，粮经比例由9∶1调整为77∶23。压缩夏粮中的冬小麦面积，扩大秋粮中的高产作物玉米面积，夏、秋粮面积的比例由7.8∶2.2调整为7.7∶2.3。经过调整，粮食生产实现了持续、稳定发展，粮食单产翻了一番，总产增长80.6%，人均粮食占有量增长50.4%。

在突出抓好粮食生产，稳定种植面积，努力提高单产、增加总产量的基础上，根据社会需要，有计划地扩大经济作物和瓜、果、蔬菜种植面积，使二者比例不断适时调整。以张掖县为例，其粮食作物与经济作物的比例由1980年的87.4∶12.6调整为1990年的79.6∶20.4；粮食播种面积1990年比1980年减少2327.83公顷；1990年经济作物种植面积比1980年增加3741.87公顷，平均每年增加347.187公顷；油料（胡麻、油菜）、糖料（甜菜）、瓜、果、蔬菜产量都有大幅度增长。有些县则根据本地的自然条件和土质等情况，因地制宜，在夏粮中压缩产量低而不稳的大麦、青稞、扁豆等夏杂粮的种植面积，或者减少秋粮中正茬糜子、谷子的种植，增加高产作物玉米的种植面积。

（三）调整养地作物与耗费地力作物种植比例

主要是扩大豆类和绿肥作物，例如张掖县在1990年基本实现了"三亩一绿"，实现了粮肥三年轮作制。同时，还在粮食作物中间带种、套种豆类作物，使养地作物与耗地力作物比例趋于合理。

（四）形成商品粮基地，发展支柱产业

1986年以来，张掖地区以科技为动力，充分挖掘土地资源、光热资源和劳动力资源潜力，以市场定生产，引导商品经济发展，依托区内农产品的运销和加工集团（企业），走企业连基地、基地带动农户的路子，开展了大规模的商品粮和名优特基地建设，发展了一批支柱产业。"七·五"计划以来，全区抓住国家建立商品粮基地的机遇，充分发挥农业科技和投资的作用。全区5个农业县（市）被列入商品粮基地。

十年向国家出售商品粮25.3862亿公斤，占同期粮食生产总量73.4亿公斤的34.6%，年平均贡献商品粮2.54亿公斤，加上社会其他行业的用粮，全区粮食商品率平均达到45.6%以上。在名优特商品基地建设上，到1995年，全区建成10万亩甜菜生产基地，35万亩油料生产基地，20万亩啤酒大麦生产基地，4万亩水稻生产基地和10万亩瓜菜生产基地，以及1.5万亩大蒜生产基地。这些基地，下连千家万户，上挂各类企业和购销集团，产品有固定的销售渠道，价格保持相对稳定，各级农技推广部门抓住用户对产品数量的需求和质量要求，相应开展信息服务和技术指导，使之逐步向专业化、商品化生产发展。

（五）加快成果应用步伐，推广高新技术

为提高全区农业科技水平，把已有科技成果尽快转化为生产力，广大农业科技工作者紧紧围绕发展农村商品经济，推动农业走高产、优质、高效路子，进行全方位、大规模、高层次科研成果和实用技术的普及应用。"七五"以来突出抓了良种推广、保护地栽培、高新技术应用和丰产栽培技术普及。

推广优良品种。自1978年以来，全区粮食作物品种更换了5—6次，经济作物更换了2—3次。截至1995年小麦良种化程度已达95%，平均亩产增长1.02倍；玉米生产实现了杂种化，玉米亩产增长63.2%；油料80%面积为油纤兼用亚麻和高产低芥酸油菜新品种，亩产增长1.67倍。啤酒大麦、豆类、甜菜、瓜类等作物也都先后实现了良种化。

推广立体种植和保护地栽培。1978年以前，立体种植模式主要是小麦/玉米带状种植，到1995年已发展到粮/油、粮/菜、粮/糖、粮/瓜、粮/果、粮/菇等九大类20多个模式，其种植由二种二收发展到多种多收，面积达到60万亩。保护地栽培是继立体农业种植之后，全区推广普及的一项新技术，目前已由经济作物发展到粮食作物，由川区推进到山区，其形式也由地膜覆盖发展到拱棚、大棚和塑料日光温室。"七五"以来，每年推广面积在15万亩左右，1995年达20万亩。采用立体种植和保护地栽培，不仅使粮食产量比单作或露地栽培提高25%—1倍，而且产值成倍提高，高产高效典型大批涌现。1993年全区

亩产"吨粮"的带田面积达到27.5万亩；亩产千斤粮（市斤）、亩收千元钱的"双千田"面积达5万亩。1995年以保护地栽培为主，亩产一千市斤粮，亩收二千元或亩产二千市斤粮、亩收一千元以及亩收三千元的"三千"高效农田面积达2.43万亩。

推广高新技术。"八五"计划以来，一是在水稻生产上，引进和示范推广了水稻旱育稀植技术。1991年试验成功后，到1995年已推广到3.29万亩，占水稻种植面积的70.7%，从而解决了全区水稻生产低而不稳定的问题。1994年水稻平均亩产574公斤，其中旱育稀植稻平均亩产为680公斤，较20世纪70年代末的"撒播稻"增长3.35倍，水稻种植面积比1978年增长4.58倍。二是瓜菜栽培中推广了高效节能塑料日光温室栽培技术。1991年试种1.5亩，到1995年已种到1万亩，这项技术的推广，使蔬菜亩产量增加一倍以上，从而菜农可以根据市场需求，合理安排淡季生产，做到淡季不淡，旺季更旺。新、鲜、细、嫩和高档菜品种大量增加，满足了城乡居民"菜篮子"需要，增强了市场竞争能力。一个合格的日光温室，年可种植3—4茬，累计产值可达1.6万元以上，除去成本，获利均在万元以上，较塑料大棚或传统温室的效益提高3—5倍。

推广综合丰产栽培技术。广大科技人员把土地平整、茬口选择、良种选用、合理密植、科学施肥灌水、病虫草鼠防除等单项增产技术组装配套，形成综合技术，发挥联姻效应。"七五"以来，先后总结出《沿山冷凉灌区春小麦亩产千斤田操作技术规程》《吨粮田高效丰产栽培操作技术规程》《低芥酸油菜栽培技术规程》《甜菜高产高糖栽培技术规程》《棉花综合丰产栽培技术规程》等20多项农业技术规程，使农业生产的规范化、模式化和科学化水平大大提高，推进了全区"两高一优"农业发展。

（六）抓好六大产业的规模扩张

进入20世纪90年代初，无论是全国还是在张掖地区，出现了一种新的经济现象，通常叫做"农业产业化"，实际上是"农工商一体化，产、供、销一条龙"的简称。

一是粮食产业。从四方面着手：以昆仑公司、临泽玉米淀粉厂和15万吨柠檬酸生产线、张掖5万吨谷氨酸厂为龙头，带动张掖33350公顷优质玉米基地的发展；以高台桑大叔面粉和张掖几十家面粉加工厂带动张掖"甘春20号、宁春18号"优质小麦为主导的高蛋白小麦基地33350公顷的发展；以张掖马铃薯全粉厂、民乐洋芋淀粉厂和银河集团为龙头，带动沿山地区发展优质脱毒洋芋基地6670公顷，豆类13340公顷的产业发展；以滨河、丝路春、昭武等酒类企业为龙头，带动张掖6670公顷酒高粱产业的发展。

二是蔬菜产业。依托张掖南关、高台巷道两大蔬菜批发市场，不断完善设施建设和服务功能，配套信息服务，力争把上述两大批发市场建成西北五省区的蔬菜集散中心；主攻以日光温室等设施农业为主的反季节蔬菜生产，力争张掖温室面积在现有2001公顷的基础上，近期达到3335公顷，远期达到10005公顷，建成西北地区较大的反季节蔬菜生产基地；依托张掖、高台两个番茄酱厂，扩大规模，开拓市场，带动张掖6670公顷番茄种植业的发展；依托甘绿脱水蔬菜股份有限公司（原党寨脱水蔬菜厂）等加工企业，加快民乐县JV真空冻干食品生产线、临泽县真空冻干食品生产线等企业建设，带动张掖16675公顷精细蔬菜生产基地的建设和发展。

三是林果产业。依托临泽西域食品厂、昭武酒厂红枣系列产品加工生产线和滨河集团饮料厂等红枣饮料企业，带动张掖以临泽县为重点的6670公顷红枣基地的发展；大力发展以三倍体毛白杨、樟子松、新疆杨、青海云杉等品种为主的防风林和绿化树种苗木繁育，积极推进花卉产业，提高林果业经济效益，逐步形成较为发达的林果产业体系。

四是草畜产业。以临泽新华猪产业集团为龙头，大力推广"华特牌"品种，进一步走好小规模、大群体的发展之路。力争实现年提供仔猪30万口、商品猪100万口的生产能力，并尽快完成20万口生猪屠宰线，开发皮、毛、骨、血系列深加工；以高台宏达饲料厂草产品加工生产线、临泽草产品加工厂和张掖（甘州区）工业用布厂草粕加工生产线等企业为龙头，大力发展草产业，重点推广饲料玉米、串叶松香草、苏丹草等优质牧草品种，力争实现张掖优质牧草种植面积3335公顷的目标。

五是制种产业。发挥水土光热资源优势,依托中国种业集团、奥瑞金种子公司、河南和安徽种子公司企业优势,在1999年12006公顷的基础上,2000年达到16675公顷,2003年达到26680公顷,使制种业成为张掖地区的重要支柱产业。

六是油料啤酒原料产业。油料以山丹、民乐两县高烹油生产线等油料深加工企业和油料批发市场建设为龙头,发挥沿山地区耕地广阔、气候适宜的优势,重点发展以"华协1号、华协2号"为主"双低"油菜,带动张掖33350公顷优质油料基地的建设;啤酒原料依托张掖高骞麦芽厂、金龙麦芽厂和啤酒大麦加工企业,在沿山地区发展啤酒大麦种植面积6670公顷;依托斯丹纳啤酒花加工厂和高台、临泽、张掖四家烤花厂,带动张掖6670公顷啤酒花生产基地的形成;酿酒葡萄依托张掖市(甘州区)饮料公司食品集团和高台葡萄榨汁厂,带动张掖6670公顷酿酒葡萄种植业的发展;中药材产业依托河西制药厂、张掖(甘州区)中药提炼厂、甘肃西部中药材开发公司等企业为龙头,带动张掖13340公顷以杜仲、枸杞、甘草、板蓝根、锁阳等为主的中药材基地的建成与发展。

在新阶段产业结构调整中,各级政府以大力开拓市场、加快科技进步、培育龙头企业、增加资金投入、切实加强领导等加大引导和服务力度,来牵动、推动、带动、拉动、促进产业结构调整。

二、规划农业发展方向

张掖县从1981年开始,进行农业区域规划工作,成立农业区划办公室,抽调数以万计的技术人员和行政干部,组成土地、气象、水利、种植、林业、牧业、农机、村镇、农经9个专业组,对全县农业资源、自然条件,社会经济条件,农村牧、副、渔业生产和技术装备状况进行深入系统调查研究,编写各专业区划报告,提出发展方向和技术措施。相继完成《张掖土地资源调查及利用区划报告》《张掖土壤志》。所编写的《张掖县综合农业区划》在1983年经省农业区划委员会验收合格。

临泽县在1982年制定了《1983—1990年农业生产发展规划》，1983年又拟定了《1983—2000年农业生产发展的规划设想》，1984年制定《临泽县社会经济发展战略规划纲要》。这些规划把20世纪末达到小康水平的战略目标具体化，对县域经济的振兴具有积极指导作用。高台县从1966年开始制定农业规划，并编写出专题报告8个，即《林业生产布局、草原调查及畜牧业问题》《家畜疫病分布及其发展变化》《新坝地区水利资源开发利用意见》《农区以盐碱地为主的土壤改良利用分区报告》《城镇附近黑河南岸灌区干渠改造意见》《热风的初步调查和宣化》《正远两公社农田基本建设的规划报告》，这对"文革"结束后至1980年的农业生产起到了重要指导作用。

高台县在1981年设立农业区划办公室，组织土地、水利、气候、种植业、林业、畜牧业、农机、农业经济等10个专业组，开展高台县第二次农业经济调查，并在调查基础上将全县划分为5个农业区，提出对各区今后发展的设想。山丹县在1982年设立县农业区划委员会，对9个方面的资源进行调查并编写区划报告，完成农业经济调查分析等11个专题报告，基本查清了山丹县的资源，总结了30多年来农业生产经验教训，分析了发展农业生产的有利因素和制约因素，明确了今后农业生产发展的方向和途径。依据农业区划，调整了粮食作物与油料作物的比例。

民乐县从1982年5月到1984年8月，经过调查讨论，编写《民乐县农业区划》，根据各地不同的地理位置、资源优势和作物特点，提出农业产业发展方向。

三、改善农业基本条件

这一时期，临泽县用于农业生产的投资（包括水利），到1977年，累计用于打农用机井投资为221.77万元；到1978年累计给良种作物投资6.77万元；自1969年到1988年，累计用于农田水利建设投资额为530.31万元；到1988年，给鹦鸽嘴水库的累计投资为1802.1万元；

1985年种子公司投资额为30万元。此外，1976年到1985年主要用于农业低产田改造、培植吨粮田和优良品种支出的科技费用达28.9万元；1986到1987年共支出2.6万元支援农业生产支出，包括小型水利补助、支援农村合作组织基金等，始为无偿投放，从1982年起，部分改为无息有偿周转，1977年到1985年累计支出327.5万元，平均36.38万元。1986年到1990年累计支出721.4万元，年均144.28万元。农业事业费支出逐年增加，1977年到1985年，累计支出115.8万元，平均16.54万元；1986年到1990年累计支出172.3万元，年均34.46万元（其中农机事业费投资未列在内）。水利事业投资也呈逐年增加趋势，1966年到1976年为497.7万元，年均45.24万元；1977年到1985年248.3万元，年均27.59万元。[①]

高台县1976年到1980年用于支援农业的支出为855.3万元，年平均171.06万元；1981年到1985年1125.8万元，年平均225.16万元；1988年支援农业生产支出及农林水等部门事业费为281.1万元。[②]

商品粮基地建设的大量投资和对支援农业建设的支出费用，各县每年平均多者达数百万元，少者也不下下几十万元，这就有力地改善了张掖地区农业生产的基本条件。

四、革新农业生产技术

自20世纪80年代以来，张掖在原有的农业科技推广应用的基础上，基本实现了从群众性农业科学试验活动到现代农业科学技术被广泛推广运用的转化过程。

首先，在耕作制度不断改革与粮（饲）等农作物品种改良方面成就显著。由于各级政府重视和广大农民迫切要求，农业机械、农药、化肥、土壤改良、耕作技术在20世纪70年代末逐步应用基础上，更加普遍推广，科学种田已被广大农民完全接受并自觉实践，结合各地不同情

[①] 《临泽县志》编纂委员会：《临泽县志·1991—2010》，甘肃人民出版社，2016年3月。

[②] 《高台县志》编纂委员会：《高台县志》，兰州大学出版社，1993年12月。

况，坚持种地与养地并重。在耕作方法上更加注意使粗放的耕作制度向精耕细作改进；播种方法上改撒播、漫播（扬）为机械播种和轻便犁播种，改稀播为合理密植，改晚播为适时播种。在作物布局上，改重茬连作为合理轮作，扩大油料、豆类等肥田作物面积；在施肥方法上，改撒施为科学施肥，并与农家肥混施相结合；改生类土地为发酵熟腐；改茬种茬收春灌水为秋收深翻灭茬冬灌水；改广种薄收为精耕细作。这种耕作方法的改革，在肃南县这样的寒凉山区几十年来搞得很有成效。各县从20世纪80年代起，全面地进行了土壤普查，摸清了土壤类别、成分及其分布，制定了土壤改良措施，对不同类型的中、低产田采取不同的改良措施。例如，对沙质型土壤的改良方法是，掺客土加厚土层；对腰沙（夹层沙）型土壤，挖掉沙砾层，换上熟土进行深翻；对薄层易漏型土壤，则增施有机肥料，增强保肥保水性能；对板结型土壤，掺沙土使之疏松；对山旱地土壤，加高田埂，防止水土流失；对中层型、沙型土壤，掺肥土配肥地力。在黑河流域下游如高台县境内的黑河沿岸是盐碱地亩数较多的地方，盐碱地有9338公顷之多，产量低而不稳。在20世纪70年代治理和改良的基础上，继续狠抓治理盐碱土壤的工作。坚持工程措施和生物措施相结合，采取排阴治碱、拉砂压碱、种草改碱、植树抑碱、灌水泡碱、深翻窖碱以及增施有机肥料、秸秆还田等综合措施改造盐碱地。20世纪80年代以来，全县开挖骨干排阴沟152条，长365公里，使4255.46公顷盐碱地得到改良，相当一部分盐碱地达到稳产高产。例如该县南华乡的土壤盐碱化很严重，至1981年，已开挖排阴沟162.8公里，配套各类建筑物238座，年均拉沙压碱耕地面积达60.03公顷，使1334多公顷盐碱地得到改造，至20世纪80年代平均亩产达到300公斤以上。

耕作制度方面，随着农业科学技术的普及和生产力条件的改变，各县农民在吸收传统优良技术的同时，创造出了一整套日趋完善的倒茬、复种、间作套种制度。特别是20世纪80年代以来大力普及于黑河流域及山丹、民乐等县一部分地区的带状种植和地膜覆盖，不仅使粮食作物变一年一熟为一年两熟和一年多熟，而且使单位面积产量提高很快。1983年以来，沿山地区推广的"草田轮作制"，在麦田地内套种草木栖，轮歇地种植绿肥。在川区推广"两粮一肥"耕作制，即小麦、玉米带田地在小麦收获后种箭舌豌豆或毛苕子。这种方法被张掖、临泽、高台等县普遍采用，而且这种间、套、混、复耕种方法，使绿肥种植面积不断扩大。而带状种植在好几个县的大面积推广，有效地把张掖农业集约化生产大大向前推进了一步。

张掖县自20世纪80年代以来，粮食作物以小麦、玉米为主，轮作倒茬方式相应发生了变化，沿山冷凉地区小麦种植面积大，倒茬困难，水浇地轮作周期一般为4—5年，山旱地一般一种一歇或两种一歇。城区南部和黑河以西，小麦种植面积较大，存在连作年限长的问题。城郊为小麦玉米、蔬菜高产区，条件优越，粮食、蔬菜并重，轮作周期一般为3—4年，二阴地区因地下水位高，一般轮作周期为4—5年。土壤耕作法则分为夏茬地和秋茬地两种。夏茬地耕作法又分为保墒耕作法和伏耕作法。前者为先泡地后灭茬晴垡，适用于河水灌区；后者是作物收获前灌水，收获后灭茬晴垡。有时也采用人力锨翻耕作法，这可以使土地平整，晴垡充分，并能加深耕作。

改良土壤方面，除采用上述几种有效方法外，还可协调氮磷化肥比例。加强集约配套，合理灌溉排水，降低地下水位，抑制土壤养分流失，深耕改土，提高肥力，改善土壤通透能力。对潮湿型土壤，以开沟排阴为主，控制灌水定额，增厚耕作土层；对坡地旱耕型土壤，修梯田防止水土流失，深翻地促使养分释放，高茬收割，秸秆还田，经改造使深层土壤的有机质含氮量显著提高。

化肥的施用，自20世纪80年代以来，主要施用的品种有碳酸铵、硫酸铵、尿素、磷二铵、氮磷钾复合肥、磷肥等。其中硝铵、尿素、磷二铵使用效果比较好。

在良种繁育方面，从20世纪80年代以来，进一步发挥自然优势和技术优势，把繁、引、造结合起来，形成基地固定、人力固定、种子自给的格局。张掖县仅在1987年，种植春小麦、玉米、谷子、胡麻等良种繁育田374.9207公顷，繁殖良种1494万公斤，并达到国家二级种子标准。临泽县在小麦良种提纯复壮工作中，选择春小麦665-7-3，张春9号，甘麦23、8、39号，甘春8号等单穗24.41万穗；冬小麦170、

第十二章　张掖农业的全面发展——改革开放和社会主义建设新时期

133、太原 89、A15、奥 3 号等单穗 14.4 万穗，经繁育培育，全县评选的小麦主体、搭配品种的纯度进一步提高，1988 年，张春 10 号示范 1334 公顷，张春 8 号示范 0.0867 公顷，获甘肃省农业厅嘉奖。①

地膜覆盖在黑河流域张掖、临泽、高台各县自 20 世纪 80 年代以来得到最为广泛的推广和普及。主要用于玉米、棉花、瓜和蔬菜。临泽县在 1981 年配给地膜 191 公斤，布置试验点 11 个，参试农作物 12 种。1982 年调购地膜 2466 公斤，示范地膜覆盖瓜菜面积 18.1424 公顷；1984 年选择沿山地带试种地膜覆盖玉米 55.0275 公顷，其中效益调查面积 1.99433 公顷，平均亩产 687.5 公斤，比露地直播玉米增产 219 公斤，减除地膜成本，亩增产 49 元，平均每公斤地膜增值 1.96 元。1987 年，全县地膜覆盖面积 1093.88 公顷，地膜玉米平均亩产 835.5 公斤，最高达 1030 公斤。1990 年，全县使用地膜 43.66 吨，覆盖面积 565.7494 公顷，主要用于种植玉米和瓜菜。蔬菜生产区则改地膜为棚膜，早春膜大棚栽培，效益更优于室外地膜。高台县 1982 年开始推广地膜覆盖，到 1988 年地膜覆盖面积达到 764.9156 公顷，其中玉米 413.4066 公顷，洋葱 18.7427 公顷，甜菜 17.9423 公顷，瓜菜 314.824 公顷。除黑河流域外，山丹县曾在 1982 年重点试验地膜覆盖种植茄子 0.08 公顷，亩产 1509 公斤，增产 1000 公斤；次年开始推广，到 1988 年达到 211.84 公顷，其中玉米带田 158.4792 公顷，西瓜 45.0225 公顷，洋芋 8.338 公顷。清泉乡地膜覆盖玉米、小麦带田 116.725 公顷，平均亩产 600 公斤，比全乡平均亩产高 226 公斤。②

五、提升农业绿色发展水平

改革开放以来，农村土地、劳动力和相关生产要素配置效率得到极大提升，"高投入、高产出"的农业生产发展方式为消除农村贫困人

---

① 《张掖地区志》编纂委员会：《张掖地区志》（远古—1995 年），甘肃人民出版社，2010 年 10 月。

② 《张掖地区志》编纂委员会：《张掖地区志》（远古—1995 年），甘肃人民出版社，2010 年 10 月。

口、改善农民群众生活条件提供了有力支撑。随着农业不断发展，农药、化肥、地膜等农业面源污染防治形势不容乐观，推动农业绿色崛起高质量发展刻不容缓。该市紧盯耕地质量不降低、化肥农药使用量零增长、秸秆粪污及农膜等农业废弃物全利用的总体目标，坚持最严格的耕地保护制度，大力引进普及节水、节肥、节药、绿色防控等先进适用的农业生产技术。全市完成绿色防控面积171.72万亩（次），绿色防控覆盖率达到29.05%。全市农药使用量759.85t，较上年减少26.02t，化肥使用量年增幅低于0.4%目标。同时，积极推广应用"种、养、菌"三元双向循环农业模式，进一步推动农业废弃物资源化、循环化利用。全市已完成秸秆还田114.2万亩，实施畜禽粪污堆沤还田83.38万亩，推广使用商品有机肥11.7万亩，废旧农膜回收利用率达到81.45%，尾菜处理利用率47%，农业生产方式向绿色高质量发展转变。

六、不断拓宽农产品市场渠道

改革开放以来，张掖市农业产量效益得到稳步提升，农产品逐步由满足区域性供给的卖方市场转向对外开放的买方市场。面对国际、国内两个市场，全市上下积极抢抓"丝绸之路经济带"建设历史机遇，加快推进农业供给侧结构性调整，大力实施"东进西扩"战略，按照"巩固周边市场、拓展东南一线城市市场、开拓西亚及南亚市场"的工作思路，深入推进农业对外合作，着力提升农产品营销促销能力。加大外向型农产品供销基地建设，严格落实绿色生产技术规程，支持配套基础设施和仓储物流体系，切实提升外销基地的供给保障能力。全市共有12家企业经进出口检验检疫机构备案的出口农产品基地，先后培育蔬菜自主出口品牌50个，在北京、广州、武汉等地建立蔬菜直销点17个，年销售蔬菜15万吨，销售额达2.8亿元。建成冷链仓储企业38家，仓储面积28.68万 m²，冷链库容达23万吨，确保了优质绿色蔬菜"产得出、销得好"，实现金张掖夏菜48小时运达南方沿海市场，供港澳地区蔬菜60小时就能端上港澳居民的餐桌。同时，连续4年举办"丝绸之路国际生态产业博览会暨绿色有机产品（张掖）交易会"，搭建平台，邀请中外客商参展交易和项目对接，有力地推动了张掖农业外向发展。

第三节 改革开放以来农田防护林建设

张掖六县（市）的绿洲生态系统处于沙漠、戈壁包围之中，多成间隔之势，自清至民国，当地农民也曾自发性地沿农田地界、沟渠道路之侧、房前屋后闲地及水闸河湾零星植树，以保护田地及渠道、闸坝，但尚未形成规模，更缺少条片带状树林，而且任意砍伐。而风沙肆虐，却往往对距离沙丘较近的农田、水渠和道路，甚至村庄构成威胁。

自20世纪50年代以来，地方政府号召张掖人民在保护管理好祁连山北麓天然林木的同时，大力植树造林，防风固沙，保卫农田。由于几十年坚持不懈的努力，农田防护林建设在当代农田水利开发史上取得了前所未有的成就。

一、开展全民植树造林活动

自1949年以来，人民政府大力倡导农民在村庄四旁、宅前屋后植树造林。但当时植树技术比较陈旧，加之管理制度不健全，管护不善，尤其是只栽而不顾浇水，树木保存率较低。1956年以后，张掖人民响应"十二年绿化祖国"的号召，村庄四旁年年都要植树成千上万株。由于当时缺少规划，田、林、渠、路和村庄交错分布，杂乱无章。1965年，对农田防护林及防风固沙林建设全面规划，综合治理，并掀起了连续数年的以"五好"（好渠道、好林网、好道路、好条田、好居民点）为标准的农田水利基本建设，张掖以渠道路林网为骨干，条田为中心，大搞农田防护林建设。1971年"农业学大寨"运动兴起高潮及全国林业会议的召开，农田防护林建设被列入各级政府的议事日程，各县按照整体规划，因地制宜制定实施方案，农田防护林建设全面展开。

自1949年以来，地方人民政府组织城乡群众、机关、厂矿、学校、军队开展每年春季的植树造林活动。国家还公布了《关于开展全民义务植树运动的决议》，各县相继成立了负责绿化工作的部门如绿化委员会、绿化组等，实行定地块，定任务，定质量，定奖罚的包栽、包活、包管、包成的责任制，农村义务植树的重点是营造农田防护林和防风固沙林。

1978年，国家决定实行"三北"（我国西北、华北、东北西部的13个省、市、自治区725个县市、区、旗和新疆生产建设兵团）防护林体系工程建设，张掖地区也包括其中。张掖各县按照"三北"防护林建设总体规划要求，结合各县自然环境条件和国民经济发展计划，勘测各县境内沙漠、戈壁滩分布状况，使防护林体系工程以林带、成片林、农田林网三结合的形式进行建设：在农田风沙线营造防风固沙林带；在绿洲外围的沙滩荒地营造成片林；在农田区域营造防护林网。林带、林网和成片林交互错杂，纵横相连，合理配置，构成完整的互为效应的防护林体系；防护林体系因害设防，乔、灌、草结合，不仅充分发挥了防护作用，扩大了绿洲面积，增加了生态效益，改善了生态环境，也增加了经济效益和社会效益。

二、林业生产取得的成就

在林业生产方面，无论是营造农田防护林或防风固沙林，还是"三北"防护林体系建设，张掖各县都取得了明显的成就。

张掖县（今甘州区）从1949年开始进行农田防护林建设，1954年，在村庄四旁植树16万株，1956年后，每年植树40万株到50万株。1965年，甘肃省委书记汪锋同志在梁家墩公社清凉寺大队蹲点，组织乡村干部、群众和农、林、水、牧科技人员勘测设计，总体规划实施农田防护林建设方案，经两年的努力，新建干渠2条，支、斗渠3条，农渠18条；乡村主干道路2条，修整条田195.03公顷。并在干渠和主干道路两边各栽植杨树两行，支、斗渠两侧各栽植杨树一行，农渠两岸栽植簸箕柳。共栽植钻天杨4.18万株，形成农田林网11个，每个网格面积16.675公顷条田。长安公社依照清凉寺的规划，两年间建成农田林网格20个，新修条田281.47公顷。1978年后，随着林业政策的全面贯彻落实，国家、集体、个人的林木权属被确定清楚，并实行林业"三定"即稳定林权、划定三荒地、制定林业生产责任制。给农民划定三荒地，"谁栽谁有，固定不变"，加快了农田防护林网建设的步伐，平均每年林网植树500万株。1990年，建成干、支、斗、农四级渠道6649条，总长4882公里，形成农田防护林带4053公里，占83%，使乡村田间道路林带成网；县境内铁路、公路470公里，形成林木绿化带40公里，占85.2%。至1990年，除安阳、花寨两个沿山乡村外，全县实现了农田防护林网化。①

1952年，张掖县开始防风固沙林营造试验。在九龙江沙窝、红沙窝、黑河滩逐步推广，到1956年底，营造固沙林2868.1公顷。当年，张掖县又制定出建设防风固沙林6936.8公顷的计划。三年困难时期，树木遭到严重砍伐，有林面积下降。1963年，对国营、集体、个人林权进行清理，加强了林木管护工作，使本县林业生产得到恢复。至1970年，营造防风固沙林6069.7公顷，育苗木600.3公顷，并渐进发展，使年均造林达667公顷左右。

自张掖县被国家列为"三北"防护林建设重点县之后，坚持整体规划，分片承包治理，坚持既定的"谁栽谁有，固定不变"的政策，党政军民一齐上，绿化沙荒、戈壁。政府从资金、苗木、技术上扶持承包沙荒、戈壁造林的单位和个人（包括个体户、联产户），补贴50%的提灌电费，鼓励兴办家庭、联户林场。在技术措施上调整林木树种结构，乔木纯林改为乔灌混交林，杨树、沙枣、花棒和红柳混交栽植，提高防风固沙的有效性。在沙漠荒滩与绿洲农田交界段，营造以乔木为主、灌木为辅的防护林带；坚持林跟水走，充分利用河水，河水不通，则打井灌溉。在水源贫乏的沙漠区以及沙丘地带，栽植耐旱植物花棒、毛条、梭梭、红柳等灌木树种。在流动沙丘，先设沙障固沙，然后栽植耐旱灌木树种；同时，在沙窝滩人工播沙蒿、沙米等草本植物，增加植被。到1990年，防风固沙林累计保存面积达19022.84公顷。如西城驿

---

① 《张掖市林业志》编纂委员会：《张掖市林业志（远古—2010）》，甘肃文化出版社，2017年12月。

沙窝、九龙江沙窝、红沙窝、兴隆沙窝和县境内几个大的荒滩，沙丘固定，林木成荫，林进沙退，农田扩大。

在张掖县建立的沙滩义务植树基地（城区机关、学校、军队、厂矿共建），如黑河滩和西城驿沙窝的"青年绿色林"和"三八绿色林""军民共建林"已经成为绿树荫翳、草木成荫的绿洲地带。每年参加义务植树人员多达21万人。到1990年，义务植树累计达到1849万株，面积达4135.4公顷。①

在实施"三北"防护林建设规划中，按照张掖县一期工程规划，把任务分配到乡、村，实行了县、乡、村三级承包责任制。国家补助张掖县"三北"防护林建设一期工程专项资金225万元，其中补助乡、村群众造林育苗费22万元；国营林场、苗圃造林、育苗费103万元。地方财政拨专项资金16万元，用于林业水利建设。乡镇企业集资10万元，扶持群众造林。水利部门投资73万元，为防护林带打机井20眼，修林渠19公里，提灌站1座。1985年，一期"三北"工程超额完成任务，连同历年之数，累计造林23011.5公顷；保存林木面积15007.5公顷，保存率为65%，县境内由川区实现农田林网化，保存在8年内营造经济林1687.51公顷，保存面积1374.02公顷。1986年，经"三北"防护林建设局各省、地林业厅（处）联合检查验收，张掖县（今甘州区）获"'三北'防护林建设一期工程先进单位"称号，得铜质奖牌一块。二期工程至1990年完成造林面积17875.6公顷，占规划任务16008公顷的111%，保存面积15227.61公顷，保存率85.5%，其中经济林4602.3公顷，占规划任务的106.5%；农田防护林3335公顷，占规划任务的83.2%；防风固沙林4669公顷，占规划任务的164.9%；乡村四旁庭院植树折合800.4公顷，占规划任务的120%。②

临泽县农田护林网营造，是以建设完整的林网体系，改善小气候为目的的系统造林工程。从1951年开始，以渠岸为主植树800余株，川每

---

① 《张掖市林业志》编纂委员会：《张掖市林业志（远古—2010）》，甘肃文化出版社，2017年12月。

② 《张掖市林业志》编纂委员会：《张掖市林业志（远古—2010）》，甘肃文化出版社，2017年12月。

年坚持栽植。1956年,动员各界人力4.58万人组成108支"绿化大军",又以2447人组成446个造林突击队,进行大规模的农田林网营造活动,其中村庄四旁被列为造林重点之一。从1965年起,实施渠、路、林、田配套工程,以道路为骨架,渠道为经络,按照"窄林带、小网格"布局为网状,规定主干道路两旁植树2至4行,机耕道,干、支、斗渠两旁植树2行;规范条田每5.336公顷至13.34公顷为一个网格,培植护田林网。至1971年,全县"四旁"植树保存量达103.2万株,1981年达到423.8万株。1988年,临泽全县确定8个绿化点。其中壕洼干渠、公路绿化投工6800个,移动土方2万余立方米,植树4.66万株;甘新公路绿化投工5200个,开沟换土370立方米,植树5.93万株;张家湾至小鸭的乡村公路绿化投工2680个,植树7.14万株;黄一至三三村公路绿化投入劳力3000余人,植树2万株,一工城村绿化投入劳力1000人,植树1.2万株。至1990年,全县绿化各级道路1034公里,各级渠道2057公里,全部耕地基本实现林网化。①

营造防风固沙林带,是临泽县林业建设的重点工程,也是国家"三北"防护林体系建设的重要内容。临泽县的防风固沙林栽植工作于1950年开始于板桥、平川两地。1951年,营造出防风固沙林19.4764公顷,成活6.5万株,1952年营造77.372余公顷。②

1953年,临泽县制定了防风固沙林营造方案。根据县境内风沙线分布状况确定:黑河北岸自板桥区一乡李家庄子(今属土桥)至平川区六乡北武当庙西为一条主干防风固沙林带,全长54公里。自昭武区永安东小海子至唐家小鸭、张家湾、昭武、暖泉、野沟湾、唐湾、沟湾、墩子、湾子、蓼泉、寨子、新添、堡子、上庄、双泉至于下庄。在南板滩营造块状林,与五泉林场相连,形成大面积林地。大沙河两岸防护林带,自大沙河两岸向小屯、五泉、野沟湾延伸。同时,以五泉林场和沙河林场为主体的整片林区已逐步形成,构成了南北防

---

① 《张掖市林业志》编纂委员会:《张掖市林业志(远古—2010)》,甘肃文化出版社,2017年12月。

② 《临泽县志》编撰委员会:《临泽县志》(远古—1990),甘肃人民出版社,2001年1月。

风固沙屏障。南部固沙林带，自黄家湾至西海沙漠地带，已经形成基干林带。

在大力营造防风固沙林的同时，临泽县还进行治沙试验。1975年以甘肃省科技委员会下达的《总结群众治沙造林经验，建立群众治沙样板》为试验项目，次年在平川五里墩北部沙漠边缘建立了县治沙试验站。治沙样板区设立在巴丹吉林沙漠余脉南缘，总面积为2334.5公顷，并相应规划了灌溉系统、道路、林带、农田林网。历时5年，移动沙丘105座，移动土方90余万立方米，修建干渠23公里，斗渠23条。

治沙试验课题主要有《群众治沙造林经验总结》《流沙固定技术》《引种试验》《植物水分关系的研究》《沙荒地改造利用研究》等。采取成功一点、分类指导、分区实践的方法，发展试验成果。科学治沙的效益日渐显著，防风固沙林带不断扩宽，流动沙丘得到有效控制，被改造的沙荒地按立地条件营造了用材林、经济林。大片沙荒地开发利用获得成功，建成农林牧基地。通过引种栽培试验选育的梭梭、红柳、毛条、花棒等耐旱灌木，樟子松、文冠果、火炬树等乔木，沙打旺、聚合草等草种已经推广。对固沙造林技术、防风固沙林效益观测、流沙区人工植被演替及沙丘移动规律，固沙植物适应干旱途径等项目的研究，获得了阶段性成果。

临泽治沙试验取得的成果，引起了国内外同行和专家的瞩目。1983年后，相继有联合国有关组织和外国专家9批46人前来参观，对此给予了高度评价。至2021年，临泽县国营五泉林场占地总面积6536.6公顷。其中苗圃地134公顷，林地3134.9公顷，稀疏林地667公顷，灌木林地800.4公顷，未成林造林地100.05公顷。沙河林场占地面积1987.66公顷。县治沙站在1976年初建时，试验样板区总面积为3335公顷，至1990年，治沙站边缘已营造了长42公里的防风固沙林带，面积约2334.5公顷，开垦沙荒地653.66公顷，其中渠、路、林、田配套266.8公顷，苗圃及试验基地70.035公顷，栽培经济林74.704公顷，封沙育草233.45公顷。一个内有防护林网，边缘有防沙林带，外围有天然植被封育带组成的防风固沙体系已经形成。治沙样板区边缘沙线后退500米至1500米不等，扩大耕地面积301.6841公顷，植被覆盖率由6%—9%提高到34%。引进各类乔、灌、藤、草本植物332种，分属22科，30余属。非洲粮食和营养委员会秘书处代表团团长艾尔伯特在1990年曾留言临泽："他们的工作使沙漠变良田成为可能。"

高台县经过50余年来的大力植树造林，森林面积逐年扩大，覆盖率明显提高。农田防护林网建设在1966年先搞试点，1970年后，随着"农业学大寨"运动的兴起，农田基本建设的发展，农田防护林网也逐步形成。据1987年的调查，高台县当时已建成农田防护林网耕地面积（爱护农田）18009公顷，占全县耕地面积的85%。共绿化干、支、斗、农各级渠道和道路3156公里。林网主林带间距一般为300米到500米，网格面积150米到200米之间。随着农田防护林网的建成，使干热风发生的次数逐渐减少，相对湿度提高，避免了干热风对农田的危害。高台县地处巴丹吉林沙漠南缘，沙漠面积达48257.5公顷，风沙线长达195公里。1956年，县人民政府决定在县境北部和南部风沙沿线各营造防风固沙林带一条。采取建立国营林场造林，组织集体和群众造林及个人造林相结合的办法，经过30多年的努力，南部东起小海子、经南华、碱泉子、正远、宣化、黑泉、镇江到花墙子、河西、常丰；北部东起五一村，西北至天城村，共营造防风固沙林带136.9公里，面积12273公顷。多数风沙线上已经形成乔、灌、草结合的防护林体系。合黎乡八坝村原有耕地66.7公顷，常受风沙危害。自1956年开始营造防风固沙林，耕地得到了保护，使沙埋耕地20.01多公顷得以复耕。同时还广泛推行封沙育林技术。在盐池乡高沙窝、营儿墩、黑泉乡、十坝滩和骆驼城滩等沙漠区建立了天然植被保护区，封沙育林育草面积达到3401.7公顷。1985年的抽样调查显示，保护区植被覆盖率由原来的0.1%增至0.3%以上。各种沙生植物生长良好。红柳、白刺生长圈在沙堆、沙丘周围形成了包围圈，阻截了流沙，切断了沙源。1983年，高台县治沙技术推广站与甘肃省沙漠研究所协作，建立了"治沙造林综合试验基地"，示范推广治沙造林新技术，在流动沙丘地段设沙障，营造防风固沙林；在沙漠地段，营造以灌木为主的乔灌混交林带，至1988年，共营造防风固沙林2627.98公顷。自贯彻落实中央《林业18条》文件以来,高台县在1964年成片造林310.222公顷,零星植树46.8万株,定植果树8202株,采集树种9324.5公斤。1965年到1969年,全县每年植树造林300.15公顷到333.5公顷。从1970年开始,结合农田基本建设,重点营造农田防护林网和发展经济林。本着"因地制宜、因害设防、先易后难、由近及远"的原则,营造出带、片、网结合,防护林、用材林、经济林、薪炭林并重的农田防护林网体系。1973年,全县造林654.26公顷,育苗81.174公顷,零星植树125.95万株;绿化渠道497条,长274.9公里;绿化道路215条,长195.2公里;建果园135.201公顷,定植各类果树3.64万株。1975年,成片造林820.21公顷,农田林网植树304.25万株,育苗173.954公顷。1978年高台县被列为"三北"防护林体系建设重点县之后,从1981年开始落实林业政策,处理林权纠纷。国营林场实行"四定两归己"(定任务、定质量、定投资、定劳力、节约归己、粮食超产归己)大包干责任制,并通过林业"三定"(稳定山权林权、划定自留山、确定林业生产责任制),使农民、集体、国营林场造林积极性大为提高。1984年,黑泉乡因采取了"自找地点造林,面积不限,谁造谁有,长期归己,统一管护"的办法,涌现出造林重点户323户,造林669.935公顷。九坝村筹集资金6000元,平整沙荒地6.67公顷,户户有了苹果园。罗城乡1985年涌现出造林6.67公顷以上的重点户13户,造林157.8122公顷。骆驼城乡建康村农民柴在广在1985年营造农田林网3条,植树4350株,定植果园0.3335公顷,育苗0.167公顷,共植各种树林312.823公顷。①

山丹县植树造林,坚持林跟水走,发展"省水型"林业,国营林场造林面积(保存面积)在20世纪80年代已达到683.475公顷,集体造林至1988年,经营面积达到826.098公顷,造林保存株数162.2917万株。社员个人造林至1985年,全县涌现出造林专业户、重点户101户,有林面积达113.9903公顷,总株数为26.58万株。在1987年以来

---

① 《高台县志》编纂委员会:《高台县志》,兰州大学出版社,1993年12月。

的绿化村建设中，重点造林31.0822公顷，植树14万株。1988年造林91.59244公顷，其中农田防护林网626.678公顷，小片造林14.0804公顷，经济林8.1641公顷，四旁植树2.3万株，庭院定植经济林2578株，绿化农田渠道334条，长44.8公里；绿化田间道路21条，长7.7公里。全县至1988年底森林覆盖率达10%以上的农村有12个。农田林网建设方面，从20世纪70年代开始，在绿化荒山荒坡的同时，对风沙危害严重的67个村（受损害面积29328公顷），以山丹河、马营河、霍城河流域为重点，实行统一规划，在水利条件较好的地带营造小网格、窄林带；没有形成条田的地带，随势因形，沿渠、路、地边，营造防护林带。"三北"防护林体系工程开始建设至1987年，山丹县营造防护林1434.1公顷，实保存960.48公顷；封山育林育草24547.1公顷，有24个村基本实现农田林网化，防护水地面积6670公顷。在沙生植被保护方面，山丹县在1984年成立了沙生植被管护站，设立沙生植被封护区，在龙首山南麓、兰新铁路以北，东起东明火车站，西至野猫山，封护面积达2734.7公顷，三年间投资8.2万元，封护区域内树界碑95块，设标准样方6处，打柴、挖土等毁损植被行为基本被禁止，植被得到恢复。[①]

民乐县从1950年开始营造以白杨、沙枣为主的防风固沙林、水土保持林及农田防护林。从1953年开始，动员群众进行用材林基地建设，栽植以杨、柳、榆树为主的用材林8.47万株，成活率达70%以上。1954年，在海潮坝河、洪水大河、大都麻河栽植护岸林15.7746公顷，植树5.7万株。1956年，在马蹄河、大都麻河、童子坝河、六坝黄家河滩等地，营造防护林2267.8公顷，成活率达85%。1965年，在海潮坝天然林区的部分沟坡，移植青海云杉野生苗，营造水土保持林33.35公顷。从这年起各公社、大队推广林业先进技术，营造速生林、混交林，引进二白杨、新疆杨等优良树种，在沟旁、路旁、房前屋后、田边地头，栽植树木10.2万株。1972年，随着农田水利建设的开展，在田间道路旁、干、支、斗渠两岸栽植杨、柳、沙

---

① 《山丹县志》编纂委员会：《山丹县志》，甘肃人民出版社，1993年11月。

枣等林木。1978年到1985年，全县营造农田防护林667公顷，水土保持林33.35公顷，防风固沙林133.4公顷，成活率在80%以上。1987年，林业部门把绿化村和渠、路造林作为林业发展的主攻方向，通过试点推广，造林31.8万株，成活率达到90%。1990年，北滩乡实现绿化乡，全县实现绿化村21个，植树229.05万株，造林面积达到72703公顷。绿化渠岸385条，407公里，植树160.32万株。川区的农田林网初具规模。海潮坝林区的人工林，成为祁连山天然林区的典型，受到上级表彰，是年，全县活立木蓄积量为38.64万立方米，其中天然林26.9万立方米，人工林11.74万立方米。尤其是防风固沙林，因民乐县境北部边缘地带，历来常遭风沙危害，沙化面积达33350公顷。为控制流沙南移，避免农田退缩，民乐县政府相继在六坝北部滩设立了国营林场、园艺场、苗圃基地。沿滩的乡、村也成立林场，营造以杨树、沙枣树为主的防风固沙林2868.1公顷。1983年，北部滩天然植被保护站成立后，加强了对沙生植物的封育管护，引进沙生植物花棒、梭、柠条、红柳等100多万株，栽植防风固沙林86.71公顷，成活率达90%，固沙效果显著。至1990年，全县共培植沙生植被封护面积4802.4公顷，栽植固沙灌木林300.15公顷，以杨树、沙枣树为主的防护林2868.1公顷。①

　　肃南县境内林木主要是天然林。但在人工营造森林方面，成效也很显著。自治县成立以来，各族群众和林业职工按照当地自然特点和林业发展的客观规律，因地制宜地在灌木、林地、河滩谷地、林缘地带、林间空地进行更新造林，采取灌木改乔林，疏林改密林。乡村在房前屋后、公路河渠两旁沟边义务植树，使有林地逐年增加。1949年到1988年，全县更新造林22.9422公顷，乡村植树造林633.45公顷，四旁植树2076322株。各林场开展育苗造林，由疏林改密林，营造灌木林，针、阔、乔、灌混交林。以青海云杉、华北落叶松、沙棘为主，实行乔灌草结合，宜乔则乔，宜灌则灌，适当补植，巩固了更新造林成果，扩

---

① 《民乐县志》编纂委员会：《民乐县志》（远古—1990），甘肃人民出版社，1996年12月。

大了森林面积,提高了水源涵养效益。1980年以来,明花区积极营造北部防护林带,每年植树造林6.67公顷左右。[1]

为了提高张掖的林业生产水平,科学造林育林,张掖地区还建立了林业科学技术研究所(简称林科所),自林科所成立以来,多年从事对张掖林业的科学研究。

第四节 改革开放以来的农田水利建设

改革开放以来,张掖地区在农田水利建设方面投入了大量资金,完成了多项水利工程建设。其中,先后建成红山湾、白石崖、金山一号等5座水库工程,完成小海子、大野口等10多座水库除险加固,这些工程显著提高了水资源的调控能力。同时,大力推广高效节水灌溉技术,灌区续建配套与节水改造,提高了灌溉水利用系数。数据显示,灌溉水利用系数提升至0.594,显著降低了水资源的浪费。通过实施农业水价综合改革,有效促进了水资源的合理利用和节约。

一、水利项目规划与建设

进入改革开放新时期,张掖地区完成了大量的水利项目专项规划,实施了多个大中型灌区的续建配套与节水改造。形成以黑河干流灌区为架构的水利枢纽(图50下编图1)。

黑河草滩庄引水枢纽工程(图51下编图2)。黑河草滩庄引水枢纽工程位于黑河莺落峡出山口东岸10公里处的草滩庄,距张掖城22公里,是黑河莺落峡——梨园堡联合水利工程的组成部分。经国家水利电力部1983年12月批准,国务院"三西"领导小组1984年立项,张掖地区组织兴建,张掖、临泽、高台三县(市)组织施工,具有先进技

---

[1]《肃南裕固族自治县地方志》编纂委员会:《肃南裕固族自治县志》,甘肃民族出版社,1994年6月。

术水平的大型二级工程。该工程主要承担黑河东、西总干渠所辖灌区引供水任务,年引水量达7亿到8亿立方米,灌溉面积达54860.6公顷。该枢纽工程完工后,结束了黑河无坝引水的历史。

黑河东总干渠。由原黑河东干渠及马子渠合并而成。草滩庄引水枢纽工程未建前,两渠从黑河总口引水,沿黑河东岸平行而下。1986年动工兴建东总干渠。1987年5月重点完成草滩庄枢纽进水闸出口至原东干渠480米渠道及马子渠连接段的开挖回填工作,使东总干渠顺利通水灌溉。同年底完成上段渠道衬砌任务。1988年下半年衬砌下段渠道,兴建大满及平顺渠口,进行马子渠公路桥及上段扫尾工程,至1989年基本完工。省"两西"农业建设指挥部专项投资192.6万元,进行除险加固,完成工程量29.8万立方米,现已投入正常运行。

其他如甘州区的大满干渠、盈科干渠、黑河西干渠,临泽县的梨园河干渠、沙河干渠,高台县的罗城干渠、三清渠,山丹县的马营河干渠、祁家店干渠,民乐县的童子坝干渠、益民干渠、海潮坝干渠、大都麻干渠等。这些水利工程进一步夯实了灌区的基础设施条件。

二、水库工程建设

十一届三中全会以来,国务院"三西"农业专项建设资金的重点支持,使张掖黑河水系各流域在兴建新水库,加固修整病险水库等方面不断取得显著的成效。

马尾湖水库的兴建与整修。马尾湖水库(图52下编图3)位于高台县城西北35公里处的黑河南岸,属洼地水库。这是甘肃省最早兴建的一座小型水库。马尾湖水库是民国三十六年(1947年)由甘肃省河西水利工作总队勘测设计后,于次年(1948年)7月开工修建的,1949年7月建成。它的建成对20世纪50年代初期该水库灌区的抗旱发挥了重要作用,对河西地区利用沼泽湖修建水库提供了可资借鉴的经验。1982年完成罗城南北干渠改建,从此使马尾湖水库蓄水量达到高限,灌溉利用率大幅度提高。夏季灌溉禾苗用水,河水、库水可兼用灌溉,保证了对用水的需要,罗城乡至1988年灌地3335公顷,保灌面积达1567.45公顷;粮食面积1367.35公顷，粮食总产量达到1323万公斤，人均产量1045公斤。

祁家店水库的修建与运行。祁家店水库是山丹、张掖两县合修的一座中型水库（图53下编图4）。位于山丹清泉乡祁家店村以东200米处，距县城7.5公里。北近兰新铁路，南倚高山，居山丹河中游，两侧地势较高，中间低洼，是宜于建立水库的天然盆地。1956年经省农林厅水利局勘测设计、省计划委员会批准，开始动工兴建。同年8月，山丹、张掖两县联合成立工程委员会，抽调所需干部及工程技术人员。山丹县15个乡、张掖县18个乡的劳力投入修建，实行统一领导共同施工。1957年3月解冻后，进行全面回填坝体工作，8285名民工昼夜劳动，至同年9月30日水库工程全部竣工，并通过省、地有关部门验收。1981年核实水库水域面积为993平方公里；总库容2166.35万立方米，有效库容2066.35万立方米；实际最高蓄水量（1961年）为1240万立方米，最低蓄水量（1986年）为616万立方米；设计有效灌溉面积5336公顷，实际最高灌溉面积仅达2581.3公顷（1968年），1988年实际灌溉面积仅为800.4余公顷，近2/3库容无水可蓄。其受益区有山丹东乐乡、清泉乡祁家店村和张掖县的碱滩乡架子墩村以及张掖农场（老寺庙农场）[1]。祁家店水库建成30多年来，运行基本正常。2001年，张掖市政府在实施西部大开发战略规划中，将向祁家店水库补水列入规划内容。

海潮坝水库的兴建。海潮坝水库是张掖地区修建较迟的一座省列（小I）型水库（图54下编图5）。海潮坝河流季节来水量的分布与供需矛盾日益突出，贫水年份保灌面积只能达到1334公顷，严重影响了该灌区粮油作物的高产稳产，只有建成海潮水库，才能达到保灌、稳产、增产的目的。海潮坝水库是一座以灌溉为主，兼以发电、人畜饮水的枢纽工程。控制流域面积147平方公里，流域全长20.4公里，多年平均流量每秒1.49立方米，多年平均径流量4700万立方米。[2] 1994年5月14日，海潮坝水库建设开始施工招标工作，陕西省水电工程局和张掖

---

[1] 张掖行政公署水利电力处：《张掖地区水利志》，内部资料。
[2] 张掖行政公署水利电力处：《张掖地区水利志》，内部资料。

地区水电局中标。海潮水库主要负担顺化、丰乐、六坝、洪水4乡31村共7337公顷左右农田的灌溉任务。海潮水库是甘肃省第一座混凝土面板堆石坝水库,水库分流工程由拦河大坝、溢洪道、输水隧洞及坝后式电站四大部分组成。1991年12月1日正式开工兴建,次年11月中旬,主体工程基本完成。水库大坝于1994年7月1日开工,从1994年9月25日实现截流并获得成功,继而进行坝体填筑,1996年5月完成填筑任务,1996年6月采用浇筑面板混凝浇筑。水库正常蓄水水位2665.5万立方米,总库容735万立方米,控制有效灌溉面积8004公顷。①

除以上中小型水库外,张掖市先后建成了临泽县鹦鸽嘴水库、山丹县李桥水库、民乐县双树寺水库、瓦房城水库,高台县摆浪河水库等。并对小海子、大野口等水库进行了除险加固,提高了水资源的调控能力。

三、农田灌溉工程

在大搞水利建设中,除了兴修整治各类渠道和数量可观的中小型水库外(中小型水库至1994年达到44座、塘坝35座),在井灌、提灌和喷灌方面也取得了显著成就。至1994年,张掖共打机井3258眼,建提灌站152处,喷灌技术得到大力推广,为后来节水型现代农业打下了基础,初步形成了库、渠、井、站、喷配套的灌溉系统,取得了开源节流的双重效益。

(一) 井灌工程的发展

张掖地区打井历史悠久,但利用井水开发灌溉农业,却是中华人民共和国成立后才发展起来的。从20世纪50年代初,张掖已经有了小范围的井灌区。实现农业合作化以后,党和政府为了组织抗旱防旱,逐步掀起了群众性打井运动。当时共打各种水井94453眼,有自

---

① 张掖行政公署水利电力处:《张掖地区水利志》,内部资料。

流井，也有半自流井。张掖大专区分布县份较多，按以后专区划小的行政区而言，张掖临泽的沙河、新华公社、高台南华、盐池公社及山丹也有少量半自流井。当时张掖简易提水工具有1.3万件；动力抽水机504台，拥有6428.5马力；井灌面积达9738.2公顷，年最高灌溉达40020公顷。这一时期井灌从无到有，确有发展。但由于在"大跃进"年代受"左"的思想影响，不仅井灌工程数量、效益有浮夸情形，而且只图数量，不顾质量，布局不合理。有的水量甚小，有的是无效井，机械设备调拨不及时、不配套，安装、操作及维修养护都存在一定问题。1970年，为了贯彻国务院关于北方地区打井抗旱的指示精神，甘肃全省确定水利建设以打井为重点。20世纪70年代的打井高潮在张掖地区拉开序幕后，当年打井178眼，土口、大口井占101眼，进度较慢。同年秋天省革委会在民勤县召开打井工作会议，下达给张掖地区1971年打井719眼以及新增720.36公顷有效灌溉面积的任务。当年打井不到200眼。

党的十一届三中全会以后，坚持实事求是的工作作风，在国民经济进行调整的基础上，通过吸取教训，农用机井建设进入有计划地稳步发展阶段。一是每年新打配套机井30眼至40眼，以机械深井为主。在农业开发小区打井的同时，在纯井灌区、有条件打井的河水灌区、下游缺水地区和经济作物区补打机井；二是对有改建价值的旧井每年完善配套、加固更新200眼左右。主要是设备配套，柴油机改电动机，维修井巷，完善井灌区田间配套工程，不断提高机井完善程度；三是健全管理设施，提高机井建设质量，建立机井档案，完善管理制度，改进调度运行办法，发挥井灌效益。至1989年，山丹县有机井343眼，全配电机动力8249千瓦，有完好井200眼。清泉乡有机井105眼，保灌面积2134.4公顷；位奇、东乐等乡为河、井水混灌区，全县发展井灌面积2501.3公顷，改善灌溉面积2261公顷，井灌区配套面积2387.9公顷。①

张掖市（今甘州区）有机井935眼，电机781台（套），动力1.89

---

① 张掖行政公署水利电力处：《张掖地区水利志》，内部资料。

千瓦，柴油机154台（套），动力4300马力，完好井有848眼。共有有效井灌面积1347.34公顷，保灌面积1234公顷，改善灌溉面积7137公顷，配套面积166.8公顷。

临泽县有机井42眼，配电机泵41台套，动力456千瓦，完好井36眼，有效灌溉面积46.7公顷，改善灌溉面积320.16公顷。

高台县有机井1770眼，电机井422眼，动力2396千瓦，柴油机井1348眼，动力1.19马力，完好井818眼。骆驼城开发区有机井208眼，控制灌溉面积1867.6公顷，全县改善灌溉面积5476.07公顷。

肃南县有机井57眼，动力314马力。集中在明花区，灌溉面积40.02公顷。

张掖井灌水利事业的发展，既改善了缺水干旱地区的灌溉条件，增强了抗旱能力，保持了农业稳产高产，而且为农业开发区经济作物及商品蔬菜生产提供了用水保证。

从保持自然生态环境角度看，对地下水的开采，也应有必要的节制。超采滥采地下水，也会导致地下水资源的枯竭，进而加厚干土层，致使地下水位迅速下降。加之地表径流量对地下水补给不足，地下水位下降越快，对地表水补充越难，最终也会使自然生态环境恶化。

(二) 提水灌溉工程概况

张掖地区第一座提灌站，1958年始建于张掖县龙首渠，建站的目的是安置外地移民，为开发焦泥洼滩荒地提供用水。20世纪70年代，随着打井高潮的兴起，有些社队开始采用活动提灌形式，提河渠之水灌溉开发出的土地。这主要是为了利用靠近渠道水源的小片高地及难于引水灌溉的农田。先时，一泵即为一提灌站，使用时安装在渠岸上，用后入库保管，尚无固定提灌站。20世纪70—80年代，一些社队为提高水地保灌程度或垦荒开发新农田而兴建了一批固定提灌站，如灌溉在66.7公顷以上的有龙首渠、塔儿渠、一工程滩、平沙墩提灌站，小型提灌站一般灌地0.667公顷至20公顷左右。焦泥洼、老洼墩台提灌站，位于黑河莺落峡出口约1公里的右岸。1975年龙首电站建成后，由电站引水渠提水，并改为电力提灌。1989年新建老洼墩台提灌站，除保灌原有 16.68 公顷农田外，尚可扩大耕地面积 26.68 公顷，由龙渠乡三清湾村管理使用。

塔儿渠、平原堡提灌站，均在乌江乡。塔儿渠位于张掖城西北 30 公里，以泉水为源，但其西北地势较高，大片良田难以开发利用。1972 年在兰新铁路南、平原堡砖瓦厂以东兴建了塔儿渠提灌站，并兴建衬砌配套干渠 1 条，长 4 公里，支渠 3 条，长 14 公里，控制灌溉面积 1194 公顷，使乌江乡平原堡、天乐、大湾、安镇 4 村农田得以灌溉。随着耕地面积的扩大，保灌农田只能达到 65%，轮浇期长达 35 天。为此，1988 年再度添建平原堡提灌站，以补充塔儿渠水量的不足。因此当地农作物轮灌期缩短到 25 天，不仅提高了原有农田的保灌程度，而且可扩大耕地 46.69 公顷。

工程滩提灌站建立在临泽县平川乡以北约 8 公里的二坝渠北侧，该提灌站的建立是为了开垦灌溉一工程滩一带荒地。该站建成于 1977 年，设计扬程 15 米，提水量每秒 0.6 立方米。安装电动抽水机两台，控制灌溉面积 200 公顷。提灌建成后，新垦耕地 66.7 公顷，灌溉林草地 73.37 公顷，不仅增加了农田灌溉面积，而且对北部固沙防护林建设发挥了积极作用。

平沙墩提灌站建于临泽县板桥乡以北 6 公里处，泵站位于壕洼干渠 7 公里处的东岸。设立这个提灌站的目的，主要是为了开发平沙墩滩比较广阔的土地资源。在未建立该提灌站之前，当地乡村多利用 24 座从渠道抽水的活动提灌设施进行灌溉，并开发出耕地 146.74 公顷，林草地 73.37 公顷。但是这种活动式提灌，只限于渠道附近耕地或林草地的灌溉，而距渠较远的大面积土地资源无法开发利用。因此在 1988 年动工兴建平沙墩提灌站，安装水泵 2 台，以 190 千瓦电机动力带动水泵，扬程达 15 米。并配套兴修高填方引水干渠 1.2 公里，支渠 4.8 公里，全部以混凝土预制板衬砌。干渠引水流量每秒 1 立方米，由昔喇渠输入壕洼干渠提灌。该提灌站控制灌溉面积 600.3 公顷，除保灌原开发 620.31 公顷耕地以外，还能够新开发荒地 380.2 公顷。

(三) 喷灌工程建设

张掖地区在 20 世纪 70 年代以后引进并逐步推广的喷灌，是一种极为有效的节水灌溉技术,也开辟了张掖地区建设现代节水型农业的先河。这一节水灌溉技术的不断推广应用,引起张掖地区的日益重视,充分说明它提高水资源利用率的显著效果和发展普及的广阔前景。尤其在治理黑河流域生态环境,保证向黑河下游正义峡泄水任务确定之后,喷灌更成为张掖干旱缺水地区,尤其是沿山干旱区可行性很强的一种理想的浇喷方式。各级政府早就重视推广这种先进节水灌溉技术。自1985年始,甘肃省"两西"农业建设指挥部就把在张掖地区高台县骆驼城移民开发区兴建固定式喷灌区工程列入其扶持建设项目,着手进行兴建。工程选用大型悬臂式喷灌机,并配置自动化控制系统用以操作,该工程建成后,还存在一定技术等方面的问题,未能全部投入实际运行。近年安置的移民利用井水喷灌,并逐步发展成纯井喷灌。1982年在张掖地区灌溉试验站兴建的6.67公顷地的固定喷灌试验区的喷灌设施运行正常,在果园培育灌溉方面取得可资今后借鉴的成功经验。在今甘州区城北郊的白塔村二队兴建的喷灌试验工程,是地区水电局1975年所列的科技试验项目,控制面积6.67公顷。通过对冬、春小麦,复种谷子、蔬菜等作物的试验,证明比一般灌溉省水30%到40%。

山丹县城东南40公里处大黄山北麓刘庄村,是严重干旱缺水的贫困区之一,有耕地面积1000.5公顷,其中仅有的53.36公顷水地也无法保灌。为此,山丹县在刘庄兴建了沿山区喷灌试点。相继打机井3眼,并调拨活动式喷灌机在当地西泉村6.67公顷耕地上进行喷灌试验,结果证明优于井水自流灌溉,并扩大喷灌耕地面积6.67公顷。试验表明,节省水资源、增加产量,宜于缓坡不平之地应用,而且节省劳力、工期短、见效快等是沿山区采用喷灌最突出的优点,喷灌技术在节水农业上确实值得大力推广。通过试点喷灌后,又投资450万元建设起刘庄自压半固定、固定、活动综合式266.8公顷耕地喷灌区。1978年至1979年边设计、边建设,但在建设中还是遇到许多实际困难,需要通过吸取教训,在推广中进行改进和解决。

这一时期,民乐县卫庄、张家湾等沿山地区建立起喷灌区,以移动式喷灌耕地400.2公顷;张掖花寨子村移动式喷灌耕地200.1公顷,自压半固定式喷灌耕地133.4公顷；高台县曙光村半固定式喷灌100.05公顷；红沙河自压半固定式喷灌200.1公顷，这些喷灌均发挥过一定范围的效益，但主要存在的问题是水源不足、习惯偏见的不良影响和管理不善。

1982年4月，张掖地区灌溉试验站喷灌工程动工兴建。建立这一喷灌工程的主要目的，一是探讨推广喷灌技术和兴建工程中的得失；二是通过试验研究适应本地区气候特点的喷灌技术；三是探索管理措施及喷灌自动化的途径。

地区试验站喷灌工程建于甘州区平原堡西北3公里处的荒地开发区。这里年降雨量、水分蒸发量以及气候特点都很有代表性、典型性，适宜作为喷灌试验区。1983年10月建成后，控制喷灌面积6.67公顷，安装自动控制和手动按钮控制系统，以集成电路组成单板程序控制，可全自动运行，按不同作物的需水量编制灌溉程序进行喷灌。有时间、温度、系统安全等方面的控制，在调试运行中各项指标均达到设计标准，建成后由地区黑河流域管理处灌溉试验站管理。在对农作物进行喷灌试验的同时，对果园也进行喷灌试验，在盛果期效益良好。自动化喷灌工程运行一直正常，进一步证实了喷灌不仅在张掖地区，而且在河西走廊均具有适应性实用性。

第五节　张掖"两西"农业建设

张掖市"两西"农业建设是甘肃省在特定历史时期实施的一项重大农业发展战略，旨在通过政策支持和资金投入，改善河西地区和中部干旱地区的农业生产条件，提高农业生产能力，促进区域经济发展。

一、"两西"农业建设的提出

1982年12月，国务院决定将"甘肃定西、河西和宁夏西海固"

地区列为全国农业区域性开发重点。1983年,国家拨出专项资金,帮助甘肃在河西地区和以定西为代表的中部干旱地区进行农业建设,这一战略被称为"两西"建设。张掖市作为河西地区的重要城市,成为"两西"农业建设的重要战场,开始有计划、有组织、大规模推进农业建设和连片推动区域性扶贫开发行动。张掖县(今甘州区)1990年"两西"投资2190万元,专项建设项目121个;1986年省上将张掖县列为全省商品粮基地建设县(市)之一,到1990年共安排建设项目15个,投资208.7万元,其中无偿投资136.7万元,有偿投资72万元。

二、"两西"农业建设的目标和措施

(一)"两西"农业建设的主要目标

一是扩大耕地面积,发展商品粮生产,改善农业生产条件,提高农业生产能力。

二是促进区域经济发展,实现农民增收。

(二)"两西"农业建设的主要措施

为实现上述目标,张掖市在"两西"农业建设中采取了以下主要措施:

政策扶持:国家和地方政府出台了一系列扶持政策,包括资金补贴、税收优惠、技术支持等,为农业建设提供有力保障。1983—1995年,国家下达张掖"两西"农业专项建设资金2.49亿元,安排建设项目467个,每年投资1912.7万元。1981—1992年共安排农业总投入4.35亿元。其中农业基本建设投资2517.4万元。1992年,国务院决定将"三西"建设再延长10年。1996—2003年,国家和省"两西"共投资9200万元,其中移民安置投资426.33万元。"两西"建设8年,共安置移民4875户23342人,其中安置市外中南部地区移民2787户12602人,安置市内移民2088户10740人。

基础设施建设：加强农田水利、道路、电力等基础设施建设，改善农业生产条件。在移民基地和边远贫困乡村打机井 105 眼，85.24 千米，修建乡村主干道路 2323 千米，架设农用线路 119 千米，铺设人饮输水管道 244.98 千米，配套变压器 18 台，开荒平地 1213 公顷，平整条田 720 公顷，建人饮水窖 2882 座，修建小学 43 所，中学 3 所，乡卫生所 16 所。2001—2003 年，累计完成基建工程 220 项，完成小型农田水利工程 17 项，累计完成投资 15.05 亿元，其中国家投资 10.52 亿元，自筹 4.53 亿元。

科技推广：引进和推广先进的农业科技，提高农业生产效率和质量。例如，推广节水灌溉技术、优质作物品种等。

移民安置：结合移民安置工作，将甘肃中部干旱地区的贫困群众迁移到张掖等河西地区，通过政策扶持和技能培训，帮助他们实现脱贫致富。

三、"两西"农业建设取得的成效

经过多年努力，张掖市的"两西"农业建设取得显著成效：张掖农村 3000 余人脱贫，有 2000 余人绝对贫穷人口基本解决温饱。1992 年全市贫困面下降为 16%。甘州、临泽、高台 3 县区在整体解决温饱的基础上，开始向小康迈进。山丹、民乐两县被省上列为"3 县 1 片"省扶重点县。从 1994 年开始，"两西"建设重点转向扶贫开发，张掖组织实施"四一六"（用 4 年时间，解决 16 万贫困人口的温饱问题）扶贫攻坚计划。共实施贫困乡村建设项目 173 个。到 1996 年底，山丹、民乐两个省扶县和肃南地扶重点县整体基本解决温饱，全区贫困面下降到 1.2%，下降了 14.8%，提前 1 年实现"四一六"扶贫攻坚计划。到 1998 年底，全市贫困面下降到 0.7%，山丹、民乐两县均于 1997 年实现稳定解决温饱的目标。

农业生产能力大幅提升，粮食产量稳步增长。农业生产条件显著改善，农田水利设施得到加强。区域经济发展得到有力推动，农民收入不断提高。移民群众在新家园安居乐业，实现了从贫困到富裕的转变。

此外,"两西"农业建设还对张掖市农业结构调整、农业现代化进程以及农村社会治理等方面产生了深远影响。

第六节　农业税费改革

农业税是国家对一切从事农业生产、有农业收入的单位和个人征收的一种税,俗称"公粮"。农村税费改革是中华人民共和国成立以来我国农村继土地改革、实行家庭承包经营之后的又一重大改革,是解决农村"三乱"(乱收费乱罚款乱摊派),减轻农民负担,保护和调动农民积极性的治本之策,是关系农村改革、发展、稳定的大事。"十五"计划(2000—2005)之初,中国开始了以减轻农民负担为中心,取消"三提五统"① 等税外收费、改革农业税收为主要内容的农村税费改革。2005年12月29日,十届全国人大常委会第十九次会议决定,自2006年1月1日起废止《中华人民共和国农业税条例》。

根据中共中央、国务院《关于进行农村税费改革试点工作的通知》精神,2000年4月,张掖市被省委、省政府确定为全省农村税费试点县(市)。按照中央、省、地部署,认真贯彻落实中发〔2000〕7号、省委发〔2000〕32号文件精神,在省、地税费改革领导小组的正确指导下,张掖农村税费改革工作拉开了序幕。

一、农业税费改革进程

农村税费改革的主要内容可以概括为:"三取消、两调整、一改革"。"三取消",是指取消乡统筹和农村教育集资等专门向农民征收的行政事业性收费和政府性基金、集资;取消屠宰税;取消统一规定

---

① "三提五统"是指村级三项提留和五项乡统筹。所谓"三提",是指农户上交给村级行政单位的三种提留费用,包括公积金、公益金和行管费。"五统"是指农民上交给乡镇一级政府的五项统筹。包括教育费附加、计划生育费、民兵训练费、乡村道路建设费和优抚费。

的劳动积累工和义务工。"两调整",是指调整现行农业税政策和调整农业特产税政策。"一改革",是指改革现行村提留征收使用办法。

(一) 政策依据

张掖市农业税费改革主要是根据2000年中央7号文件、《甘肃省农村税费改革试点方案》及全省农村税费改革试点工作会议精神,《农村税费改革后农民负担监督管理办法》《农村税费改革后农业税、特产税、牧业税征收管理办法》《张掖市2001年深化完善农村税费改革安排意见》等有关政策规定,将深化完善农村税费改革分为宣传动员、督导检查、完善"三定"方案、运行新税制、总结经验五个阶段,确定开展精减乡镇机构人员、调整农村中小学教育布局、完善农税征管体制、健全农民负担监督管理机制等十项工作,保证了深化完善农村税费改革试点工作有计划、有步骤、分阶段进行。

(二) 工作步骤

农村税费改革涉及面广,政策性强,情况复杂,任务艰巨。张掖农村税费改革试点工作在市委、市政府的统一领导下进行,成立由市长任组长的农村税费改革领导小组,由5名副书记、副市长任副组长。市委研究室、市政府研究室、法制局、农委、教委、财政、农业、人事、民政、卫生、统计、物价、地税、粮食部门的主要领导为成员。乡(镇)党委、政府主要领导负责,形成了一把手负总责的领导体制和工作机制,采取分步稳妥推进方式,确保农村税费改革试点工作的顺利进行。

第一阶段,组织准备,宣传动员。2000年7月25日,召开乡镇党委书记及乡镇长会议,成立试点工作领导小组,组建办事机构。采取广播电视、公告、印发宣传材料等多种形式,向社会各界和广大群众进行深入宣传,做到家喻户晓,为试点工作的顺利进行创造条件。

第二阶段,学习培训。集乡(镇)分管领导、财税所、经管站、土管所和村干部等有关人员,采取以会代训的办法,认真学习中央、国务院、省委、省政府有关农村税费改革的政策、内容和测算方法。

第三阶段，调查测算。深入乡（镇）开展调查研究，掌握基本情况，进行测算分析，在此基础上制定实施方案并报省、市农村税费改革领导小组批准。

第四阶段，组织实施。从6月下旬起，按照批准的试点方案，制定实施办法，分乡（镇）组织人力，定亩定产、定税到户，按新的农业税制征收农业税及附加、农业特产税和牧业税。

第五阶段，总结经验，完善改革。张掖市委、市政府全面贯彻党的各项惠农政策，全面取消农业税，延续了数千年的农业税退出了张掖历史舞台。

二、农业税费改革的主要内容

农业税费改革的内容主要有以下几个方面：

(一) 减轻农民负担

为了切实减轻农民负担，政府正在采取一系列积极措施，以消除或调整那些对农民造成不合理压力的税费。首当其冲的是农业税和农村土地使用税，这些税费在过去可能给农民带来了一定经济负担，而现在，政府已经着手进行取消或调整，以确保农民能够更公平地分享经济发展的成果。针对农业税，政府正在逐步减少其征收比例，直至最终实现全面取消。这将大大减轻农民在种植、养殖等农业生产活动中的经济压力，让他们能够更专注于提高农业生产效率和质量。同时，对于农村土地使用税，政府也在进行深入研究和评估，根据土地的实际使用情况和农民的经济承受能力，进行相应的调整。通过合理设定土地使用税的标准和范围，政府旨在确保农民在合法使用土地的同时，不会因为过高的税费而陷入困境。此外，对于特殊困难地区和特困户，政府更是给予了特别的关注。通过实施税费减免、补助政策等措施，政府为这些地区和农户提供了更多的支持和帮助，确保他们能够在减轻负担的同时，逐步改善生活状况。

这些措施的实施，不仅有助于减轻农民的负担，提高他们的生活质量,还有助于促进农村经济的持续健康发展。政府将继续关注农民的需求和关切,不断完善相关政策措施,为农民创造更加良好的生产和生活环境。

(二) 优化税费结构

优化税费结构是经济政策的重要一环,尤其是在支持农业发展、激发农村经济活力方面,显得尤为关键。为了切实减轻农民和农产品相关企业的税费负担,同时鼓励农产品的生产、流通和销售,政府采取一系列措施来优化税费结构。首先,针对农产品生产环节,政府正在逐步减免相关税费。这意味着农民在种植、养殖等农业生产活动中,将享受到更多的税收优惠,从而减轻他们的经济压力,使他们能够更专注于提高农产品的产量和质量。其次,在农产品的流通和销售环节,政府也在积极调整税费政策。通过减少流通环节的税费,可以降低农产品的销售成本,使农产品在市场上更具竞争力。同时,对于销售农产品的企业或个人,政府也将给予一定的税收优惠,以鼓励他们扩大销售规模,提高农产品的市场占有率。除了直接减免税费外,政府还在逐步建立与农业发展需要相适应的税费制度。例如,对于农产品加工企业,政府将给予一定的税收优惠政策,以鼓励它们加大对农产品的深加工力度,提高农产品的附加值。这不仅有助于推动农业现代化进程,还能够带动相关产业的发展,促进农村经济的整体繁荣。在优化税费结构的过程中,政府还将注重政策的公平性和可持续性。通过科学合理地设置税费标准和范围,确保不同地区和不同类型的农产品都能享受到公平的税收政策。同时,政府还将加强税收监管,防止税收优惠政策被滥用或误用,确保政策的长期有效性。

总之,优化税费结构是支持农业发展、促进农村经济繁荣的重要举措。通过减免农产品生产、流通、销售环节的税费,建立与农业发展需要相适应的税费制度,政府将为广大农民和农产品相关企业创造更加宽松、有利的发展环境,推动农业和农村经济实现持续健康发展。

(三) 税费优惠政策

税费优惠政策是国家为了促进特定行业的发展、支持弱势群体或推动经济结构调整而制定的一系列税收减免措施。在农业领域,税费优惠政策尤为重要,它直接关系到农民的经济利益和农村经济的繁荣。根据《增值税暂行条例》第十五条的规定,国家对农业生产者给予了明确的增值税免征优惠。这一政策旨在鼓励和支持那些直接从事植物种植、收割和动物饲养、捕捞的单位和个人。对于他们销售的自产农产品,无论数量多少,均免征增值税。这一政策的实施,有效减轻了农民的税费负担,使他们能够更加积极地投入农业生产中,提高农产品的产量和质量。

此外,为了推进农村集体产权制度改革,促进农村集体经济的发展,政府还针对村民小组将国有土地使用权、地上建筑物及其附着物转移、变更到农村集体经济组织名下的行为,暂不征收土地增值税。这一政策的出台,有助于激发农村集体经济的活力,推动农村产权的明晰化、规范化,进一步促进农村经济的繁荣和发展。税费优惠政策的实施,不仅直接减轻了农民和农村经济组织的税费负担,还通过政策引导,鼓励更多的资本、技术和人才向农业和农村流动。这有助于推动农业现代化进程,提高农业生产效率,增加农民收入,促进农村经济的全面发展。同时,税费优惠政策也体现了国家对农业和农村发展的高度重视和大力支持。政府通过制定和实施这些政策,为农民和农村经济的发展提供了有力的政策保障,为实现乡村振兴战略目标奠定了坚实的基础。

(四) 税费管理体制创新

税费管理体制创新是适应经济发展新常态、优化税收环境、提高税收征管效率的重要举措。推进县级税务、财政两个部门的合并,整合税收、金融资源,提升资源利用效率,以及加大税收执法和监管力度,显得尤为重要。张掖市在税费管理体制创新方面,首先,推进县级税务、财政两个部门的合并,有助于实现税收和财政工作的无缝对接,提高政策执行效率。合并后,可以形成一个统一的税收征管体系,实现税收信息的共享和资源的优化配置,减少因部门分割造成的资源浪费和重复征收现象。这将大大简化纳税人的办税流程,降低办税成本,提高纳税人的满意度和获得感。其次，整合税收、金融资源，提升资源利用效率，是税费管理体制创新的重要方向。通过加强税务部门与金融机构的合作，建立税收信用体系，将纳税人的纳税信用与金融服务相挂钩，可以激励纳税人依法纳税、诚信经营。同时，金融机构也可以利用税收信息，为纳税人提供更加精准、高效的金融服务，促进资金的合理流动和有效配置。此外，加大税收执法和监管力度，是确保税收公平稳定的关键环节。税务部门应加强对税收法律法规的宣传和培训，提高纳税人的税法遵从度。同时，建立健全税收执法和监管机制，加大对违法违规行为的查处力度，形成对税收违法行为的强大震慑力。通过严格执法和有效监管，可以维护税收的公平性和稳定性，为经济发展创造良好的税收环境。

通过推进县级税务、财政两个部门的合并，整合税收、金融资源，以及加大税收执法和监管力度，可以进一步优化税收环境，提高税收征管效率，为经济发展提供有力的税收支持。

（五）农村财政收入和投入增加

通过税费减免，激发农村市场活力，提高企业盈利水平，增加农民收入。加大征缴力度，增加农村财政收入，为农村基础设施建设和公共服务投入提供更多的财力保障。税费改革促进农村产业升级改造，农村产业结构得到优化，农产品质量和品牌效应得到提升，从而吸引更多的城市资金、技术进入农村促进农村经济发展提质增效。

三、稳妥地推进各项配套改革

农村税费改革是一项综合性工程，涉及农业、农民、农村方方面面，必须辅助于其他配套改革措施。张掖市顺利推进农村税费配套改革的项目主要有：

（一）营造税费改革的浓厚氛围

一是进一步加大宣传力度。为了确保农村税费改革的成果落到实处,结合税收宣传月活动制定宣传方案,精心组织实施,采取多种形式,加大对中央7号文件、《甘肃省农村税费改革试点方案》及全省农村税费改革试点工作会议精神的宣传力度,进一步提高广大干部群众对税费改革的认识水平,使中央和省政府关于农村税费改革的各项政策措施家喻户晓,深入人心,形成一个全社会支持改革、农民群众积极投身其中的良好氛围。

二是营造加强督导检查、投身改革、拥护改革的良好舆论环境。对现有的各种行政性收费、用电乱收费、报刊专项治理,对农村中小学、农村用水、农业各税平摊、各种要农民出钱、出物的达标升级活动以及其他涉及农民负担的乱收费、经营服务性收费等进行清理。

三是进一步完善"三定"方案。在"定亩、定产、定税"基础上进一步核实计税土地面积和常年产量、农户的负担税额、对已填发的农民负担明白卡,在地区督导组的指导下,深入乡、村、社进行抽样检查,确保税费改革的各项配套措施落到实处。

(二)加快乡镇机构改革,精简乡镇机构人员

积极推进党政机关和事业单位机构改革,按照省、地的要求,抓紧制订全市乡镇机构改革方案,及时启动乡镇机构改革,切实精简党政机构、压缩人员编制、裁减超编人员、辞退各类临时聘用人员,还没有实行党政干部交叉任职、队伍规模过小、辐射功能弱的乡镇,在不影响社会稳定和有利于农村经济发展的前提下进行撤并。转变乡镇职能,强化为农业、农村和农民服务的功能。按照有利于发展和便于管理的原则,适当合并现有村社,精管社干部,并逐步实行交叉任职,逐步实行由村干部兼任村社干部,报酬与工作绩效挂钩。立足于为农村、农民提供科学技术、信息服务,多渠道妥善安置分流人员。

(三)合理调整农村中小学教育布局,精干教师队伍

切实解决农村中小学学校布局不合理、师生比例不合理、非在编人员过多的问题,因地制宜地调整农村中小学教育布局,适当合并现有乡村学校。精心优化教师队伍,改革用人机制和分配制度,严格核定编制

和岗位，压缩非教学人员，辞退农村代课教师和不合格教师。建立和完善农村义务教育经费保障机制，确保农村义务教育的稳定发展和教育教学水平的不断提高。

(四) 进一步理顺市、乡（镇）财政管理体制

结合农村税费改革、按照分税制财政体制的要求，明确划分市、乡（镇）政府的事权和财权，使市、乡两级政府财权与其承担事权相一致。对农村税费改革后省上下达的转移支付资金，市政府部门将严格地制定转移支付办法，测算下达到乡（镇）；因机构改革节约的财力，市财政全部留给乡（镇）使用；改革后新增的农业税、农牧业税、农业特产税收入原则上全部留给乡镇财政，按政策规定划归公共财政支出范围的乡村两级九年制义务教育、中小学危房改造、计划生育、优抚等支出，由市、乡两级财政预算安排。对违规出台的集资、收费、罚款和摊派费用，已经形成乡级财力的，坚决剔除。进一步加强乡镇财政管理，实行乡镇财政政务公开制度，全面实行综合财政预算和"零户统管"，调整优化市、乡财政支出结构，缓解财政困难。

(五) 完善村民议事制度，促进农村基层民主政治建设

村体制改革后，村内兴办其他集体生产设施、公益事业所需资金和农村"两工"，根据需要和可能，由村民大会或村民代表大会决定实行村务公开、村民监督和上级审计，对村内集体生产和公益事业筹资，实行上限控制，一事一议。

(六) 完善农村税收征管办法

规范和完善农村税收征收管理办法，进一步理顺农业税收管理程序、征收方式、征管执法主体的权利与责任，为全面推进税费改革、巩固改革成果提供强有力的法律保障。对现行涉及农民负担的各种收费项目进行清理整顿，对清理出的各种行政事业性收费、政府性基金、集资项目，按照规定的程序坚决取消。对加重农民负担的乱收费、乱集资、乱摊派行为，按照国家、省、地有关规定进行严肃查处。

(七) 合理确定各类土地的计税面积,努力实现公平税负

在试点过程中,部分乡镇因土地肥弱差异(水浇地、山地、开洼旱地等),在"三定"工作中对此情况没有认真对待,分解税收任务时搞了平摊,群众对此意见大,造成2000年农业税征力大、困难多,特别是安阳、花寨两乡此类问题较为严重。政府部门根据群众意见对计税土地面积进行重新核定,并积极落实农业减免的有关政策,使群众满意,做到税负公平。

(八) 积极探索农业特产税征收的新路子

对农业特产税征收的问题,张掖市在试点方案中确定,大棚蔬菜、日光温室三年暂缓征收特产税,其目的是鼓励农民调整产业结构,大力开展特色产业,增加后续财源,为到期后开征特产税打好基础。2000年张掖市组织人力对各乡镇农业特产税税源情况进行普查登记并建立详细档案,做到资料齐全,底子清楚,为以后开征特产税提供合理的计税依据。

(九) 建立健全农民负担监督管理机制

农村税费改革后,农民除向国家缴纳农业税及其附加,承担村级"一事一议"等资外,不再承担任何面向农民的行政性收费。张掖市按照地区统一要求,对涉及农民负担的行政事业性收费和政府性基金于5月底以前进行全面清理,坚决取消面向农民的各种摊派和农村中小学生乱收费、报刊摊派以及各种要农民出钱出物的达标升级活动,严禁在收取水费、电费等经营性收费时向农民额外收费,切实整顿农村经营服务性收费。实行跟踪监督制度,对农民负担的监督工作,严格执行农民负担"一票否决制",使农民负担不反弹。

(十) 加强领导,加大督导力度,确保农村税费改革的成果落到实处,进一步强化农村税费改革领导小组职能

切实研究解决农村税费配套改革过程中出现的新情况、新问题,做

到思想不乱、人心不散、工作不断、措施不减,确保配套改革顺利实施的同时,加大督导力度,从地税、财政、农业等部门抽调精干人员组成督查小组、分别到各乡镇督导检查,认真督查落实《农村税费改革后农民负担监督管理办法》《农村税费改革后农业税、特产税、牧业税征收管理办法》等有关政策规定的到位情况,及时总结好的经验和做法,调查了解税费改革中存在的问题和矛盾。坚决防止农民负担反弹和不按规定制度提出解决措施和办法的事件发生,确保税费改革的成效落到实处。

2002年,张掖市在甘州区试点的基础上,其他五县也全面开展了农村税费改革。

四、农村税费改革的成效

2005年,张掖市取消农业税7046万元,人均71.6元,亩均29.04元。税费改革三年期间,农民减负总额达11904万元,人均120.98元,亩均49.1元。到位"三奖一补"资金3569万元。[1] 全面放开粮食收购和销售市场,落实粮食直补资金2027万元,农民人均补贴20.6元,户均80.69元,亩均8.35元。

两年多来实践表明,农村税费改革进一步调整和完善了农村生产关系,促进了农村生产力的发展,切实减轻了农民负担,推动了农村经济社会的健康发展,取得了明显成效。

农民负担明显减轻。中央规定税费改革中,农业税税率最高不得超过7%,农业税附加最高不得超过农业税的20%,即农业税及附加的综合征收率最高不得超过8.4%。以甘州区为例,甘州区农业税及附加执行7%和20%的税率后,远远低于改革前税费总额所占的比例12.5%;从农民承担税费的绝对额来看,2000年改革后甘州区农民负担的农业税及附加共3170万元,比改革前减少1604万元,平均减负33.6%,亩

---

[1] https://www.zhangye.gov.cn/tjj/ztzl/tjfx/202303/t20230318_1007831.html(改革开放四十年张掖市社会经济发展综述)。

均负担 46.19 元，比改革前减少 22.54 元，人均负担 92.4 元，比改革前减少 46.6 元。

农业税费改革规范了分配关系，增强了农民的纳税意识，改善了干群关系。长期以来，农民对各种收费一直迷惘不解，合理的与不合理的、合法的与不合法的纠缠在一起，税费混淆，缺少一种明确的分辨标准。税费改革，取消了"三提五统"等专门面向农民和农村的各种行政事业性收费、政府性基金、集资以及所有的达标升级项目，把以前复杂、混乱的农村分配关系简化为国家与农民之间的税收关系。使农民负担的费用进入法制化、规范化轨道，简化征管手续，加大了制度保障力度。税费改革后，农民摆脱了过去的各种收费困扰，增强了农民的纳税意识和积极性。同时，减少了人为因素引起的各种矛盾纠纷，密切了干群关系。

促进了基层政府理财思路的转变。农民负担过重的原因是多方面的，理财思路的倒置也是一个重要因素。过去，各项事业的开展，大部分不是量入为出，而是量出为入。基层政府和领导为了多出政绩，就多上项目，在资金不足的情况下，就在制度之外寻求来源。在这种量出为入的理财思路指导下，乡镇财政普遍入不敷出，赤字严重，进而导致农民负担的日益加重。税费改革后，乡镇政府从农民那里获取的收入是既定的，只能坚持量入为出，量力而行，有所为有所不为，有多少钱办多少事，在收入范围内合理安排各项支出。

推进了基层民主政治建设。税费改革后，村内公益事业建设等活动的开展都由村民通过自主决定的办法进行，较好地维护了农民的民主权利和利益。同时，在税费改革中，通过一系列配套措施的实施，极大地推进了政务、村务公开，保障了农民的民主权利。

农村税费改革，事关广大农民群众的切身利益，是党中央、国务院规范农村分配制度、遏制面向农民的乱收费、乱集资、乱罚款和乱摊派，从根本上减轻农民负担问题的一项重大措施，对于促进农业和农村经济发展，维护农村社会稳定，改善党群关系，建设农村小康社会等方面具有重大意义。

第十二章 张掖农业的全面发展——改革开放和社会主义建设新时期

第七节 张掖节水型社会建设

20世纪80—90年代以来，张掖工农业快速发展，黑河水超量引取，粗放利用，导致黑河下游内蒙古自治区额济纳绿洲来水量锐减，灌溉面积缩小，戈壁沙漠面积增加。根据国务院总理温家宝指示，水利部选择张掖市作为全国第一个节水型社会试点地区，这是从全局和战略高度，为保护黑河下游生态，维护民族团结，巩固国防做出的重大决策，也是实施黑河流域综合治理，实现水资源优化配置，高效利用，提高区域水资源承载能力，保障生态平衡，探索西北乃至北方缺水地区水资源承载能力和发展水利现代化建设的模式，为今后全面推进节水型社会建设提供各方面有益的经验。

水利部、甘肃省政府在2000年12月7日对《张掖市节水型社会建设试点方案》作了批复。省委、省政府对试点工作非常重视，并作了具体要求。张掖市委、市政府组织政府部门负责同志对水利部、省政府关于《张掖市节水型社会试点方案》的批复进行了认真学习，并下发《中共张掖市委、张掖市人民政府关于实施节水型社会试点方案的意见》，召开专门会议研究布置建设节水型社会的具体工作。市委、市政府成立了由市委、市政府一把手领导任组长的节水型社会试点建设领导小组，并从有关部门抽调业务骨干组成试点建设办公室，全面负责节水型社会建设的组织协调和实施落实工作。各县（区）也相应成立专门机构，加强领导，从而使张掖市节水型社会试点工作紧张、有序、全面地展开。

一、建设节水型社会的紧迫性

就张掖市的水资源而言，全市地表水年径流量24.75亿立方米，地下水储量1.75亿立方米，人均水资源1250立方米，耕地亩均水511立方米。实现国务院确定的往黑河正义峡下泄水量9.5亿立方米的目标后，人均占有水770立方米，不仅低于全国和全省平均水平，而且低于联合国确定的人均1000立方米的贫水国指标。但张掖市万元GDP用水比全国平均高3.6倍。一方面缺水，一方面又存在着浪费水和水资源利用率不高的问题。因此，张掖市建设节水型社会迫在眉睫。

二、建设节水型社会的工作重点

2000年，国务院为黑河上中下游地区分配水资源，方案明确规定，张掖每年必须少引黑河水5.8亿立方米，而这相当于张掖60万亩耕地的用水量。

张掖市节水型社会建设试点是一项区域性综合示范项目，试点建设的最终目标是要达到"城乡一体，以水定产，配置优化，用水高效，污水回用，技术先进，制度完备，水权明晰，水价合理，宣传普及"。节水型社会时间紧、任务重，结合黑河流域综合治理的总体要求，在水资源开发利用的各个环节中贯彻对水资源的节约和保护意识；结合社会经济结构的调整，实现社会用水在生产和消费上的高效、合理，支持区域经济可持续发展。

一是广泛发动，加大对节水型社会的宣传。根据节水型社会试点方案，市委、市政府要求广播、电视、报刊等新闻媒体，通过多种渠道和方式对人们进行宣传教育，提高全市人民对节水型社会的认识，使全社会转变用水观念，增强节水意识，真正形成人人支持节水、人人节约用水、人人关心节水并积极主动参与节水型社会的建设。节水进社区、节水进校园，在全社会大力提倡节水美德，逐步养成节约用水的好习惯。

二是明晰水权，优化配置水资源。根据国家分给张掖的6.3亿立方米的用水总量，张掖市在摸清工业、农业、城乡生活和生态等行业用水现状，摸清自来水用水过程的基础上，编制各县（区）、各行业用水定额。将水权逐级分配到各县、乡、用水户和国民经济各部门，实行城乡一体，总量控制。各县（区）、各行业依据水权配置方案，将用水指标分解到乡、镇、村、社和城乡各用水单位、用水户，细化工农业单位产品和耕地的用水定额，发放水权证。行业管理部门相应制定用水管理、取水依据、水费征收管理等办法，建立和完善节水规章制度，做到明确水权、以水定面积、以水定结构、以水定项目，并加大工业循环水的利用和污水净化处理，提高水的利用率，把市委、市政府提出的"三禁三压三扩"政策落到实处。同时，逐级成立用水协会，并鼓励进行水权流转农业灌溉用水全面实行水票制度（图55下编图6）。节约下来的水票可有偿转让，引导水资源向高效农业等产业流转。

三是抓农业节水，促进用水结构更加合理。试点开始后，张掖大力推进结构调整，实施"三禁三压三扩"。即禁止新开荒地，禁止移民、禁种新上高耗水作物；全面压缩耕地面积，压缩粮食面积、压缩高耗水作物；扩大林草面积、扩大经济作物面积、扩大低耗水作物面积，加快经济结构调整，尽快实现由产粮大市向经济强市转变。首先，农业实行计划用水、科学灌溉，并大力推广抗旱耐旱的作物品种，从根本上减少用水量；其次，土地要精耕细作，耙耱保墒、干耧湿锄，减少深层渗漏；第三，对作物喷洒吸水剂和保水剂，减少叶面蒸发，增强光合作用；第四，大株作物推广滴灌，果园蔬菜推广喷灌，机井灌区实行管灌，提高水的有效利用率；第五，调整产业结构和种植结构比例，大力发展第二、第三产业，使用水结构趋于合理。

四是抓渠道工程节水，提高渠系配套率。紧紧抓住黑河治理的机遇，抓好干、支、斗渠和田间渠系配套，全面提高渠系水的利用系数，减少渗漏损失。渠道建设田间工程配套要求输水有渠、分水有闸、过路有桥、量水有堰。

五是抓高效节水技术，提高单方水的经济效益。近几年随着水资源的紧缺，全国各地均开始重视对高效节水技术的推广应用。作为西北内陆地区的张掖市来讲，借助黑河流域综合治理是千载难逢的历史机遇。狠抓高效节水技术，通过发展高效节水农业（日光温室、优质牧草、啤酒花）等配置滴灌、喷灌等高效节水设施，有效地节约了水资源，提高了水的利用率。据统计利用管道输水的利用系数可提高到0.95，节电10%—20%，增产10%—20%左右；滴灌技术使水的利用率提高到80%，通常可以节省土地10%—20%，增产10%—20%；单方水的经济效益由原来的2.8元提高到现在的4.3元，经济效益增幅达到35%。如在张掖市推广的日光温室,种植蔬菜通过配套滴灌,用水量在150方左右,亩均收入在3000—5000元左右,单方水经济效益非常高,达到了节水、增产、增收的目的。①

六是抓工业节水,加大企业技术改造力度。重点建设城市污水集中处理回用工程,把各种废水集中起来,通过"膜生物反应器"处理成可利用的中水,用作卫生用水和城镇绿化。在公司和企业内部建立二级、三级用水管理网,提高水的重复利用率,降低工业万元产值耗水量,提高经济效益和产值。同时,对于重点工业和乡镇企业都要进行节水技术和节水措施改造,把节水和重复利用当作一项经济技术指标对企业进行监控。各企业根据需水要求,选择用水的类型和等级。对耗水大、产值低、排放不达标的小型工业要勒令其关闭。全市所有的工业、乡镇企业要做到用水有计量,用水有总额,指标到车间,节水措施要齐全,管理措施要完善,节水要和企业的车间、项目的年终奖励挂起钩来,切实做到节约用水。

七是抓城市生活节水措施,杜绝跑、冒、滴、漏、长流水。对新建的住宅楼、办公楼、娱乐场所、宾馆、酒店等都要设计推广配套节水器具和节水设施,并作为城市建设的一条标准严把关,严格验收;对现有住宅楼、办公楼、娱乐场所等生活用水设施逐步改装节水设备,坚决杜绝跑、冒、滴、漏。同时,生活用水也要进行循环重复利用和沉淀过滤利用,如洗菜水可以用来冲厕,生活污水处理后可用来灌溉,洗车用水可以用于绿化,做到一水多用,高效利用水资源。

八是抓水价调控,发挥杠杆作用。根据水费成本测算和用水户心理反应,当水费占家庭收入的2%时,可促使合理用水;当水费占家庭收入的4%—5%时,可促使节约用水。工业用水水费占到产值的7%时,可引起企业对节水的重视;占到产值的8%以上时,可促使企业节约用水,主动开展防污节水处理。张掖市水费价格做过几次大的调整,但仍没有达到按成本收取,不利于节水、省水,必须依据水法,制定水费按成本征收和超用水加价收费的政策,促使全社会节约用水。

---

① 张掖行政公署水利电力处:《张掖地区水利志》,内部资料。

九是抓节水器材产业开发，抢占市场份额。实施黑河治理以来，节水器材市场看好，已成为投资回报丰厚的重要领域。市委、市政府引进中国灌排，重庆三峡、福建亚通组建了腾龙节水器材厂，新疆天业、浙江灵通塑料厂等企业纷纷落户张掖，为农业节水提供了基础。但在工业、城乡生活节水设备方面，尚无专门的生产厂家，要抓住机遇，招商引资，加快节水型产品和节水型生活器材（节水闸阀、节水水龙头、节水厕具等）产业研制开发，规范节水技术，强化节水产权保护，推广好的节水产品以改善张掖市工农业的生产用水条件，提高居民的生活用水率，抓住机遇发展节水市场。这不仅可以拉动张掖经济发展，而且可有效促进节水器具的推广和节水效益的提升。

建设节水型社会是一项庞大的系统工程，要将农业用水、工业用水、城乡生活用水和生态用水统一管理，变多龙管水为一龙管水，实现水资源的优化调配。只有全社会各行业都行动起来节水，建设节水型社会才能顺利进行。

三、节水型社会建设的成效

节水型经济的打造，使张掖市年减少引黑河水3亿多立方米，干涸多年的黑河尾闾湖泊居延海重泛碧波。而张掖市的经济也保持了高速增长，国内生产总值和地方财政收入增长速度保持在9%以上，农民人均纯收入年均增长180元以上，实现了社会、经济、生态的协调发展。

（一）引进新的品种，调整作物种类

为了能节省用水，农民对各类作物的用水量和收益研究得比较透。比如，制种玉米每亩耗水410立方米，收益800元；花卉每亩耗水300立方米，收益3000元；优质牧草每亩耗水282立方米，收益600元。各家根据自己的土地和水量，什么价贵种什么，什么省水种什么！制种玉米的收入，要比小麦或普通玉米高一倍。不光是收入多，耗水量还少。张掖农民种庄稼，不光考虑挣钱，还要看是不是省水。

（二）灌溉输配水技术

在灌溉输配水技术研究中，渠灌区重点以渠系防渗抗冻胀新技术、渠系高效输配水技术为主，井灌区则重点以低压管道输水灌溉技术等为主，井渠结合灌区宜重点考虑以地表水、地下水联合利用技术为主进行关键技术的研究，构建内陆河灌区工程节水技术体系。具体研究内容是对加压管道灌溉输水系统的运行流量、压力、电能消耗等状况进行实测与分析，提出此类工程的技术可靠性、合理性和经济性等各项指标；借助变频技术实现灌溉输水系统流量的自动协调与联控，同时通过人工设定的方式实现灌溉系统灌水压力的自动协调，并对灌溉输水系统的通用出水口进行改进研制。

（三）地面灌溉技术

地面灌溉技术研究应包括膜下滴灌技术、覆盖贮水灌溉技术、膜孔灌溉技术、非充分灌溉技术、免耕及减少冬灌技术和膜垄沟灌技术等，其中以膜垄沟灌技术和秋季免耕及减少冬灌技术是改进当地地面灌溉技术的重要举措，应加大研究力度和速度。膜垄沟灌技术是在春小麦、玉米等大田作物生产中采用田间垄作技术，即在垄上覆膜种植作物，沟内进行灌溉，与传统地面灌技术相比可节水20%。

（四）垄作沟灌

垄作沟灌技术就是在田间起一定规格的垄，在垄上种植作物，垄沟内灌溉的技术。用人工、畜力、机械起垄相结合，若采用机械起垄、播种、施肥一次性完成。主要适用于小麦、啤酒大麦等麦类作物。垄作沟灌改善了群体光照，提高了植株的抗性和生产力，穗粒数和千粒重较高，具有一定的增产效果。富水区的蔬菜种植也采取此模式，能够显著减轻一些因灌水不当引起的生理病害。

在这场用水变革探索中，张掖市把水与农民的利益捆绑起来，形成"总量控制，定额管理，以水定地，配水到户，公众参与，水量交易，水票运转，城乡一体"的一整套节水型社会运行机制。

目前，张掖已经连续19年完成黑河水量跨省区统一调度任务，累计向下游输水200多亿立方米。黑河下游东居延海自2004年8月以来连续不干涸，流域生态环境得到有效保护。

进入新时代，张掖市在农田水利建设方面继续发力。比如，全面推进灌区现代化建设与改造，科学布局灌区现代化建设，全力推进"百库千塘万里渠"工程，统筹灌区骨干工程与高标准农田建设，不断完善灌排工程体系，健全灌区管理运维机制和政策标准，逐步推动灌溉方式高效化、用水计量精准化、灌区管理智能化、农田灌溉自动化。

第八节 改革开放34年张掖农业发展的成就

十一届三中全会以来，张掖市与全国一样，经过一系列深刻的农村农业经济持续快速全面发展，已成为国家重要的商品粮、瓜果蔬菜生产基地和国家重要的特色农产品加工循环经济基地，同时也是国家现代农业、国家农业改革与建设试点示范区、全国农业农村信息化综合示范基地和全国最大的杂交玉米种子生产基地。继市本级、甘州区、临泽县、高台被农业部认定为国家杂交玉米制种基地，实施国家玉米制种基地项目后，2017年12月，高台又被农业部等8部委确定为首批国家农业可持续发展试验示范区和农业绿色发展试点先行区，这是甘肃全省唯一的县区。

一、农业产业结构不断优化

2017年张掖市初步形成了以玉米、绿色蔬菜两大制种主导和四大特色为支撑的马铃薯、食用菌、中药材、小杂粮产业结构布局。

(一) 制种产业

多年来，张掖市杂交玉米种子基地面积稳定在100万亩左右，年产玉米种子4.5亿公斤，销往全国大田玉米适宜种植区域，占全国大田玉米年用种量的40%以上，建成了全国面积最大的国家杂交玉米制种基地（图56下编图7）。全市已建成22个现代化农作物种子加工中心，60条果穗烘干线，64条籽粒烘干线，38条加工包装线，加工能力达到5亿公斤以上，育繁推一体化及开展育种研发的企业共计28家。主产区农民人均玉米制种纯收入在4500元以上，占农民人均纯收入的近40%。

（二）蔬菜产业

经过多年坚持不懈的努力，张掖市蔬菜产业呈现出日光温室、钢架大棚、露地生产三种生产方式并举，反季节蔬菜、高原夏菜、加工蔬菜优势的优势产业发展新格局（图57下编图8）。到2017年，全市蔬菜种植面积、总产、总产值分别达到80万亩、300万吨、30亿元。张掖市范围内，从事蔬菜种植、物流配送以及营销加工的农民专业合作社数量激增至700多家，这些合作社不仅提升了蔬菜生产的组织化、规模化水平，还有效促进了产业链的延伸与整合。同时，市级以上龙头企业的数量也达到显著水平，它们作为行业的引领者和示范者，对推动蔬菜产业的转型升级和高质量发展起到了关键作用。

在品牌建设方面，张掖市共认证了93个无公害蔬菜产品和48个绿色产品，这些产品以其安全、优质的特性赢得了市场的广泛认可。此外，还有若干产品荣获国家地理标志保护认证，进一步提升了该市蔬菜产品的品牌影响力和市场竞争力。

为了拓宽销售渠道和满足国内外市场需求，张掖市在全国各地设立了30多个蔬菜直销窗口，这些窗口直接对接消费者，减少了中间环节，确保了蔬菜的新鲜度和价格优势。同时，还建成了17万亩的出口蔬菜基地，这些基地严格按照国际标准进行种植和管理，产品远销海外，使该市成为全国五大蔬菜出口基地之一，为当地经济发展注入了新的活力。

（三）食用菌产业

经过20多年的发展，张掖市的食用菌种植面积逐年扩大，生产技术日益普及，种类也由最初的 5—6 种发展到 20 多种（图 58 下编图 9）。全市已建成 16 个工厂化生产基地，产量占全市食用菌总产量的 80% 以上。截至 2017 年，食用菌种植面积、总产、总产值分别达到 1 万亩、5.5 万吨、4 亿元，张掖市已成为全省工厂化食用菌企业最多、产业转型最快、机械化、集约化、工厂化水平最高、特色最明显、发展潜力最大的地区，同时也是张掖市特色产业和农民沿祁连山浅山增收的新动能。

(四) 中药材产业

张掖市中药材种植种类达到 70 个，建成标准化板蓝根、黄芪、甘草等中药材生产基地 30 万亩（图 59 下编图 10）。全市认定无公害中药材生产基地 10.5 万亩。组建中药材种植专业合作组织 714 个、营销专业合作组织 285 个，建成中药材加工企业 14 家、中药材交易市场 7 个，在陇西、安徽亳州等地中药材市场设立直销窗口 10 个，初步构建起集种子种苗供应、协会+农户+基地为一体的产业化生产格局。张掖市民乐县被农业部推荐活动组委会、中国特产之乡授予"中国板蓝根之乡"称号。

(五) 马铃薯产业

张掖市紧紧围绕《甘肃省现代丝路寒旱农业优势特色产业三年倍增行动计划》《关于印发张掖市开展乡村振兴"十项重点工作"实施方案的通知》要求，围绕调结构、补链、增效思路，以"创新、协调、绿色、开放、共享"发展理念为统领，全力推进种植标准化、主体龙头化、加工精深化、流通平台化，促进马铃薯产业健康快速发展（图 60 下编图 11）。目前，全市马铃薯种植总面积达 50.1 万亩，占省三年倍增计划任务的 100%，占市十项重点工作任务的 125%。全市马铃薯种植品种达 13 个，呈现出主栽品种优势地位明显、搭配品种满足市场需求丰富多样的局面。不断巩固和发展以民乐、山丹两县为主，甘州区、高台两县区为辅的加工马铃薯基地和山丹、民乐、高台三县区高海拔高山隔离种薯繁育基地。申报新建马铃薯储藏库建设项目 8 个，可新增 6500 吨马铃薯储藏能力，争取项目资金 1411 万元。到目前为止，生产微型薯（原原种）11010 万株，比上年增加 3000 万株，落实原种繁育基地 42650 亩，新建良种扩繁基地 33900 亩，生产原种 12 万吨，一级种 11 万吨，为"十四五"期间黑河流域马铃薯专用种薯繁育基地的实现奠定了良好的基础。建成各类马铃薯贮藏窖 8000 余座，贮藏量达 23.1 万吨，有效提高了马铃薯贮藏能力。

二、农业标准化水平不断提升

张掖市共建成各类农业标准化示范点（基地）147 个，标准化生产面积达 320 万亩以上。全市初步建成市、县（区）、乡（镇）、村四级监管网络，1 个市级追溯平台，6 个 60 个乡镇监管机构追溯平台和 48 个农产品生产经营主体应用平台全部建成运行，基本实现了食用农产品流向可质量可产品可责任可追究，确保上市农产品质量安全。全市各级农产品检测部门农残年检量达 8 万余份，抽检范围覆盖全市所有县区，连续多年检测合格率达 98% 以上。全市认定无公害产地 48 个，面积 114.1 万亩；绿色食品 129 个，面积 76.77 万亩；"三品一标"总量达 204 个，生产面积 291.99 万亩，占食用农产品生产面积的 76.28%。[1]

三、农业产业化水平显著提高

张掖市已形成玉米制种 100 万亩、肉牛 100 万头、金掖夏菜 70 万亩、食用菌 3 万吨、设施农业 15 万亩的优质农产品生产基地。已建成各类产业化经营组织 819 个，固定资产 107.33 亿元，带动农户 28.8 万户，签订订单 56.9 亿元，实现销售收入 114.75 亿元。全市可加工转化农产品 521 万吨，农产品加工转化率达 62%。目前，全市共有冷链仓储企业 68 家，仓储面积 48.68 万平方米，冷链仓容达到 52 万吨；并建成

---

[1] https://www.zhangye.gov.cn/zyszfxxgk/zfwj_5652/zfwj/agwzlfl/zzf_5653/202401/t20240118_1173618.html：2023 年张掖市政府工作报告。

各类批发市场91个，其中农产品专业批发市场5个，乡镇综合农贸市场42个，中、小型定点批发、销售网点44个，年交易总量达200万吨，产品销往全国23个地区，部分企业脱水蔬菜、马铃薯产品远销欧美、日韩、东南亚，年出口农产品2.2万吨，出口产值2860万美元。同时，建成17个广州、杭州、武汉等大中城市营销展示窗口和1个霍尔果斯口岸销售档口，成为张掖市农产品向东南沿海城市和中亚西亚国家进一步渗透的重要通道。

四、农业科技创新和示范推广体系不断完善

张掖市农作物良种推广面积达到386万亩，占总播种面积的96%，农作物机械化耕种收综合水平达到78.23%，建立各类农业科技示范点187个。完成测土配方施肥面积356.61万亩，推广农田高效节水技术208.44万亩，完成耕地提质面积；积极推进农业面源污染治理，大力实施农药化肥零增长行动，全市废旧农膜回收利用率达到80.5%、尾菜处理利用率农药利用率化肥利用率37.4%、秸秆资源化利用率85.06%、主要粮食作物专业化防治覆盖率41.18%、统防统治覆盖率37.28%。

五、农村经营体制机制不断改革创新

第一，土地制度改革。部分社队在1980—1982年开展农村联产承包责任制，并在1983—1984年全面完成承包期为15年的家庭联产承包责任制。1996—1998年，全面完成农村土地30年的二轮延包工作。2015—2019年，农村土地承包经营权确权登记颁证工作全面完成。土地制度改革让农民吃上了一颗定心丸，为推进农业现代化提供了坚实基础，加快了农村振兴步伐。

二是新型农业经营主体蓬勃发展。自20世纪90年代以来，农村专业种养、服务业、贩运大户零星发展到1.2万户，现已初具规模。农民合作社从2005年起步，经过14年的成长壮大，已成为农民增收

的主力军。2017年全市农民合作社达7160家,其中:种植业3368家、畜牧业2693家、林业176家、服务业798家、其他(手工业、渔业、刺绣、旅游)125家,带动农户13.26万户,入会成员18.43万人;认定命名国家级示范社33家、省级示范社185家、市级示范社522家、县区级示范社595家;成立合作社联合社27家,拥有加工实体的合作社48家。从2015年开始,张掖市家庭农场迅速崛起。2017年全市家庭农场达2795家,其中从事种植业1335家、养殖业630家、种养结合830家。家庭农场经营耕种总面积46.3万亩,全年家庭农场实现经济总收入9.8亿元。全市省级示范家庭农场60个,市级示范家庭农场416个。[1] 新型经营主体的蓬勃发展为农村发展、农民增收、扶贫攻坚提供了新的动力。

第三,农村集体产权制度改革。农村集体产权制度改革工作全面启动,张掖市已被列为全国50个整市推进试点市,高台县被列为全国100个整县推进试点县,临泽县被列为全省农村三变改革试点县。清产核资经营性资产股份合作制改革,农村土地经营权入股,股份制改革试点工作取得初步成效。初步统计全市村级集体资产总额20.96亿元,固定资产16.54亿元,流动资产4.42亿元,六县区全面建成农村产权交易中心,乡村全面建成农村产权交易服务站点。已发布土地流转转让受让信息1863条、办理农村土地流转交易733宗、交易金额2.5亿元、累计为265户经营主体发放贷款16.16亿元。农村集体产权制度改革将为强化乡村治理,维护农民合法权益,持续增加农民收入提供制度保障。

---

[1] http://www.zgzyw.com.cn/zgzyw/system/2018/01/08/030033627.shtml:张掖市大力培育发展家庭农场居全省第一。

第十三章　张掖农业的现代化进程

——新时代以来（2012—2021年）

中国特色社会主义进入新时代，这是我国发展新的历史方位。这个新时代，是决战脱贫攻坚、决胜全面建成小康社会、全面建成社会主义现代化强国、以中国式现代化全面推进中华民族伟大复兴的时代。张掖农业与全国一道进入现代化发展时期（2012年以来）。乘着"一带一路"东风，凭借"丝绸之路黄金段"地理优势，依托地方经济建设取得的成就，素有"塞上江南"之称的"金张掖"挖掘农业与互联网思维结合的发展思路，以创建全省乡村振兴示范区、打造农业农村现代化先行地为目标，积极构建现代农业产业体系、生产体系、经营体系，加快推进农业由增产导向转向提质导向，全面唱响质量兴农、绿色兴农、品牌强农的主旋律，奋力谱写新时代乡村振兴新篇章。打赢脱贫攻坚、全面建成小康社会、全面建成社会主义现代化强国构成中国特色社会主义现代化建设的不同阶段和目标，构成新时代张掖农村农业发展的主旋律。

张掖市在巩固拓展脱贫攻坚成果基础上，乡村振兴走在全省前列，全面建成小康社会如期实现，把实施乡村振兴战略作为新时代张掖"三农"工作总抓手，聚焦产业兴旺、生态宜居、乡风文明、治理有效、生活富裕的目标，向全面建设社会主义现代化幸福美好新张掖，迈出了坚实步伐。

第一节　打赢脱贫攻坚战

中华人民共和国成立后，特别是改革开放以来，张掖全区农村经济得到长足发展，农民生活水平明显提高，绝大多数农民的温饱问题得到了解决。但由于各地自然条件、发展程度等方面的差异，导致各地经济发展的不平衡。根据农村经济状况和人民生活水平，1994—2000年省"四七"扶贫攻坚计划，将张掖地区的山丹、民乐两县列入"河西三县一片"扶贫攻坚计划。

1994年，全区有贫困乡27个，贫困村297个。其中整村贫困的79个村，贫困户3.808万户，16.39万人，分别占全区总农户、总人口的15.02%和16.12%。其中，人均纯收入401—500元的19042户，84986人，占总人口的8.35%；201—400元的16159户，66247人，占总人口的6.51%；200元以下的2879户，12057人，占农村总人口的1.2%。[1]贫困户主要集中在海拔较高、气候寒冷、干旱缺水、土壤贫瘠、农业生产条件较差的沿山边远地区；远离城镇，信息闭塞，文化技术素质不高，思想观念陈旧；生存粮人均占有量少，经济收入低，群众生活比较困难。

全面建成小康社会，需要消除贫困，改善民生，逐步达到共同富裕。这是社会主义的本质要求，也是中国共产党肩负的一项重大使命。要实现这一目标，就要坚决打赢脱贫攻坚战。张掖市按照党中央、国务院决策部署和省委、省政府工作安排，按照"四个不摘"要求，突出攻坚、巩固、提升、兜底、整改"五个重点"，狠抓责任、政策、工作"三个落实"，全面排查解决存在问题，着力补齐短板、弱项，持续巩固提升脱贫攻坚成果，凝心聚力、全力攻坚，以"响鼓必用重锤"的冲刺精神，为全面打赢脱贫攻坚收官之战奠定坚实基础。继2017年5

---

[1] 数据来源：https://www.zhangye.gov.cn/szb/dzdt/zsbx/202310/t20231016_1126354.html；《张掖地区志（远古—1995）上卷·第四编 经济（二）》，第一章 农业建设，第四节 扶贫开发。

个"插花型"贫困区摘帽退出、2018年剩余38个贫困村全部退出贫困序列后,2019年全市剩余3925户10553名贫困人口全部脱贫,贫困人口人均纯收入达到9976元,贫困村沥青(水泥)路、安全饮水、动力电、危房改造等基础设施和教育、医疗、卫生、文化等公共服务体系建设实现全覆盖,全市实现整体脱贫目标。

一、挂牌督战促落实

制定《张掖市脱贫攻坚挂牌督办工作实施方案》,围绕"三落实""三精准""三保障",在脱贫攻坚任务落实上采取切实可行的措施。

依托现有脱贫攻坚作战指挥体系,建立抓党建促脱贫攻坚挂牌督查组,由市委常委任督查组组长,下设督战分队,由市委主要领导带队,围绕攻坚责任、队伍、能力、堡垒、打法、担当六个方面列出督战清单;采取一线督战、实地走访等方式,拉网式、全覆盖督导六县(区)乡镇(街道)、贫困村和易地扶贫搬迁安置点。对171户404名重点对象明确"一对一"督导责任人及相关帮扶工作要求,积极帮助督导对象制定巩固提升"一策"帮扶方案。采取对象共督、问题共享的方式,把抓党建促脱贫攻坚挂牌督战与脱贫攻坚挂牌督战工作有机结合起来,减少督战次数,减轻乡镇(街道)和村(社区)的工作压力。综合运用巡视检查和基层党建调研督导成果,整合督战提升督战效果,落实产业、就业、医疗、兜底保障、金融、帮扶等扶持政策,确保帮扶措施有项目支撑、资金保障,切实防止督战对象返贫,确保问题全面、客观、准确。制定完善"一策"巩固提升计划83个、帮扶计划88个,明确产业、就业等方面措施134条,兜底保障措施102条,帮助解决急事难事130余件。

二、稳强补弱固成果

制定《张掖市2020年"3+1"脱贫攻坚冲刺清零后续行动方案》,各县区和相关行业部门围绕细节抓落实,围绕质量抓落实,补短板,提升脱贫攻坚质量。坚持真督实导，精准把脉开方，确保常严，推动问题全面整改有力有序有效推进。建立健全沟通协调、联合督查工作机制，定期召集巡察、扶贫等部门召开联席会议，通报巡视、专项检查、挂牌督战工作情况，梳理存在的问题产生的原因，研究制定解决问题的办法，落实整改明确整改时限、责任单位和责任人，并以督办通知的形式下发到责任单位，实行清单式交办督办。

教育扶贫方面，采取学籍动态监控、资助信息排查等方式，联合开展落实《禁止妨碍义务教育实施的若干规定》情况检查，设立公布举报电话，有效防止适龄儿童少年失学、辍学，全市4438名义务教育阶段建档立卡贫困家庭学生无一辍学。2019—2020年实施的农村小规模学校37所、乡镇寄宿制学校建设项目39所103个，开工率达88%。医疗保障方面，加大参保排查和监测力度，确保建档立卡贫困人口、低保边缘人群、老弱病残等特殊困难人群参保全覆盖，全市应参保贫困人口50442人，参保率达到100%；对48393名建档立卡贫困人口发放参保资助金额417.82万元；全市133家定点医疗机构全部实现"一站式"即时结报，753个村卫生所实现持卡就医结算；村卫生室全部达到分类建设标准，不断提高"三个一批"工作水平。在安全住房方面，市、县区进一步完善危房动态监控工作机制，实行周巡查、月报告制度，对新发现的危房，统一补助标准，做到发现一处维修一处加固一处。到3月底，全市没有发现新的危房。安全饮水方面，实施农村饮水安全巩固提升工程6项，2020年批复投资1477万元，8个村9214户34794人饮水安全保障水平进一步提升。

三、专项行动提质量

制定《张掖市巩固提升脱贫攻坚专项行动方案》，各地、各部门进一步明确目标任务，落实工作责任，五个专项提升行动有序推进。成立了抓党建促脱贫攻坚挂牌督战工作专班，成立综合组、联络指导组、巡回督导组，统筹推进、调度指导、督促检查挂牌督战工作，确保挂牌督战工作保障有力、推进有序、效果良好。聚焦主业主责，真督实战，刀锋向内，问诊开方，督战得力。坚持目标导向，凡对督战工作不配合，阻碍督战人员工作，造成严重后果的；凡督战中发现和交办的问题拒不整改或整改不到位的；凡敷衍了事，推诿应付，不真监督的；对涉及违法犯罪的，将严格按照领导干部管理、党纪、政务处分等有关规定，坚决给予组织处理和纪律处分。

易地扶贫搬迁方面，在完成"十三五"期间3846户13247名建档立卡贫困人口易地扶贫搬迁建设任务的基础上，将工作重点转移到后续扶持工作上来，集中力量再攻坚。坚持用好产业扶持政策，以安置点为单元，因地制宜，逐户建立产业用工档案，落实产业扶持计划，帮助搬迁群众实现稳定增收。兜底保障方面，重点对低收入群体、收入不稳定、重病患者、重度残疾人和持续增收能力弱、返贫风险高的已脱贫人口，以及因学刚性支出较大的家庭等特殊困难群体进行兜底，加大摸底排查和信息比对力度，准确掌握基本情况，建立重点对象兜底保障台账，实行对账销号制度；对符合低保条件但存在"五有"情况的保障对象实行市级建档登记987户2136人，有效防止对"五有"对象的清退简单化、"一刀切"。就业扶贫方面，在全面摸排掌握贫困群众外出务工就业意愿和底数的基础上，制定出台《关于统筹推进疫情防控和脱贫攻坚的意见》，市、县区采取非常时期制定非常政策，特事特办，鼓励支持扶贫农业龙头企业、扶贫车间、合作社等各类生产经营主体复工复产，优先吸纳当地贫困劳动力就业。全市217家农业产业化龙头企业复工204家，复工率达94%以上；64个扶贫车间恢复生产58个，吸纳710名建档立卡贫困劳动力就业；共培训建档立卡劳动力347人。在村组道路建设方面，全市交通扶贫建设规划建设483.27公里58个项目，计划总投资5112.75万元。至3月底，已完工2项、开工35项，正在招投标21项，开工率63.79%，完成投资1163.58万元，总体进度22.76%。在产业扶贫方面，围绕持续推进玉米制种、绿色蔬菜、肉牛养殖、优质牧草"四个百万"工程，发展壮大中药材、食用菌、马铃薯、小杂粮、优质林果、花卉"六大区域特色产业"，研究编制了农作物种子、蔬菜、优质牧草、马铃薯、中药材、食用菌、小杂粮、特色林果、花卉等14个产业发展规划；获批农业保险中央补助品种8个，省级补助品种7个，一

(多)产品3个，落实申请中央和省级保费补助资金7188万元，确定参保农户54267户。

四、细化措施促整改

坚持把中央脱贫攻坚专项巡视反馈问题整改情况"回头看"作为一项重大政治任务来抓，与国家、省脱贫攻坚工作成效考核、脱贫攻坚"回头看"、民主监督、暗访检查等各个渠道发现问题整改情况相结合，整体推进，整改一体。目前，已从问题、整改措施、责任、时限、要求五个方面列出清单，市、县区和行业部门分别制定了《整改方案》，并根据《甘肃省脱贫攻坚"回头看"排查问题整改方案》，结合实际梳理出22个问题，与张掖市自查出的11个问题一并纳入整改范围。截至目前，33个问题已整改完毕，27个问题正在抓紧整改，6月底前可全面完成整改任务。

五、"百日攻坚"再查摆

制定《张掖市脱贫攻坚行动实施方案》，紧盯全市5个"插花型"贫困区、65个贫困村和16403户、50442名建档立卡贫困人口，按照分级负责、边改、以查促改的原则，采取县区排查整改全覆盖和市级重点督查核查相结合的方式，上下联动，全面推进。目前，"百日攻坚"行动正有力有序推进，市脱贫攻坚领导小组办公室已将8大类266条问题交办相关行业部门和县区。

六、靠实责任强帮扶

指导动员各级帮扶单位、驻村帮扶责任人，切实把帮扶责任落到实处，促进帮扶工作取得实效。全市895个市、县、乡镇单位对口帮扶728个村，11226名干部对口帮扶建档立卡贫困户1.64万户。各级帮扶单位建立到户帮扶工作台账，并督促帮扶干部制定年度到户帮扶工作计划，紧紧围绕疫情防控、制定完善"一策"巩固提升计划、助力春耕备耕生产贫困户生产生活实际困难等工作重点，深入开展到户帮扶工作。截至目前，为贫困群众帮办实事好事860余件，化解矛盾纠纷38起。3月中旬，张掖市对全市65个贫困村驻村帮扶工作队200名工作队员通过视频方式进行集中培训，使驻村工作队员的政策理论水平和业务工作能力得到进一步提升，驻村帮扶工作实效得到增强。各县区严格执行《甘肃省驻村帮扶工作队管理办法》，加强对驻村帮扶队伍的管理，严格执行驻村帮扶工作、承诺、出勤、公示、例会、回访、汇报、自律等制度的严格落实，确保脱贫攻坚各项任务落到实处。

七、强化监测建设机制

制定《张掖市关于建立健全返贫致贫长效机制的实施意见》，精准确定返贫重点，进一步落实扶贫、民政、教育、卫生健康、住建、水务、银行等部门工作职责，健全完善行业部门数据信息常态化比对机制，通过共享对象家庭信息、收入状况等情况数据，精准分析确定防贫对象。实行预警监测机制，采取入户筛选信息和申请预警相结合的方式确定预警信息。对因灾等存在返贫、致贫风险的农户，建立帮扶工作台账，制定"一策"脱贫攻坚方案，落实脱贫措施，坚决防止返贫现象的发生，使脱贫质量得到有效提升。

脱贫攻坚是全面建成小康社会的重要基础和先决条件。打赢脱贫攻坚战，顺利实现贫困人口大量减少，贫困地区生活条件得到改善，为实现全面小康奠定了坚实基础。张掖市坚持精准脱贫基本方略，坚持"三位一体"大扶贫专项扶贫。加大对贫困群众的投入力度，完善公共服务，建设基础设施，发展特色优势产业，贫困地区生产生活条件得到改善。结合实际，实施好"五个一批"工程，即：一批发展生产脱贫，一批易地搬迁脱贫，一批生态补偿脱贫，一批教育发展脱贫，一批社会保障兜底。强化党政一把手负总责的责任体系。注重扶贫与扶志、扶智相结合，提高贫困群众自我发展能力，增强脱贫致富奔小康的内在动力。实行最严格的考核评价，使脱贫成效真正实现脱真贫真脱贫。

第二节 建设农村小康社会

小康建设,作为中国特色社会主义发展的重要组成部分,是在确保农民温饱问题得到有效解决的前提下,进行的一项具有明确目的和计划的农村系统性工程。其目标是引导农民逐步从基本的温饱生活过渡到更加富裕、舒适且充满欢乐的小康生活。

20世纪80年代以来,张掖农村实行家庭联产承包责任制,国家采取政策引导、资金扶持,改变农业生产条件,推广普及农业科技,使农村经济得到了长足发展,农民的温饱问题得到了较大解决。

1993年,按照国家确定的小康建设指标,按照甘肃省关于小康建设的部署,要求河西地区率先在全省奔小康。张掖地委、行署立足实际,提出了张掖小康建设的目标、任务、思路和措施。

1995年,张掖地区已完成《1990年全国农村小康综合测评表》和《1990年甘肃省农村全面小康综合测评表》中的各项指标,张掖小康建设目标如期完成。

2012年11月8日党的十八大报告首次正式提出全面"建成"小康社会。2016年以来,张掖市委、市政府紧紧围绕"建设幸福美丽金张掖、全面建成小康社会"的奋斗目标,坚持新的发展理念和高质量的发展思路,推动经济、政治、文化、社会、生态建设取得新成效,全面建成小康社会取得决定性胜利,为开启全面建设社会主义现代化新征程打下坚实基础。

一、小康建设的提出

20世纪80年代以来,农村推行家庭联产承包责任制,国家采取政策引导、资金扶持,改变农业生产条件,推广普及农业科学技术,使农村经济得到长足发展,解决了农民的温饱问题。

1992年,全区国民生产总值159399万元,工农业总产值210446.5

万元。农作物播种面积 266.68 万亩,其中粮食播种面积 183.8 万亩,总产量 77912.67 万公斤,平均亩产 423.9 公斤,人均占有粮食 667.9 公斤;经济作物 50.48 万亩,油料总产量 5064.92 万公斤,人均占有 43.42 公斤;水果总产 3046.59 万公斤,人均占有 26.12 公斤;年末大家畜存栏 42 万头,生猪存栏 47.58 万口,羊只存栏 112.34 万只,肉类总产量 4226 万公斤,人均 36.23 公斤。农业总产值(按不变价计算)131135.98 万元。其中种植业产值 81601.31 万元,占 62.23%;林业产值 3223.90 万元,占 2.46%;畜牧业 38192.59 万元,占 29.12%;副业 7959.54 万元,占 6.07%。农业总收入 170186 万元。其中粮食收入 50310 万元,占农业总收入的 29.56%、多种经营收入 119875.83 万元,占 70.44%。在多种经营收入中,种植业 28217.22 万元,养殖业 24107.7 万元,工副业 67550.91 万元。农民人均纯收入 752 元,社会消费品零售总额 70859 万元。① 农民新建改建住房,修筑道路,购置拖拉机、汽车等大型生产机具,购买电视机、洗衣机等家电。全区 90% 以上的乡通车、通电、通电话,农村电视、广播覆盖率提高,社会保障、文化教育、科技卫生事业和计划生育工作不断发展。在推进农村小康建设进程中,张掖人民积极行动,不仅新建和改建住房,还投入资源修筑道路,以便更好地连接乡村与城市。同时,他们购置了拖拉机、汽车等大型生产机具,以提升农业生产的效率。在生活水平提高的同时,农民们也追求着生活品质的提升,纷纷购买电视机、洗衣机等家电,享受现代生活的便利。这一切为农村社会的全面进步奠定了坚实基础。

1993 年,根据国家确定的小康建设指标和甘肃省关于小康建设的部署,要求河西地区在全省率先奔小康。地委、行署经过调查论证,立足实际,制定《张掖地区农村小康建设规划》,提出建设目标、任务、思路和措施,强调突出增加农民收入、改善生产生活环境、提高人的素质三个重点。

---

① 数据来源:https://www.zhangye.gov.cn/szb/dzdt/zsbx/202309/t20230928_1121288_ghb.html;《张掖地区志(远古—1995)上卷·第四编 经济(二)》第一章 农业建设,第三节 农村小康建设。

二、小康建设工作

(一)建立工作机构,加强组织领导

1994年成立"张掖地区农村小康建设领导小组",地委书记马西林任组长,地委、行署、人大工委、政协工委有关领导任副组长,下设办公室,挂靠地委政策研究室。各县(市)建立相应机构,实行主要领导总体抓,分管领导具体抓,其他领导联点挂项配合抓等措施,抽调地级干部24名,县(处)级干部293名,科级干部1141名,一般干部1001名,科技人员557名,领导包县包乡、部门包村,建立小康示范乡14个,示范村196个,帮扶乡镇企业313户,建立高效农业综合示范区13个,专业示范点268个。抓点带面,整体推进。

(二)广泛宣传发动,落实建设目标

各级党政组织,抽调人员深入基层,广泛宣传发动群众,落实小康建设目标。1995年,召开各种动员会9215场(次),书写标语、横幅39630条,举办专栏、墙报1677期,进行专题辅导388场(次),组织外出参观学习39210人(次),印发学习资料1万多份,从而提高思想认识,克服部分干部群众存在的"小富即安"观念,激发广大干部群众致富奔小康的热情。各县市、乡(镇)、村分别制定小康建设规划,任务层层分解,实行目标管理责任制,责任落实到人,按小康建设17项量化指标,分年逐项监测考评,奖优罚劣。

(三)改变生产生活条件,加快村镇建设

1994年以来,围绕改变农村生产、生活环境,开展村镇和住房建设,采取六个结合:整体布局实行村镇建设和住宅改造相结合;村镇建设实行道路建设和治理脏乱差、美化环境相结合;道路建设实行硬化、绿化、净化相结合;房屋结构实行砖木、砖土木相结合;建造方式实行新建、改建、装修、粉刷相结合;筹资渠道实行农户自筹、亲友相帮、政策优惠相结合。政策引导、资金扶持村社自办建材厂、建筑队,自力更生修建住房，改造建设村镇。至 1995 年，全区 40% 以上的村镇面貌发生明显改观：有 12.2 万多户农民新建、改建住房，占农村总户数的 48%，其中修建高标准住房 8562 户；修筑农村公路 5932 公里。民乐县新建高标准住房 3097 户，改建住房 26940 户，小康住房达标 37660 户，占农村总户数的 73.8%。临泽县村镇建设坚持铺好路、栽好树、建好墙、盖好房的"四好"要求，做到院前门面一条线，主干道路一条线，街道绿化一条线。

（四）重视精神文明建设，提高农民素质

1994 年以来，全区有 27 个乡建起农科教培训中心，70% 以上的村农民文化技术分校配备电教设备；82.4% 的乡卫生院无业务危房；农村电视覆盖率达 82%，其中有 6 个乡、15 个村开通有线电视。临泽县平川乡 14 个村全部进入程控电话网。肃南县祁丰区开通区机关、1 乡、4 村程控电话，祁文乡堡子滩村有 28 户牧民家庭安装程控电话，占这个村总户数的 71%，成为全省第一个程控电话村。高台县宣化乡新建乡初级中学大楼，改造 6 所村校、11 所幼儿园校舍；修建乡有线电视台和乡文化中心大楼，开通 1600 多户闭路电视。

（五）落实增收措施，增加农民收入

抓抗旱减灾，1995 年投入抗旱资金 1500 多万元，解决各类灌溉设备 2585 台（件），组织群众抢播作物 39 万亩；抓高效农业，推广高新适用技术。1995 年，全区除吨粮田、"双千田""三千田"（亩产千斤粮，亩收两千元钱）外，种植精细蔬菜 10.3 万亩（其中日光节能温室 1.07 万亩），高效经济作物 20.3 万亩，保护地栽培 24.16 万亩；抓果树生产，经济林面积达 46.7 万亩，建成经济林万亩乡 18 个，千亩村 165 个，百亩社 384 个，果品产值 1.1 亿元，农民人均果品纯收入 140 多元；抓规模养殖，全区牲畜饲养量 247.61 万（只），比上年增长 23.54%，畜牧业产值达 54800 万元，增长 23.4%，占农业总产值的 34.2%。全区暖棚养猪 85 万口，建成万头猪场 11 个，千头猪场 47 个，百头猪场 195 个，百头牛场 47 个，发展养殖专业村 124 个，养鸡 1004

万只；抓乡镇企业，按照"股份突破，集团经营，骨干带动，小区发展"思路整体推进，全区乡镇企业总数达12450个，经济总收入251亿元，从业18.65万人；劳务输出9.5万人，净收入1亿多元。具体抓住以下工作。

一是做优产业布局。张掖市紧紧围绕市场需求，以绿色发展为导向，积极推进农业供给侧结构性改革，大力发展绿色生态农业，玉米制种、绿色蔬菜、肉牛养殖、优质牧草"四个百万"工程和中药材、食用菌、马铃薯、小杂粮、优质林果、花卉"六大区域特色产业"深入推进，肉牛、蔬菜"两个百亿元产业体系"日趋完善，突出培育"独一份、特、好、中、优"农产品，农业种植结构整体呈现出"一稳、两两扩"的格局，即玉米制种稳定，蔬菜、耕地种草增加，特色作物订单面积种植面积扩大，效益显著。全市农作物播种面积达到405.14万亩，特色产业面积达到260万亩，玉米制种面积常年保持在100万亩左右，蔬菜面积达到83万亩以上。按照省委、省政府打造"河西走廊特色高效农业产业带"的部署要求，张掖市围绕"土特产品"，挖掘"土"资源，放大"特"优势，提升"产"效益，坚持用工业思维谋划农业，以养殖业牵引农业产业结构优化升级，以农产品精深加工业和食品工业带动特色产业价值链提升，优化布局黑河沿岸优势农业、沿山冷凉特色农业、戈壁荒漠设施农业三大产业，做大现代种业、绿色蔬菜、肉牛产业、优质奶业、戈壁节水生态农业五大百亿级产业集群，着力在全产业链上实现产值突破目标。将工作重心由抓生产向建链条、抓产品向建产业转变，做足"农头工尾、粮头食尾、畜头肉尾、接二连三"文章，持续打造11条农畜产品精深加工全产业链，每年引进培育龙头企业15家以上，农产品加工转化率提高1个百分点，不断夯实产业链前端，做强产业链中端，做大产业链后端，促进特色资源多元化开发、多环节增值。

二是坚持品牌引领。打造名牌农特产品走出国门、畅销海外。从种植历史到营造良好生长环境，从小农生产到整合合作规模经营，从追求高产到优质发展，从传统生产到创新驱动，张掖市把有机食品认证技术规程贯穿到农产品加工的各个环节，确保了张掖农产品的品牌品质。

"金华寨"小米连续6年获"食博会"金奖。"金花寨"小米酥休闲食品系列，小米醋、小米酒、米线系列相继推出，受到市场热捧，成为带动当地群众脱贫致富的主要产业。从传统小米到标志性品牌、单一品牌到多元生产链，"金花寨"小米的发展印证了张掖市深入实施农产品品牌战略，以龙头企业为载体，运用市场化手段，通过联合、联产等方式整合现有品牌，坚持走集团化、规模化、品牌化发展道路，切实增强现代农业发展后劲的思路和做法。注重产品质量，紧紧围绕"产管并举、四个最严"的总体要求，加大农产品监测和三品一标监管力度，从相对重视产量向"产量、质量、效益、品质、生态"全面转变，把绿色、安全农产品供应作为农业供给侧改革的重要突破口，系统推进张掖市农产品质量升级上档，全市农产品平均监测合格率达99%以上。全力打造"金张掖北纬38度"地域品牌，至2019年底，全市培育"发年鑫鼎""红鑫绿"等蔬菜自主出口品牌50个，成功注册"弱水青"金张掖夏菜集体商标，金花寨小米、沅博牛肉、银河粉丝等32个产品名牌产品称号，肃南高山细毛羊、肃南牦牛、高台辣椒干、张掖葡萄、高台黑番茄、高台河西猪、高台胭脂鸡8个产品获得国家地理标志证明商标、农产品地理和地理标志产品保护。以区域和产业特色为依托，着力培育休闲观光农业，第一、第二、第三产业融合发展稳步推进。到2020年，共争取到中国美丽休闲乡村"现代新村"1个、"历史古村"1个、"特色民居村"2个、中国美丽田园"油菜花景观"1个、"草原风光"1个、省级休闲农业示范县1个、省级休闲农业示范点9个，休闲农业呈现出蓬勃发展的态势。通过发展农牧家乐、休闲采摘园、农耕体验等乡村旅游产业，进一步盘活农村闲置房屋、集体建设用地等资产资源，打通"三产"融合的关键环节，使其为农民增收、农业发展开辟多元化路径。到目前为止，累计培育休闲农业经营主体438户，休闲农业从业人员达5017人。

三是强化科技支撑。深入实施化肥农药零增长行动，大力推广测土配方施肥、有机肥替代肥料和农作物病虫害统防统治、绿色防控等技术措施，全市累计完成测土配方施肥技术推广，推广水肥一体化技术77万亩，推广有机肥替代肥料；重点推广农业有害生物绿色防控技术和有害生物综合防控措施，农药利用率达39%以上以规模养殖场为重点，以粪污肥料化为主导模式，大力推进畜禽粪污资源化秸秆资源化利用，全市畜禽养殖废弃物综合利用率达到75%以上。不断加大农业面源污染防治力度，以禁用超膜、支持降解膜推广、鼓励回收、回收加工再利用等为重点，加快推进废旧农膜循环利用步伐，全市废旧农膜循环利用率达到80%以上；紧盯蔬菜生产基地、农贸市场、主力店等重点环节，以尾菜肥料化、饲料化为主导模式，因地制宜做好尾菜处理利用工作，全市尾菜综合处理利用率达70%以上。《张掖市全面建成小康社会统计监测报告》显示，从2015—2020年全市及六县区全面建成小康社会监测总体水平看，2020年，全市全面建成小康社会最终实现程度为99.38%，比2015年提高8.56个百分点，实现程度位居全省第一方阵。从统计监测的六个方面看：经济发展、群众生活、三大重点攻坚、民主法治、文化建设实现程度均为100.0%；资源环境实现程度为96.34%，较2015年提高8.54个百分点。

四是抓牢乡村振兴有效衔接。 强化政策统筹，全面安排部署全省乡村振兴示范区创建工作，以1号文件形式制定"一高地四区"建设任务清单和争取扶持政策清单，发出重农强农的明确信号。成立省振兴乡村示范区创建工作领导小组，市级领导靠前指挥，一线调度，明确5个工作专班和12个责任，紧盯任务，细化分工，联动工作机制不断深化和完善。

建立市级领导包抓全省乡村振兴示范区创建工作和全国乡村振兴示范县镇村、省级乡村建设示范村的责任机制，强化各级党委政府和部门的主体责任，积极引导农民发挥主体作用，形成了"市级牵头，县区主责，乡镇主抓，村社齐抓共管，各方参与，齐抓共管"的工作格局。

坚持把确保粮食安全、防止大面积返贫作为创建全省农村振兴示范区的基础性工作来抓。市县两级党委政府严格落实粮食安全党政同责和属地责任，坚持产量产能、数量质量、生产生态一起抓，深入实施"藏粮于地、藏粮于技"战略，确保粮食面积只增不减。抓住耕地和种子"两个关键"，实行最严格的耕地和用途管控制度，着力打造"全球知名、国内一流"的种业基地，"1+3+N"现代种业体系持续优化，农作物繁育种面积稳定在140万亩以上。着力做好增产减损"两端文章"，大力推广增产技术升级，加强先进农机推广应用，推动节粮减损全链条的产运储加销。发挥预防返贫动态监测帮扶机制预警响应作用，精准落实各项帮扶措施，加大易地扶贫搬迁后续扶持力度，坚决防止整乡出现返贫现象。

加快推进"6543"农村振兴示范片带布局建设，科学系统做好6个城乡一体化示范区、5个中心集镇示范片、4个农村振兴示范带和30个集镇整治、300个农村建设规划建设工作。甘州、临泽、高台地区主要以"塞上江南，戈壁水乡"为风格。临泽县鸭暖镇根据当地富锶活水、泉眼密布、水系连通的优越条件，按照生产、生活、生态一体化布局，社区、园区、景区联动建设，第一、第二、第三产业融合发展的总体思路，聚力打造集水乡民居、富锶产业、康养旅游为一体的屯泉小镇乡村振兴综合体。山丹、民乐突出汉、明、清典雅风格，肃南突出裕固民族风情，大力推进乡村示范建设、生态和地质灾害避险搬迁两项工程，高质量完成生态搬迁15217户52984人，农房抗震改造14190户，全省生态和地质灾害避险搬迁现场会在张掖市举行。按照"四集中"模式确定511个发展村庄，继续推进"5155"乡村建设示范行动，全力抓好临泽县国家乡村振兴示范县和4个示范乡镇、25个示范村的创建工作，建成57个省级乡村建设示范村，示范带动乡村建设向全域拓展和提升。深入开展农村人居环境整治，以"治污""治乱"为重点，持续开展精品村庄创建和农村卫生厕所改造工作。完成自然村组道路568公里，实施养护维修工程514公里，全省"四好乡村路"优质发展现场推进会在张掖市胜利召开。高台、肃南两县创建省级积极探索"三联四保"金融助推农村人居环境改善模式，创新推出农村振兴"产业贷款"和"富民贷款"，引导社会和民间资本更多投向农村，实施农村建设项目982个，完成投资116.2亿元。

2023年省委农村工作领导小组、省实施乡村振兴战略领导小组通报2022年度甘肃省实施乡村振兴战略考核结果，张掖市再获第一名，蝉联全省农村振兴考核"四连冠"。同时张掖市在2022年度乡村建设示范市验收评比中，也名列全省第一。

张掖市推动巩固扩大脱贫攻坚成果与农村振兴有效衔接，连续两年实施农村振兴战略考核名列全省第一，被确定为"全省农村建设示范市"。甘州区入选"中国最美乡村百佳县"，临泽县获评"中国乡村振兴百佳示范县"，高台县获评"全国农村集体产权制度改革先进试点县"，山丹县入选"国家电子商务进农村综合示范县"，民乐县被确定为"国家农村产业融合发展示范园"。

五是抓绿色生态优先发展。张掖位于"祁连山"和"黑河湿地"两个国家级自然保护区内，境内光热充足，水土洁净，昼夜温差大，病虫害少，农产品品质优良，良好的资源禀赋和天然的孕育条件，使绿色生态成为张掖市发展农业的最大特色和比较优势。"十三五"期间，张掖市秉承绿色生态发展理念，厚植发展优势，坚定不移走生态优先、绿色发展之路，加快构建生态产业体系，以推进农业供给侧结构性改革统筹布局，培育、打造、拓宽新渠道，全力推动传统农业向现代农业转变，迈出张掖绿色崛起新步伐，跑出绿色生态农业发展"加速度"，综合经济实力稳步提升。新疆霍尔果斯、广西凭祥口岸办事处开通中欧货运班列、中新南向通道张掖农产品国际专列，使张掖市成为全省鲜活农产品出口最多的地级市。

六是抓城乡融合发展。坚持规划先行，布局科学。完成"多规合一"村庄规划编制，确保城乡有序协调发展。城乡一体化示范区建设：建成6个城乡一体化示范区，以城区为中心，辐射周边乡镇，实现产业集聚效应，综合承载能力和服务水平明显提升。在基础设施建设和提升方面，优化农村公路，张掖市公路通车总里程达到14036公里，其中农村公路12082公里，实现了村村通客车的目标，构建了脉络贯通、无缝衔接的立体交通网络。环卫设施设备投入力度不断增强，新改建环卫户厕6937座，农村人居环境整治不断出新彩。在产业融合发展方面，编制产业发展规划：立足区域优势和资源特点，统筹城乡产业布局调整优化，推动城乡间各类生产要素优化配置，加快构建布局合理、特色鲜明、深度融合的现代农业发展新格局。培育新型农业经营主体：以稳定家庭经营为基础，积极探索扶持农民专业合作社、家庭农场等新型农业经营主体发展，促进农业产业化经营。坚持以人为本，推动城市更新升级。不断完善城乡基础设施，以市政基础设施、棚户区改造和老旧小区改造为重点，推进城市更新升级，实施城市出入口、城区三环道路、城市森林公园等重大工程改造。新增公路通车里程1514公里，张平高速、甘临一级等7条341公里高等级公路建成通车，累计完成机场旅客吞吐量97万人次。大中型灌区节水改造、河西走廊750千伏电网加固工程、百万亩高标准农田等工程顺利实施，实现了4G网络建制村全覆盖、城区和主要景区5G网络全覆盖。城市绿化覆盖率达37.65%，常住人口城镇化率达52.45%，闲置空地变身小微公园，"推窗进城见绿，出门在农村见景"成为张掖人民触手可及的美好生活。通过科学规划、基础设施建设、产业融合、改革创新和生态文明与乡村治理等多方面举措，张掖市城乡一体化发展得到有效推进，取得了明显成效。

七是抓产业功能区建设。健全完善全产业链体系，其中现代种业、张掖肉牛、优质蔬菜、设施农业4个全产业链产值超百亿元，成为重点产业链。专用马铃薯、奶业、肉羊、中药材、休闲观光农业五大全产业链产值超50亿元，形成特色产业链。培育产值超10亿元的龙头企业5家以上，超5亿元的龙头企业10家以上，超亿元的龙头企业25家以上。

八是抓基础设施建设和物质技术装备支撑。基础设施建设方面：加大农田水利建设力度，完善机械设备，累计实施高标准农田整理22万亩，投入资金完成了土地整理、道路修建、渠系配套等基础建设。推广高效节水灌溉技术，建设成为提升农业水利化、机械化、信息化水平的省级高效节水示范区。现代农业物质装备和先进技术得到广泛应用，高标准农田在基本农田中的比重超过80%，水肥一体化面积在高标准农田中的比重超过60%。标准化规模养殖场区畜禽饲养量占总饲养量的85%以上，农业综合机械化水平达到87%以上。

九是抓科技支撑和特色品牌建设。加强示范区与多家科研院所、科技型企业建立长期合作关系，引进新品种，累计开展各类现代农业试验示范157项（次），为示范区建设提供了科技支撑。"张掖玉米种子""张掖肉牛""张掖娃娃菜"等绿色、有机、地理标志农产品和"甘味"农产品商品价值、市场价值得到释放。优势企业、拳头产品和知名品牌在中高端市场的占有率以及"一带一路"沿线区域的认可度均有显著提高。

十是抓国家现代农业示范区创建。 深入推进国家现代农业、国家玉米制种基地、全国农业农村信息化整体推进型示范基地、全国粮改饲草畜试点、全省现代畜牧业全产业链试点城市建设、全国绿色有机农产品生产基地、全国生态养殖业示范基地建设,在促进农业产业集群发展的同时,也促进了农业综合生产能力和农村经济水平的提升,形成了各具特色的现代农业发展模式。明显提高了主导产业的规模效益和辐射带动能力,走在全国现代农业发展的前列。

三、小康建设取得的成就

(一)农村经济持续全面发展

1995年粮食总产83553.9万公斤,油料总产5148万公斤,肉类总产59095吨,蛋、奶、果、菜大幅度增加,农业总产值160437万元,比1993年增长13.4%。其中,畜牧业产值54828.58万元,比1993年增长25.84%;乡镇企业产值33.96亿元,比1993年增加2倍;农村社会总产值58.3亿元,比1993年增长42.37%;农民人均纯收入1651元,比1993年的752元增长1.2倍。①

(二)农民住房条件、村镇面貌改善

小康建设以来,全区有61075户农民修建住房,其中新修楼房861户,砖木住房11906户,砖土木住房48537户;改造装修住房102282户。至1995年,修建小康住房22.47万户,占农村总户数的88.8%。各乡、村都制定了村镇建设规划,改造村容镇貌。两年投资3238万元,

---

① 数据来源:https://www.zhangye.gov.cn/szb/dzdt/zsbx/202309/t20230928_1121288_ghb.html;《张掖地区志(远古—1995)上卷·第四编 经济(二)》第一章 农业建设,第三节 农村小康建设。

投劳 137.3 万个，整修道路 2025 条、长 7012 公里，其中硬化道路 359 条、长 1375 公里，修建花池 3.5 万多个。①

(三) 精神文明建设进展迅速

以培养"有理想、有道德、有文化、有知识"的"四有"新人为宗旨，举办扫盲、科技、普法、计划生育学习班 7069 期（次），受培学习农民 106.27 万人（次）。农村青年非文盲率达 96.3%，40%以上农户中有 1—2 个科技明白人，广大农民学法、知法，遵纪守法，邻里和睦；农村社会稳定，农民物质文化生活丰富多彩。

1995 年，经地区小康建设办公室组织考核，全区 31 个乡，248 个村，13.7 万多农户基本达到小康标准，分别占农村乡、村、户总数的 35.6%、27.6%和 54.3%。按照省定 17 项量化指标，全区农民蛋白质摄入量、衣着消费支出、电视普及率、服务消费支出比重、用电农户比重、享受社会保障人口比重、万人刑事案件发案件数等 9 项达到小康标准；农民人均纯收入、基尼系数、恩格尔系数、砖木以上结构住房比重、劳动力平均受教育年限和安全水平普及率等 6 项接近小康标准；差距较大的是人均预期寿命和已通电话行政村比重两项。经加权综合评价，全区小康综合评价分值达 85.47 分，比 1994 年提高 14.55 个百分点。其中张掖市达到 92 分、临泽县 88.41 分、高台县 87.2 分。②

1995 年，甘肃省农业委员会列出全省小康示范县（市）3 个、示范乡 38 个、示范村 98 个。张掖地区小康示范县（市）为张掖市；示范乡 7 个：张掖市上秦乡、梁家墩乡，高台县宣化乡，临泽县沙河乡，肃南县红石窝乡，山丹县清泉乡，民乐县六坝乡；示范村 20 个：张掖市新墩乡西关村、梁家墩乡刘家沟村、上秦乡金家湾村、三闸乡红沙窝

---

① 数据来源：https://www.zhangye.gov.cn/szb/dzdt/zsbx/202309/t20230928_1121288_ghb.html.《张掖地区志（远古—1995）上卷·第四编 经济（二）》第一章 农业建设，第三节 农村小康建设.

② 数据来源：https://www.zhangye.gov.cn/szb/dzdt/zsbx/202309/t20230928_1121288_ghb.html.《张掖地区志（远古—1995）上卷·第四编 经济（二）》第一章 农业建设，第三节 农村小康建设.

村、小满乡康宁村，临泽县沙河乡新庄村、平川乡芦湾村、新华乡大寨村，高台县宣化乡贞号村、巷道乡八一村、城关镇国庆村，民乐县六坝乡六南村、洪水乡城关村、三堡乡何家沟村，肃南县红石窝乡康丰村、铧尖乡长房村、祁文乡堡子滩村，山丹县清泉乡西街村、位奇乡芦堡村、东乐乡靖安村。①

第三节　实施乡村振兴战略

乡村具有自然、社会、经济特征，兼具生产、生活、生态、文化等多重功能，与城镇互促互进、共生共存，共同构成人类主要活动空间的地域综合体。我国人民日益增长的美好生活需要与发展不充分的矛盾在农村表现得较为突出，我国仍长期处于社会主义初级阶段，在农村表现出很明显的特点。党的十九大为中国乡村振兴绘制了路线图，即到2020年，乡村振兴取得重要进展，基本形成制度框架和政策体系；到2035年，农村振兴取得决定性进展，基本实现农业农村现代化；到2050年，农村全面实现农业强、农村美、农民富。

农村振兴决定着全面建成小康社会的前景，决定着社会主义现代化的质量。实施乡村振兴战略，是加快推进新时期农业农村发展的必然要求，也是推进农业农村现代化的重大举措。进入新时期，张掖市深入推进农业供给侧结构性改革，统筹实施农村振兴战略和各项农业农村发展工作，农业农村现代化发展迸发出前所未有的生机与活力。

一、"五大振兴"同频共振

乡村振兴是涉及多个方面的系统工程。

组织振兴。要振兴乡村组织，深化村民自治实践，就必须完善以党

---

① 数据来源：https://www.zhangye.gov.cn/szb/dzdt/zsbx/202309/t20230928_1121288_ghb.html；《张掖地区志（远古—1995）上卷·第四编 经济（二）》第一章 农业建设，第三节 农村小康建设。

组织为核心的基层组织体系，按照党的意志和精神更好地领导基层治理，把广大农民群众动员起来，促进乡村全面振兴。张掖市明确党建引领乡村振兴6个方面38项重点任务，推动组织、干部、人才资源向乡村一线集聚下沉，并推行"党建+产业"组织振兴模式，组建85个片区党委、党建共同体等功能型党组织，链接带动372个农业企业、745个农民合作社抱团发展，确保80%以上的村实现收入10万元以上。

人才振兴。就是要通过留住一部分农村优秀人才、吸引一部分外出能人回乡、吸引一部分社会优秀人才到农村任职，以人才的集聚促进和保障农村振兴，增强农业农村内生发展能力。张掖市出台《人才支撑全省农村振兴示范区建设若干措施》，创新农村产业发展思想库、职业农民职称制度、组建产业人才联盟等14项人才政策措施，着力构建农村人才工作机制，常态化引才、精准化育才、高效化用才、制度化留才。深入推进"十业百社万才"计划，组织开展"联百百企"系列服务活动，10个专家服务团重点结对帮扶人才引领型农民合作社120家、重点企业109家，下沉开展服务活动386场次，培训1.9万人次，解决114个产业发展难题。

产业振兴。促进农村产业振兴，就是要构建现代农业产业体系，实现农村第一、第二、第三产业深度融合发展，进一步提高国家粮食安全保障水平，牢牢掌握国家粮食安全主动权；以农业供给侧结构性改革为主线，促进农业由增产导向转变，提升我国农业创新力和竞争力，为构建现代经济体系、拓展农民增收空间夯实基础。张掖市大力开展现代农业产业基地建设，围绕扩大特色优势产业规模，提高农业产出水平和生产效益倍增，建设集中连片、旱涝保收、节水高效、稳产高产、生态友好的高标准农田，推广标准化温室、工厂化育苗、控温控湿智能化、节肥一体化等先进适用设施。规划集中连片规模的原材料生产基地，打造专业化规模的原材料产区或产业带。健全农产品质量安全监管体系，推进农产品标准化生产全覆盖、质量安全可追溯。发展大众品牌，培育知名企业品牌，打造品牌链，增强主导产业竞争力。坚决守住粮食安全底线，对主要农作物实行全程机械化生产。2022年，张掖市全市粮食播种面积318.85万亩、占全省7.9%，粮食产量151.17万吨、占全省

12%。同时，围绕制约农机装备的播种、植保和收获、蔬菜移栽等瓶颈集中攻坚，全市农作物耕种收综合机械化率达到85.5%。

一是培育壮大新型农业经营主体。继续加大"外引内培"工作力度，引导龙头企业通过多种形式进入工业园区；采取土地流转、保底分红、外出务工就业、二次分红等方式，积极推广"市场主体主导、合作社联农户建基地"的全产业链发展模式，推动全县龙头企业向产业基地集中。发展"五有标准"合作社，即有种养基地、农机服务、良种生产供应、仓储加工场所、订单生产，不断提升合作社发展水平和带动能力。鼓励支持合作社产业链、区域间联合抱团，着力打造高标准的强强联合、以强带弱联合社。做大家庭经营规模，做大产业链条，培育一批经营水平较高的家庭农场，生产规模适度，经济效益明显。构建新型农业服务体系，加快培育多元化的经营性社会化服务组织，覆盖工业园区种养、加工、销售、科技、信贷等各个环节。健全完善利益联结机制，强化县级政府政策扶持引导和市场调控职能，把带动农户数量和增收效果作为扶持龙头企业和合作社的前置条件，鼓励通过土地流转入股、代种代养托管、产中产后服务等形式带动农户发展产业，通过利益调节机制保障生产、流通、加工等各主体利润均衡，保障农民更多分享产业链增值收益。

二是建设加工物流集聚平台。重点建设加工物流园区，引导加工产业向工业园区聚集，形成生产加工上下游相配套、农产品初加工相配套、综合利用相衔接的产业格局。加快发展连锁专卖、直供直销和电子商务等现代农产品流通业态，依托工业园区打造一批农产品交易市场、物流配送中心，促进农产品产销对接。

三是深入推进第一、第二、第三产业一体化发展。依托主导产业，推进第一产业后延、第二产业两头连、第三产业走高端，做大二三产业闭环链条，贯通供应链，提升价值链，培育及积极发展"互联网+农业"，推动农产品线上线下一体化、跨界融合发展。探索"园区+旅游+文化"模式，以农业生产基地为依托，结合民族村落、名城古镇人文资源，充分拓展农业功能，发展休闲观光、乡村旅游、农事体验、健康养生等新业态，推进产业园区与农村社区、田园乡村、旅游景区联动建设。2020年7月7日，联合国教科文组织执行局第209届会议正式批准中国提交申报的地质公园为"联合国教科文组织世界地质公园。

四是加快工业转型升级步伐。牢固树立质量农业的理念，以市场和消费为导向，以绿色有机农产品有效供给为主线，促进农业发展由量的增长为主向量的质量和效益并重转变，由主要依靠资源和物质投入向依靠科技进步和劳动者素质提高转变，使农业发展的质量和效益得到有效提升。

五是优势主导产业特色产业要做优。以深入推进农业供给侧结构性改革为主线，以增加绿色优质农产品生产供给为目标，按照"基地支撑、特色产业成带、集群发展"的原则，着力实施四个"百万工程"，做强主导产业、做精区域特色产业。

生态振兴。推进乡村生态振兴，就是要以绿色发展为引领，严守生态保护红线，促进农业农村绿色发展，加快改善农村人居环境，让良好生态成为乡村振兴的支撑点，建设农民安居乐业的美好家园。张掖市把发展丝路寒旱生态农业作为经济新增长点和农业转型升级新支撑点，建成沿山冷凉食用菌产业带、中部绿洲外向型绿色蔬菜产业带和北部特色优质林果产业带，基础设施装备先进、科技支撑水平高、综合生产能力强、生态环境友好、产品特色鲜明，力争把张掖市建成西北乃至中亚、西亚、南亚具有竞争力的"菜篮子"产品生产供应基地，打响金张掖绿色有机农畜产品品牌。突出张掖农产品的唯一性、独特性、生态性，加大农产品品牌创建力度，培育一批绿色有机农产品品牌，变资源优势为品牌优势。全方位打造标准化生产、农畜产品质量安全制度，全力打造农产品标准化生产和质量安全监管体系，促进农产品提质升级。

文化振兴。推进乡村文化振兴，就是要深入挖掘农耕文化蕴含的优秀思想、人文精神和道德规范，在保护传承的基础上，结合时代要求创造性转化、创新性发展，使乡风文明新气象焕发出来，农民精神文化生活需求得到更好满足。乡村文化的振兴，不仅能为全面振兴乡村提供精神动力，而且与乡村优美的环境相结合，更能成为乡村旅游的宝贵资源。2020年5月，张掖市推进农村文化振兴工作方案，明确提出将通过深化农村思想道德建设，保护和传承发展农村优秀传统文化，提升农村公共文化服务效能，丰富农村文化生活，繁荣农村文化经济等举措，全力推动农村文化大繁荣。在传统民俗活动传承发展方面，通过设立乡村文化节、招募青年志愿者等方式，鼓励和引导青少年参与传统民俗活动，提高青少年对传统文化的认同感和参与意愿。同时，加大相关培训力度，传授农村文化的技巧和知识。在乡村旅游提升发展上，加大对乡村旅游潜力村的宣传力度，通过开展乡村文化体验活动、打造特色民宿等方式，吸引更多游客走进乡村。同时，加大乡村旅游基础设施建设力度，促进旅游服务质量提升。在保护和传承文化遗产方面，建立完善的文化遗产保护和修复具有历史文化价值的建筑基址、手工艺品等。开展相关培训，将农村文化的技艺和知识传承下去，提高当地群众对文化遗产的认同感。在创新推广乡村文化产品方面，组织专业团队进行市场调研，开发有吸引力的、针对市场需求的乡村文化产品。同时，加大产品促销和销售力度，吸引更多游客前来选购和体验。力争到2021年底，80%以上的农村文化阵地实现硬起来活起来亮起来，力争实现振兴乡村文化"一个都不能少"。

二、强化政策保障

完善投融资机制。统筹各类财政补助资金，用于高标准农田建设、产业强镇（集群）、农业绿色发展、农村冷链物流、新型农业经营主体培育、工业园区创建和产业基地建设等。鼓励县区充分利用中央与省财政的衔接，推动农村振兴补助资金、土地出让金、政府专项债券等对工业园区、产业基地基础设施建设的直接支持。各级政府要充分发挥财政资金的引导作用，撬动社会资本投入现代农业产业园区、产业基地等建设。创新金融服务方式，鼓励银行业金融机构开发低息、中长期贷款产品，面向新型经营主体，向产业基地企业提供融资服务；引导政府融资担保机构降低保费，鼓励地方设立风险补偿基金，加大对工业园区、产业基地企业的融资增信支持力度。加大用地保障力度，将工业园区建设用地纳入当地国土空间规划，年度新增建设用地指标优先保障工业园区建设用地需求，实施腾退城乡建设用地增减挂钩项目结余指标优先安排工业园区建设项目。优先将建设高标准农田的新增耕地指标作为折抵工业园区建设用地的补偿指标，在依法合规的前提下，有效利用村内闲置宅基地和集体建设工业园区建设转为建设用地。在新编制的县乡级国土空间规划中，按照加工物流园建设标准，结合产业实际，合理确定产业园区规模，预留发展空间，对需要的新增建设用地计划指标统筹安排，优先保障符合政策的工业园区用地。加大产业基地设施农业用地提供和管理服务，可将与生产直接挂钩的设施用地，如分拣包装、保鲜储藏、烘干，纳入设施农业用地范围。对工业园区建设项目开辟用地审批绿色通道，从用地指标落实、农转用审批、土地招拍挂、不动产权证发放等"一对一"全程跟踪服务；优化办事流程，压缩工作时限。加大科技创新力度，加强种质资源库保护、新品种研发和良种繁育体系建设，全面构建农业科技创新体系，破解\鼓励支持科研院所、高等院校和农业企业到工业园区、产业基地落户，吸引社会各类资本参与科技孵化型实体建设，提升自主创新能力。积极推广良种良法配套和农机农艺结合，高性能、复合式、智能化农机装备率先推广应用。发展数字田园、智慧养殖，依托互联网、大数据、云计算、区块链等现代信息技术，提升工业园区、产业基地数字化水平。加强人才支撑。落实省市县三级一个产业园、一套实施方案、一套扶持政策、一套专家团队、一套考核体系"五个一"推进机制，为产业基地建设提供人才支撑。采取双向兼职、联合聘用、交叉任职、技术入股、人才驿站等方式，动员鼓励科研单位、技术专家、科技特派员、产业体系创新团队等积极对接与产业基地对口帮扶，采取订单式、建立实训基地、产学研相结合等多种培训方式，帮助产业园区、企业培养实用型高技能人才。支持建立现代农业产业基地"双创"平台，吸引各类农业专业技术人员、高级经营管理人员、大中专毕业生、复转军人、进城务工人员等各类人才到农业产业园区创新创业。加快农村集体产权制度改革，全面完成农村集体所有各类资产的清理核实工作。同时，抓好改革试点工作，选择一批示范家庭农场、合作社进驻社区，指导帮扶，发挥农民合作社的作用，带动农民致富。

三、乡村治理综合推进

对照乡村振兴战略实施规划，围绕扶贫村发展需求，细化完善脱贫后各专项方案和计划，以乡村振兴示范带、示范区产业升级、人居环境改善、乡村旅游发展等为重点，积极谋划实施一批产业发展、特色小镇、科技推广等项目，进一步巩固脱贫提升脱贫质量，加快农业强、农村美、农民富进程，不断开创乡村全面振兴新局面。张掖市实施乡风文明提升工程，开展文明实践活动，建成6个文明实践中心、70个文明实践站，实现了县、乡、村全覆盖。同时，充分发挥"一约四会"作用，让"小规定"成为约束群众的"硬办法"，不断弘扬农村新风正气。截至目前，张掖市全力打造张扁、张肃公路两条农村振兴示范带，实施103个重点项目，完成投资60.14亿元。实施"两带"沿线绿化美化工程11个，完成绿化面积1.4万亩。组织实施山水林田湖草修复、祁连山生态保护与建设综合治理等39个重大生态工程，完成投资7.38亿元。"一园三带"造林绿化示范建设累计完成营造林57.1万亩。加快建设10个千亩戈壁生态农业示范园，累计发展戈壁生态农业。高标准农田项目开工建设28.8万亩，划定粮食生产功能区203.3万亩，并通过省级验收。全市完成改厕30610户，整村推进村达208个。

四、实施乡村振兴战略取得的成绩

新时期的十年，张掖市以农村"五大振兴"为抓手，实施乡村振兴战略取得明显进展。

（一）综合生产能力显著增强

三产融合稳步推进戈壁农业有机农业等新模式不断涌现，新动能不断涌现，农业农村经济呈现持续向好态势。张掖市五年粮食播种面积年均310万亩，粮食总产持续稳定在140万吨以上；主要农产品肉蛋奶等均衡供应能力明显增强。2021年，全市实现农业增加值154亿元，农村居民人均可支配收入增加，产品质量安全水平不断提高。"张掖玉米种子""张掖肉牛"等8个产品获得国家地理标志证书、农产品地理和地理标志产品保护商标，267个"三品一标"产品和41个"甘味"农产品品牌在有效期内，"三品一标"农产品生产面积达163.56万亩。积极培育新型主体，不断完善支撑体系，大力推进绿洲农业发展，把戈壁农业发展作为产业结构调整优化、发展方式转变的创新之举。通过发展农家乐、休闲采摘园、农事体验等乡村旅游产业，进一步盘活农村闲置房等资产资源和集体建设用地，打通"三产"一体化的关键环节。引导培育六大乡村旅游：旅游景区带动型、城乡融合发展型、旅游通道依托型、休闲度假养生型、古镇村特色型、民族民俗体验型。目前，全市共建成全国乡村旅游重点村5个，省级旅游示范村31个，市级专业旅游村80个，中国丙级旅游民宿2家，星级农家乐300余家，开发了金张掖民宿网上平台，有32家旅游民宿入驻。

（二）科技支撑能力不断提升

环境综合整治取得明显成效。以促进农业科技创新驱动为重点，积极引进、示范、推广农业新技术，农作物良种覆盖率达99%以上，主要农作物耕种收综合机械化水平达83.4%以上，累计创建各类农业科技示范点187个。以海升现代智能大棚产业园、神农菌业巴吉滩食用菌产业园、港峰文汇公司供港澳蔬菜基地等为代表的一批投资上亿元的项目相继竣工投产。坚持严格的耕地保护制度，不断加大高效农田节水技术推广和高标准农田建设力度，到2021年底，累计建设高标准农田286万亩，测土配方施肥技术年均推广350万亩（次）以上，农药利用率达到41%，科技成果应用推广支撑农业可持续发展的能力不断增强。以规模养殖场为重点，着力推进农业绿色发展，畜禽养殖废弃物综合利用率达到89%，秸秆饲料化利用率达到86.3%。不断加大农业面源污染防治力度，重点实施祁连山（黑河流域）山水林田湖草沙生态保护与修复工程，加快废弃农膜循环利用步伐，全区废旧农膜循环利用率达86.9%以上。紧盯蔬菜生产基地、农贸市场、经营门店等重点环节，以尾菜肥料化、饲料化为主导模式，因地制宜做好尾菜加工利用工作，综合尾菜加工利用率达81%。大力发展生态循环农业，加快推进"三元双向"农业循环模式，以种植、养殖、菌业为循环链，积极构建农户家庭或企业小循环、园区或产业中循环、社会层面大循环农业体系，不断改善农业农村发展环境。

(三) 城乡融合发展势头良好

对外开放步伐明显加快，以人为核心的新型城镇化全力推进，城乡要素合理流动和平等交换机制稳步推进。农村消费持续增长，农民吃、穿、住、行水平得到全面提升。不断提高农村居民的教育、医疗、养老、文化服务和社会保障水平。以加强农村基层组织建设为重点，全面推行民主监督村级重大事项，推行"四议两公开"、党务村务财务公开等制度。加强依法治村、德治体系建设，深入开展打黑除恶专项斗争，严厉打击黄赌毒和村霸黑恶势力等丑恶现象，平安乡村建设深入推进。农村治理能力和水平持续提升，农村安定和谐的局面更加巩固。始终坚持"路""带"互补，东融西借，内外互动，发挥骨干企业的龙头带动作用，加强与域外企业的联系与对接，共享商机，增进互信，建立稳固的合作关系。全市从事进出口贸易的蔬菜企业达50多家，出口蔬菜备案基地总面积达29.3万亩。在全国大中城市建立44个蔬菜直销档口。借力广西凭祥口岸外贸企业综合服务平台，借力西部陆海贸易新通道，拓展对东南亚国家外贸出口，集中力量拓展新的开放空间。"东进西出"的战略通道基本打通，外向型"大农业"向专业化、市场化、国际化发展迈出坚实步伐。

张掖市把创建全省农村振兴示范区作为深入实施乡村振兴战略的主要抓手，努力打造"一高地四区"乡村振兴"张掖样板"。2022年度被国务院评为全国促进乡村振兴重点工作成效明显激励市，2019—2022年度在全省乡村振兴考核中连续4年位列全省第一，荣获"四连冠"。

(四) 农村饮水安全巩固提升工程如期完成

"十三五"期间，全市共实施56项农村饮水安全巩固提升工程，完成投资1.72亿元，24万人饮水安全不稳定问题得到巩固提升。截至目前，全市已建成农村饮水安全工程280处，其中集中式供水水厂129处，实现农村自来水全覆盖，农村群众生活饮用水保障水平达到95%以上，饮用水水量、水质、用水方便程度、供水保证率均达到农村饮水安全退出验收标准，实现脱贫攻坚目标。

（五）林草生态建设成效显著

通过"一园三带"生态工程建设的实施，山水林田湖草一体化保护修复工作全面加强，林草生态建设取得明显成效。全市森林面积达到888.46万亩，森林覆盖率达15.65%，森林蓄积量2021.49万立方米。全市完成大面积国土绿化营造林244.22万亩，沙化土地综合治理534.15万亩，实现了沙化土地连续20年持续减少的目标。全市拥有可利用的草原资源达3225.07万亩，其中草原植被茂密，覆盖率高达48.7%。为遏制土地沙化，已对47.93万亩的沙化土地实施了封禁措施。同时，在生态恢复方面，退耕还林项目已覆盖30.51万亩土地，而禁牧草原面积达1571.63万亩，确保草畜平衡。此外，为改善退化草原，还特别对17万亩草原进行了改良，并设置了210万亩的草原围栏。同时，重视退耕还草工作，已落实15万亩退耕还草项目。

特别值得一提的是，2020年全市在"一园三带"造林绿化工程中取得了显著成就，共完成营造林56.2万亩，成功修复"三化草地"50万亩，超额完成计划任务的106.2%。此外，全市积极响应义务植树的号召，完成2.3万亩的植树任务，共计种植572万株树木，这一成果达到计划任务的158.8%。

（六）现代畜牧业发展成绩斐然

畜牧业是关系国计民生的重要产业，在全面小康建设时期，张掖市努力构建百亿级产业体系，扎实推进新品种选育和优质牧草基地建设，畜产品供应充足，畜牧业呈现持续稳定健康发展的良好态势。

全市计划新（改扩）建标准化规模养殖场区100个，目前105个已开工建设。严格落实张掖肉牛选育年度计划，组织市、区两级技术骨干，集中力量攻关，完成万禾、玺峰、恒源3个育种核心场连续4

代母牛配种、产犊、生长性能测定记录汇总整理和电子化录入工作,完成系谱分析。发展"互联网+定制畜牧业"、特色畜产品在线营销、生鲜畜产品区域配送等网络销售模式,拓宽畜产品销售渠道,已在全国各大中城市拓展销售网点12个,"肃南羊行裕固牧场"在2019中国国际服务贸易洽谈会上首次启动网上认养绵羊工作。此外,继续扩大苜蓿等多年生高产优质牧草种植面积,形成规模优势,全市落实优质牧草种植面积135.05万亩。在强大的市场需求拉动、产业政策推动、要素持续投入的推动下,张掖市畜牧业发展模式由粗放型向集约型转变。由以增产为导向向以提质增效为导向转变,畜牧业迈上了优质发展的新时期。

跋

张掖是河西走廊最美的一片绿洲，自古就以水草丰美、物产富饶，"屯田广夷、仓庾丰衍"①，"固华夷交会，西域通衢也"②著称。张掖是河西先民繁衍生息之地，大量考古资料和文献史料实证，在中华文化长河中，张掖历史文化可溯源到遥远的古代。

夏代晚期和商代早期，受黄河中游地区仰韶文化和黄河上游地区马家窑文化、半山-马厂文化、齐家文化等影响，中华农业文明曙光普照在河西大地。生活在张掖大地上的先民们，游牧狩猎祁连山下，农耕渔猎黑河两岸，张掖先民在发展半农半牧业经济形态和吸收黄河文明及外来文明过程中，创造了发达的四坝文化，播种下青铜时代张掖土著文化种子。考古学家在四坝文化东灰山遗址文化层中发现了距今约五千年的小麦、大麦、黑麦、高粱、粟、稷等农作物炭化粮粒和胡桃壳以及兽骨、石器、陶器、骨器、石祖等③，为研究中国小麦、大麦、高粱起源提供了实物标本，是见证中国最早栽培小麦、大麦、黑麦、高粱、粟、稷等作物的"活化石"，是探源中国西北古代农作物源流的"种子基因库"，奠定了黄河上游地区黑河农业文明发展的基础。古老张掖承载起了黄河流域粟黍作物栽培技术西渐西域、西亚、中亚等地，和西亚、中亚麦类作物栽培技术，黄牛、绵羊等家畜

---

① 陈子昂《上谏武后疏》。
② 钟赓起著. 张志纯等校点. 甘州府志[M]. 兰州：甘肃文化出版社，1995：91.
③ 李璠. 李敬仪. 卢晔. 白品. 程华芳. 甘肃省民乐县东灰山新石器遗址古农业遗存新发现[J]. 农业考古，1989，(1)：57-62.

跋

饲养技术，青铜冶炼技术东传的文化使命①，在史前时期东西方文明交流史上书写了浓墨重彩的一笔。发祥于祁连山下黑河两岸的四坝文化生生不息，是张掖本土原生性农耕文化的根脉，是河西走廊古文化中最核心的部分，是传承发展中华文明和广泛吸收外来文明的"处女地"。我们完全可以这样认为，四坝文化东灰山新石器遗址古农业遗存新发现，丰富了"河西走廊与中亚文明"交流互鉴的时代内涵，厚植了河西走廊张掖农业的文化根基，熔铸了河西先民的农业智慧，奠定了张掖现代农业的发展基础，明确了张掖农业走向未来的思路方向，具有重大学术价值和现实意义。因此，我们迫切需要一部系统研究张掖农业历史的学术专著问世，旨在阐明张掖农业文化底蕴，总结张掖农业精神标识，揭示张掖农业历史规律，把握张掖未来农业发展趋势，为张掖市创建全省乡村振兴示范区贡献更多史学智慧。

《张掖农业史》是一部散发着"金张掖"希望田野芬芳、富有"党校人"理论研究品质、践行"大先生"②为党献策责任的学术专著，是农民之子、党校学人、文化使者触摸张掖历史温度和回答时代之问的文化新著。

"为什么我的眼里常含泪水？因为我对这土地爱得深沉……"这是对刘岩教授沉吟祁连山下、笔耕黑河两岸、情系张掖发展、立身党校讲台的生动写照。刘岩教授的学术专著《张掖农业史》，植根中华文明沃土，紧扣河西走廊历史文化脉络，立足"金张掖"农业发展热土，阐释了张掖农业形成的渊源与背景、发展的成就与特征、产生的历史影响与现实意义，为新时代全面推进乡村振兴，加快建设农业强国，提供了丰厚学理支撑，为张掖农业走向世界打开了一扇新的文化交流之窗。品读《张掖农业史》的前世今生，问道大千世界"塞上江南""金张掖"昨天从哪里来，今天怎么会是这样，未来会往哪里去？在此，我诚挚地把刘岩教授精品力作《张掖农业史》推荐给大家阅读。

---

① 王巍. 中华文明探源工程——揭示中华文明起源、形成、发展的历史脉络 [N]. 人民日报，2022-07-04（09）。

② 顾明远. 何谓大先生 [N]. 光明日报，2021-09-14。

跋

"不望祁连山顶雪，错把张掖认江南。"希望本书对人们走进彩虹张掖，做客诗意甘州、梦幻临泽、红色高台、古韵山丹、田园民乐、牧歌肃南，品味鱼米之香，体验八声甘州，共谋合作发展，讲好张掖故事有所助益。

中共山丹县委党校 龙作联

2024 年 8 月 20 日

后　记

　　河西走廊，这条穿越千年的地理要道，宛如一条活生生的历史长廊，见证了无数先辈的汗水与梦想，承载着厚重的希望与期盼。它静静地站在那里，目睹了时代的更迭与文明的交融，每一块石头、每一粒沙砾都记录着过往的辉煌与沧桑。行者们在这条路上留下了足迹，也留下了情感，激情与悲伤、喜悦与渴望，在这里交织成一幅幅动人的画卷。

　　作为土生土长的张掖人，我从小便与这片土地结下了不解之缘。田间地头的劳作，让我体会到了土地的深情与厚爱；乡村学堂的灯光，则照亮了我求知的路途。那些年，我在乡村学校的讲台上播撒希望，这些年也在党校的教室里汲取养分，最终成为一名致力于党史、党建及农业历史文化教学研究的教员。我始终怀揣着对家乡的热爱，努力挖掘和传承这片土地上的历史文化遗产。

　　改革开放以来，我亲眼见证了家乡农业发展的巨大变化。从集体劳作的辛勤，到包产到户的喜悦；从粮食满仓的富足，到餐桌上的丰盛佳肴……每一步都凝聚着家乡人民的智慧与汗水，也见证了家乡从贫困走向富裕、从封闭迈向开放的艰辛历程。

　　这部书稿的完成，离不开众人的支持与帮助。在这里，我要特别感谢张掖市史志办、市农业农村局、市林草局、市水务局、市畜收局等单位的专业指导，提出了宝贵意见，为书稿的完善提供了重要参考。张掖市委党校（张掖市行政学院 甘肃高台干部学院）校（院）领导、同事的大力支持。同时，我还要衷心感谢我的同学、同事及家人的热情帮助，尤其是妻张冬梅和儿刘钧合的默默付出，更是我完成这部书稿的重要动力。

后　记

　　这部书稿，不仅是我对家乡农业发展深刻观察的结晶，更是我对家乡文化热爱之情的流露。我希望通过它，让更多人了解张掖的故事，感受这片土地的魅力。同时，我也期待各位专家学者的批评指正，共同为家乡的未来出谋划策。

参考书目

汉·司马迁撰，韩兆琦评注：《史记》，岳麓书社出版，2004年。

明·宋濂：《元史》。

清·钟赓起著，张志纯等校：《甘州府治》，甘肃文化出版社，1995年3月。

清·黄文炜：《重修肃州新志》，酒泉县博物馆翻印，1984年。

《张掖地区志》编纂委员会：《张掖地区志》（远古—1995年），甘肃人民出版社，2010年10月。

张掖市地方志编纂委员会：《张掖市志》（1996—2015），甘肃文化出版社，2020年8月。

甘州区地方志编纂委员会：《甘州区志（1991—2016）》，甘肃文化出版社，2019年6月。

《临泽县志》编撰委员会：《临泽县志》（远古—1990），甘肃人民出版社，2001年1月。

《临泽县志》编纂委员会：《临泽县志·1991—2010》，甘肃人民出版社，2016年3月

《高台县志》编纂委员会：《高台县志》，兰州大学出版社，1993年12月。

《山丹县志》编纂委员会：《山丹县志》，甘肃人民出版社，1993年11月。

《民乐县志》编纂委员会：《民乐县志》（远古—1990），甘肃人民出版社，1996年12月。

《民乐县志》编纂委员会：《民乐县志1991—2012》，甘肃文化出版

社，2018年1月。

《肃南裕固族自治县地方志》编纂委员会：《肃南裕固族自治县志》，甘肃民族出版社，1994年6月。

《肃南裕固族自治县地方志》编纂委员会：《肃南县志（1991—2012）》，甘肃民族出版社，2019年12月。

《张掖市林业志》编纂委员会：《张掖市林业志（远古—2020）》，甘肃文化出版社，2017年12月。

《张掖粮食志》编纂领导小组：《张掖粮食志》，甘肃人民出版社，1999年5月。

甘州区委党史研究室：《中国共产党甘肃省张掖市甘州历史大事记（1921—2021）》：中共党史出版社，2021年6月。

张志纯等校点：《创修临泽县志》，甘肃人民出版社，2001年8月。

方步和：《张掖史略》，甘肃文化出版社，2002年4月。

张志纯、何成才：《金张掖史话》，甘肃文化出版社，2004年7月。

高荣：《先秦汉魏河西史略》，天津古籍出版社，2007年1月。

高荣主编：《河西通史》，天津古籍出版社，2012年3月。

李并成：《河西走廊历史地理》，甘肃人民出版社，1995年。

纪向军：《居延汉简中的张掖乡里及人物》，甘肃文化出版社，2014年7月。

《张掖史地读本（历史分册）》，兰州大学出版社，1997年6月。

孙占鳌主编：《酒泉通史》（第一卷、第二卷），甘肃文化出版社，2011年11月。

况鹰编注：《中国工合山丹培黎学校（1941—1951）史料汇编》，中国文化出版社。

王尧、陈践译注：《吐蕃历史文书》

孙占元：《左宗棠评传》，南京大学出版社，2002年5月。

《甘肃省张掖地区畜禽疫病志（1949—1989）》。

甘肃省文物考古研究所：《居延新简释粹》，兰州大学出版社，1988年。

内部资料

《张掖统计年鉴（2012—2021年）》

《山丹军马场志》编纂委员会：《山丹军马场志》（内部资料），1995年。

张掖行政公署水利电力处：《张掖地区水利志》，内部资料。

《高台文史资料》（内部发行）第1辑。

《临泽文史资料》（内部发行）第1辑。

《民乐文史资料》（内部发行）第1辑。

《肃南文史资料》（内部发行）第1辑。

张掖地区地方史志学会：《张掖文物古迹荟萃》，1996年8月。

政协高台县委会：《高台文物精品鉴赏》，2018年9月。